I0049989

Robert Obermaier, Edgar Saliger
Betriebswirtschaftliche Entscheidungstheorie

Robert Obermaier, Edgar Saliger

Betriebswirtschaftliche Entscheidungstheorie

Einführung in die Logik individueller und kollektiver Entscheidungen

7., erweiterte Auflage

DE GRUYTER
OLDENBOURG

ISBN 978-3-11-061042-0
e-ISBN (PDF) 978-3-11-061694-1
e-ISBN (EPUB) 978-3-11-061713-9

Library of Congress Control Number: 2020944392

Bibliografische Information der Deutschen Nationalbibliothek
Die Deutsche Nationalbibliothek verzeichnet diese Publikation in der Deutschen Nationalbibliografie; detaillierte bibliografische Daten sind im Internet über http://dnb.dnb.de abrufbar.

Einbandgestaltung: Pauline Schmid
Satz: le-tex publishing services GmbH, Leipzig
Druck und Bindung: CPI books GmbH, Leck

www.degruyter.com

Vorwort zur 7. Auflage

Das vorliegende Lehrbuch bewährt sich seit vier Jahrzehnten und ist getragen von der Überzeugung der Verfasser, dass die Beschäftigung mit der Entscheidungstheorie sowohl intellektuell reizvoll als auch überaus nützlich ist. Denn die Entscheidungstheorie fußt zum einen auf einem beachtlichen theoretischen Fundament und ermöglicht darauf aufbauend, gerade für in der Praxis vorzufindende schlecht-strukturierte Entscheidungsprobleme, strukturbildend zu wirken und dabei zu helfen, den Pfad der rationalen Entscheidung im Dickicht der Fallstricke zu erkennen und zu beschreiten.

Die Entwicklung der Entscheidungstheorie aus einer Vielzahl einzelner Forschungsansätze zu einem beeindruckenden Theoriegebäude verlief dabei parallel zum Fortschreiten der Einsicht, dass das Ziel einer akademischen Ausbildung in vielen Disziplinen nicht primär in einer umfänglichen fachspezifischen Faktenvermittlung bestehen kann, sondern vielmehr – aufbauend auf soliden fachspezifischen Methodenkenntnissen – in einer Anleitung zum selbständigen Erarbeiten von Problemlösungen zu sehen ist.

Dass dieser zeitliche Gleichschritt nicht rein zufälliger Natur war, sondern durchaus auch ein sachlicher Zusammenhang zwischen beiden Entwicklungen besteht, wird deutlich, wenn man ein Entscheidungsmodell als eine Konstruktion i. S. e. Gedankengerüsts versteht, auf das sich Entscheidungsträger stützen können, die zwar bereits mit einer Vielzahl unstrukturierter Einzelinformationen („Fakten") ausgestattet sind, jedoch vor einer noch undeutlichen, diffusen Problemstellung stehen: Schlecht strukturierte Entscheidungsprobleme sind alltäglich, die Faktenfülle mitunter erdrückend, der Weg zur rationalen Entscheidung deshalb besonders schwer. Aber auch bei zurückgehender Faktenfülle und damit einhergehendem Risiko oder einhergehender Ungewissheit hilft die Entscheidungstheorie mit ihrem Methodenarsenal auf dem Weg zur rationalen Entscheidung.

Unabhängig von den Möglichkeiten und Grenzen der Re-Konstruktion praktisch relevanter Entscheidungssituationen in Entscheidungsmodelle und deren Lösung wird ein ganz wesentlicher und eigenständiger Wert in der gedanklichen Strukturierung unterschiedlichster Probleme gesehen. Aus dieser Sicht gewinnt die hier vorgestellte formal-logisch orientierte Entscheidungstheorie ihren breiten Anwendungsbezug und ihren interdisziplinären Charakter.

Bei der Auswahl der Themenkreise für dieses Lehrbuch, das sich insbesondere an Studierende wirtschaftswissenschaftlicher Studiengänge wendet und das über die üblichen mathematischen Grundlagen und deren Symbolik hinaus keine speziellen Vorkenntnisse voraussetzt, wurde versucht, in das vielfach bereits als gesichert geltende Basiswissen auch neuere Erkenntnisse zu integrieren.

Die didaktische Aufbereitung des Inhalts stützt sich auf die Verknüpfung ausführlich beschriebener Grundelemente der Theorie und die dazugehörigen Grundbegriffe, die ihren Niederschlag in expliziten Definitionen finden. Die Darbietung des Stoffes

https://doi.org/10.1515/9783110616941-201

arbeitet weitgehend mit dem Hilfsmittel des Beispiels. Bei der Lösung der Beispiele wurde auf möglichst eingängige Verfahren zurückgegriffen, auch wenn deren Anwendung – darauf sei bereits hier hingewiesen – im allgemeinen nicht immer problemlos ist.

Das Buch ist in fünf Kapitel gegliedert, die weiter in Abschnitte unterteilt sind. Die Definitionen, mathematischen Beziehungen, Abbildungen, Beispiele und Aufgaben sind entsprechend gekennzeichnet. So bezeichnet z. B. (2.3-10) die zehnte Beziehung im dritten Abschnitt des zweiten Kapitels. Am Ende des Buches sind zu den verschiedenen Problemkreisen Aufgaben und Lösungshinweise versammelt. Die Aufgaben sind inhaltlich auf die im Buch enthaltenen Ausführungen abgestimmt und sollen unmittelbar der Aneignung und Einübung dienen.

Die Literaturhinweise sind unter zwei Gesichtspunkten zusammengestellt. Zum einen handelt es sich um leicht lesbare Darstellungen des behandelten Stoffs, zum anderen wurden im Hinblick auf die eingangs bereits erwähnte Hinführung zur selbständigen Behandlung von Entscheidungsproblemen Literaturquellen aufgenommen, in denen eine bestimmte Thematik erstmals aufgegriffen wurde bzw. von denen Denkanstöße ausgingen, die neue Entwicklungsrichtungen einleiteten und somit als Klassiker des Faches gelten können.

Zum Abschluss bleibt noch allen zu danken, die zur Entstehung dieses Buches beigetragen haben. Zu nennen ist vor allem Stefan Schweikl, der sich bei der Sammlung von Übungsaufgaben und der Erstellung der Lösungsskizzen verdient gemacht hat. Auch die Zusammenarbeit mit dem Verlag war stets angenehm; Lucy Jarman sei für die professionelle Begleitung gedankt. Ein ganz besonderer Dank gilt den vielen Studierenden, die durch akribisches Durcharbeiten der Vorauflagen dazu beigetragen haben, dass sich frühere Druckfehler in der nunmehr vorliegenden siebenten Auflage, die umfangreich überarbeitet, teils umstrukturiert und erweitert wurde, hoffentlich auf homöopathisches Niveau haben reduzieren lassen. Alle (dennoch) verbliebenen Fehler gehen selbstverständlich ausschließlich zu Lasten der Verfasser. Anregungen zur weiteren Verbesserung sind (daher) stets willkommen.

Passau und Regensburg, im Mai 2020

Robert Obermaier
Edgar Saliger

Inhalt

1 Einführung

1.1 Die Aufgaben der Entscheidungstheorie

Als wissenschaftliche Disziplin kommt der Entscheidungstheorie die Aufgabe zu, einerseits Erkenntnisse über das menschliche Entscheidungsverhalten zu gewinnen und diese andererseits für die Lösung konkreter Entscheidungsprobleme zur Verfügung zu stellen. Zur Erfüllung dieser Aufgaben geht die Entscheidungstheorie in Abhängigkeit von der wissenschaftlichen Zielsetzung folglich zwei grundsätzlich zu unterscheidenden Fragestellungen nach: (1) der Beschreibung tatsächlichen (empirischen) Entscheidungsverhaltens (deskriptive Entscheidungstheorie) und (2) der Etablierung von Handlungsempfehlungen für rationale Entscheidungen (präskriptive Entscheidungstheorie).

Das Ziel der sog. *deskriptiven Entscheidungstheorie* besteht in einer Entscheidungsanalyse, d. h. wie und warum ein Entscheidungssubjekt (oder ein Kollektiv von Entscheidungsträgern) in einem gegebenen Kontext („Realität") so entscheidet, wie es entscheidet. Idealerweise geht es darum, Gesetzmäßigkeiten zu finden, mit deren Hilfe erklärbar ist, warum in der Realität anzutreffendes Entscheidungsverhalten in einer bestimmten Situation speziell in dieser Form zu beobachten war. Glaubt man an eine – wenn auch zeitlich begrenzte – Konstanz derartiger Gesetzmäßigkeiten, so könnten mit ihrer Hilfe für bekannte Ausgangsbedingungen von Entscheidungssituationen Prognosen über die zu erwartenden Entscheidungen erstellt werden. Die Bedeutung der deskriptiven Entscheidungstheorie wird vor allem im Bereich der Modellbildung zur Erklärung faktischen Entscheidungsverhaltens gesehen.

Besondere Bedeutung erlangten in diesem Zusammenhang sog. verhaltenswissenschaftliche (behavioristische) Ansätze, deren Ursprung im Bereich der Sozialwissenschaften, insbesondere der Psychologie und Soziologie liegt und die sich vornehmlich mit dem Ablauf von intra- und interpersonellen Entscheidungsprozessen beschäftigen. Dabei wurden im Laufe der Zeit eine Reihe sog. Anomalien entdeckt, die vor allem die Kontextabhängigkeit individueller bzw. kollektiver Entscheidungen sowie diverse soziologische sowie psychologische Einflussfaktoren als Erklärungsgrößen für Abweichungen („Decision Biases") von einer rationalen Entscheidung herausstellten. Herausragende Bedeutung haben hierbei die 2002 mit dem Nobelpreis prämierten Arbeiten von *Daniel Kahneman* und seinem früher verstorbenen Kollegen *Amos Tversky* erlangt, wonach das menschliche Gehirn ein System ist, das vor allem intuitiv zu Lösungen gelangt: „a machine for jumping to conclusions" (System 1), unter Umständen aber auch in der Lage ist, komplexe Entscheidungsprobleme durch strukturierte Denkvorgänge zu lösen (System 2).

Während die deskriptive Entscheidungstheorie empirische Entscheidungssituationen untersucht und deren Ergebnisse und Ursachen hinterfragt, ist es demgegenüber das Ziel der *präskriptiven Entscheidungstheorie*, (mehr oder weniger) aktiv auf

https://doi.org/10.1515/9783110616941-001

das Entscheidungsverhalten einzuwirken, indem sie Handlungsempfehlungen für rationale Entscheidungen gibt, so dass ein Entscheidungssubjekt bei gegebenem Zielsystem die beste Alternative aus den zur Verfügung stehenden Alternativen wählen kann (und das nach Möglichkeit auch tut).

Im Zentrum der präskriptiven Entscheidungstheorie steht daher die Etablierung einer Entscheidungslogik, mit deren Hilfe es möglich wird, rational zu entscheiden, was bedeutet, formal vorzugeben, wie sich Entscheidungssubjekte sinnvollerweise zu verhalten haben, damit sie im Rahmen ihrer Ziele bestmöglich oder anders ausgedrückt eben „rational" handeln (*formale Rationalität*).

Da im Rahmen der präskriptiven Entscheidungstheorie zunächst keine an irgendwelchen Wertvorstellungen orientierte Beurteilung der Ziele selbst erfolgt, sondern die Handlungsempfehlungen logisch aus den gewählten Zielen abgeleitet werden, spricht man in diesem Zusammenhang auch von formaler Rationalität, während die an Wertvorstellungen anknüpfende Beurteilung der Ziele im allgemeinen der Ethik bzw. im besonderen der Wirtschaftsethik zuzurechnen ist. Dieses gilt auch für die Alternativengenerierung. Denn dem sog. *Prinzip der vollkommenen Alternativenstellung* zufolge sind zunächst alle zur Auswahl stehenden Aktionen vollständig zu erfassen, um eine rationale Entscheidung zu gewährleisten.

Formale Rationalität zielt darauf ab, die im Hinblick auf die Ziele beste Alternative zu identifizieren. Davon abzugrenzen ist freilich der Ausschluss ethisch nicht akzeptabler oder juristisch nicht erlaubter Aktionen. Diese an Wertvorstellungen oder Gesetze geknüpfte Beurteilung und ggf. Ausscheidung von Alternativen ist der Ethik oder der Rechtswissenschaft zuzurechnen und zeigt einmal mehr den interdisziplinären Charakter der Entscheidungstheorie.

Die folgenden, mittlerweile berühmten Entscheidungsprobleme in der Form ethischer Gedankenexperimente sollen dies verdeutlichen. Das „Weichenstellerproblem" wurde erstmals von *Karl Engisch* (1930, S. 288) aufgeworfen. Darauf aufbauende Varianten (zu einem Überblick siehe *Bruers/Braeckman* 2014) dienen der Kontextvariation.

Beispiel 1.1-1
Trolley-Problem 1 („Weichenstellerproblem"):
Eine Straßenbahn ist außer Kontrolle geraten und droht, fünf Personen zu überrollen. Durch Umstellen einer Weiche kann die Straßenbahn auf ein anderes Gleis umgeleitet werden. Unglücklicherweise befindet sich dort eine weitere Person. Darf (durch Umlegen der Weiche) der Tod einer Person in Kauf genommen werden, um das Leben von fünf Personen zu retten?

Intuitiv halten viele Menschen das Umstellen der Weiche für richtig, da nur ein Menschenleben verloren geht statt derer fünf. Aus dem Blickwinkel des Utilitarismus erscheint es zwingend, durch Umstellen der Weiche die fünf Leben auf Kosten des einen zu retten („das größte Glück der größten Zahl"), da in der Summe weniger schlechte Konsequenzen auftreten. Interessanterweise wandelt sich diese Einschätzung zumeist, wenn folgende Variante vorgestellt wird:

Trolley-Problem 2 („Dicker Mann-Problem"):
Eine Straßenbahn (Trolley) ist außer Kontrolle geraten und droht, fünf Personen zu überrollen. Durch Herabstoßen eines unbeteiligten (sehr dicken) Mannes von einer Brücke vor die Straßenbahn kann diese zum Stehen gebracht werden. Darf (durch Stoßen des Mannes) der Tod einer Person herbeigeführt werden, um das Leben von fünf Personen zu retten?

Intuitiv halten viele Menschen das Herabwerfen des dicken Mannes für inakzeptabel, obgleich wie im Ausgangsfall „nur" ein Menschenleben verloren geht statt derer fünf. Erklärungsbedürftig ist daher der offenbar ethisch relevante Unterschied zwischen den beiden Fällen. Innerhalb der Pflichtethik wird dabei der Unterschied zwischen positiven und negativen Pflichten deutlich: Die Weiche umzustellen würde der (häufig als schwächer bedeutsam eingestuften) positiven Pflicht, andere zu retten, entsprechen, jedoch die (häufig als stärker bedeutsam eingestufte) negative Pflicht verletzen, niemanden umzubringen.

Wie sich das rationale Handeln des Entscheidenden in einer konkreten Situation darstellt, hängt neben dessen Zielen vom subjektiven Informationsstand über die Menge der Wahlmöglichkeiten und die damit verbundenen Konsequenzen ab. Anders als bei den Zielen kann jedoch der Informationsstand des Entscheidenden selbst Gegenstand von Handlungsempfehlungen der präskriptiven Entscheidungstheorie sein, d. h. ob es z. B. rational ist, Zusatzinformationen einzuholen oder nicht. Damit liefert die präskriptive Entscheidungstheorie insbesondere für das als System 2 bezeichnete langsame, strukturierte Denken und Problemlösen entscheidende Hilfsmittel. Diesem Zweck, der Analyse und Untertsützung formal rationalen Verhaltens in konkreten Entscheidungssituationen, ist das vorliegende Lehrbuch gewidmet.

Überdies kommt der präskriptiven Entscheidungstheorie auch für die verhaltenswissenschaftlich orientierte deskriptive Entscheidungsforschung eine zentrale Bedeutung zu, insofern diese an der Aufdeckung systematischer Rationalitätsdefizite interessiert ist. Denn da das Aufdecken solcher Abweichungen einen Referenzpunkt für rationales Entscheiden voraussetzt, bedarf es der präskriptiven Entscheidungstheorie als einer Entscheidungslogik, die das Konzept der rationalen Entscheidung für verschiedene Typen von Entscheidungsproblemen operationalisiert und damit erst als Referenzpunkt zur Feststellung von Rationalitätsdefiziten etabliert.

Jenseits dieser beiden klassischen Stränge der Entscheidungstheorie erfährt die Entscheidungstheorie auch in der Informatik seit einiger Zeit besondere Aufmerksamkeit. Dort wird im Bereich der *künstlichen Intelligenz* („Artificial Intelligence") daran gearbeitet, bestimmte menschliche Entscheidungsstrukturen („natürliche Intelligenz") nachzubilden, derart, dass z. B. Computerprogramme entwickelt werden, die eigenständig Entscheidungsprobleme bearbeiten können. Früheste Arbeiten dazu stammen von *Herbert A. Simon*, 1978 mit dem Nobelpreis für seine Arbeiten zu Entscheidungsprozessen in Wirtschaftsorganisationen ausgezeichnet, der mit *A. Newell* an der Entwicklung eines sog. General Problem Solvers arbeitete, der in der Lage sein sollte, menschliches Denken zu simulieren. Hierin flossen sowohl verhaltenswissenschaftliche Erkenntnisse als auch Ansätze zur mathematischen Formalisierung von Problemen und Problemlösungen ein. Die Software und das entwickelte theoretische Rahmenwerk hatten maßgeblichen Einfluss auf die Entwicklung der kognitiven Psychologie sowie der Künstlichen Intelligenz. Allerdings war der Versuch eines allgemeinen Problemlösers zu Beginn wohl zu ambitioniert, so dass zunächst speziellere Entwicklungen, insbesondere von Expertensystemen, schneller zu Erfolgen führten, die auf einem engeren Wissensgebiet zu besseren Ergebnissen gelangten. Expertensysteme bzw. Wissensdatenbanken sind als regelbasierte Systeme auf formale Wenn-Dann-Logiken angewiesen. Diesen eher statischen Systemen stehen heute Systeme maschinellen Lernens („Machine Learning") gegenüber, die anhand bereitgestellter und laufend aktualisierter Daten im Grunde kontinuierlich lernen können und somit einen dynamisch sich entwickelnden Regelkatalog etablieren können, um damit Vorhersagen über erwartetes Entscheidungsverhalten oder Vorschläge für Entscheidungen bis hin zu automatisierten Entscheidungen machen zu können, deren Güte freilich von der Qualität der Lerndaten abhängt.

1.2 Entscheidungsprobleme und -modelle

Nach allgemeinem Sprachgebrauch ist von einem *Problem* die Rede, wenn ein erwarteter Zustand nicht erreicht ist; mithin also eine Diskrepanz zwischen Wunsch und Wirklichkeit vorliegt. Die Barriere, die den Ist- vom Sollzustand trennt, wird dabei üblicherweise als „das eigentliche" Problem verstanden. Zur Überwindung dieser Barriere braucht es Handlungsalternativen, die demjenigen, der das Problem empfindet, zur Wahl stehen. Die Generierung von Handlungsalternativen gehört demnach bereits zur Problemlösung. Nicht selten wird jemand, dem mehrere Alternativen zur Überwindung der Barriere zur Auswahl stehen, „das eigentliche" Problem als gelöst ansehen.

Nach dem Sprachgebrauch der Entscheidungstheorie stehen wir dann aber erst vor dem eigentlichen *Entscheidungsproblem*, das in der Auswahl der besten unter den Alternativen besteht. Erst das Vorliegen von Handlungsalternativen macht die Situation zu einem Entscheidungsproblem, d. h. einem Wahlproblem. Die Phasen der Problemfeststellung und der Alternativengenerierung gehören dagegen zur notwendigen, vorgelagerten Problemstrukturierung.

Ein *gut-strukturiertes Entscheidungsproblem* liegt daher vor, wenn ein Individuum oder eine Gruppe von Individuen (sog. Kollektiv) in einer gegebenen Situation eine Entscheidung bezüglich der Veränderung der gegenwärtigen Ausprägungen von bestimmten Zielgrößen aus einer gegebenen Menge an Handlungsalternativen (Aktionen) treffen will (und kann), um ein angestrebtes Ausmaß dieser Zielgrößen zu erreichen. Liegen diese grundlegenden, strukturbildenden Elemente eines Entscheidungsproblems (noch) nicht vor, ist demgegenüber von einem *schlecht-strukturierten Entscheidungsproblem* auszugehen.

Zudem ist nicht jede Art von Diskrepanz zwischen Wunsch und Wirklichkeit ein Entscheidungsproblem. Bei jemandem, der Lotto spielt und nicht gewinnt, liegt zwar eine Diskrepanz zwischen Wunsch und Wirklichkeit vor; ein Problem resultiert daraus aber nicht. Vielmehr ist von Interesse, aus welchen Zielvorstellungen diese Diskrepanz herrührt. Ist das Ziel, in absehbarer Zeit Millionär zu werden, während das gegenwärtige Vermögen womöglich nur ein paar Hundert Euro beträgt, besteht das Problem vielmehr darin, wie diese Diskrepanz beseitigt werden kann. Das Problem wird also durch eine Diskrepanz von Wunsch und Wirklichkeit offenbar, besteht aber vielmehr darin, herauszufinden, welche Handlungsalternativen am besten geeignet sind, das gewünschte Ziel zu erreichen. Dabei mag das Lottospiel eine Alternative sein, es sind aber viele weitere denkbar; unter ihnen womöglich eine solide Ausbildung oder ein Studium und daran anschließend harte Arbeit. Das Entscheidungsproblem besteht darin, herauszufinden, ob z. B. das Lottospiel tatsächlich die beste der zur Auswahl stehenden Alternativen ist und falls nicht, welches dann die beste Alternative ist.

Ziel der folgenden Ausführungen ist es zunächst, die Strukturelemente gut-strukturierter Entscheidungsprobleme zu definieren, um damit Entscheidungsmodelle beschreiben zu können. Grundsätzlich kann ein *Entscheidungsmodell* daher als eine (zumeist formal-strukturierte) Rekonstruktion eines real vorliegenden Entscheidungsproblems verstanden werden, wobei die als real wahrgenommene Entscheidungssituation selbst stets eine gedankliche Konstruktion eines Entscheidungssubjekts darstellt. Dieses Umstands muss man sich stets, insbesondere bei der Beurteilung der Modellergebnisse, bewusst sein.

Der *Begriff des Entscheidungsmodells* wird hier in einem weit gefassten Sinne verstanden und beinhaltet (a) das Beschreibungsmodell, (b) das Erklärungsmodell (auch als Technologie- oder Prognosemodell bezeichnet) und (c) den Entscheidungskalkül als interdependente Elemente, die in den folgenden Abschnitten erläutert werden. Der grundlegende Zusammenhang ist einfach: (a) das *Beschreibungsmodell* übersetzt, d. h. rekonstruiert ein Entscheidungsproblem unter Rückgriff auf grundlegende Strukturelemente (Ziele und Handlungsalternativen) als Entscheidungsmodell, (b) das *Erklärungsmodell* verknüpft die Handlungsalternativen mit den zu erwartenden Wirkungen auf die Zielgrößen (Ergebnisse) und (c) der *Entscheidungskalkül* identifziert die hinsichtlich der Zielgrößen optimalen Handlungsalternativen.

Die folgende Situationsbeschreibung stellt die Konstruktion eines Ausschnitts aus der wahrgenommenen Realität dar und ist als verbal formuliertes Modell zu bezeichnen. Anhand dieses Modells sollen nachfolgend die einzelnen Schritte der formalen Modellbildung erläutert und die Determinanten eines Entscheidungsmodells dargestellt werden.

Beispiel 1.2-1
Ein Unternehmen, dessen Zielsetzung die Maximierung des erzielbaren Absatzes ist, besitzt für das von ihm hergestellte Produkt eine Monopolstellung. Dabei ist dem Unternehmen besonders daran gelegen, den Absatz bei schlechter konjunktureller Lage zu maximieren, um den Fortbestand der Unternehmung unabhängig von der wirtschaftlichen Gesamtlage zu gewährleisten. Die Unter-

nehmensleitung nimmt an, dass die Nachfrage nach dem Produkt von der allgemeinen konjunkturellen Lage, vom geforderten Preis und von den (optimal eingesetzten) Werbeausgaben abhängt.

Im Einzelnen wurde ermittelt, dass bei guter konjunktureller Lage entweder der Preis sukzessive um 0,20 EUR gesenkt oder die Werbeausgaben um 12,50 EUR erhöht werden müssen, wenn jeweils eine Mengeneinheit (ME) mehr abgesetzt werden soll. Außerdem ist davon auszugehen, dass ein sog. „Prohibitiv-Preis" von 160 EUR bewirkt, dass gerade kein Nachfrager das Produkt kauft, wenn keine Werbeausgaben getätigt werden. Bei schlechter konjunktureller Lage müssen entweder der Preis sukzessive um 0,10 EUR gesenkt oder die Werbeausgaben um 20 EUR erhöht werden, wenn jeweils eine ME mehr abgesetzt werden soll. Der „Prohibitiv-Preis" liegt dann schon bei 100 EUR.

Als absatzpolitische Maßnahmen kann das Unternehmen den Preis auf 50 EUR oder 80 EUR festsetzen und alternative Werbemaßnahmen durchführen, die 1.000, 2.500 oder 3.000 EUR kosten. Wegen der angespannten Finanzlage dürfen die Werbeausgaben den jeweiligen Erlös aus dem Verkauf von 40 ME des Produkts nicht übersteigen.

Angaben darüber, wie die wirtschaftliche Lage einzuschätzen ist, liegen nicht vor.

Da die wahrgenommene Realität für eine hinreichende intellektuelle Durchdringung eines Entscheidungsproblems in der Regel zu komplex ist, ist stets eine Komplexitätsreduktion erforderlich; d. h. es werden nur die als relevant erachteten Aspekte des Entscheidungsproblems zu dessen Beschreibung in Form eines Entscheidungsmodells herangezogen.

Umfasst ein Modell alle sachlichen Aspekte einer Entscheidungssituation bis zum zeitlichen Modellhorizont, so spricht man von einem Totalmodell. Bei der (Re-)Konstruktion realer Situationen übersteigt die Komplexität eines derartigen Totalmodells in der Regel jegliche Möglichkeiten seiner Handhabung. Aus diesem Grund ist man gezwungen, das *Totalmodell* in Partialmodelle zu zerlegen (Modellzerlegung) und diese isoliert zu untersuchen. Die Zusammenfassung der Lösungen der Partialmodelle stellt nur dann die optimale Lösung des Totalmodells dar, wenn zwischen den Elementen der *Partialmodelle* weder wertmäßige noch *technologische Interdependenzen* bestehen. Von technologischen Interdependenzen spricht man, wenn die Realisation einer Aktion in einem Teilbereich den Aktionsraum oder die Ausprägungen mindestens einer Zielgröße in einem anderen Teilbereich beeinflusst. *Wertmäßige Interdependenz* liegt hingegen vor, wenn losgelöst von technologischen Interdependenzen die Beurteilung der Ausprägungen von Zielgrößen eines Teilbereichs von der Realisation einer Aktion in einem anderen Teilbereich abhängt.

Bestehen Interdependenzen zwischen Teilbereichen, so werden diese bei der Zerlegung des Totalmodells zerschnitten. An den so entstandenen Schnittstellen ist der abgetrennte Bereich durch dessen vorausgeschätzten Einfluss auf das Partialmodell zu ersetzen. Je mehr solcher Interdependenzen durchtrennt werden, desto größere Bedeutung kommt dieser Vorausschätzung von Einflüssen zu, was insbesondere bei der Beurteilung der Ergebnisse von Partialmodellen zu berücksichtigen ist.

Beispiel 1.2-2
Das verbal beschriebene Modell des Beispiels 1.2-1 stellt als Partialmodell einen (kleinen) Ausschnitt aus dem Absatzbereich dar. An der Schnittstelle zum Finanzierungsbereich ist als dessen Wirkung die Begrenzung der Werbeausgaben in Abhängigkeit vom Verkaufserlös eingesetzt. Neben der Durchtrennung eventuell bestehender zeitlicher Interdependenzen werden neben vielen anderen z. B. auch mögliche sachliche Einflüsse aus dem Personalbereich oder Wirkungen des Steuersystems von der Betrachtung ausgeschlossen. Die Produktion wird als optimal realisiert vorausgesetzt.

1.2.1 Das Beschreibungsmodell

1.2.1.1 Die grundlegenden Strukturelemente

Das Beschreibungsmodell stellt den ersten Schritt der Etablierung eines gut-strukturierten Entscheidungsmodells dar. In ihm werden die grundlegenden Strukturelemente einer Entscheidungssituation rekonstruiert. Diese bilden sozusagen die Grundelemente der Sprache des Beschreibungsmodells im Rahmen eines Entscheidungsmodells. Hierzu gehören die *Zielgrößen* des Entscheidungssubjekts und die ihm zur Verfügung stehenden *Handlungsalternativen* (Aktionen, Alternativen). Die Ausprägung, die eine Zielgröße z_k bei Realisation einer bestimmten Aktion a_i und bei Eintreten eines bestimmten Umweltzustands s_j als Konsequenz annehmen, wird als *Ergebnis* e_{ij} bezeichnet. Da die Ergebnisse der Aktionen von *Umweltzuständen* mitbestimmt werden, die vom Entscheidungssubjekt allerdings nicht beeinflussbar sind, also hingenommen werden müssen, beeinflussen diese den Grad der Unsicherheit der Ergebnisse.

Diese allgemein gehaltenen Begriffe sind bei der Rekonstruktion konkreter Entscheidungssituationen inhaltlich auszufüllen. Die oben bereits angesprochene und auf der Begrenztheit des menschlichen (Auf-)Fassungsvermögens beruhende Notwendigkeit zur Modellvereinfachung durch Komplexitätsreduktion wird nicht zuletzt deutlich bei den (stets begrenzten) Möglichkeiten der Informationsbeschaffung und Informationsverarbeitung. Die Konsequenzen für den Entscheidungskalkül und die damit zusammenhängenden Folgen für die Rationalität der Entscheidung hat *Herbert A. Simon* mit dem Begriff der „bounded rationality" treffend beschrieben. Hierauf wird in Abschnitt 1.2.3 zurückzukommen sein.

Generell kann angenommen werden, dass die Zuverlässigkeit des relevanten Datenmaterials mit zunehmender Entfernung vom Entscheidungszeitpunkt abnimmt. Als Vereinfachung des Entscheidungsmodells gegenüber der abzubildenden realen Situation beschränkt man sich auf eine endliche Zeitspanne, die durch den sog. zeitlichen Modellhorizont begrenzt ist. Allgemeine Aussagen über den zeitlichen Modellhorizont sind nicht möglich, seine Festlegung ist im Einzelfall von der subjektiven Beurteilung der vorhandenen und beschaffbaren Informationen und vom Entscheidungsproblem selbst abhängig. Im Gegensatz zu dem für alle Elemente des Beschreibungsmodells gleichermaßen geltenden Problem der Bestimmung des zeitlichen Modellhorizonts ist bei der sachlichen Modellbildung differenziert vorzugehen.

1.2.1.2 Der Zielraum

Definition 1.1: Die *Menge aller Zielgrößen* $z_1, z_2, \ldots, z_p$, die für den Entscheidenden von Bedeutung sind, wird als *Zielraum* Z bezeichnet.

Die Zielgrößen des Entscheidungsmodells stellen eine Rekonstruktion der Ziele des Entscheidenden dar. Ziele sind Aussagen über angestrebte Zustände, die als Ergebnis von Entscheidungen eintreten sollen. Zu ihrer eindeutigen Beschreibung sind (a) der *Zielinhalt*, d. h. das Merkmal der jeweiligen Zielgröße, (b) das *Zielausmaß* und (c) der *Zeitbezug* anzugeben.

Zielinhalte aus dem Bereich der Betriebswirtschaftslehre können z. B. Unternehmenswert, Bilanzgewinn, Umsatz, Marktanteil, Ausschüttung oder auch die Lebensdauer des Unternehmens sein.

Das Zielausmaß gibt an, welche Ausprägung des Merkmals angestrebt wird. Es kann zwischen den als Extremierungsvorschriften bezeichneten Forderungen nach Maximierung oder Minimierung und Satisfizierungsvorschriften unterschieden werden, bei denen nur eine gewisse Mindestzielerfüllung gefordert wird. Schließlich ist auch eine Fixierung denkbar, bei der ein bestimmter Zielwert erreicht werden soll. Das als Satisfizierung bezeichnete Abweichen von Extremierungszielen entspringt dem Konzept der „bounded rationality" von *Herbert A. Simon*, wonach Extremierung nicht zwingend angestrebt wird, sondern die Suche nach der besten Lösung nach Erreichen eines befriedigenden Niveaus abgebrochen wird.

Der Zeitbezug einer Zielgröße gibt den Zeitraum (z. B. Jahr, Quartal, Monat) an, in dem das Zielmerkmal eine der Zielvorschrift entsprechende Ausprägung annehmen soll. Entsprechend kann z. B. unterschieden werden, ob eine kurz- oder langfristige Maximierung des Unternehmenswerts angestrebt wird.

Umfasst der Zielraum mehr als eine Zielgröße, so kann eine eindeutige Bewertung der Aktionen nur dann erfolgen, wenn die Wertrelationen des Entscheidenden zwischen diesen Zielgrößen bekannt sind. Auf diese sog. Mehrziel-Problematik wird später noch näher eingegangen.

Beispiel 1.2-3
Die Zielgröße des in Beispiel 1.2-1 dargestellten Unternehmens kann wie folgt näher beschrieben werden:
- Das Zielmerkmal ist der bei schlechter konjunktureller Lage erzielbare Absatz;
- die Zielvorschrift besteht aus der Extremierungsvorschrift „Maximierung";
- der Zeitbezug stellt sich als Forderung nach unmittelbarer Zielerfüllung dar.

Da das Zielsystem des Unternehmens im Modell in nur einer Zielgröße abgebildet wurde, gilt für den Zielraum: $Z = \{z_1\}$, dabei bezeichnet z_1 die Zielgröße „kurzfristige Maximierung des erzielbaren Absatzes bei schlechter konjunktureller Lage."

Mit der Frage, welche Ziele einzelne Entscheidende oder als weitgehend homogen angenommene Gruppen von Entscheidenden besitzen, beschäftigt sich die *empirische Zielforschung*, bei der man zwei Methoden unterscheidet:

Bei Anwendung der *direkten Methode* erfolgt eine unmittelbare Befragung des Entscheidenden über seine Ziele. Abgesehen vom Einfluss, der durch die Befragung selbst auf das Ergebnis ausgeübt wird, ist nicht gesichert, dass der Befragte seine Ziele überhaupt angeben kann oder will.

Bei der *indirekten Methode* der empirischen Zielforschung werden aus der Wahl von Aktionen in früheren Entscheidungsproblemen Rückschlüsse auf die zugrunde liegenden Ziele gezogen. Da man jedoch weder die Bedingungen rekonstruieren kann, unter denen die jeweilige Aktion gewählt wurde, noch weiß, ob die Entscheidung optimal war, sind von diesem Vorgehen allenfalls Anhaltspunkte über das Zielsystem zu erwarten.

Hinweise auf eine zweckmäßige Abbildung der Ziele des Entscheidenden im Zielraum des Beschreibungsmodells können auch *verhaltenswissenschaftliche Ansätze* liefern. Beim Versuch, aus den in einer Befragung ermittelten Motiven des Entscheidenden unmittelbar geeignete Zielgrößen abzuleiten, steht man ähnlichen Problemen gegenüber, wie sie bereits bei der Beurteilung der direkten Methode der empirischen Zielforschung dargelegt wurden.

1.2.1.3 Der Aktionsraum

Definition 1.2: Die Menge aller dem Entscheidenden subjektiv zur Verfügung stehenden und durch eine geordnete Menge von Ausprägungen der Aktionsparameter determinierten Aktionen (Alternativen) $a_1, a_2, \ldots, a_n$ wird als *Aktionsraum* (Alternativenraum) A bezeichnet.

Damit ist eine Aktion erst durch die Angabe der konkreten Ausprägungen aller Handlungsparameter eindeutig beschrieben.

Bei der Beschreibung realer Wahlmöglichkeiten des Entscheidenden ist das *Prinzip der vollkommenen Alternativenstellung* zu beachten. Nach diesem Prinzip müssen die Aktionen den subjektiven Informationsstand des Entscheidenden über seine Wahlmöglichkeiten einschließlich des Unterlassens bestimmter Handlungen umfassend beschreiben. Zudem muss der Aktionsraum so beschaffen sein, dass genau eine Aktion gewählt werden kann.

Daher ist zu fordern, dass grundsätzlich nur solche (relevanten) Wahlmöglichkeiten als Aktionen in den Aktionsraum aufgenommen werden, die auf mindestens eine Zielgröße Einfluss haben. Ferner können diejenigen Aktionen eliminiert werden, bei denen man unmittelbar erkennt, dass sie hinsichtlich aller Zielgrößen höchstens gleich gut und hinsichtlich mindestens einer Zielgröße echt schlechter sind als eine beliebige Vergleichsaktion aus dem Aktionsraum. Diese als nicht-effizient bezeichneten Aktionen können niemals die optimale Lösung des Entscheidungsproblems darstellen, da sie von anderen, effizienten Aktionen dominiert werden.

Es existieren noch weitere Möglichkeiten zur Beschränkung des Aktionsraums, wie etwa die Berücksichtigung von Mindesterfüllungsgraden für die einzelnen Zielgrößen oder die Diskretisierung kontinuierlicher Aktionsparameter. Diese Vorgehensweisen werden hier nicht weiter erörtert, da dabei grundsätzlich die Gefahr des Ausscheidens der (zunächst unbekannten) optimalen Kombination der Aktionsparameter gegeben ist.

Beispiel 1.2-4
Als Aktionsparameter stehen der Unternehmensleitung aus dem Beispiel 1.2-1 die von ihr zu beeinflussenden Größen Preis und Werbeausgaben zur Verfügung. Als potentielle Aktionen kommen die nachstehenden Kombinationen a' der Aktionsparameter Preis und Werbeausgaben

$$a'_1 = (50, 1.000)\,,$$
$$a'_2 = (50, 2.500)\,,$$
$$a'_3 = (50, 3.000)\,,$$
$$a'_4 = (80, 1.000)\,,$$
$$a'_5 = (80, 2.500)\,,$$
$$a'_6 = (80, 3.000)\,,$$

in Frage.

Weiterhin sind noch die Unterlassungsaktionen zu berücksichtigen. Der Verzicht auf Werbeausgaben lässt sich beschreiben durch

$$a'_7 = (50, 0)$$

und

$$a'_8 = (80, 0)\,.$$

Wie jedoch der Situationsbeschreibung zu entnehmen ist, steigt der erzielbare Absatz mit zunehmenden Werbeausgaben. Deshalb sind die potentiellen Aktionen a'_7 bzw. a'_8 im Vergleich mit den Aktionen a'_1, a'_2 oder a'_3 bzw. a'_4, a'_5 oder a'_6 nicht-effizient und werden nicht weiter betrachtet. Dasselbe gilt für die nicht explizit vorgesehene, aber grundsätzlich denkbare Aktion, das Produkt nicht (mehr) auf dem Markt anzubieten.

Aufgrund der zusätzlichen Beschränkung über die Höhe der Werbeausgaben sind nicht alle der noch zu untersuchenden potentiellen Aktionen $a'_1, \ldots, a'_6$ zulässig. Der Verkauf von 40 ME des Produkts erbringt beim Preis von 50 EUR einen Erlös von 2.000 EUR. Die potentiellen Aktionen a'_2 und a'_3 sind nicht zulässig, da die bei ihrer Realisation anfallenden Werbeausgaben in Höhe von 2.500 EUR bzw. 3.000 EUR diesen Betrag übersteigen. Beim Verkauf zum Preis von 80 EUR wird ein Erlös in Höhe von 3.200 EUR erzielt, der in jedem Fall über den Werbeausgaben liegt. Der Aktionsraum

$$A = \{a_1, a_2, a_3, a_4\}$$

besteht somit aus den die Wahlmöglichkeiten vollkommen beschreibenden und sich gegenseitig ausschließenden Aktionen

$$a_1 = (50, 1.000)\,,$$
$$a_2 = (80, 1.000)\,,$$
$$a_3 = (80, 2.500)\,,$$
$$a_4 = (80, 3.000)\,.$$

Zwar ist bereits ersichtlich, dass auch die Aktionen a_2 und a_3 nicht-effizient sind, da bei gleicher Preisstellung, verbunden mit höheren Werbeausgaben Aktion a_4 einen höheren Absatz verspricht, jedoch sollen die Konsequenzen dieser Tatsache in der Fortführung des Beispiels explizit demonstriert werden.

1.2.1.4 Der Zustandsraum

Definition 1.3: Die Menge aller vom Entscheidenden nicht beeinflussbaren und durch eine geordnete Menge von Ausprägungen problemrelevanter Umweltfaktoren determinierten (Umwelt-) Zustände $s_1, s_2, \ldots, s_m$ wird als *Zustandsraum* S (im englischen ist von *states* die Rede) bezeichnet.

Im Zustandsraum sind diejenigen Konstellationen von Ausprägungen problemrelevanter Umweltfaktoren zusammengefasst, die vom Entscheidenden selbst nicht beeinflusst werden können, jedoch zusammen mit den Aktionsparametern Einfluss auf die Zielgrößen besitzen. Analog zu den Aktionen müssen auch die Umweltzustände die relevante Umwelt im Zustandsraum umfassend abbilden und zudem muss der Zustandsraum so beschaffen sein, dass genau ein Umweltzustand im Modell dem real eintretenden Zustand entspricht. Ein der Effizienzbetrachtung für den Aktionsraum entsprechendes Ausscheiden von Umweltzuständen ist im Zustandsraum nicht möglich. Bei der praktischen Modellbildung ist man jedoch in der Regel gezwungen, einander ähnliche Umweltkonstellationen in einem Umweltzustand des Zustandsraums zusammenzufassen. In Abhängigkeit vom Zustandsraum lassen sich wichtige Klassen von Entscheidungsproblemen unterscheiden. Besteht Gewissheit, welcher Umweltzustand nach dem Ergreifen einer Alternative eintreten wird, liegt ein Entscheidungsproblem unter Sicherheit vor; d. h. der Zustandsraum besteht aus genau einem Zustand; andernfalls, d. h. bei Vorliegen von mehr als einem möglichen Umweltzustand, liegt Unsicherheit vor. Können den Zuständen Eintrittswahrscheinlichkeiten zugeordnet werden, spricht man von *Risiko*, sonst von *Ungewissheit*. Handelt es sich statt der Umwelt um einen (rational) handelnden Gegenspieler, der die Zustände beeinflusst, spricht man von einer Spielsituation (Spieltheorie).

Beispiel 1.2-5

Einzelne Umweltfaktoren sind in der in Beispiel 1.2-1 geschilderten Situation nicht angegeben. Die zur Beschreibung der wirtschaftlichen Lage in Frage kommenden Konstellationen von Umweltfaktoren wie z. B. Wirtschaftswachstum, Lage am Arbeitsmarkt usw. sind in zwei Intervallen zusammengefasst, die durch die beiden Umweltzustände:

s_1 gute konjunkturelle Lage,

s_2 schlechte konjunkturelle Lage

repräsentiert werden.

Der Zustandsraum lässt sich demnach als $S = \{s_1, s_2\}$ beschreiben.

1.2.1.5 Klassifikation von Entscheidungsproblemen

Nachdem im vorangegangenen Abschnitt die Vorgehensweise bei der Abbildung realer Entscheidungssituationen im Vordergrund stand und bereits Handlungsempfehlungen für einfache Problemstellungen gegeben werden konnten, geht es nun darum, die Charakteristika der nachfolgend betrachteten Entscheidungssituationen hervorzuheben und die Zweckmäßigkeit der gewählten Gliederungskriterien zu begründen.

Eine bedeutende Trennlinie verläuft zwischen Individual- und Gruppenentscheidungen, die sich formal folgendermaßen unterscheiden:

Definition 1.4: Ein *Individual-Entscheidungsmodell* liegt vor, wenn der Zielraum nur aus den Zielgrößen eines einzelnen Entscheidenden besteht.

Entsprechend gilt für das Komplement:

Definition 1.5: Ein *Gruppen-Entscheidungsmodell* liegt vor, wenn der Zielraum die Zielgrößen mehrerer Entscheidender umfasst.

In der Literatur neigt man zuweilen dazu, Entscheidungsmodelle, die im Sinne der Definition 1.4 individuelle Entscheidungssituationen abbilden, durch die Einführung des Begriffs des „Entscheidungsträgers“, der sowohl einzelne Personen als auch Personengruppen umfasst, uneingeschränkt zu verallgemeinern. Dieses Vorgehen erscheint nicht problemadäquat, solange die entsprechenden Erklärungsmodelle überwiegend auf die intrapersonellen Ziel-, Zeit- und Unsicherheitskonflikte hin orientiert sind, was insbesondere dann deutlich wird, wenn eine Befragung des Entscheidenden über seine Bewertungsmaßstäbe erforderlich ist.[1] Obwohl das Problem der Gruppenentscheidungen überwiegend in der Zusammenfassung individueller Präferenzordnungen besteht, darf nicht übersehen werden, dass die individuelle Informationsbeschaffung und -verarbeitung durchaus auch der Beeinflussung durch die übrigen Gruppenmitglieder unterliegt.

Ein weiteres wichtiges Gliederungskriterium stellt der Zeitaspekt in Entscheidungsmodellen dar.

1 Etwa die Bernoulli-Befragung in der Risikosituation. Vgl. dazu Abschnitt 2.2.2.5.

Definition 1.6: *Einstufige Entscheidungsmodelle* beschreiben Situationen, in denen einmalige Entscheidungen, unabhängig von Folgeentscheidungen, zu treffen sind.

Hinweis: Die Ergebnisse der verschiedenen Aktionen in einstufigen Entscheidungsmodellen müssen nicht zu einem bestimmten Zeitpunkt vorliegen.

Definition 1.7: In *mehrstufigen Entscheidungsmodellen* wird berücksichtigt, dass Entscheidungen in zeitlicher Abfolge zu treffen sind und die Ausgangsituationen der jeweils nachgelagerten Entscheidungen beeinflussen.

Durch geeignete Interpretation der Elemente des Aktionsraums als Abfolgen von Aktionen lässt sich zwar jedes mehrstufige Entscheidungsmodell auf ein einstufiges zurückführen, die Zweckmäßigkeit dieser Rückführung ist jedoch im Hinblick auf die Möglichkeiten der Informationsbeschaffung und der rechentechnischen Behandlung des Modells im Einzelfall zu prüfen.

Als drittes wesentliches Merkmal von Entscheidungsmodellen ist der Informationsstand des Entscheidenden bzw. der Gruppe zu nennen, wobei die folgende Begriffshierarchie gewählt wird:

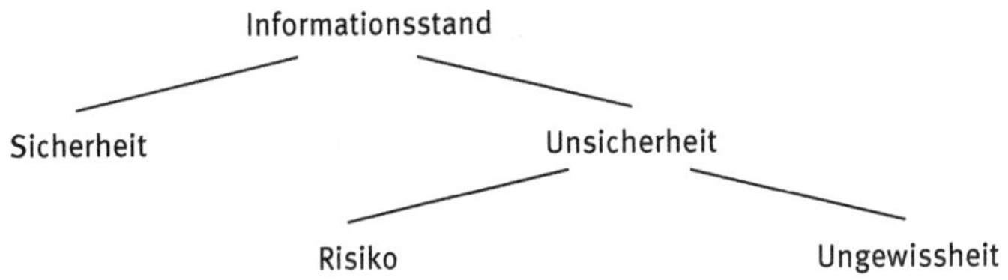

Abb. 1.1: Begriffshierarchie zum Informationsstand

Zur Abgrenzung der Begriffe dienen folgende Definitionen, deren inhaltliche Klärung Gegenstand des folgenden Kapitels ist.

Definition 1.8: Ein *Entscheidungsmodell bei Sicherheit* liegt vor, wenn jeder Aktion a_i genau ein Ergebnis e_i zugeordnet ist.

Hinweise:
1. Das Ergebnis e_i kann aus den Ausprägungen mehrerer Zielgrößen bestehen, d. h.
$$e_i = \left(e_i^{(1)}, \ldots, e_i^{(k)}, \ldots, e_i^{(p)}\right) .$$
2. Sicherheit lässt sich auch als der Fall beschreiben, in dem nur ein relevanter Umweltzustand vorliegt.

Definition 1.9: Ein *Entscheidungsmodell bei Unsicherheit* liegt vor, wenn bei mindestens einer Aktion mehrere voneinander verschiedene Ergebnisse eintreten können.

Hinweis: Unsicherheit bezeichnet den Fall, dass mehrere relevante Umweltzustände existieren.

Definition 1.10: Um ein *Entscheidungsmodell bei Risiko* handelt es sich dann, wenn im Fall der Unsicherheit Wahrscheinlichkeiten über das Eintreten der Umweltzustände vorliegen.

Hinweis: Die Eintrittswahrscheinlichkeiten können dabei sowohl subjektive, auf Schätzungen und Vermutungen des Entscheidenden begründete Glaubwürdigkeitsziffern darstellen als auch objektiv, im Sinne von intersubjektiv überprüfbar, sein.

Definition 1.11: Ein *Entscheidungsmodell unter Ungewissheit* liegt vor, wenn im Fall der Unsicherheit keine Wahrscheinlichkeiten über das Eintreten der Umweltzustände aus dem (bekannten) Zustandsraum bekannt sind.

Soweit dies erforderlich wird, erfolgt die Zuordnung von Entscheidungsmodellen zu weiteren Gliederungsmerkmalen unter verschiedenen Gesichtspunkten im Einzelfall. Um dem Leser einen möglichst großen Überblick über die Breite der präskriptiven Entscheidungstheorie geben zu können, wird nachfolgend eine Reihe von typischen, das Spektrum der üblichen Konfliktsituationen weitgehend abdeckenden Entscheidungsmodellen analysiert. Die Abstraktion vom einzelnen Entscheidenden erfolgt durch die Annahme von Zielgrößen, die akzeptiertem Rollenverhalten zuzuordnen sind, sowie typischen Aktionsmöglichkeiten und häufig anzutreffenden Konstellationen von Umweltfaktoren. Wie sich noch zeigen wird, ist dieser Überblick geprägt von den Grenzen der bekannten Entscheidungskalküle, die zur Ermittlung der Lösung in strukturgleichen Klassen von Beschreibungs- und Erklärungsmodellen anzuwenden sind und einen Engpassfaktor innerhalb der Entscheidungsmodelle darstellen.

1.2.2 Das Erklärungsmodell

Während im Beschreibungsmodell die einzelnen Grundelemente einer Entscheidungssituation dargestellt werden, ist deren formale Verknüpfung i. S. e. Ursache-Wirkungszusammenhangs Gegenstand des Erklärungsmodells. Dieses Kernstück des Modells sind (Gesetzes-) Aussagen, die Informationen über die Wirkungen der Aktionen aus dem Aktionsraum auf die Zielgrößen des Zielraums liefern. Der weiteren Erläuterung dieses Wirkungszusammenhangs wird die exakte Fassung des entscheidungstheoretischen Ergebnisbegriffs vorangestellt.

Definition 1.12: Die Zusammenfassung der Ausprägungen, die die Zielgrößen bei Realisation einer bestimmten Aktion a_i und bei Eintreten eines bestimmten Umweltzustands s_j als Konsequenz annehmen, wird als *Ergebnis* e_{ij} bezeichnet. Die Menge aller Ergebnisse nennt man *Ergebnisraum* E.

Nach Definition 1.12 besteht der Ergebnisraum

$$E = \{e_{11}, \ldots, e_{ij}, \ldots, e_{nm}\} \tag{1.2-1}$$

aus den Ergebnissen

$$e_{ij} = \left(e_{ij}^{(1)}, \ldots, e_{ij}^{(k)}, \ldots, e_{ij}^{(p)}\right), \tag{1.2-2}$$

die eine geordnete Zusammenfassung der Ausprägungen der p Zielgrößen

$$e_{ij}^{(k)} = \left(e_{ij}^{(k1)}, \ldots, e_{ij}^{(kt)}, \ldots, e_{ij}^{(kq)}\right) \tag{1.2-3}$$

zu den q Betrachtungszeitpunkten im Planungszeitraum darstellen.

Während also $e_{ij}^{(kt)}$ die Ausprägung der Zielgröße k zum Zeitpunkt t beschreibt, stellen im Erklärungsmodell die Aktion a_i und der Umweltzustand s_j die Ausgangsbedingungen dar, auf die die „Gesetzesaussagen" i. S. v. formalen Ergebnisfunktionalen $f^{(kt)}$ anzuwenden sind, d. h. es gilt:

$$e_{ij}^{(kt)} = f^{(kt)}(a_i, s_j) . \tag{1.2-4}$$

Zur Lösung konkreter Entscheidungsprobleme sind nun möglichst viele, für das spezielle Problem relevante „Gesetzesaussagen" zu sammeln und in Verbindung mit eigenen Erfahrungen zur Erklärung der Wirkungszusammenhänge einzusetzen.

Beispiel 1.2-6
Die Gesetzesaussagen, die den Umfang des Einflusses beschreiben, der von der gewählten Aktion bei Eintritt eines bestimmten Umweltzustands auf die formulierte Zielgröße ausgeht, sind im zweiten Absatz der Formulierung des Beispiels 1.2-1 wiedergegeben. So ist z. B. exakt festgelegt, welche Wirkung bei guter konjunktureller Lage von einer Preissenkung um 0,20 EUR bzw. einer Erhöhung der Werbeausgaben um 12,50 EUR auf den Absatz des Produkts ausgeht und von welchem Preis an keine Nachfrage nach dem Produkt mehr herrschen würde, falls keine Werbeausgaben getätigt werden. Entsprechende Angaben liegen auch für den Fall schlechter konjunktureller Lage vor.

1.2.3 Der Entscheidungskalkül

1.2.3.1 Entscheidung als rationale Wahl

Nachdem im Beschreibungsmodell neben seinen Zielen auch die prinzipiellen Möglichkeiten der Einflussnahme des Entscheidenden auf die ihn umgebende Situation erfasst und im Erklärungsmodell hinsichtlich ihres Umfangs näher konkretisiert wurden, stellt der Entscheidungskalkül den dritten Schritt auf dem Wege zu einer konkreten Handlungsempfehlung im Sinne der präskriptiven Entscheidungstheorie dar.

Beim Entscheidungskalkül handelt es sich um logische Umformungen der Informationen, die das Beschreibungs- und Erklärungsmodell beinhalten. Damit setzen Entscheidungskalküle also entsprechende Informationsverarbeitungs- und Lösungsmethoden voraus, die es gestatten, die entsprechend den Zielgrößen optimalen Aktionen aus dem Aktionsraum zu ermitteln. Zusätzliche empirisch gehaltvolle Informationen gehen dabei in das Entscheidungsmodell nicht ein.

Zur Förderung des zielgerichteten Vorgehens bei der Umformung der Basisinformationen hat sich eine bestimmte Darstellungsform für Entscheidungsprobleme als zweckmäßig erwiesen, die auch als *Grundmodell der Entscheidung* bzw. *Ergebnismatrix* bezeichnet wird. Dabei werden die zur Auswahl stehenden Aktionen in der Vorspalte, die möglichen Umweltzustände in der Kopfzeile und die Ziel- bzw. Ergebniswerte in den entsprechenden Feldern der Matrix eingetragen (siehe Abb. 1.2). Damit eine übersichtlich geordnete Darstellung dieser Ergebnismatrix möglich wird, ist vorauszusetzen, dass Aktions- und Zustandsraum nur endlich viele Elemente enthalten.

	s_1	s_2	$\cdots$	s_j	$\cdots$	s_m
a_1	e_{11}	e_{12}	$\cdots$	e_{1j}	$\cdots$	e_{1m}
a_2	e_{21}	e_{22}	$\cdots$	e_{2j}	$\cdots$	e_{2m}
$\vdots$	$\vdots$	$\vdots$		$\vdots$		$\vdots$
a_i	e_{i1}	e_{i2}	$\cdots$	e_{ij}	$\cdots$	e_{im}
$\vdots$	$\vdots$	$\vdots$		$\vdots$		$\vdots$
a_n	e_{n1}	e_{n2}	$\cdots$	e_{nj}	$\cdots$	e_{nm}

Abb. 1.2: Grundmodell der Entscheidung (Ergebnismatrix)

Da Entscheidungsmodelle erst dann der an sie gestellten Aufgabe gerecht werden, wenn mit ihrer Hilfe dem Entscheidenden konkret angegeben werden kann, dass er sich in einer bestimmten Situation genau dann gemäß seinen Zielen, d. h. rational verhält, wenn er eine bestimmte Aktion wählt, ist bei der Konstruktion des Beschreibungsmodells und des Erklärungsmodells bereits die Existenz geeigneter Entscheidungskalküle zu berücksichtigen. Da Kalkülwissen, also das Wissen um die Lösbarkeit eines Entscheidungsproblems, und Erklärung in der Regel Engpässe in Entscheidungsmodellen darstellen, sind Beschreibungs-, Erklärungs- und Kalkülmodell simultan zu entwickeln.

Aufgabe des Entscheidungskalküls ist es jedenfalls, die in Form des Grundmodells der Entscheidung vorliegende Modellformulierung und Ergebniszuschreibung zu einem Rationalkalkül fortzuentwickeln, der es gestattet, die entsprechend den Zielgrößen optimalen Aktionen aus dem Aktionsraum zu bestimmen.

Definition 1.13: Die als Lösung eines Entscheidungsproblems bezeichnete Menge A^* enthält alle diejenigen Aktionen des Aktionsraums, die hinsichtlich der Zielgrößen des Zielraums optimal sind.

Definition 1.14: Die Lösung eines Entscheidungsproblems heißt dann *rational*, wenn sie genau die hinsichtlich der Zielgrößen des Zielraums besten Alternativen enthält.

Der hier verwendete Begriff der *Rationalität* lässt sich auf *Max Weber* (1980) zurückführen, der ihn wie folgt beschreibt: „Zweckrational handelt, wer sein Handeln nach Zweck, Mittel und Nebenfolgen orientiert und dabei sowohl die Mittel gegen die Zwecke, wie die Zwecke gegen die Nebenfolgen, wie endlich auch die verschiedenen möglichen Zwecke gegeneinander rational abwägt: also jedenfalls weder affektuell (und insbesondere nicht emotional), noch traditional handelt."

Diese Anforderung kann nur erfüllt werden, wenn der Entscheidungskalkül eine rationale Entscheidung sicherstellt.

Max Weber grenzt damit den Begriff des zweckrationalen, also an den Zielen ausgerichteten Handelns von einem durch Affekte oder Emotionen geleiteten Handeln, ebenso von Handlungen aus Intuition oder tradierten Gewohnheiten, scharf ab. Es sind dies mögliche subjektive Ursachen für sog. Rationalitätsdefizite. Eine weitere Ursachenklasse möglicher Rationalisitätsdefizite beschreibt *Herbert A. Simon* mit dem Konzept der „bounded rationality" , wonach auch kognitive Begrenzungen beim Entscheidungssubjekt sowie der Konext eines Entscheidungsproblems zu einer Abweichung von streng rationalem Verhalten führen können und damit das auch objektiv erreichbare Rationalitätsniveau begrenzen.

Beispiel 1.2-7

Mit Hilfe geeigneter Umformungen sollen nun für das Beispiel 1.2-1 diejenigen Aktionen ermittelt werden, bei deren Wahl das Unternehmen das Maximum des erzielbaren Absatzes bei schlechter konjunktureller Lage erreicht. Der erste Schritt besteht in der Transformation der verbal beschriebenen technologischen Aussagen in mathematische Funktionen.

Bei guter konjunktureller Lage stellt sich die um die Werbewirkung erweiterte Preis-Absatz-Funktion dar als

$$g_1 : x = 800 - 5\,p + 0{,}08\,w\,;$$

dabei bezeichnen:

x die abgesetzte Menge,

p den Preis des Produkts,

w die Werbeausgaben.

Durch Einsetzen konkreter Zahlenwerte für p und w lässt sich nachweisen, dass die Funktion g_1 den verbal beschriebenen Sachverhalt richtig wiedergibt.

Analog gilt bei schlechter konjunktureller Lage:

$$g_2 : x = 1.000 - 10\,p + 0{,}05\,w\ .$$

g_1 und g_2 geben den in der Beziehung (1.2-4) allgemein formulierten Zusammenhang zwischen Aktion, Umweltzustand und Ergebnis an, wobei die Wirkungen der Umweltzustände bereits in den Koeffizienten der Funktionen eingefangen sind.

Da nur eine Zielgröße und ein Zeitpunkt im Modell relevant sind, erübrigt sich eine entsprechende Indizierung der Ergebnisse

$$e_{11} = f_1(a_1, s_1) = g_1(a_1)\ ; \qquad e_{12} = f_2(a_1, s_2) = g_2(a_1)\ ;$$

$$\vdots \qquad\qquad\qquad\qquad \vdots$$

$$e_{41} = f_1(a_4, s_1) = g_1(a_4)\ ; \qquad e_{42} = f_2(a_4, s_2) = g_2(a_4)\ .$$

Setzt man für die Aktionen die entsprechenden Ausprägungen der Aktionsparameter in die Funktionen g_1 bzw. g_2 ein, so errechnen sich die in der nachstehenden Ergebnismatrix zusammengefassten Werte.

	s_1	s_2
a_1	630	550
a_2	480	250
a_3	600	325
a_4	640	350

Wie bereits im Beispiel 1.2-4 erkennbar, wird nun die Überlegenheit der Aktion a_4 über die Aktionen a_2 und a_3 deutlich, da die Wahl von a_4 unabhängig von der konjunkturellen Lage jeweils einen höheren Absatz zur Folge hat.

Die oben dargestellte Ergebnismatrix lässt sich demnach reduzieren zur Matrix

	s_1	s_2
a_1	630	550
a_4	640	350

ohne, dass damit die optimale Aktion eliminiert wird.

Wie aus der Matrix ersichtlich ist, kann sich die Unternehmung einen maximalen Absatz in Höhe von 550 ME bei schlechter konjunktureller Lage sichern, wenn sie die Aktion a_1 wählt. Würde die Unternehmung die Aktion a_4 wählen, so wäre ihr nur ein Absatz in Höhe von mindestens 350 ME sicher, da sie voraussetzungsgemäß keinen Einfluss auf die unbekannte wirtschaftliche Lage besitzt.

Als Lösung des Entscheidungsproblems erhält man somit:

$$A^* = \{a_1\}\ .$$

1.2.3.2 Präferenzrelationen

Die Ausprägung, die eine Zielgröße bei Realisation einer bestimmten Alternative annimmt, wird als *Ergebnis* bezeichnet und durch eine *Ergebnisfunktion* bestimmt.

Dass die von der gewählten Aktion abhängigen Ausprägungen der Zielgrößen (Ergebnisse) selbst noch keine absoluten Wertgrößen darstellen, wird daran deutlich, dass etwa ein bestimtes Ergebnisniveau von einem Entscheidenden als hoch, von einem anderen hingegen als niedrig beurteilt werden kann.

Dieser Unterschied in der Beurteilung ist solange nicht problematisch, als nur Ausprägungen einer Zielgröße miteinander zu vergleichen sind. Die formale Darstellung des Entscheidungsproblems reduziert sich in diesem Fall von der Ergebnismatrix zu einem Ergebnisvektor, dessen Elemente Ausprägungen dieser Zielgröße sind. Verwendet man nur die zur eindeutigen Kennzeichnung der Ergebnisse erforderlichen Indizes, so stellt sich der Ergebnisvektor dar in der Form.

	s_1
a_1	e_1
a_2	e_2
⋮	⋮
a_i	e_i
⋮	⋮
a_n	e_n

Abb. 1.3: Ergebnisvektor bei Sicherheit

In diesem (einfachsten) Fall genügt zur Auswahl der optimalen Aktion eine Reihung der Ergebnisse. Liegen die Ergebnisse in Form numerischer Werte vor, so ist diese – inhaltlich bereits vorgenommene – Reihung problemlos, während im Fall der verbalen Beschreibung der Ausprägungen der Zielgrößen Schwierigkeiten auftreten können.

Vermag es der Entscheidende nicht, die mit den Aktionen verbundenen Ergebnisse derart zu reihen, dass z. B. das beste Ergebnis an der ersten Stelle und das schlechteste Ergebnis an der letzten Stelle steht, so kann ihm die präskriptive Entscheidungstheorie keine Handlungsempfehlung geben.

Die Fähigkeit, Ergebnisse in der genannten Weise zu reihen, lässt sich logisch auf zwei Grundforderungen zurückführen: das Ordnungs- und Transitivitätsaxiom.

1.2.3.3 Ordnungsaxiom

Der Entscheidende muss in der Lage sein, für je zwei beliebige Ausprägungen e_f und e_g einer Zielgröße anzugeben, welche der folgenden Relationen gilt:

e_f wird e_g strikt vorgezogen, symbolisch $e_f \succ e_g$ (Präferenz);
e_g wird e_f strikt vorgezogen, symbolisch $e_g \succ e_f$ (Präferenz);
e_f wird e_g gleichgeschätzt, symbolisch $e_f \sim e_g$ (Indifferenz).

Stehen beispielsweise zwei Aktionen a_1 bzw. a_2 mit den Ergebnissen e_1 bzw. e_2 zur Wahl und gilt $e_2 \succ e_1$, so ist die Aktion a_2 zu wählen, da deren Ergebnis e_2 dem Ergebnis e_1 der Aktion a_1 vorgezogen wird.

1.2.3.4 Transitivitätsaxiom

Liegen mehr als zwei Ausprägungen einer Zielgröße vor, so muss das Urteil des Entscheidenden in dem Sinne konsistent sein, dass z. B. für drei Ausprägungen e_f, e_g und e_h einer Zielgröße

aus $e_f \succ e_g$ und $e_g \succ e_h$ folgt $e_f \succ e_h$ bzw.
aus $e_f \sim e_g$ und $e_g \sim e_h$ folgt $e_f \sim e_h$.

Die Notwendigkeit des Transitivitätsaxioms für eine Handlungsempfehlung an den Entscheidenden zeigt folgende Überlegung:

Stehen drei Aktionen a_1, a_2 und a_3 mit den Ergebnissen e_1, e_2 und e_3 zur Wahl und gilt $e_1 \succ e_2$, $e_2 \succ e_3$ und $e_3 \succ e_1$, so besitzt das Entscheidungsproblem keine Lösung, wie sich leicht zeigen lässt. Die Aktion a_1 ist nicht optimal, da dem zugehörigen Ergebnis e_1 das Ergebnis e_3 der Aktion a_3 vorgezogen wird. Die Aktion a_2 ist nicht optimal, da dem zugehörigen Ergebnis e_2 das Ergebnis e_1 der Aktion a_1 vorgezogen wird. Auch die Aktion a_3 ist nicht optimal, da dem zugehörigen Ergebnis e_3 das Ergebnis e_2 der Aktion a_2 vorgezogen wird. Es ist also nicht möglich, dem Entscheidenden vorzuschreiben, wie er sich entsprechend seinen (intransitiven) Präferenzrelationen bestmöglich verhalten soll.

Der Verdeutlichung der Zusammenhänge soll das folgende (triviale) Beispiel dienen.

Beispiel 1.2-8

Eine Hausfrau hat die Möglichkeit, sich auf ihrem Herd ein Schnitzel, ein Hähnchen oder einen Fisch aus vorhandenen Vorräten zuzubereiten. Wofür soll sie sich entscheiden, wenn sie sich das Gericht kochen möchte, das ihr am besten schmeckt und dafür im Moment folgende Präferenzrelationen besitzt:

Schnitzel ≻ Hähnchen, Fisch ≻ Hähnchen, Schnitzel ≻ Fisch?

Lösung:

Zunächst soll das beschriebene Modell als Entscheidungsmodell analysiert werden.

- Das Zielmerkmal ist der „geschmackliche Nutzen" aus dem Gericht, die Vorschrift lautet auf Maximierung und die Erfüllung soll unmittelbar erfolgen.
- Als Aktionsparameter stehen der Hausfrau die Quantitäten an vorhandenen Vorräten, Heizenergie und ihr Arbeitseinsatz zur Verfügung, die es erlauben, ein Schnitzel, ein Hähnchen oder einen Fisch zu kochen, welche den Aktionsraum A beschreiben.
- Die Technologie des Entscheidungsmodells besteht aus dem Kochrezept, nach dem die einzelnen Vorräte unter Einsatz von Heizenergie und der Arbeitskraft der Hausfrau zu einem Gericht vereinigt werden.
- Auf die Herstellung des Gerichts einwirkende unterschiedliche Umgebungseinflüsse werden explizit nicht angegeben, d. h. es liegt eine Entscheidung unter Sicherheit vor, mit

$$S = \{s_1\} .$$

– Wie der Problemstellung zu entnehmen ist, sind unter Berücksichtigung der maximal zur Verfügung stehenden Vorräte drei Aktionen effizient, d. h. es ergibt sich als Ergebnisvektor:

	s_1
a_1	e_1 : Schnitzel
a_2	e_2 : Hähnchen
a_3	e_3 : Fisch

Aus den vorgegebenen Präferenzrelationen lässt sich die folgende Reihung der Ergebniss entwickeln:

$$e_1 \succ e_2\,,$$
$$e_1 \succ e_3\,,$$
$$e_3 \succ e_2\,,$$
$$e_1 \succ e_3 \succ e_2\,.$$

Da diese Reihung transitiv ist, ist der Hausfrau zu empfehlen, sich ein Schnitzel zuzubereiten (sofern sie darauf noch nicht selbst gekommen ist).

Die als Forderung an den Entscheidenden zu verstehende Transitivitätsbedingung ist in der Realität nicht immer erfüllt. Zwar formuliert sie im Grunde ein erwartbares Mindestmaß an Logik. Dennoch kann ein Grund für intransitives Verhalten in der Existenz sog. *Fühlbarkeitsschwellen* liegen, deren Wirkung sich am besten mit Hilfe der Indifferenzrelation verdeutlichen lässt. Existieren zwischen zwei Ergebnissen e_f und e_g nur geringe Unterschiede, die unterhalb der Fühlbarkeitsschwelle liegen, so gilt: $e_f \sim e_g$. Werden auch e_g und ein weiteres Ergebnis e_h trotz kleiner Unterschiede gleichgeschätzt ($e_g \sim e_h$), so können sich diese geringen Unterschiede derart kumulieren, dass insgesamt die Fühlbarkeitsschwelle überschritten wird und im direkten Vergleich z. B. die Präferenzrelation $e_f \succ e_h$ gilt.

Nach diesem Rekurs auf grundlegende Anforderungen an den Entscheidenden zur Operationalisierung seiner Ziele ist nachfolgend auf eine wesentliche Konsequenz dieser Bedingungen einzugehen, die eine spezielle Darstellungsform der Reihung der Ergebnisse erlaubt.

1.2.3.5 Nutzenfunktionen

Gelten für den Entscheidenden das Ordnungs- und das Transitivitätsaxiom, so kann unter bestimmten Annahmen über die Menge der Ausprägungen des betrachteten Ziels an die Stelle der expliziten Reihung der Ergebnisse eine Nutzenfunktion w treten, die diese Reihung beschreibt.

Existenz einer ordinalen Nutzenfunktion

Ist die Präferenz des Entscheidungssubjekts eine vollständige, transitive Ordnung (von Ergebnissen) und bezeichnet $w(e_g)$ den Wert der Nutzenfunktion für das Ergebnis e_g, so existiert immer eine die Präferenz abbildende Nutzenfunktion w, die dem

Aussagensystem

$$e_g \succ e_h \iff w(e_g) > w(e_h)$$
$$e_h \succ e_g \iff w(e_h) > w(e_g)$$
$$e_g \sim e_h \iff w(e_g) = w(e_h)$$

genügt; mit: $w(e) \in \mathbb{R}$.

Den Beweis für die Existenz einer ordinalen Nutzenfunktion unter den genannten Bedingungen hat *Debreu* (1954) erbracht.

Diese ordnungserhaltende Zuordnung reeller Zahlen zu Ausprägungen von Merkmalen wird allgemein als *Messvorgang* bezeichnet, wobei die bislang definierte Nutzenfunktion (oder streng monotone Transformationen davon) nur etwas darüber aussagt, ob ein Ergebnis einem anderen gegenüber präferiert wird oder nicht. Derartige Nutzenfunktionen heißen *ordinale Nutzenfunktionen.*

Beispiel 1.2-9

Ausgehend von folgendem Entscheidungsproblem

e_{ij}	s_1
a_1	e_{11}: Schnitzel
a_2	e_{12}: Hähnchen
a_3	e_{13}: Fisch

seien die bekannten Präferenzrelationen Schnitzel ≻ Hähnchen, Fisch ≻ Hähnchen, Schnitzel ≻ Fisch, die nun durch ordinale Nutzenfunktionen repräsentiert werden sollen. Folgende (beliebige) Nutzenwerte leisten z. B. diese Aufgabe:

e_{ij}	s_1	w(i1)
a_1	e_{11}: Schnitzel	10
a_2	e_{12}: Hähnchen	8
a_3	e_{13}: Fisch	9

Als eine mögliche Vorgehensweise zur Bestimmung einer ordinalen Nutzenfunktion sei nun die sog. *Direct Rating-Methode* vorgestellt. Diese verfährt wie folgt:

1. Ermittlung des besten und schlechtesten Ergebnisses (e_1, e_0).
2. Reihung der Ergebnisse.
3. Direkte Nutzenbewertung der Ergebnisse (ggf. Normierung mit: $e_1 = 1$ und $e_0 = 0$).
4. Konsistenzprüfung (ob Nutzenordnung der Ergebnisreihe entspricht).
5. Ggf. graphische Repräsentation.
6. Ggf. formale Repräsentation (z. B. durch Interpolationsprozeduren).

Beispiel 1.2-10
Ein Absolvent sieht sich mehreren Jobalternativen gegenüber, die sich hinsichtlich des für den Absolventen einzigen relevanten Kriteriums, nämlich dem Jahresgehalt unterscheiden.

e_{ij}	s_1
a_1	$e_{11} = 50.000$
a_2	$e_{12} = 55.000$
a_3	$e_{13} = 80.000$
a_4	$e_{14} = 30.000$
a_5	$e_{15} = 65.000$

Zur ordinalen, rangerhaltenden Repräsentation der Ergebnisse wird die Direct Rating-Methode angewendet. Die besten und schlechtesten Ergebnisse werden mit den Nutzenwerten 1 und 0 bewertet. Daran anschließend werden den dazwischenliegenden Ergebnissen direkt Nutzenwerte zugewiesen, d. h. durch Befragung des Entscheidungssubjekts ermittelt, so dass die Reihung der Alternativen den Ergebnispräferenzen entspricht. Dies könnte wie folgt aussehen:

e_{ij}	s_1
a_1	$w(e_{11}) = 0,7$
a_2	$w(e_{12}) = 0,8$
a_3	$w(e_{13}) = 1$
a_4	$w(e_{14}) = 0$
a_5	$w(e_{15}) = 0,9$

Auf eine graphische und formale Repräsentation wird hier verzichtet.

In der Theorie des Messens unterscheidet man in Abhängigkeit von den Struktureigenschaften der zu messenden Merkmale verschiedene Maßskalen. So lassen sich – wie dargestellt – abstufbare, d. h. durch Rangordnung reihbare Zielgrößen mindestens durch *Ordinalskalen* (z. B. die Notenskala), als quantitativ bezeichnete Zielgrößen auch durch metrische Skalen oder *Kardinalskalen* abbilden.

In Abhängigkeit davon, ob ein natürlicher Nullpunkt für das Merkmal vorliegt, unterteilt man Kardinalskalen noch in Intervallskalen (z. B. Temperaturskala °C oder °F) und Verhältnisskalen (z. B. Längenskala in cm oder inch). Rechenoperationen zwischen den Messwerten sind allerdings nur dann sinnvoll, wenn eine Entsprechung des Rechenergebnisses in den Merkmalen selbst vorliegt; d. h. dass Quotientenbildung bei intervallskalierten Merkmalen keinen, aber z. B. bei verhältnisskalierten Merkmalen durchaus Sinn macht.

Es lässt sich daher sinnvoll sagen, dass Max mit einer Größe von 1,8 m doppelt so groß wie Mäxchen ist, der nur 90 cm misst. Demgegenüber macht es wenig Sinn zu sagen, dass es nachts mit 10 °C nur halb so warm war wie tagsüber, als das Thermometer 20 °C anzeigte. Letztere Aussage bereitet deshalb Schwierigkeiten, da sie nicht mehr wahr wäre, wenn die Temperatur in Fahrenheit (°F) gemessen würde; denn dann hätte es nachts 50 °F und tagsüber 68 °F, was im Widerspruch zu der Aussage stünde, es wäre nachts halb so warm gewesen wie tagsüber.

Existenz einer kardinalen Nutzenfunktion

Aussagen über das Ausmaß der Präferenz setzen eine *kardinale Nutzenfunktion* voraus. Diese ist nicht nur ordnungserhaltend (wie eine ordinale Nutzenfunktion), sondern ist zudem in der Lage, anzugeben, wie stark ein Ergebnis einem anderen gegenüber präferiert wird; d. h. die Nutzendifferenz $w(e_g) - w(e_f)$ ist ein Maß für die Stärke der Präferenz beim Übergang von e_f nach e_g.

Ist die Präferenz des Entscheidungssubjekts eine vollständige, transitive Ordnung sowohl von Ergebnissen als auch vom Übergang zwischen Ergebnissen, so existiert eine die Präferenz abbildende kardinale Nutzenfunktion, die dem Aussagensystem

$$[e_f \rightarrow e_g] \succ [e_h \rightarrow e_i] \Leftrightarrow w(e_g) - w(e_f) > w(e_i) - w(e_h)$$

$$[e_f \rightarrow e_g] \prec [e_h \rightarrow e_i] \Leftrightarrow w(e_g) - w(e_f) < w(e_i) - w(e_h)$$

$$[e_f \rightarrow e_g] \sim [e_h \rightarrow e_i] \Leftrightarrow w(e_g) - w(e_f) = w(e_i) - w(e_h)$$

genügt; mit: $w(e) \in \mathbb{R}$.

Als eine mögliche Vorgehensweise zur Bestimmung einer kardinalen Nutzenfunktion sei die sog. *Halbierungsmethode* vorgestellt. Diese verfährt wie folgt:

1. Ermittlung des besten und schlechtesten Ergebnisses (e_1, e_0).
2. Direkte Nutzenbewertung der Ergebnisse mit: $e_1 = 1$ und $e_0 = 0$.
3. Halbierung des Nutzenintervalls [0; 1] und Bestimmung des entsprechenden Ergebnisses $e_{0,5}$, so dass gilt: $[e_0 \rightarrow e_{0,5}] \sim [e_{0,5} \rightarrow e_1]$
4. Halbierung des Nutzenintervalls [0; 0,5] und Bestimmung des entsprechenden Ergebnisses $e_{0,25}$, so dass gilt: $[e_0 \rightarrow e_{0,25}] \sim [e_{0,25} \rightarrow e_{0,5}]$
5. Halbierung des Nutzenintervalls [0,5; 1] und Bestimmung des entsprechenden Ergebnisses $e_{0,75}$, so dass gilt: $[e_{0,5} \rightarrow e_{0,75}] \sim [e_{0,75} \rightarrow e_1]$
6. Konsistenzprüfung (z. B. prüfen, ob subjektiver „Mittelwert" des Intervalls $[e_{0,25}, e_{0,75}]$ dem Wert $e_{0,5}$ entspricht).
7. Ggf. Ermittlung weiterer „Stützstellen".
8. Ggf. graphische Repräsentation.
9. Ggf. formale Repräsentation durch Interpolationsprozeduren.

Beispiel 1.2-11

Ein Absolvent sieht sich denselben Jobalternativen wie in Beispiel 1.2-7 gegenüber, die sich hinsichtlich des für den Absolventen einzigen relevanten Kriteriums, nämlich dem Gehalt unterscheiden.

e_{ij}	s_1
a_1	50.000
a_2	55.000
a_3	80.000
a_4	30.000
a_5	65.000

- Zur kardinalen, abstandsmessenden Repräsentation der Ergebnisse wird die Halbierungsmethode angewendet. Die besten und schlechtesten Ergebnisse werden mit den Nutzenwerten 1 und 0 bewertet.

- Daran anschließend wird das Nutzenintervall [0; 1] halbiert und jenes Jahresgehalt durch Befragung des Entscheidungssubjekts ermittelt, für das gilt: $[e_0 \rightarrow e_{0,5}] \sim [e_{0,5} \rightarrow e_1]$. Angenommen, das Entscheidungssubjekt gebe hierfür ein Jahresgehalt in Höhe von 50.000 an, so bedeutet das, dass der Übergang von einem Jahresgehalt von 30.000 auf 50.000 dieselbe Nutzenänderung bewirkt wie der Übergang von einem Jahresgehalt von 50.000 auf 80.000. Die Höhe dieser Nutzenänderung ist leicht zu ermitteln: Da bei Existenz einer kardinalen Nutzenfunktion gelten muss: $w(e_{0,5}) - w(e_0) = w(e_1) - w(e_{0,5})$, folgt unmittelbar $w(e_{0,5}) - 0 = 1 - w(e_{0,5}) \Rightarrow 2 \cdot w(e_{0,5}) = 1$ und damit $w(e_{0,5}) = 0{,}5$.
- Nun kann das Nutzenintervall [0; 0,5] halbiert und jenes Jahresgehalt erfragt werden, für das gilt: $[e_0 \rightarrow e_{0,25}] \sim [e_{0,25} \rightarrow e_{0,5}]$. Sei dieses 38.000, entspricht dies einem Nutzen $w(e_{0,25}) = 0{,}25$, womit das Entscheidungssubjekt zum Ausdruck bringt, dass der Übergang von einem Jahresgehalt von 30.000 auf 38.000 dieselbe Nutzenänderung bewirkt wie der Übergang von einem Jahresgehalt von 38.000 auf 50.000.
- Schließlich kann das Nutzenintervall [0, 5; 1] halbiert und jenes Jahresgehalt erfragt werden, für das gilt: $[e_{0,5} \rightarrow e_{0,75}] \sim [e_{0,75} \rightarrow e_1]$. Sei dieses 63.000, entspricht dies einem Nutzen $w(e_{0,75}) = 0{,}75$, womit das Entscheidungssubjekt zum Ausdruck bringt, dass der Übergang von einem Jahresgehalt von 50.000 auf 63.000 dieselbe Nutzenänderung bewirkt wie der Übergang von einem Jahresgehalt von 63.000 auf 80.000.
- Auf diesen vier Stützpunkten lässt sich eine kardinale Nutzenfunktion aufbauen, die durch weitere Halbierungen nach eben dargestelltem Muster noch beliebig viele weitere Stützpunkte erhalten kann.
- Eine graphische Repräsentation der Nutzenfunktion ergibt folgende Abbildung:

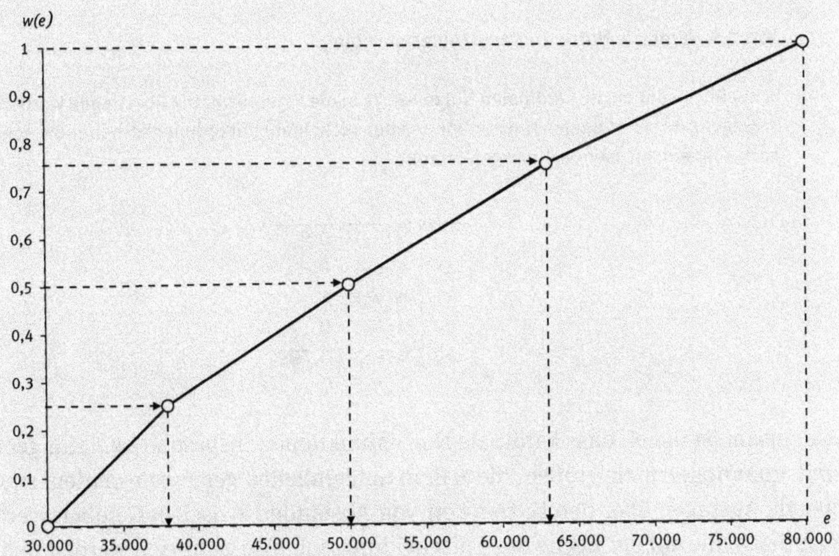

Abb. 1.4: Kardinale Nutzenfunktion (Halbierungsmethode und Interpolation)

- Auf eine formale Repräsentation sei hier verzichtet.
- Nach Konstruktion der Nutzenfunktion können die noch fehlenden Nutzenwerte der Ergebnismatrix auch der graphischen Darstellung entnommen werden. Im Beispiel sind dies die

Nutzenwerte für die Jahresgehälter 55.000 bzw. 65.000, die durch Ablesen an der Ordinate mit 0,6 bzw. 0,79 ermittelt werden können.

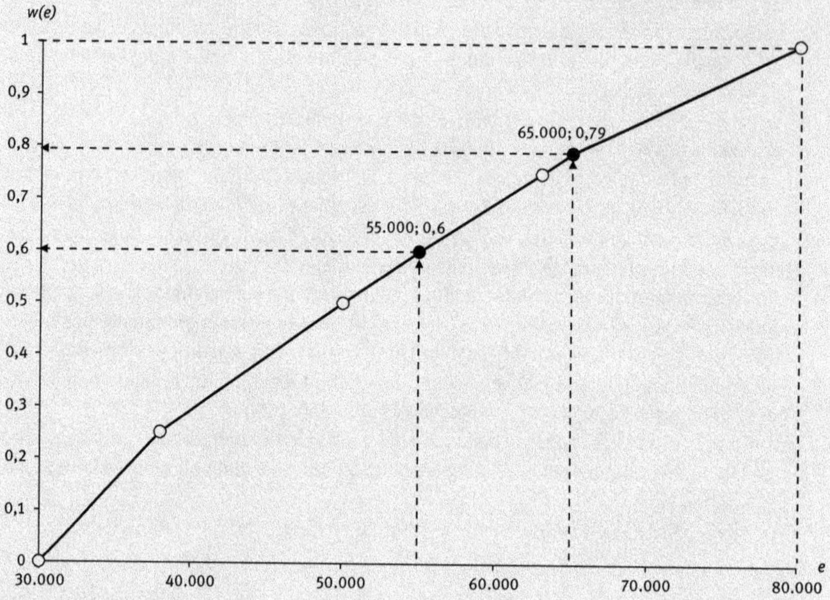

Abb. 1.5: Kardinale Nutzenfunktion (Ablesebeispiel)

– Schließlich können die kardinalen Nutzenwerte in die Ergebnismatrix übertragen werden, die im Gegensatz zur ordinalen Nutzenfunktion nun nicht mehr nur ordnungserhaltende, sondern auch abstandsmessende Aussagen erlaubt.

	s_1
a_1	$w(e_1) = 0{,}5$
a_2	$w(e_2) = 0{,}6$
a_3	$w(e_3) = 1$
a_4	$w(e_4) = 0$
a_5	$w(e_5) = 0{,}79$

Bedeutsam ist dabei, dass kardinale Nutzenfunktionen insbesondere dafür geeignet sind, quantitativen Zielgrößen, die z. B. in Geldeinheiten gemessen werden, sinnmachende Aussagen über den Nutzenwert von Abständen zwischen Geldbeträgen hinzuzufügen, die auf der Ebene des Entscheidungssubjekts gemessen werden und sich nicht durch bloßen Vergleich von Geldbeträgen ergeben. So ist es zwar trivial zu sagen, dass der Übergang von 30.000 EUR auf 60.000 EUR eine Verdoppelung darstellt, ebenso wie von 60.000 EUR auf 120.000 EUR. Aber es ist im Kontext des kardinalen Nutzenkonzepts eben von Bedeutung, ob ein Entscheidungssubjekt diesen beiden Verdoppelungen tatsächlich dieselbe Nutzenänderung beimisst.

Beispiel 1.2-12
In einer umfassenden Befragungsstudie mit mehr als 450.000 Teilnehmern konnten die beiden Nobelpreisträger Daniel Kahneman und Angus Deaton (2010) zeigen, dass höheres Einkommen zwar zu einer besseren Beurteilung der individuellen Lebensqualität, ab einer bestimmten Schwelle aber nicht zu einer höheren Lebenszufriedenheit der Befragten führt. Damit wurde ein abnehmender Grenznutzen des Jahreseinkommens von US-Bürgern nachgewiesen, der ab einer Einkommensschwelle von ca. 70.000 US-Dollar sogar Null beträgt.

2 Einstufige Individualentscheidungen

2.1 Sicherheit

2.1.1 Einfache Zielsetzung

2.1.1.1 Ausgewählte Entscheidungsprobleme unter Sicherheit

Ausgewählte einstufige Individualentscheidungen unter Sicherheit bei nur einer Zielgröße werden nachfolgend beispielhaft analysiert. Deren Grundstruktur ist simpel. Da der Fall der Sicherheit bedeutet, dass nur ein relevanter Umweltzustand existiert, besteht die Auswahl der besten Alternative darin, den Ergebnisvektor nach dem optimalen Wert zu durchsuchen.

	s_1
a_1	e_{11}
a_2	e_{21}
$\vdots$	$\vdots$
a_i	e_{i1}
$\vdots$	$\vdots$
a_n	e_{n1}

Abb. 2.1: Ergebnismatrix bei Sicherheit und einfacher Zielsetzung

Schwierigkeiten bereitet allenfalls die rechentechnische Ermittlung der Lösung, d. h. das Auffinden des Optimums im Lösungsraum im Rahmen des Entscheidungskalküls, wenn der Ergebnisvektor nicht aus einer überschaubaren (endlichen) Menge diskreter Werte besteht, sondern z. B. aus einer unendlichen Menge stetiger Werte.

Hierauf wird in den folgenden beiden Beispielen insbesondere eingegangen. Das erste Beispiel stammt aus dem Bereich der Produktionstheorie und behandelt den optimalen Produktionsfaktoreinsatz einer chemischen Anlage bei gegebenen Faktorpreisen und gegebener Produktionsmenge des Erzeugnisses. Das zweite Beispiel entstammt der Produktionsplanung und behandelt die Bestimmung des optimalen Produktionsprogramms bei gegebenen Faktormengen.

In die Behandlung der Beispiele gehen überdies implizit gewisse Annahmen über das Verhalten des Entscheidenden ein, die bezüglich der einfachen Beispiele auf der Hand liegen, als Grundlage für kompliziertere Probleme jedoch einer eingehenderen Erörterung bedürften.

Beispiel 2.1-1

Die Wirkungsweise der Gaserzeugungsanlage eines Unternehmens der chemischen Industrie lässt sich unter Berücksichtigung der gerade herrschenden Temperatur- und Druckbedingungen der Um-

https://doi.org/10.1515/9783110616941-002

gebungsluft durch folgende Produktionsfunktion beschreiben:

$$x = c_1 \frac{Tr_1}{D} + c_2 T \sqrt{r_2}\,;$$

dabei bezeichnen:

x die Menge des hergestellten Gases in [m³],
r_1 die Einsatzmenge des Produktionsfaktors R_1 in [l],
r_2 die Einsatzmenge des Produktionsfaktors R_2 in [l],
T die Temperatur der Umgebungsluft in [°C],
D den Druck der Umgebungsluft in [mb]
c_1 einen Produktionskoeffizienten $[\frac{m^3 mb}{°C l}]$,
c_2 einen Produktionskoeffizienten $[\frac{m^3}{°C l}]$.

Die Einkaufspreise p_1 bzw. p_2 der voll substituierbaren Produktionsfaktoren R_1 bzw. R_2 belaufen sich auf 30 EUR bzw. 5 EUR pro l. Die Produktionskoeffizienten sind mit $c_1 = 600$ und $c_2 = 0{,}4$ bekannt. Welche Faktorkombination ist zu wählen, um 52 m³ des Gases kostenminimal herzustellen, wenn die Temperatur bzw. der Druck der Umgebungsluft im Produktionszeitraum 20 °C bzw. 1.000 mb betragen?

Lösung:
Es handelt sich bei diesem Modell um ein Partialmodell aus dem Produktionsbereich. Die übrigen Teilbereiche des Unternehmens werden explizit nicht berücksichtigt, ihre Wirkungen fließen über die Faktorpreise und die vorgegebene Ausbringungsmenge in das Modell ein. Falls in der Realität zeitliche Interdependenzen vorliegen, so werden diese modellmäßig nicht abgebildet.

Im Modell wird nur eine Zielgröße betrachtet, die sich wie folgt darstellt:
- Das Zielmerkmal sind die Kosten, die bei der Herstellung von 52 m³ des Gases anfallen;
- die Zielvorschrift besteht aus der Extremierungsvorschrift „Minimierung“;
- der Zeitbezug stellt sich als Forderung nach unmittelbarer Zielerfüllung dar.

Als Aktionsparameter kann das Unternehmen unterschiedliche Mengen der Produktionsfaktoren R_1 und R_2 einsetzen. Eine Aktion a stellt eine Kombination von Ausprägungen der Aktionsparameter dar, d. h. es gilt:

$$a = (r_1, r_2)\,.$$

Da von beliebiger Teilbarkeit der in l gemessenen Produktionsfaktoren auszugehen ist, existieren unendlich viele Aktionen im Aktionsraum, der wie folgt beschrieben wird:

$$A = \{a | a = (r_1, r_2) \wedge r_1 \geq 0, r_2 \geq 0\}\,.$$

Die relevanten Umweltfaktoren sind Temperatur T und Druck D der Umgebungsluft sowie die Preise (p_1 bzw. p_2) der Produktionsfaktoren. Die Umweltfaktoren werden für den Zeitraum der Produktion als konstant und bekannt angenommen, d. h. es ist nur ein Umweltzustand s_1: ($T = 20$ °C, $D = 1.000$ mb, $p_1 = 30$ EUR/l, $p_2 = 5$ EUR/l) zu betrachten. Für den Zustandsraum gilt demnach:

$$S = \{s_1\}\,.$$

Die Produktionskosten K bestimmen sich aus den eingesetzten Mengen der Produktionsfaktoren multipliziert mit deren Preisen nach der Beziehung

$$K = p_1 r_1 + p_2 r_2\,.$$

Der Zusammenhang zwischen Faktoreinsatzmengen, Umwelteinflüssen und Ausbringungsmenge wird durch die technischen Eigenschaften der Produktionsanlage bestimmt und ist in der

Produktionsfunktion quantitativ beschrieben. Setzt man die angegebenen Werte für die technischen Umweltfaktoren ein, so ergibt sich als Beziehung zwischen Faktoreinsatzmengen und Ausbringungsmenge die Funktion

$$g: x = 12r_1 + 8\sqrt{r_2}\,.$$

Der Einfluss der (konstanten) technischen Umweltbedingungen ist nun bereits in den Koeffizienten von g berücksichtigt.

Zur Ermittlung der optimalen Aktionen ist schrittweise vorzugehen.

Das Minimum der Kostenfunktion ist unter der Restriktion zu ermitteln, dass genau 52 m^3 des Gases herzustellen sind, d. h. es muss gelten:

$$52 = 12r_1 + 8\sqrt{r_2} \quad \text{bzw.} \quad 12r_1 + 8\sqrt{r_2} - 52 = 0\,.$$

Es handelt sich hier um das Problem der Extremierung einer Zielfunktion unter einer Nebenbedingung. Weiterhin sind die bei der Beschreibung des Aktionsraums angegebenen Nichtnegativitätsbedingungen zu beachten. Ergibt sich eine Lösung mit r_1 oder $r_2 < 0$, so bedeutet dies, dass der entsprechende Produktionsfaktor R_1 bzw. R_2 zur Herstellung des Produkts nicht einzusetzen ist.

Zur Berechnung von Produktionsfaktormengen, die optimal sein können, bietet sich die Lagrangesche Multiplikatormethode an. Man bildet dazu die Hilfsfunktion

$$L = p_1r_1 + p_2r_2 + \lambda(12r_1 + 8\sqrt{r_2} - 52)$$

bzw. eingesetzt

$$L = 30r_1 + 5r_2 + \lambda(12r_1 + 8\sqrt{r_2} - 52)\,,$$

die partiell nach r_1, r_2 und λ differenziert wird. Die Null gesetzten partiellen Ableitungen stellen ein System von Gleichungen dar, dessen Auflösung potentiell optimale Lösungen liefert. Die Art des Extremums und die Einhaltung der Nichtnegativitätsbedingung sind gesondert zu überprüfen.

Die partielle Ableitung nach r_1

$$\frac{\partial L}{\partial r_1} = 30 + 12\lambda = 0\,,$$

lässt sich auflösen nach

$$\lambda = -\frac{30}{12}\,.$$

Die partielle Ableitung nach r_2

$$\frac{\partial L}{\partial r_2} = 5 + \frac{4\lambda}{\sqrt{r_2}} = 0\,,$$

lässt sich auflösen nach

$$\sqrt{r_2} = -\frac{4\lambda}{5}\,.$$

Setzt man in diesen Ausdruck den für λ ermittelten Wert ein, so gilt:

$$\sqrt{r_2} = \frac{4 \cdot 30}{5 \cdot 12} = 2$$

bzw.

$$r_2 = 4\,.$$

Die partielle Ableitung nach λ ergibt:

$$\frac{\partial L}{\partial \lambda} = 12r_1 + 8\sqrt{r_2} - 52 = 0 .$$

Setzt man den bereits bestimmten Wert für r_2 ein, so erhält man schließlich

$$12r_1 + 8 \cdot 2 - 52 = 0$$

bzw.

$$r_1 = 3 .$$

Die Kombination a = (3,4) der Aktionsparameter genügt der Nichtnegativitätsbedingung und stellt zudem ein Kostenminimum dar, wie durch Untersuchung der Produktionskosten zulässiger Faktorkombinationen aus der Umgebung von a überprüft werden kann.

Als Lösung des Entscheidungsproblems erhält man somit

$$A^* = \{a = (3,4)\} ,$$

d. h. zur Produktion von 52 m^3 des Gases sollen 3 l des Produktionsfaktors R_1 und 4 l des Produktionsfaktors R_2 eingesetzt werden.

Beispiel 2.1-2

In einem Unternehmen werden auf einer Maschine zwei Produkte A und B hergestellt. Die Bearbeitungszeit von Produkt A auf der Maschine beträgt 9 Minuten pro Stück, die von Produkt B 6 Minuten pro Stück. Die Kapazität der Maschine ist in der Planperiode auf 720 Minuten beschränkt. Die relevanten Stückkosten von Produkt A bzw. B belaufen sich auf 9 EUR bzw. 6 EUR. Die Verkaufspreise der beiden Produkte betragen 16 EUR für Produkt B bzw. 29 EUR für Produkt A. Während die Nachfrage nach Produkt B nicht beschränkt ist, können von Produkt A maximal 60 Stück abgesetzt werden. Mit welchem Produktionsprogramm kann der Gesamtdeckungsbeitrag maximiert werden?

Lösung:

- Es handelt sich hier um ein Partialmodell aus dem Produktionsbereich. Die Wirkungen des Absatzbereichs gehen über die Absatzpreise und die Absatzbeschränkung für Produkt A in das Modell ein. Die Einflüsse aus den übrigen Teilbereichen des Unternehmens sind in den relevanten Kosten zusammengefasst. Zeitliche Interdependenzen liegen nicht vor.
- Die im Modell betrachtete Zielgröße ist wie folgt determiniert:
  - Das Zielmerkmal ist der Gesamtdeckungsbeitrag, der unter Berücksichtigung der Restriktionen realisiert werden kann;
  - die Zielvorschrift lautet auf „Maximierung";
  - die Zielerfüllung soll unmittelbar erfolgen.
- Als Aktionsparameter kann das Unternehmen die Produktionsmengen x_A und x_B der beiden Erzeugnisse beeinflussen. Eine Aktion a stellt sich als Kombination von Ausprägungen der Aktionsparameter dar, d. h. es gilt:

  $$a = (x_A, x_B) .$$

  Unterstellt man beliebige Teilbarkeit der Produkte A und B, so existieren unendlich viele Aktionen im Aktionsraum

  $$A = \{a | a = (x_A, x_B) \wedge x_A \geq 0, x_B \geq 0\} .$$

- Die vom Unternehmen nicht beeinflussbaren, relevanten Umweltfaktoren sind die Preise p_A und p_B der Produkte, deren relevante Stückkosten k_A und k_B, die Beschränkungen von Absatzmenge und Maschinenzeit sowie die Bearbeitungszeiten der Produkte auf der Maschine. Die Umweltfaktoren werden für den Planungszeitraum als konstant und bekannt angenommen, d. h. es ist nur ein Umweltzustand s_1 zu berücksichtigen, der durch die angegebenen Ausprägungen der Umweltfaktoren bestimmt ist. Damit gilt:

$$S = \{s_1\} .$$

- Das Erklärungsmodell bringt im konkreten Fall die Verknüpfung von Aktionsparametern und Umweltfaktoren zum Gesamtdeckungsbeitrag D mit

$$D = x_A(p_A - k_A) + x_B(p_B - k_B) = 20x_A + 10x_B$$

unter folgenden Beschränkungen zum Ausdruck:

- Die zur Verfügung stehende Maschinenzeit darf nicht überschritten werden, d. h. es muss gelten:

$$9x_A + 6x_B \leq 720 ;$$

- die Absatzrestriktion ist einzuhalten mit:

$$x_A \leq 60 ;$$

- ferner gelten die bei der Beschreibung des Aktionsraums bereits angegebenen Nichtnegativitätsbedingungen

$$x_A \geq 0 \quad \text{und}$$

$$x_B \geq 0 .$$

- Da nur zwei Produkte betrachtet werden, kann die Ermittlung derjenigen (x_A, x_B)-Kombinationen, für die der Gesamtdeckungsbeitrag sein Maximum annimmt, graphisch erfolgen. Der schraffierte Bereich in nachstehender Abbildung beschreibt die Menge der (x_A, x_B)-Kombinationen, die gleichzeitig sämtlichen Nebenbedingungen genügen.

Die zu maximierende Zielfunktion ist für verschiedene Werte gestrichelt eingezeichnet. Soweit eine gestrichelte Linie im schraffierten Bereich verläuft, stellt sie den geometrischen Ort aller zulässigen (x_A, x_B)-Kombinationen dar, die zum angegebenen Gesamtdeckungsbeitrag führen. Ausgehend von einer zulässigen Basislösung im Koordinatenursprung (0; 0) gilt für die Zielfunktion:

$$20x_A + 10x_B = 0$$

Daraus folgt für die Steigung der Zielfunktion:

$$\frac{x_B}{x_A} = -\frac{2}{1} .$$

Der höchste Gesamtdeckungsbeitrag, der durch eine im zulässigen Bereich liegende (x_A, x_B)-Kombination erreichbar ist, und den die Zielfunktion tangiert, wird durch die Kombination (60, 30) mit D = 1.500 realisiert.

Als Lösung des Entscheidungsproblems ergibt sich demnach

$$A^* = \{a = (60,30)\} ,$$

d. h., es sind 60 Stück von Produkt A und 30 Stück von Produkt B herzustellen.

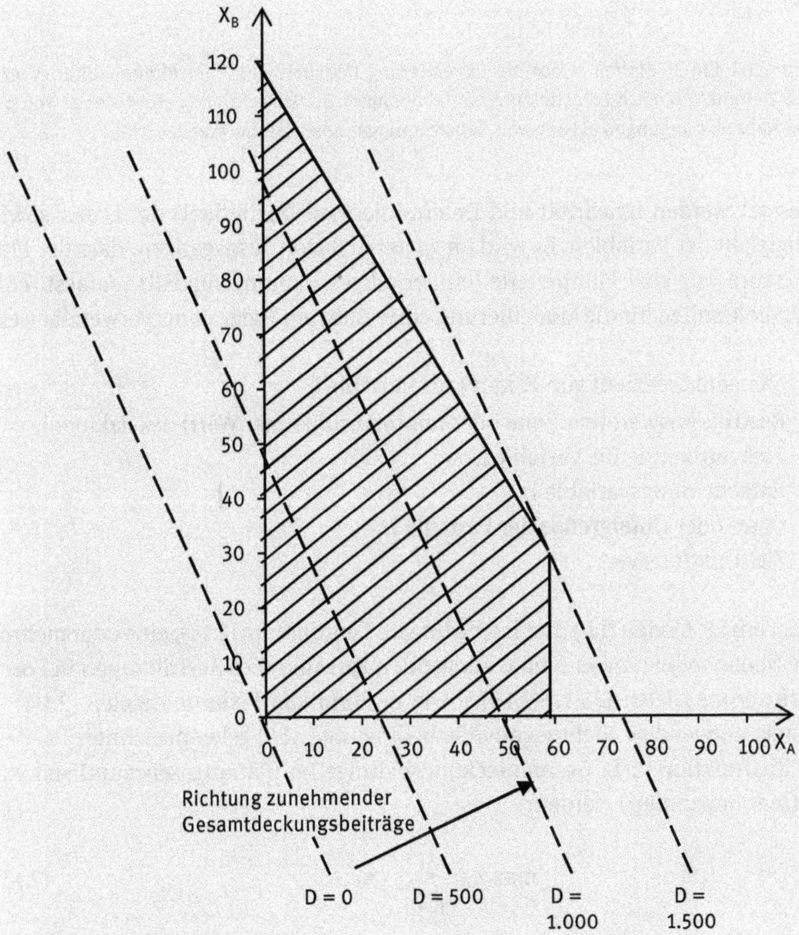

Abb. 2.2: Zulässige Produktionsmengenkombinationen

2.1.1.2 Lineare Programmierung

Die im vorangegangenen Beispiel dargestellte Beschreibung und Lösung eines Entscheidungsproblems unter Sicherheit stellt eine praktisch besonders relevante Problemklasse dar, auf die nun vertieft eingegangen werden soll. Es handelt sich dabei um den *Standardansatz der linearen Programmierung*, (LP). Gegenstand ist ein Entscheidungsproblem, bei dem ein Hauptziel unter Beachtung von Nebenbedingungen (Nebenziele) extremiert wird.

LP-Modell

Definition 2.1: Ein *LP-Modell* strebt die Extremierung (Maximierung oder Minimierung) einer (linearen) Zielfunktion mit n Entscheidungsvariablen unter Berücksichtigung einer Menge von p (linearen) Nebenbedingungen in Form von Satisfizierungs- oder Fixierungszielen an.

Vorausgesetzt werden Linearität und Determiniertheit (Sicherheit) der Daten sowie Unabhängigkeit der Variablen. Es wird im weiteren davon ausgegangen, dass der Planungszeitraum nur eine Planperiode (einperiodiges Planungsmodell) umfasst. Folgende Symbole sollen für die Modellierung eines linearen Programms verwendet werden:

a_{ij} Mengenkoeffizient von Faktor j für Variable i,
$b_j^{max/min}$ Restriktionswert (maximal oder minimal zulässiger Wert) des Faktors j,
c_i Zielwertbeitrag für Variable i,
x_i Entscheidungsvariable i,
$x_i^{max/min}$ Ober- oder Untergrenze der Variable i,
Z Zielfunktionswert.

Generell ist ein LP-Modell (LP) durch eine lineare Zielfunktion (2.1-1), eine oder mehrere lineare Nebenbedingungen – im vorliegenden Fall sind dies Restriktionen in Form von Satisfizierungszielen (2.1-2)–(2.1-3) sowie in Form von Fixierungszielen (2.1-4) – und die stets notwendige Nichtnegativitätsbedingung (2.1-5) gekennzeichnet.

Eine Zielfunktion (z. B. Gesamtdeckungsbeiträge im Planungszeitraum) soll extremiert (hier: maximiert) werden:

$$\max Z = \sum_{i=1}^{I} c_i \cdot x_i , \qquad (2.1\text{-}1)$$

wobei weitere Zielgrößen in Form von Nebenbedingungen zu berücksichtigen sind, die wie folgt modelliert werden können:

$$\sum_{i=1}^{I} a_{ij} \cdot x_i \leq b_j^{max} \quad \forall j = 1, \ldots, J , \qquad (2.1\text{-}2)$$

$$\sum_{i=1}^{I} a_{ij} \cdot x_i \geq b_j^{min} \quad \forall j = 1, \ldots, J , \qquad (2.1\text{-}3)$$

$$\sum_{i=1}^{I} a_{ij} \cdot x_i = b_j^{fix} \quad \forall j = 1, \ldots, J , \qquad (2.1\text{-}4)$$

$$x_i \geq 0 \quad \forall i = 1, \ldots, I . \qquad (2.1\text{-}5)$$

Nebenbedingungen vom Typus (2.1-2)–(2.1-4) sind nebeneinander möglich. Bedingung (2.1-5) ist immer zwingend, damit negative Werte von Entscheidungsvariablen ausgeschlossen werden.

Umfasst das Entscheidungsproblem lediglich zwei Entscheidungsvariablen, kann das lineare Programm (LP) graphisch gelöst werden. Darüber hinausgehende Probleme können mit dem von *George B. Dantzig* entwickelten *Simplex-Algorithmus* gelöst werden, der wohl als das am häufigsten verwendete Optimierungsverfahren bezeichnet werden kann.

Graphische Lösung

Sofern lediglich zwei Entscheidungsvariablen x_1 und x_2 vorliegen, ist es möglich, den Lösungsraum in der $x_1 - x_2$-Ebene darzustellen. Dazu bestimmt man in einem ersten Schritt die prinzipiell möglichen Lösungen des Problems – den *Lösungsraum* – und ermittelt darauf aufbauend die optimale(n), d. h. deckungsbeitragsmaximale(n) Lösung(en). Aufgrund der Nichtnegativitätsbedingungen kann der Lösungsraum nur im rechten oberen Quadranten liegen. Jeder Punkt darin stellt eine mögliche Lösung des Problems dar, die jedoch dahingehend zu überprüfen ist, ob sie alle Nebenbedingungen erfüllt. Dazu schreibt man jede Nebenbedingung nicht als Ungleichung, sondern als Gleichung. Setzt man bei Betrachtung jeder dieser Gleichungen sukzessive eine Variable gleich Null und löst diese Gleichung dann nach der anderen Variablen auf, so resultieren daraus für jede Nebenbedingung zwei Paare $(0, \tilde{x}_2)$ und $(\tilde{x}_1, 0)$ von Entscheidungsvariablen, die die Nebenbedingung gerade noch erfüllen und die zudem auf der x_2- bzw. x_1-Achse zu liegen kommen. Aufgrund der Linearität der Nebenbedingungen gilt gleiches auch für alle (x_1, x_2)-Kombinationen auf der Verbindungsgeraden der beiden Punkte. Diejenigen Punkte schließlich, die die betrachtete Nebenbedingung erfüllen, liegen nun nicht nur auf der entsprechenden Geraden, sondern auch darunter bzw. darüber, wenn die betrachtete Ungleichung ein „$\leq$"- bzw. „$\geq$"-Zeichen enthält. Liegt eine Nebenbedingung in Form einer Gleichung vor, so sind lediglich die Punkte auf der Geraden relevant. Bei Nebenbedingungen, die lediglich eine Variable enthalten, verlaufen die Beschränkungsgeraden parallel zu den Koordinatenachsen.

Der Lösungsraum enthält nun alle diejenigen Punkte in der (x_1, x_2)-Ebene, die durch die Nebenbedingungsgeraden begrenzt werden. Um nun die optimale Lösung zu ermitteln, ist jeder Punkt des Lösungsraums mit dem entsprechenden Deckungsbeitrag zu bewerten. Die graphische Darstellung greift hierzu auf Kurven zurück, die alle diejenigen Lösungen enthalten, die denselben Zielwert zur Folge haben. Aufgrund der linearen Zielfunktion Z besitzt eine solche *Isoquante* die Form einer Geraden. Dazu wählt man einen bestimmten Zielwert $\overline{Z}$ aus, löst die Gleichung

$$\overline{Z} = c_1 \cdot x_1 + c_2 \cdot x_2 \qquad (2.1\text{-}6)$$

nach x_2 auf und erhält die funktionale Darstellung der bereits erwähnten Geraden:

$$x_2 = \frac{\overline{Z}}{c_2} - \frac{c_1}{c_2} \cdot x_1 \,. \qquad (2.1\text{-}7)$$

Daraus ist erkennbar, dass mit zunehmendem Zielwert $\overline{Z}$ die Isoquante „nach rechts oben" zu verschieben ist. Hierbei ist vorausgesetzt, dass alle Zielwertbeiträge positiv sind. Als optimale Lösung erhält man diejenige(n) (x_1, x_2)-Kombination(en) am Rand des Lösungsraums, die von der Isoquante berührt werden, die „am weitesten rechts oben" zu liegen kommt.

Eine graphische Lösung bei n Entscheidungsvariablen ist für $n > 2$ nicht möglich, weil dazu der Lösungsraum im n-dimensionalen Raum darzustellen wäre. Mit dem *Simplex-Algorithmus* steht jedoch ein exaktes Lösungsverfahren zur Verfügung. Die grundsätzliche Funktionsweise des Simplex-Algorithmus kann anhand der oben erläuterten graphischen Überlegungen verdeutlicht werden. Es zeigt sich, dass der Lösungsraum – sofern die Nebenbedingungen sich nicht gegenseitig ausschließen und er somit keine leere Menge ist – ein konvexer Polyeder im $\mathbb{R}^n$ ist. Aufgrund der Konvexität kommt deshalb eine optimale Lösung immer am Rand dieser Menge potentieller Lösungen zu liegen. Die Eigenschaft des Randes, ein Polygonzug (eine aus mehreren Geradenstücken bestehende Kurve) zu sein, erleichtert darüber hinaus das Auffinden der Lösung, da diese bis auf wenige Ausnahmen an den Eckpunkten zu suchen ist. Lediglich für den Fall, dass sich zwei benachbarte Eckpunkte als optimal erweisen, sind alle Randpunkte auf der Verbindungslinie dieser beiden Eckpunkte ebenfalls optimal. Die maximale Anzahl von Eckpunkten ist in einem linearen Optimierungsproblem mit n Variablen und m Nebenbedingungen gegeben durch

$$\binom{n+m}{n} = \frac{(n+m)!}{n! \cdot m!} \,. \tag{2.1-8}$$

Betrachtet man beispielsweise das oben in (2.1-1), (2.1-2), (2.1-3) und (2.1-4) formulierte Problem für zwei Variable, d. h. $I = 2 = n$, und zwei Faktoren, d. h. $J = 2$, so resultieren aus (2.1-2) und (2.1-3) $m = 4$ Nebenbedingungen. Die Nichtnegativitätsbedingungen (2.1-5) kommen bereits durch die Beschränkung auf den rechten oberen Quadranten zum Ausdruck. Die prinzipiell mögliche maximale Anzahl der Eckpunkte des Lösungsraums ergibt sich nach (2.1-8):

$$\binom{2+4}{2} = \binom{6}{2} = \frac{6!}{2! \cdot 4!} = \frac{6 \cdot 5}{2 \cdot 1} = 15 \,.$$

Die Idee des Simplex-Algorithmus besteht nun darin, ausgehend von einem beliebigen Eckpunkt so lange von einem Eckpunkt zu einem nächstgelegenen besseren Eckpunkt zu springen, bis keine Verbesserung des Zielfunktionswerts mehr erreichbar ist. Die Lösung ist genau dann eindeutig, wenn der maximale Zielwert an genau einem Eckpunkt erreicht wird.

Beispiel 2.1-3

Ein Unternehmen stellt zwei Produkte 1 und 2 her. Vertriebsprognosen haben ergeben, dass von Erzeugnis 2 maximal 50 Stück pro Monat abgesetzt werden können. Die Deckungsbeiträge betragen

80,– EUR bzw. 60,– EUR pro Mengeneinheit. Die beiden Erzeugnisse werden von zwei Maschinen A und B bearbeitet, die Kapazitäten in Höhe von 180 Std./Monat bzw. 200 Std./Monat aufweisen. Die Produktionskoeffizienten, d. h. der Kapazitätsbedarf in Std./Monat je Erzeugnis auf einer bestimmten Maschine ist folgender Matrix zu entnehmen:

Erzeugnis / Maschine	1	2	Kapazität (Std./Monat)
A	2	3	180
B	4	2	200

Abb. 2.3: Produktionskoeffizientenmatrix

Gesucht ist das Produktionsprogramm, das zu einem maximalen Gesamtdeckungsbeitrag führt. Formal ergibt sich folgende Zielfunktion:

$$\max Z = 80x_1 + 60x_2$$

Die Kapazitäts- und Absatzrestriktionen (Nebenbedingungen NB 1–3) sowie die Nichtnegativitätsbedingung (NNB) lassen sich durch folgende Nebenbedingungen ausdrücken:

$$\begin{aligned} &\text{NB (1)} \quad 2x_1 + 3x_2 \leq 180 \\ &\text{NB (2)} \quad 4x_1 + 2x_2 \leq 200 \\ &\text{NB (3)} \quad x_2 \leq 50 \\ &\text{NNB} \quad x_1, x_2 \geq 0\,. \end{aligned}$$

Grundsätzlich lassen sich derartige lineare Optimierungsprobleme mit dem Simplex-Algorithmus lösen. Da das Produktionsprogramm lediglich zwei Erzeugnisse umfasst, ist in diesem Fall aber auch eine *graphische Lösung* möglich wie sie in Abb. 2.4 dargestellt ist.

Jeder Punkt des dort abgebildeten Koordinatensystems entspricht einer denkbaren Zusammensetzung des Produktionsprogramms, d. h. Mengenkombinationen der Erzeugnisse 1 und 2. Von diesen denkbaren Möglichkeiten sind zunächst diejenigen auszuschließen, die aufgrund von Restriktionen nicht realisiert werden können. Dies sei am Beispiel von Nebenbedingung 1 dargestellt. Die Kapazität von Maschine A ist auf 180 Std./Monat begrenzt. Bei alleiniger Produktion von Erzeugnis 1 können in dieser Zeit maximal 90 Stück bearbeitet werden, bei alleiniger Produktion von Erzeugnis 2 maximal 60 Stück.

Diesen möglichen Produktionsmengen entsprechen die Koordinatenpunkte (90; 0) und (0; 60). Verbindet man diese Punkte, erhält man eine Gerade (NB (1)), auf der alle Erzeugnismengenkombinationen liegen, die von Maschine A in einem Monat maximal bearbeitet werden können. Analog erfolgt die graphische Darstellung der übrigen Nebenbedingungen 2 und 3. Die Achsen des Koordinatenkreuzes des rechten oberen Quadranten repräsentieren die Nichtnegativitätsbedingung. Mit diesen Beschränkungen ist der *Lösungsraum*, d. h. die Menge aller zulässigen Lösungen des Optimierungsproblems, festgelegt. Er enthält alle möglichen Produktionsprogramme, die in dem durch die Nebenbedingungen und die Koordinatenachsen begrenzten Raum sowie auf den Linien selbst liegen.

Die Zielfunktion kann man sich graphisch als eine Schar von parallelen Geraden vorstellen, deren Steigung durch das Verhältnis der Deckungsbeiträge der beiden Produkte bestimmt wird. Ausgehend von einer zulässigen Basislösung im Koordinatenursprung (0; 0) gilt für die Zielfunktion:

$$80x_1 + 60x_2 = 0\,.$$

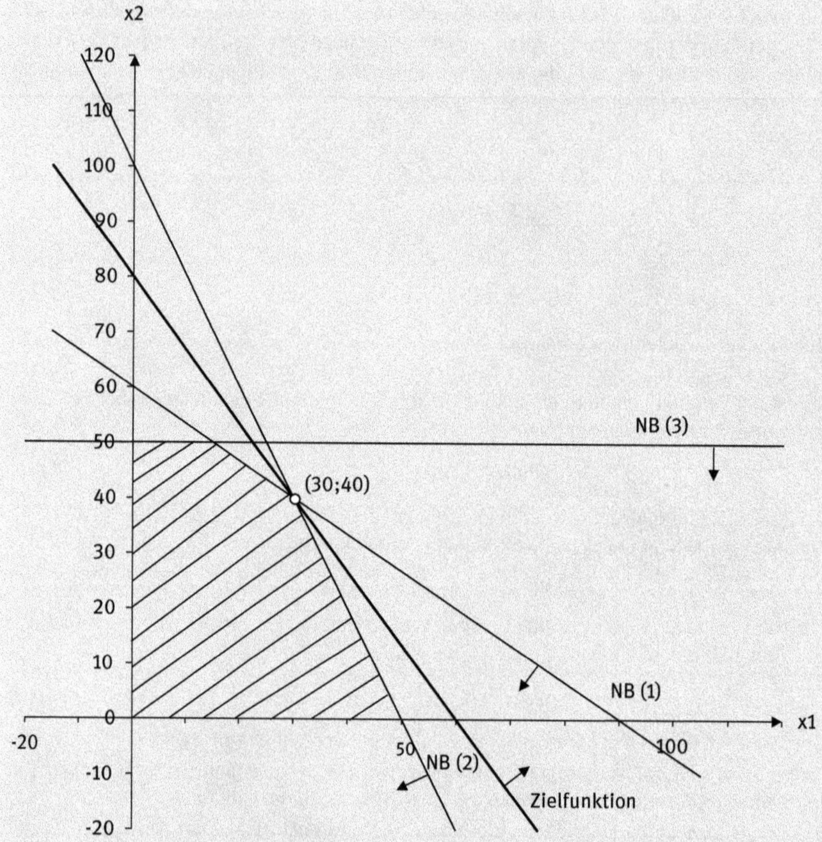

Abb. 2.4: Graphische Lösung der linearen Programmierung

Daraus folgt für die Steigung der Zielfunktion:

$$\frac{x_2}{x_1} = -\frac{4}{3} .$$

Jede dieser den Lösungsraum (gedanklich) überziehenden Geraden repräsentiert einen anderen Zielfunktionswert, der umso höher ist, je weiter eine Gerade vom Koordinatenursprung entfernt verläuft.

Um das optimale Produktionsprogramm zu ermitteln, ist die Zielfunktion ausgehend vom Koordinatenursprung (zulässige Basislösung) so lange parallel zu verschieben, bis sie den Lösungsraum in einem möglichst weit vom Ursprung entfernten Eckpunkt tangiert. Die zu diesem Eckpunkt gehörenden Erzeugnismengen bilden das deckungsbeitragsmaximale Produktionsprogramm. Für den Fall, dass die Zielfunktion die gleiche Steigung wie eine Restriktionsgerade aufweist und somit nicht einen Punkt, sondern einen Abschnitt der Restriktionsgeraden tangiert, existieren mehrere optimale Lösungen. Im Beispiel besteht das optimale Produktionsprogramm aus 30 Stück von Erzeugnis 1 und 40 Stück von Erzeugnis 2. Der maximal erreichbare Deckungsbeitrag beläuft sich auf 4.800,– EUR.

Simplex-Algorithmus

LP in Standardform und Simplex-Starttableau

Neben der graphischen Lösungsmethode kann das Beispiel auch mit Hilfe des *Simplex-Algorithmus* gelöst werden, dessen prinzipielle Idee bereits beschrieben wurde. Für die Anwendung des Simplex-Algorithmus ist es zunächst erforderlich, die in Ungleichungsform vorliegenden Nebenbedingungen des für das Beispiel bereits formulierten linearen Programms in Gleichungen umzuwandeln; d. h. es in *Standardform* zu übertragen. Darunter versteht man hier eine Darstellungsform, die die Nichtnegativität für die Variablen x und die Beschränkungswerte b, eine zu maximierende Zielfunktion und Gleichungsform der Nebenbedingungen verlangt. Grundsätzlich sind folgende Übertragungsprinzipien zu beachten:

- Jedes Minimierungsproblem kann in ein äquivalentes Maximierungsproblem konvertiert werden, indem die Zielfunktion mit −1 multipliziert wird. Die Lösung dieses konvertierten Problems stellt zugleich die Lösung des ursprünglichen Minimierungsproblems dar.
- Ungleichungen der Form $ax \leq b$ stellen den Standardfall dar, der durch Einfügung von (positiven) Variablen +y in Standardform übertragen werden kann. Ökonomisch lassen sich diese sog. Schlupfvariablen in einem produktionswirtschaftlichen Kontext als Leerkapazität interpretieren, d. h. als Kapazität, die bei der Produktion einer bestimmten Menge von Erzeugnis 1 und 2 nicht genutzt wird.
- Ungleichungen der Form $ax \geq b$ können durch Einfügung einer negativen Schlupfvariablen −y in Standardform übertragen werden. Zusätzlich ist eine positive künstliche Variable +z einzufügen, der in der Zielfunktion ein „extrem schlechter“ künstlicher Koeffizient von −M entspricht („Big-M-Methode“).
- Gleichungen der Form $ax = b$ können durch zwei Ungleichungen ersetzt werden: je eine $ax \geq b$ und eine $ax \leq b$ Bedingung, die dann gemäß der bereits genannten Prinzipien in Standardform übertragen werden können. Alternativ kann eine Gleichung durch Einfügung einer positiven künstlichen Variablen +z ergänzt werden, der in der Zielfunktion ein „extrem schlechter“ künstlicher Koeffizient von −M entspricht.
- Liegen negative Beschränkungswerte vor, können diese durch Multiplikation der entsprechenden Nebenbedingung mit −1 in positive Beschränkungswerte verändert werden. Dadurch ändert sich auch die Richtung des Ungleichheitszeichens, wodurch noch einige der o. g. Anpassungen erforderlich werden können.

Beispiel 2.1-4

Konkret werden im Beispiel die Schlupfvariablen y_1, y_2 und y_3 eingeführt. Das lineare Gleichungssystem sieht in der sog. Standardform dann wie folgt aus:

$$(1)\quad 2x_1 + 3x_2 + y_1 = 180$$
$$(2)\quad 4x_1 + 2x_2 + y_2 = 200$$
$$(3)\quad x_2 + y_3 = 50$$

Auch die Zielfunktion wird unter Berücksichtigung der Schlupfvariablen in eine Gleichung überführt. Dabei ist der Zielbeitrag der Schlupfvariablen gleich Null. Ausgehend von einer Basislösung zu Beginn der Planungsperiode, bei der nichts erzeugt wird (zulässige Basislösung), ist damit der Zielfunktionswert (d. h. der Gesamtdeckungsbeitrag) dieser Basislösung gleich Null:

$$\text{(Z)} \quad 80x_1 + 60x_2 + 0y_1 + 0y_2 + 0y_3 = 0\,.$$

Simplex-Starttableau

Das LP in Standardform wird zu Beginn der Rechenprozedur in ein Simplex-Starttableau übertragen. Dieses hat generell folgende Form:

BV	x_1	x_2	y_1	y_2	y_3	RS
y_1	a_{11}	a_{21}	1	0	0	b_1
y_2	a_{12}	a_{22}	0	1	0	b_2
y_3	a_{13}	a_{23}	0	0	1	b_3
Z	$-c_1$	$-c_2$	0	0	0	0

Abb. 2.5: Simplex-Starttableau

Hierzu sind die Koeffizienten von Zielfunktion und Nebenbedingungen in ein Starttableau zu schreiben, wobei die Koeffizienten der Zielfunktion mit negativen Vorzeichen in die Zielfunktionszeile (Z) eingetragen werden, da diese (noch) entgehende Zielbeiträge repräsentieren.

Das Starttableau repräsentiert eine zulässige Basislösung, bei der noch nichts produziert wird. Das erkennt man daran, dass die Variablen, zu deren Spalten sog. Einheitsvektoren gehören, (noch) die Schlupfvariablen sind. Diese Variablen haben den Wert, der in der Restriktionsspalte (RS) in der Zeile steht, in der sich auch die 1 des entsprechenden Einheitsvektors befindet. Die übrigen Variablen x_1 und x_2 haben den Wert 0.

Der Schnittpunkt der Zielfunktionszeile (Z) mit der Restriktionsspalte (RS) gibt den Zielfunktionswert (im Beispiel: Gesamtdeckungsbeitrag des aktuellen Produktionsprogramms) an. Er beträgt in der Basislösung Null, da beide Entscheidungsvariablen noch Null betragen (d. h. im Beispiel, dass von den Erzeugnissen nichts produziert wird). Aus den negativen Koeffizienten der Zielfunktionszeile ist zu schließen, dass die optimale Lösung noch nicht erreicht worden ist; d. h. offensichtlich entgehen noch Zielwertbeiträge. Die optimale Lösung ist erreicht, wenn in der Zielfunktionszeile keine negativen Koeffizienten mehr auftreten. Diese wird nun iterativ durch den Tausch von Basisvariablen (BV) bestimmt.

Beispiel 2.1-5
Dieses gesamte Gleichungssystem wird im nächsten Schritt in Matrixform, ein sog. Simplextableau, übertragen.

	x_1	x_2	y_1	y_2	y_3	RS
y_1	2	3	1	0	0	180
y_2	4	2	0	1	0	200
y_3	0	1	0	0	1	50
Z	-80	-60	0	0	0	0

Abb. 2.6: Simplex-Starttableau (Beispiel)

Simplex-Algorithmus
Für die iterative Rechenprozedur, den eigentlichen *Simplex-Algorithmus*, ist zunächst das sog. Pivot-Element zu bestimmen.[2] Dazu wird im aktuellen Tableau die Spalte ausgewählt, in der der höchste entgehende Deckungsbeitrag auftritt (Pivot-Spalte). Die zu dieser Spalte gehörende Variable ist die nun einzutauschende Basisvariable. Ökonomisch bedeutet das, dass zunächst nur ein Erzeugnis hergestellt wird, und zwar das mit dem höchsten (noch entgehenden) Deckungsbeitrag.

Zur Bestimmung der Pivot-Zeile wird die Restriktionsspalte (RS) durch den entsprechenden Zeilenwert der Pivot-Spalte dividiert. Die Pivot-Zeile ist dann die Zeile mit dem kleinsten positiven Quotienten. Der jeweilige Quotient (Q) zeigt an, wie viel maximal von einem bestimmten Erzeugnis unter Berücksichtigung der Restriktion produziert werden kann. Da alle Restriktionen simultan beachtet werden müssen, ist die maximal mögliche Produktionsmenge durch den kleinsten positiven Wert bestimmt. Zur Rechenerleichterung kann daher an das Simplextableau rechts noch eine Quotientenspalte (Q) angefügt werden. Dies unterbleibt hier aus Gründen der Übersichtlichkeit.

Das Pivot-Element liegt sodann im Schnittpunkt von Pivot-Spalte und Pivot-Zeile (und ist in den Simplex-Tableaus fett gedruckt). Da die Pivot-Spalte Basisvariable werden soll, ist dort ein Einheitsvektor zu erzeugen. Das Pivot-Element ist die Stelle, an der im Einheitsvektor die 1 stehen soll. Die Überführung der Pivot-Spalte in einen Einheitsvektor geschieht durch einfache Zeilentransformationen.

Der *schematische Ablauf* des Simplex-Algorithmus kann wie folgt zusammengefasst werden:

2 Französisch für „Dreh- und Angelpunkt"; d. h. jenes Tableauelement, das vom Algorithmus als Ausgangspunkt der Berechnungen gewählt wird.

(1) Überführung des LP in Standardform und Aufstellung des Starttableaus!

(2) Ist die gefundene Basislösung optimal?
Ja, falls alle Werte der letzten Tableau-Zeile > 0, dann ist die Optimallösung gefunden!
Stopp des Verfahrens!
Nein, sonst. Gehe zu (3)!

(3) Bestimmung einer neuen Basislösung
(a) Wahl des Pivot-Elements
Wähle Spalte mit höchstem negativem Wert in letzter Tableau-Zeile (= Pivot-Spalte)!
Ermittle Q-Wert je Zeile (mit Q-Wert = b-Wert / Pivotspaltenelement)!
Wähle Zeile, bei der Q-Wert minimal ist (= Pivot-Zeile)!
Hinweis: für alle $Q \leq 0$ oder n. def. sei $Q = +\infty$.
(b) Transformiere Pivot-Zeile, so dass Pivot-Element gleich 1 wird (= neue Basisvariable)!

(4) Erzeuge neues Tableau mit Einheitsvektor in Pivot-Spalte (= neue Basislösung)!

(5) Gehe zu (2)!

Abb. 2.7: Schematischer Ablauf des Simplex-Algorithmus

Das Simplex-Verfahren kann selbstverständlich rechnergestützt durchgeführt werden. Neben den Möglichkeiten, einfachere lineare Programme in Tabellenkalkulationsprogrammen wie MS Excel über die Solver-Funktion zu lösen, gibt es eine Reihe professioneller Programme, mit denen auch umfangreiche LP-Probleme in vertretbarer Rechenzeit gelöst werden können.

Beispiel 2.1-6
Die Überführung der Pivot-Spalte in einen Einheitsvektor geschieht für das Beispiel durch folgende Umformungen:
- Die Pivot-Zeile wird durch das Pivot-Element dividiert und an die entsprechende Stelle in einem neuen Tableau übertragen.
- Die neue Zeile y_1 ergibt sich durch Multiplikation der neuen Zeile y_2 mit dem Faktor -2 (um den Wert Null zu erhalten) und anschließender Addition mit der Zeile y_1 aus dem Starttableau.
- Die Zeile y_3 kann aus dem Starttableau übernommen werden, da hier die Null des Einheitsvektors schon vorliegt.
- Die neue Zielfunktionszeile ergibt sich durch Multiplikation der neuen Zeile y_2 mit dem Faktor 80 und anschließender Addition mit der Zielfunktionszeile aus dem Starttableau.

Im Ergebnis ergibt sich das Simplextableau nach der ersten Iteration. Der Zielfunktionswert beträgt 4.000. Graphisch gesehen bedeutet dieses Vorgehen, dass der Algorithmus von der Ausgangsbasislösung, der Ecke (0; 0) des Lösungsraums, zu der Ecke (50; 0) gesprungen ist. Da die Zielfunktionszeile noch einen negativen Wert enthält, d. h. dass noch entgehende Zielbeiträge vorliegen, signalisiert dies, dass die optimale Lösung noch nicht gefunden ist.

	x_1	x_2	y_1	y_2	y_3	RS
y_1	0	2	1	−1/2	0	80
x_1	1	1/2	0	1/4	0	50
y_3	0	1	0	0	1	50
Z	0	−20	0	20	0	4.000

Abb. 2.8: Simplextableau (1. Iteration)

Aus diesem Grund muss die Rechenprozedur erneut durchgeführt werden. Das Ergebnis nach der zweiten Iteration ist im folgenden Simplextableau wiedergegeben:

	x_1	x_2	y_1	y_2	y_3	RS
x_2	0	1	1/2	-1/4	0	40
x_1	1	0	-1/4	3/8	0	30
y_3	0	0	-1/2	1/4	1	10
Z	0	0	10	15	0	4.800

Abb. 2.9: Simplextableau (2. Iteration)

Da dieses Tableau in der Zielfunktionszeile keinen negativen Wert mehr enthält, entgehen keine Deckungsbeiträge mehr. Es handelt sich um das Optimaltableau, in dem das optimale Produktionsprogramm bestimmt ist. Als Ergebnis in der Restriktionsspalte können die Werte 40, 30 und 10 abgelesen werden. Die Zuordnung dieser Werte auf die entsprechenden Variablen erfolgt wieder mit Hilfe der Einheitsvektoren. Durch die Spalte, in der der Einheitsvektor steht, wird die Variable determiniert. Der zugehörige Wert wird in der Restriktionsspalte aus der Zeile abgelesen, in der im Einheitsvektor die 1 steht. Damit ergibt sich folgendes optimale Produktionsprogramm: $x_1 = 30$ und $x_2 = 40$. Der Zielwert (hier: Gesamtdeckungsbeitrag) beträgt 4.800 EUR. Die durch den Simplex-Algorithmus gefundene Lösung stimmt mit der oben auf graphischem Wege ermittelten überein.

M-Methode

Wie bereits zu Beginn dieses Abschnitts beschrieben, kann es bei Vorliegen bestimmter Bedingungen (insbesondere bei Ungleichungen der Form $ax \geq b$) zur Überführung des LP in Standardform nötig sein, eine negative Schlupfvariable $-y$ einzufügen. Zusätzlich ist eine positive künstliche Variable $+z$ einzufügen, der in der Zielfunktion ein „extrem schlechter“ künstlicher Koeffizient von M entspricht. Im Rahmen dieser sog. M-Methode erfolgt zuerst die Bestimmung einer zulässigen Basislösung für das lineare Programm, bevor die optimale Lösung ermittelt werden kann.

Beispiel 2.1-7

Gegeben sei folgendes lineare Programm:

$$\max Z = 2x_1 + x_2$$

u. d. NB.:

$$\text{(I)} \quad x_1 + x_2 \le 15$$
$$\text{(II)} \quad 3x_1 \ge 18$$
$$\text{(III)} \quad x_1 + x_2 \ge 10$$
$$\text{(IV)} \quad x_1, x_2 \ge 0$$

Das lineare Programm wird zunächst in die Standardform übertragen. Zu jeder Nebenbedingung i, die keine Schlupfvariable y_i mit positivem Vorzeichen beinhaltet, wird auf der linken Seite eine künstliche Variable z_i, mit positivem Vorzeichen hinzugefügt. In der zu maximierenden Zielfunktion wird z_i mit $-M$ bewertet, wobei M für eine hinreichend große Zahl („Big M") steht.

$$\max Z' = 2x_1 + x_2 - Mz_1 - Mz_2$$
$$\text{(I)} \quad x_1 + x_2 + y_1 = 15$$
$$\text{(II)} \quad 3x_1 + 0x_2 - y_2 + z_1 = 18$$
$$\text{(III)} \quad x_1 + x_2 - y_3 + z_2 = 10$$
$$\text{(IV)} \quad x_1, x_2, y_1, y_2, y_3, z_1, z_2 \ge 0$$

Im Simplex-Starttableau werden zwei Zielfunktionszeilen eingeführt. Eine Z-Zeile, welche die ursprüngliche Zielfunktion abbildet und eine M-Zeile, welche sich durch die Bewertung jedes z_i mit $-M$ ergibt. Da die Zielfunktion maximiert wird und M darin negativ eingeht, ist es zielführend, wenn $M = 0$ wird. Dies geschieht, wenn die künstlichen Variablen z_i zu Nicht-Basisvariablen werden (dann gilt: $z_i = 0$). Die Wahl der Pivotspalte erfolgt daher unter Betrachtung der M-Zeile (kleinster, negativer Eintrag in der M-Zeile). Falls basierend auf der M-Zeile keine eindeutige Spalte ermittelt werden kann, wird die Z-Zeile zusätzlich zur Auswahl der Pivotspalte herangezogen. Die Pivotzeile ist jene Zeile, in welcher der Q-Wert (= RS/Pivotspaltenelement) minimal ist, sofern Q definiert und größer Null ist.

	x_1	x_2	y_1	y_2	y_3	z_1	z_2	RS
y_1	1	1	1	0	0	0	0	15
z_1	**3**	0	0	-1	0	1	0	18
z_2	1	1	0	0	-1	0	1	10
Z	-2	-1	0	0	0	0	0	0
M	-4M	-M	0	M	M	0	0	-28M

Abb. 2.10: Simplex-Starttableau (M-Methode, 1. Phase)

Ist eine künstliche Variable z_i zu einer Nicht-Basisvariablen geworden, kann diese von der weiteren Betrachtung ausgeschlossen werden. Dieses Vorgehen ist so lange anzuwenden, bis die künstlichen Variablen z_i keine Basisvariablen mehr darstellen.

	x_1	x_2	y_1	y_2	y_3	z_2	RS
y_1	0	1	1	1/3	0	0	9
x_1	1	0	0	-1/3	0	0	6
z_2	0	**1**	0	1/3	-1	1	4
Z	0	-1	0	-2/3	0	0	12
M	0	-M	0	-1/3M	M	0	-4M

Abb. 2.11: Simplextableau (M-Methode, 1. Iteration, 1. Phase)

Wenn die z_i keine Basisvariablen mehr darstellen, ist eine zulässige Basislösung erreicht. Danach kann die optimale Lösung wie gewohnt bestimmt werden.

	x_1	x_2	y_1	y_2	y_3	RS
y_1	0	0	1	0	**1**	5
x_1	1	0	0	-1/3	0	6
x_2	0	1	0	1/3	-1	4
Z	0	0	0	-1/3	-1	16

Abb. 2.12: Simplextableau (M-Methode, 2. Iteration, 2. Phase)

	x_1	x_2	y_1	y_2	y_3	RS
y_3	0	0	1	0	1	5
x_1	1	0	0	-1/3	0	6
y_2	0	1	1	**1/3**	0	9
Z	0	0	1	-1/3	0	21

Abb. 2.13: Simplextableau (M-Methode, 3. Iteration, 2. Phase)

	x_1	x_2	y_1	y_2	y_3	RS
y_3	0	0	1	0	1	5
x_1	1	1	1	0	0	15
y_2	0	3	3	1	0	27
Z	0	1	2	0	0	30

Abb. 2.14: Simplextableau (M-Methode, 4. Iteration, 2. Phase)

Sonderfälle

An dieser Stelle sei auf folgende Sonderfälle hingewiesen:

Unlösbarkeit: Das LP kann unlösbar sein, wenn der Lösungsraum leer ist; d. h. wenn keine Lösung existiert, die gleichzeitig alle Nebenbedingungen erfüllt. Dies ist im Rahmen des Simplex dann der Fall, wenn eine der künstlichen Variablen mit einem positiven Wert in der gefundenen Lösung verbleibt.

Mehrdeutige Lösung: Für den Fall, dass die Zielfunktion die gleiche Steigung wie eine Restriktionsgerade aufweist und somit nicht einen Punkt, sondern einen Abschnitt der Restriktionsgeraden tangiert, existieren mehrere optimale Lösungen. Dies ist im Rahmen des Simplex dann der Fall, wenn in der gefundenen Lösung der Wert in der Zielfunktionszeile einer Nichtbasisvariablen Null ist.

Degeneration: Für den Fall, dass der Simplex-Algorithmus einen zyklischen Basistausch vornimmt, bevor die optimale Lösung gefunden ist, spricht man von Degeneration.

Ganzzahligkeit: Abschließend sei darauf hingewiesen, dass die bisherige Darstellung davon ausging, dass alle Variablen reellwertig sind, was impliziert, dass sie beliebig teilbar sind. In vielen praktischen Fällen lässt sich diese Annahme jedoch nicht aufrechterhalten, weil z. B. bestimmte Aktivitäten nur mit ganzzahligen Werten realisiert werden können. Der einfachste Weg, Ganzzahligkeiten zu berücksichtigen, ist die Rundung der gefundenen Lösung, was jedoch regelmäßig zu Restriktionsverletzungen führt. Zudem wird u. U. das ganzzahlige Optimum verfehlt. Als Lösungsverfahren der ganzzahligen oder gemischt-ganzzahligen linearen Programmierung sei daher auf das Schnittebenen-Verfahren von Gomory sowie sog. Branch-and-Bound-Verfahren verwiesen (z. B. Gomory (1963), Dakin (1965) sowie im Überblick z. B. Kistner (1993)).

Zu weiteren Details des Simplex-Algorithmus, wie dem weiteren Aussagegehalt des Optimaltableaus (Schattenpreise) oder möglichen Sonderfällen bei der Ermittlung der optimalen Lösung (Mehrdeutigkeit, Degeneration), sei auf die einschlägige Literatur verwiesen (z. B. vgl. Dantzig (1966), Hadley (1974), Hillier/Lieberman (1967)).

2.1.2 Mehrfache Zielsetzung

2.1.2.1 Gestaltung des Zielraums

Bei Vorliegen mehrerer Ziele des Entscheidenden erhebt sich zunächst die Frage, wie diese in den Zielgrößen des Entscheidungsmodells abgebildet werden sollen. Wie im einführenden Kapitel bereits erläutert, lassen sich die Zielvorschriften in Extremierung und Satisfizierung unterscheiden.

Das Streben nach dem absoluten Maximum oder Minimum als *Extremierungsvorschrift* im Rahmen von Optimierungskalkülen ist zwar vom theoretischen Standpunkt aus befriedigender, stellt jedoch sowohl an das Erklärungsmodell als auch an den Entscheidungskalkül regelmäßig hohe Anforderungen.

Satisfizierungsvorschriften fordern als Begrenzungsvorschriften hingegen nur das Erreichen eines bestimmten Niveaus der Ausprägungen der Zielgrößen. Der Entscheidende stuft alle über dem Niveau liegenden Ausprägungen als genauso gut und alle darunter liegenden Ausprägungen als genauso schlecht ein. Dieses in der Realität häufig zu beobachtende Begnügen mit einem befriedigenden Ergebnis wirft zwei interdependente Probleme auf:

Zum einen hat der Entscheidende die von den Zielgrößen mindestens zu erreichenden Niveaus anzugeben. Ein kleines Beispiel soll die Problematik der Festlegung der Niveaus bei Satisfizierungsvorschriften verdeutlichen.

Beispiel 2.1-8

Der Zielraum bestehe aus zwei Zielgrößen $Z = \{z_1, z_2\}$;

z_1 sei eine Satisfizierungszielgröße, deren Niveau nach einer überschlägigen Schätzung mit 50 Nutzeneinheiten festgelegt wurde;

z_2 sei eine Maximierungszielgröße.

Es stehen mit $A = \{a_1, a_2\}$ zwei Aktionen zur Wahl.

Bei Wahl von a_1 erhält man das bewertete Ergebnis

$$w_1 = (w_1^{(1)} = 51, w_1^{(2)} = 5)\,,$$

bei Wahl von a_2 erhält man als bewertetes Ergebnis

$$w_2 = (w_2^{(1)} = 49, w_2^{(2)} = 100)\,,$$

jeweils in den entsprechenden Einheiten.

Welche Aktion ist zu wählen?

Lösung:

Da nur die bewertete Ausprägung $w_1^{(1)}$ der Zielgröße z_1 die Mindestanforderung in Höhe von 50 Nutzeneinheiten erfüllt, ist die Aktion a_1 zu wählen. Wäre das Niveau auf 49 Einheiten festgelegt worden, so wäre die geringfügige Verschlechterung der Zielerfüllung von z_1 für den Entscheidenden unter Umständen kaum fühlbar gewesen, während sich die Zielerfüllung von z_2 von 5 auf 100 Einheiten erheblich verbessert hätte.

Zum anderen hängt es vom Merkmal und der Maßeinheit der einzelnen Zielgrößen ab, ob die Satisfizierungsniveaus vom Entscheidenden „gefühlsmäßig" zu bestimmen und damit in gewissen Grenzen variierbar sind oder ob sie, wie etwa bei Liquiditätszielgrößen, relativ fixen Charakter aufweisen.

Liegen weiterhin nur Satisfizierungszielgrößen vor, so kann dem Entscheidenden nur dann eine eindeutige Handlungsempfehlung gegeben werden, wenn die Niveaus der jeweiligen Zielerreichung in ihrer Gesamtheit gerade so bemessen sind, dass sie nur vom Ergebnis genau einer Aktion erfüllt werden. Ist dies nicht der Fall, so existiert entweder keine Lösung des Problems oder es bleibt dem Entscheidenden weiterhin die Wahl zwischen mehreren Aktionen. Die Heuristik, sich generell für die erste Aktion zu entscheiden, deren Ergebnis allen Satisfizierungsniveaus genügt, steht zwar im Einklang mit dem Satisfizierungsgedanken, impliziert jedoch die Möglichkeit der

Existenz einer Aktion, deren Ergebnis hinsichtlich aller Zielgrößen besser ist, als das der gewählten Aktion.

In der Literatur existieren Vorschläge, die die Abbildung der Ziele in Zielgrößen mit Extremierungs- bzw. Satisfizierungsvorschrift davon abhängig machen, ob es sich in sachlicher Hinsicht um Haupt- oder Nebenziele handelt.

Eine Möglichkeit, mehrere Ziele simultan zu berücksichtigen, besteht im *Standardansatz der linearen Programmierung*, (LP). Vorausgesetzt wird, dass ein Ziel als Hauptziel ausgewählt und als Extremierungsziel (Minimierung oder Maximierung) verfolgt werden kann und die anderen Ziele in Form von Satisfizierungs- oder Fixierungszielen modelliert werden können.

Dass jedoch keine Einigkeit darüber besteht, ob nun Haupt- oder Nebenziele in Zielgrößen mit Extremierungsvorschrift abzubilden sind, kann nicht verwundern, da es von der Höhe der vorgegebenen Satisfizierungsniveaus im Einzelfall abhängt, welche Zielgrößen im Modell Haupt- oder Nebenwirkung besitzen. Liegen die Niveaus so niedrig, dass sie die Ergebnisse aller Aktionen erfüllen, so kommt der Extremierungsvorschrift die Hauptwirkung zu. Erfüllt hingegen nur das Ergebnis einer Aktion alle Niveaus, so erlangt die Extremierungsvorschrift keine Bedeutung.

Besitzt der Entscheidende mehrere Ziele, so sind nur diejenigen in Zielgrößen mit Satisfizierungsvorschrift abzubilden, für die eine unbedingte Mindesterfüllung erforderlich ist oder bei denen sich der Entscheidende mit einer gewissen Mindesterfüllung begnügt und bei denen er die Auswirkungen der Festlegung der zu erreichenden Niveaus hinsichtlich der Ausprägungen aller Zielgrößen abschätzen kann. Existiert dann mindestens eine Zielgröße mit Extremierungsvorschrift im Zielraum des Entscheidungsmodells, so ist die daraus abgeleitete Handlungsempfehlung in dem Sinne effizient, dass ihr Ergebnis nicht dem Ergebnis einer anderen Aktion generell unterlegen sein kann.

2.1.2.2 Formale Darstellung

Werden mehrere Ziele nicht wie bei der linearen Programmierung in ein Hauptziel und mehrere Nebenziele aufgeteilt, sondern gleichzeitig nebeneinander verfolgt, ist in besonderer Weise auf die *Zielbeziehungen* zu achten. Wie Abb. 2.15 zeigt, reduziert sich im hier betrachteten Fall der Sicherheit, der sich dadurch auszeichnet, dass nur ein (relevanter) Umweltzustand existiert, die in Abb. 1.1 allgemein dargestellte Ergebnismatrix formal zu einem *Ergebnis(spalten)vektor* über die Zielgrößen, dessen Elemente selbst (Zeilen-)Vektoren sind.

Bei Wahl der Aktion a_i nimmt die k-te Zielgröße die Ausprägung $e_i^{(k)} = f^{(k)}(a_i)$ an. Liegen nun Nutzenfunktionen $w^{(k)}$ vor, die diesen Ausprägungen gemäß

$$w_i^{(k)} = w^{(k)}(e_i^{(k)}) = w^{(k)}(f^{(k)}(a_i)) = h^{(k)}(a_i) \tag{2.1-9}$$

Nutzenwerte zuordnen, so lassen sich diese im hier beschriebenen Fall der Sicherheit zu einem *Entscheidungsvektor* zusammenfassen (Abb. 2.16).

	s_1
a_1	$(e_1^{(1)}, e_1^{(2)}, \dots, e_1^{(k)}, \dots, e_1^{(p)})$
a_2	$(e_2^{(1)}, e_2^{(2)}, \dots, e_2^{(k)}, \dots, e_2^{(p)})$
$\vdots$	$\vdots$
a_i	$(e_i^{(1)}, e_i^{(2)}, \dots, e_i^{(k)}, \dots, e_i^{(p)})$
$\vdots$	$\vdots$
a_n	$(e_n^{(1)}, e_n^{(2)}, \dots, e_n^{(k)}, \dots, e_n^{(p)})$

Abb. 2.15: Ergebnisvektor bei Sicherheit und mehrfacher Zielsetzung

	s_1
a_1	$(w_1^{(1)}, w_1^{(2)}, \dots, w_1^{(k)}, \dots, w_1^{(p)})$
a_2	$(w_2^{(1)}, w_2^{(2)}, \dots, w_2^{(k)}, \dots, w_2^{(p)})$
$\vdots$	$\vdots$
a_i	$(w_i^{(1)}, w_i^{(2)}, \dots, w_i^{(k)}, \dots, w_i^{(p)})$
$\vdots$	$\vdots$
a_n	$(w_n^{(1)}, w_n^{(2)}, \dots, w_n^{(k)}, \dots, w_n^{(p)})$

Abb. 2.16: Entscheidungsvektor bei Sicherheit und mehrfacher Zielsetzung

Die Gesamtheit der mit einer Aktion a_i verbundenen und mit Nutzen bewerteten Ausprägungen aller relevanten Zielgrößen lässt sich im Vektor

$$(w_i^{(1)}, w_i^{(2)}, \dots, w_i^{(k)}, \dots, w_i^{(p)})$$

zusammenfassen.

Die Aufgabe besteht nun darin, für jeden dieser n Vektoren eine einwertige Größe (Skalar) $Y(a)$ zu finden, die diesen entsprechend den Präferenzen des Entscheidenden derart repräsentiert, dass gilt:

$$Y(a_g) > Y(a_h) \iff a_g \succ a_h \,.$$

2.1.2.3 Effizienzkriterium

Bevor man mit dem in der Regel schwierigen Abwägen zwischen den Ausprägungen unterschiedlicher Zielgrößen beginnt, kann man versuchen, die Menge der weiter zu betrachtenden Aktionen mit Hilfe des Effizienzkriteriums zu verkleinern. Die ordinal skalierte Ausprägungen voraussetzende Effizienzuntersuchung stellt eine allgemein akzeptable Vorauswahl dar, die zwar nur eindeutig unterlegene Aktionen ausscheidet, in Ausnahmefällen damit jedoch bereits die Lösung des Entscheidungsproblems liefert.

Man unterscheidet zwei Effizienzbegriffe, die zunächst allgemein gegeneinander abzugrenzen und inhaltlich zu klären sind, wozu der Begriff der strengen Dominanz beitragen kann.

Definition 2.2: Ein Vektor $x' = (x'_1, x'_2, \ldots, x'_m) \in X$ *dominiert* einen Vektor $x'' = (x''_1, x''_2, \ldots, x''_m) \in X$ *streng*, wenn gilt:

$$x'_j \geq x''_j \quad \text{für alle } j \quad \text{und}$$

$$x'_j > x''_j \quad \text{für mindestens ein } j\,.$$

Definition 2.3: Ein Vektor $x' \in X$ heißt genau dann *K-effizient* bezüglich X, wenn kein anderer Vektor $x'' \in X$ existiert mit der Eigenschaft

$$x'' \geq x' \quad \text{und} \quad x'' \neq x'\,.$$

Gemäß der Definition des Vergleichsoperators ≥ zwischen Vektoren gilt auch:

Definition 2.4: Ein Vektor $x' \in X$ heißt genau dann *K-effizient* bezüglich X, wenn x' von keinem anderen Vektor $x'' \in X$ streng dominiert wird;

Definition 2.5: Ein Vektor $x' \in X$ heißt genau dann *funktional-effizient* bezüglich X und der Funktionen $z^{(1)}(x), z^{(2)}(x), \ldots, z^{(p)}(x)$, wenn kein anderer Vektor $x'' \in X$ existiert mit der Eigenschaft:

$$z^{(k)}(x'') \geq z^{(k)}(x') \quad \text{für } k = 1, 2, \ldots, p \quad \text{und}$$

$$z^{(k)}(x'') > z^{(k)}(x') \quad \text{für mindestens ein } k.$$

Unter Berücksichtigung des Begriffs der strengen Dominanz lässt sich die Definition 2.5 auch umformulieren zu:

Definition 2.6: Ein Vektor $x' \in X$ heißt genau dann *funktional-effizient* bezüglich X und der Funktionen $z^{(1)}(x), z^{(2)}(x), \ldots, z^{(p)}(x)$, wenn der Vektor $(z^{(1)}(x'), z^{(2)}(x'), \ldots, z^{(p)}(x'))$ von keinem anderen Vektor $(z^{(1)}(x''), z^{(2)}(x''), \ldots, z^{(p)}(x''))$ mit $x'' \in X$ streng dominiert wird.

Überträgt man die Aussagen dieser Definitionen auf das Problem der Entscheidung unter mehrfacher Zielsetzung, so entspricht der Aktionsraum A der Menge X. Die als Aktionen bezeichneten geordneten Mengen von Aktionsparametern entsprechen den Vektoren x und die Funktionen $h^{(k)}$ $(k = 1, 2, \ldots, p)$ in (2.1-9) haben ihre Entsprechung in den Funktionen $z^{(1)}, z^{(2)}, \ldots, z^{(p)}$. Demnach lässt sich der Vektor $(z^{(1)}(x), z^{(2)}(x), \ldots, z^{(p)}(x))$ als das in Nutzeneinheiten gemessene Ergebnis einer mit x bezeichneten Aktion interpretieren.

Geht man von der – zumindest für Zielgrößen mit Extremierungsvorschrift – unmittelbar einleuchtenden Beurteilung aus, dass Aktionen nicht optimal sein können, die hinsichtlich sämtlicher Zielgrößen höchstens genauso gut und hinsichtlich mindestens einer Zielgröße echt schlechter als eine andere Aktion sind, so ist nur die Menge der funktional-effizienten Aktionen weiter zu betrachten. Bei ihrer Ermittlung kann die aus Definition 2.6 abzuleitende Aussage von Vorteil sein, dass die Menge der funktional-effizienten Aktionen identisch ist mit der Menge derjenigen Aktionen, deren bewertete Ergebnisse K-effizient bezüglich der Menge W der in Nutzeneinheiten gemessenen Ergebnisse und der Zielfunktionen sind.

2.1.2.4 Zusammenfassung

Zur Abbildung der Ziele des Entscheidenden in den Zielraum des Modells können sich sowohl Zielgrößen mit Extremierungs- als auch mit Satisfizierungsvorschrift als zweckmäßig erweisen. Da die Befolgung einer Satisfizierungsvorschrift ungeachtet der Ausprägungen der übrigen Zielgrößen die strikte Trennung zwischen zielzulässigen und zielunzulässigen Aktionen zur Folge hat, kommt der Festlegung der Trennlinie eine besondere Bedeutung zu. Der Entscheidende kann diese Festlegung nur dann entsprechend seinen Präferenzen vornehmen, wenn er Kenntnis über die Konsequenzen unterschiedlicher Satisfizierungsniveaus besitzt.

Mit Hilfe des Effizienzkriteriums lässt sich eine allgemein akzeptable Vorauswahl unter den (ziel-)zulässigen Aktionen durchführen. Liegen mehrere konkurrierende Zielgrößen mit Extremierungsvorschrift vor, so hat der Entscheidende die Wahl zwischen verschiedenen Methoden der Zusammenfassung des Ergebnisvektors zu einem Skalar. Die präskriptive Entscheidungstheorie kann in diesem Fall offenlegen, welche Implikationen die einzelnen Methoden enthalten, welche Informationen zu ihrer Anwendung erforderlich sind und ob ihre Lösungen zumindest dem Effizienzkriterium genügen.

Beispiel 2.1-9

Ein Entscheidungsproblem wurde in einem Entscheidungsmodell bei Sicherheit mit den Aktionen a_1, a_2 und a_3 sowie den Zielgrößen z_1 und z_2 in folgender Ergebnismatrix abgebildet:

	s_1	
$a_1 = (8, 1.000)$	$e_1^{(1)} = 960$	$e_1^{(2)} = 7.200$
$a_2 = (8, 3.000)$	$e_2^{(1)} = 980$	$e_2^{(2)} = 6.000$
$a_3 = (5, 1.000)$	$e_3^{(1)} = 970$	$e_3^{(2)} = 7.200$

Der Entscheidende bewertet die Ergebnisse vereinfachend gemäß $w^{(k)} = e^{(k)}$ für $k = 1{,}2$.

Gesucht ist die Menge der funktional-effizienten Aktionen bezüglich A.

Lösung:

Für die Menge der in Nutzeneinheiten gemessenen Ergebnisse $(w^{(1)}, w^{(2)})$ gilt:

$$W = \{(960, 7.200), (980, 6.000), (970, 7.200)\} .$$

Aus den Beziehungen

$$w_3^{(2)} = 7.200 = w_1^{(2)}$$

und

$$w_3^{(1)} = 970 > w_1^{(1)} = 960$$

folgt $e_3 \succ e_1$.

Da das Ergebnis e_1 vom Ergebnis e_3 streng dominiert wird, ist e_1 nicht K-effizient bezüglich E und die Aktion a_1 nicht funktional-effizient bezüglich z_1, z_2 und A.

Die Ergebnisse e_1 und e_2 bzw. e_2 und e_3 sind in dieser Hinsicht nicht vergleichbar.

Es gilt sowohl $w_1^{(1)} = 960 < w_2^{(1)} = 980$

als auch $w_1^{(2)} = 7.200 > w_2^{(2)} = 6.000$,

bzw. $w_2^{(1)} = 980 > w_3^{(1)} = 970$

als auch $w_2^{(2)} = 6.000 < w_3^{(2)} = 7.200$.

Die Menge F der funktional-effizienten Vektoren besteht also aus den Vektoren $a_2 = (8,3.000)$ und $a_3 = (5, 1.000)$, d. h. $F = \{a_2, a_3\}$.

2.1.2.5 Zielbeziehungen

Ausgangspunkt der weiteren Untersuchung sind Entscheidungsmodelle, deren Zielraum mehrere Zielgrößen mit Extremierungs- bzw. Satisfizierungsvorschrift enthält. Zur Vereinfachung der Darstellung sei davon ausgegangen, dass alle Extremierungsvorschriften auf Maximierung lauten. Dies stellt keine Beschränkung der Allgemeinheit dar, da sich jede Zielgröße mit Minimierungsvorschrift in eine äquivalente Zielgröße mit Maximierungsvorschrift umformulieren lässt. Ist z. B. der Verlust zu minimieren und ist ein Verlust mit negativem Gewinn gleichzusetzen, so kann man an die Stelle der Minimierung des negativen Gewinns auch die Maximierung des Gewinns setzen. Sind die gesamten Stillstandszeiten einer Maschine zu minimieren, so können stattdessen auch die gesamten Betriebszeiten der Maschine maximiert werden.

Zur Ermittlung der Lösung des Problems ist im ersten Schritt die Menge der unter Berücksichtigung der Umweltfaktoren als durchführbar oder zulässig bezeichneten Aktionen zu ermitteln. Formal wird diese Menge häufig durch ein System von (Un-)Gleichungen beschrieben. Daraus ist dann die Menge der als zielzulässig zu bezeichnenden Aktionen zu bestimmen, deren Ergebnisse den Niveaus aller Satisfizierungszielgrößen genügen.

Auch Satisfizierungszielgrößen lassen sich als (Un-)Gleichungen darstellen, sind jedoch von den oben genannten und vom Entscheidenden nicht zu beeinflussenden Umweltbeschränkungen zu unterscheiden, da ihre Niveaus vom Entscheidenden selbst festzulegen sind und von diesem nach Kenntnis der damit verbundenen Konsequenzen auch geändert werden können.

Liegen keine (ziel-)zulässigen Aktionen vor, so ist das Entscheidungsproblem nicht lösbar. Unter Umständen können die Niveaus der Satisfizierungszielgrößen – und nur diese – verändert werden. Existiert nur eine (ziel-)zulässige Aktion, so stellt diese die Lösung des Entscheidungsproblems dar. Gibt es mehrere (ziel-)zulässige Aktionen, so ist aus diesen im nächsten Schritt die Menge der funktional-effizienten Aktionen zu ermitteln. Dieser Schritt wird in Entscheidungskalkülen in der Regel nicht explizit vollzogen.

Existiert genau eine effiziente Aktion, so hat man mit dieser Aktion die Lösung des Problems bereits gefunden. Dieser Fall tritt insbesondere dann ein, wenn zwischen den zu maximierenden Zielgrößen nur die als *komplementär* bezeichnete Zielbeziehung besteht, die dadurch charakterisiert ist, dass steigende Ausprägungen einer Zielgröße immer mit steigenden Ausprägungen der übrigen Zielgrößen verbunden sind. Liegen mehrere funktional-effiziente Aktionen vor, so sind aus diesen die hinsichtlich der zu maximierenden Zielgrößen optimalen auszuwählen. Dieser Fall bereitet insofern Schwierigkeiten, als ihm sog. *konkurrierende* Zielbeziehungen zugrunde liegen, bei denen steigende Ausprägungen einer Zielgröße mit sinkenden Ausprägungen anderer Zielgrößen gekoppelt sind. Im Extremfall ist jede über das Minimum hinausgehende Ausprägung einer Zielgröße mit den minimalen Ausprägungen aller übrigen Zielgrößen starr verbunden. Dem Entscheidenden kann dann keine Handlungsempfehlung gegeben werden, er hat sich auf die ihm am wichtigsten erscheinende Zielgröße zu beschränken. Dieser Extremfall sei hier ausgeschlossen.

Bevor auf Lösungsansätze bei konkurrierenden Zielgrößen näher eingegangen wird, ist noch darauf hinzuweisen, dass Zielbeziehungen keine unveränderlichen Eigenschaften von Zielräumen darstellen, sondern auch von den übrigen Determinanten des Entscheidungsmodells abhängen können. So ist es möglich, dass zwei Zielgrößen in einem Entscheidungsproblem komplementäre Wirkung aufweisen, während sie in einem anderen Fall konkurrieren.

Beispiel 2.1-10

Ein Einproduktunternehmen geht bei der Produktions- und Absatzplanung von folgenden Daten aus:

Kostenfunktion: $K = 30 + 0{,}1x^2$

Preisabsatzfunktion: $p = 10 - 0{,}5x$

Zur Diskussion steht, welcher Absatz durch Preispolitik realisiert werden soll. Das Management wünscht sich eine möglichst starke Umsatzausweitung, aber auch einen möglichst hohen Gewinn in der Periode.

Lösung:

Die Entscheidungssituation wird durch die Zielbeziehungsfunktion in Abb. 2.17 ausgedrückt.

Bis zu einer Absatzmenge von $x = 8$ verlaufen Gewinn und Umsatz steigend, d. h. die beiden Ziele sind in diesem Alternativenbereich komplementär. Für die Absatzmenge zwischen $x = 10$ und $x = 15$ gilt dasselbe, mit dem Unterschied, dass Gewinn und Umsatz nun fallen. Demgegenüber herrscht im Bereich $x = 8$ bis $x = 10$ strenge Konkurrenz zwischen den beiden Zielen. D. h. eine Umsatzsteigerung ist nur auf Kosten einer Gewinneinbuße möglich oder umgekehrt. Bei gleichzeitiger Betrachtung der drei Bereiche fällt auf, dass sich Konkurrenz- und Komplementärbeziehungen überlagern.

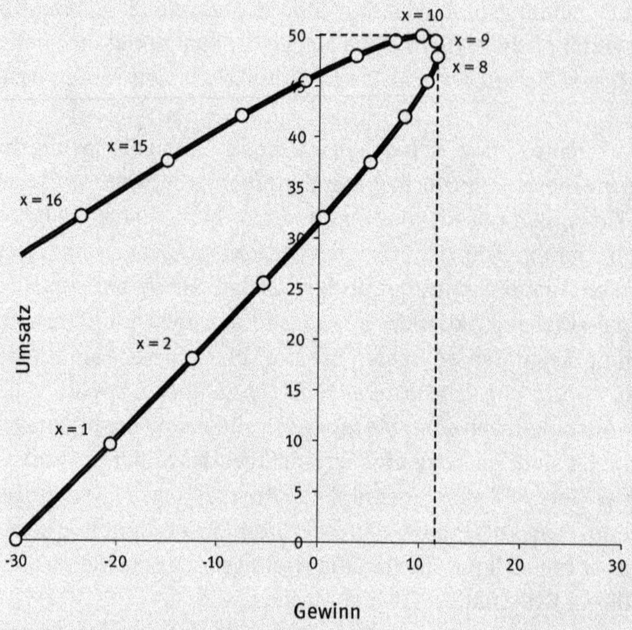

Abb. 2.17: Zielbeziehungsfunktion

Beispiel 2.1-11
Die zulässigen Aktionen eines Problems der Produktionsprogrammplanung (vgl. Beispiel 2.1-2) seien durch die nachfolgenden Restriktionen beschrieben, wobei x_A und x_B die Mengen der Produkte A und B bezeichnen.

$$x_A \leq 60$$
$$x_B \leq 40$$
$$x_A + x_B \leq 70$$
$$x_A + 2x_B \leq 100$$
$$x_A, x_B \geq 0$$

und

$$x_A = 10, 20, 30, \ldots$$
$$x_B = 10, 20, 30, \ldots$$

Die Entscheidung ist so zu treffen, dass die beiden Zielgrößen

$$z_1 \quad \text{mit } e^{(1)} = 4x_A + 2x_B$$

und

$$z_2 \quad \text{mit } e^{(2)} = 8x_A + 20x_B$$

„maximiert" werden, und die Zielgröße

$$z_3 \quad \text{mit } e^{(3)} = 3x_A + x_B$$

mindestens den Wert 120 annimmt.

Auch in diesem Beispiel sei angenommen, dass sich die Bewertung der Ergebnisse durch den Entscheidenden mit Hilfe der Beziehung

$$w^{(k)} = e^{(k)} \quad \text{für } k = 1, 2, 3$$

beschreiben lässt.

Lösung:
Die zulässigen Aktionen werden durch die Gitterpunkte im schraffierten Bereich in nachstehender Abbildung beschrieben.

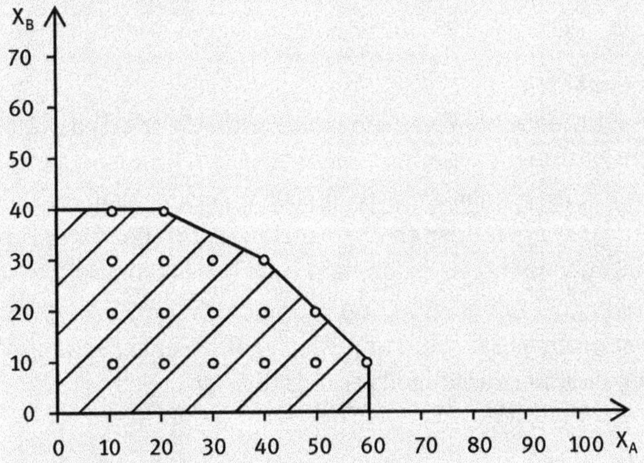

Abb. 2.18: Zulässige Produktionsprogramme

Nur die (x_A, x_B)-Kombinationen (30, 30), (40, 10), (40, 20), (40, 30), (50, 10), (50, 20) und (60, 10) erfüllen die Satisfizierungszielgröße z_3 und sind weiter zu betrachten. Die Ausprägungen der Zielgrößen z_1 und z_2 bezüglich dieser Aktionen sind in der folgenden Ergebnismatrix zusammengefasst:

	s_1	
$a_1 = (30, 30)$	$e_1^{(1)} = 180$	$e_1^{(2)} = 840$
$a_2 = (40, 10)$	$e_2^{(1)} = 180$	$e_2^{(2)} = 520$
$a_3 = (40, 20)$	$e_3^{(1)} = 200$	$e_3^{(2)} = 720$
$a_4 = (40, 30)$	$e_4^{(1)} = 220$	$e_4^{(2)} = 920$
$a_5 = (50, 10)$	$e_5^{(1)} = 220$	$e_5^{(2)} = 600$
$a_6 = (50, 20)$	$e_6^{(1)} = 240$	$e_6^{(2)} = 800$
$a_7 = (60, 10)$	$e_7^{(1)} = 260$	$e_7^{(2)} = 680$

Wie ein Vergleich der Nutzenwerte $w^{(k)}(= e^{(k)})$ zeigt, dominiert das Ergebnis der Aktion a_4 die Ergebnisse der Aktionen a_1, a_2, a_3 und a_5 streng. Die Aktionen a_1, a_2, a_3 und a_5 sind demnach nicht funktional-effizient. Die Ergebnisse der Aktionen a_4, a_6 und a_7 werden von keinem Ergebnis einer anderen Aktion streng dominiert; für die Menge F der funktional-effizienten Aktionen gilt:

$$F = \{a_4, a_6, a_7\}.$$

Das reduzierte Entscheidungsproblem stellt sich also wie folgt dar:

	s_1	
$a_4 = (40, 30)$	$e_4^{(1)} = 220$	$e_4^{(2)} = 920$
$a_6 = (50, 20)$	$e_6^{(1)} = 240$	$e_6^{(2)} = 800$
$a_7 = (60, 10)$	$e_7^{(1)} = 260$	$e_7^{(2)} = 680$

Eine Empfehlung für eine der effizienten Aktionen a_4, a_6 oder a_7 ist noch nicht möglich. Das Beispiel wird im nächsten Abschnitt fortgesetzt.

2.1.2.6 Auflösung von Zielkonflikten

Es wird nun der Fall untersucht, dass bei Vorliegen mehrerer konkurrierender Zielgrößen mit Maximierungsvorschrift eine Auswahl unter effizienten Aktionen zu treffen ist. Hierbei lassen sich die vorliegenden Ansätze danach unterscheiden, ob Ziele ganz oder teilweise unterdrückt werden oder ob Ziele zueinander in Beziehung gesetzt werden, um Gewichtungen vornehmen zu können. Soweit dies erforderlich ist, geschieht die Zusammenfassung der mit einer Aktion verbundenen Nutzenwerte der Ausprägungen der Zielgrößen zu einem Präferenzwert $Y(a)$ mit Hilfe einer Funktion Y, für die auch die Bezeichnung Präferenzfunktional gebräuchlich ist.

Der Goal-Programming Ansatz

Optimal hinsichtlich dieses Ansatzes sind diejenigen Aktionen, deren Ergebnisse den geringsten „Gesamtabstand“ zu Zielvorgaben aufweisen. Den Ergebnissen müssen bereits Nutzenwerte zugeordnet worden sein. In der starren Form des Ansatzes werden die Zielvorgaben durch die individuellen Maxima der Zielgrößen ersetzt.

Eine Aktion a^*, für die gilt:

$$Y^{GPs}(a^*) = \min_i Y^{GPs}(a_i) \qquad \text{mit} \tag{2.1-10}$$

$$Y^{GPs}(a_i) = \sum_{k=1}^{p} (\max_i w_i^{(k)} - w_i^{(k)}) \quad \text{für } i = 1, 2, \ldots, n \tag{2.1-11}$$

heißt optimal nach dem *starren Ansatz des Goal-Programming*; dabei bezeichnen:

$Y^{GPs}(a)$ eine reelle Zahl, die als Maß für die Vorteilhaftigkeit einer Aktion nach dem starren Goal-Programming Ansatz dient;

$w_i^{(k)}$ den Nutzen der Ausprägung der Zielgröße k bei der Wahl der Aktion i.

Beispiel 2.1-12

Für das Entscheidungsproblem aus Beispiel 2.1-11 soll die Lösung mit Hilfe des starren Goal-Programming Ansatzes ermittelt werden. Weiterhin gelte die Beziehung $w^{(k)} = e^{(k)}$ für $k = 1,2$.

Lösung:
Die individuellen Maxima ergeben sich für die erste Zielgröße bei der Aktion a_7 mit 260 und für die zweite Zielgröße bei der Aktion a_4 mit 920.

$$\begin{aligned} Y^{GPs}(a^*) &= \min\{(260-220)+(920-920);\ (260-240)+(920-800)\,; \\ &\quad (260-260)+(920-680)\}\,; \\ &= \min\{40, 140, 240\} \\ &= 40\,. \end{aligned}$$

Dieses Minimum wird bei Wahl der Aktion a_4 realisiert, d. h.

$$A^* = \{a_4\}\,.$$

Die Kritik an diesem Ansatz zielt auf zwei Punkte. Zum einen erfordert die Addition von Nutzenwerten einen kardinalskalierten Nutzen der sowohl die Reihung der Ausprägungen innerhalb einer Zielgröße beschreibt als auch die Bedeutung zum Ausdruck bringt, die der jeweiligen Zielgröße im Zielraum zukommt; zum anderen erfolgt die Ermittlung der optimalen Aktionen losgelöst vom Entscheidenden und dessen Werturteil über die Zielgrößen.

Beim flexiblen Ansatz des Goal-Programming legt der Entscheidende die Zielvorgaben selbst fest. Dies erfordert, ähnlich wie bei den Niveaus der Satisfizierungszielgrößen, Informationen über die Wertebereiche der Ausprägungen der einzelnen Zielgrößen und die damit verbundenen Nutzen.

Eine Aktion a^*, für die gilt:

$$Y^{GPf}(a^*) = \min_i Y^{GPf}(a_i) \qquad \text{mit} \tag{2.1-12}$$

$$Y^{GPf}(a_i) = \sum_{k=i}^{p} \left|\overline{w}^{(k)} - w_i^{(k)}\right| \qquad \text{für } i = 1, 2, \ldots, n \tag{2.1-13}$$

heißt optimal nach dem *flexiblen Ansatz des Goal-Programming*; dabei bezeichnet $\overline{w}^{(k)}$ die Nutzenvorgabe des Entscheidenden für die Zielgröße k.

Beispiel 2.1-13
Das Beispiel 2.1-11 ist unter Verwendung des flexiblen Ansatzes des Goal-Programming weiterzuführen unter der Annahme, dass der Entscheidende die Nutzenvorgaben mit $\overline{w}^{(1)} = 250$ und $\overline{w}^{(2)} = 850$ festgelegt hat und die Bewertung der Ergebnisse gemäß $w^{(k)} = e^{(k)}$ für $k = 1,2$ vornimmt.

Lösung:

$$\begin{aligned} Y^{GPf}(a^*) &= \min\{|250-220|+|850-920|;\ |250-240|+|850-800|\,; \\ &\quad |250-260|+|850-680|\}\,; \\ &= \min\{100; 60; 180\} \\ &= 60\,. \end{aligned}$$

Das Minimum tritt bei Wahl von a_6 auf, d. h.

$$A^* = \{a_6\}\,.$$

Zwar gehen in Y^{GPf} mit $\overline{w}^{(k)}$ persönliche Vorstellungen des Entscheidenden über die angestrebten Ausprägungen der Zielgrößen ein, jedoch muss man bei Anwendung dieses Ansatzes die Implikation berücksichtigen, dass Unterschreitungen der Nutzenvorgaben genauso behandelt werden wie Überschreitungen.

Lexikographische Ordnung

Eine andere Möglichkeit der Auflösung von Zielkonflikten besteht in der Vorgabe einer Rangordnung. Die Entscheidung fällt nach diesem Verfahren zunächst ausschließlich nach der Zielgröße, der die höchste Priorität zuerkannt wurde. Nur für den Fall, dass der Entscheidende indifferent zwischen mehreren Ausprägungen dieser Zielgröße ist, fällt die Entscheidung nach der zweitwichtigsten Zielgröße usw. Damit kommt es zu einer sukzessiven Zielunterdrückung.

Beispiel 2.1-14

Für ein Entscheidungsproblem mit der Ergebnismatrix

	s_1		
a_1	$e_1^{(1)} = 10$	$e_1^{(2)} = 5$	$e_1^{(3)} = 5$
a_2	$e_2^{(1)} = 11$	$e_2^{(2)} = 4$	$e_2^{(3)} = 10$
a_3	$e_3^{(1)} = 9$	$e_3^{(2)} = 5$	$e_3^{(3)} = 20$
a_4	$e_4^{(1)} = 10$	$e_4^{(2)} = 3$	$e_4^{(3)} = 15$

sind die optimalen Aktionen zu ermitteln unter der Annahme, dass der Entscheidende die Rangordnung

$$z_2 \succ z_1 \succ z_3$$

unter den Zielgrößen besitzt und die Beziehung $w^{(k)} = e^{(k)}$ für $k = 1, 2, 3$ seine Nutzenvorstellungen beschreibt.

Lösung:

Die Aktionen a_1 und a_3 bewirken die gleiche Ausprägung der Zielgröße z_2. Da sich bei Wahl von a_1 eine höhere Ausprägung der Zielgröße z_1 realisiert, gilt:

$$A^* = \{a_1\}.$$

Da bei diesem Vorgehen keine Austauschrelationen zwischen den Zielgrößen Berücksichtigung finden, ist die damit verbundene Problematik mit der von Satisfizierungszielgrößen zu vergleichen. Wie das Beispiel 2.1-14 zeigt, wäre die Wahl der Aktion a_3 anstelle von a_1 nur mit einer geringfügigen Verschlechterung bezüglich der ohnehin bereits in der zweiten Priorität stehenden Zielgröße z_1 verbunden, würde jedoch eine wesentliche Verbesserung hinsichtlich der Zielgröße z_3 bewirken. Konkret bedeutet dies, dass die Wahl von a_1 für den Entscheidenden nur dann richtig ist, wenn er den Zuwachs von einer Einheit bei der Zielgröße z_1 mindestens genauso hoch schätzt wie einen Zuwachs von 15 Einheiten bei der Zielgröße z_3. Da es sich beim Vorgehen nach der lexikographischen Ordnung um eine Abfolge von Entscheidungen unter jeweils einer Zielsetzung handelt, genügt – wie dort bereits ausgeführt – eine ordinale Bewertung der Ausprägungen der Zielgrößen.

Zielgewichtung

Die allgemeinste Form der Zusammenfassung des mehrwertigen Ergebnisses einer Aktion zu einem Skalar stellt die Zielgewichtung dar, die vom Entscheidenden die unmittelbare Angabe von Austauschrelationen zwischen den Ausprägungen der Zielgrößen verlangt. In der starren Form der Zielgewichtung gelten diese Austauschrelationen in konstanter Höhe über die gesamten Wertebereiche aller Zielgrößen.

Eine Aktion a^*, für die gilt:

$$Y^{Gs}(a^*) = \max_i Y^{Gs}(a_i) \quad \text{mit} \tag{2.1-14}$$

$$Y^{Gs}(a_i) = \sum_{k=1}^{p} w_i^{(k)} g^{(k)} \quad \text{für } i = 1, 2, \ldots, n \tag{2.1-15}$$

heißt optimal bei *starrer Zielgewichtung*; dabei bezeichnen:

$Y^{Gs}(a)$ eine reelle Zahl, die als Maß für die Vorteilhaftigkeit einer Aktion bei starrer Zielgewichtung dient;

$w_i^{(k)}$ den Nutzen der Ausprägung der Zielgröße k bei Wahl der Aktion a_i;

$g^{(k)}$ das Gewicht der Zielgröße k.

Beispiel 2.1-15

Für das Beispiel 2.1-11 sind nun die optimalen Aktionen unter der Annahme zu ermitteln, dass der Entscheidende eine Einheit der Zielgröße z_1 konstant zehn Mal so hoch einschätzt wie eine Einheit der Zielgröße z_2; er gewichtet also $z_1 : z_2$ wie $10 : 1$. Auch in diesem Beispiel seien die Nutzenvorstellungen des Entscheidenden durch die Beziehung $w^{(k)} = e^{(k)}$ beschrieben.

Lösung:

Setzt man $g^{(1)} = 10$ und $g^{(2)} = 1$ an, so ergibt sich:

$$\begin{aligned} Y^{Gs}(a^*) &= \max\{(2.200 + 920); (2.400 + 800); (2.600 + 680)\}; \\ &= \max\{3.120; 3.200; 3.280\} \\ &= 3.280\,. \end{aligned}$$

Der maximale Wert von Y^{Gs} wird bei Wahl der Aktion a_7 realisiert, d. h.

$$A^* = \{a_7\}\,.$$

Liegt eine konstante Zielgewichtung vor und ist der Zusammenhang zwischen einer Aktion und den bewerteten Ausprägungen der konkurrierenden Zielgrößen mit Maximierungsvorschrift entsprechend (2.1-9) durch Funktionen $h^{(k)}(a_i)$ beschrieben, so lassen sich diese Zielgrößen zu einer *Ersatzzielgröße* zusammenfassen, für die gilt:

$$w_i = \sum_{k=1}^{p} h^{(k)}(a_i) g^{(k)}\,, \tag{2.1-16}$$

Das Problem ist damit auf den Fall einer einzelnen Zielgröße zurückgeführt. Dieses Vorgehen ist insbesondere dann vorteilhaft, wenn unendlich viele Aktionen zur Wahl stehen.

Beispiel 2.1-16

Zur Erweiterung des Beispiels 2.1-2 soll neben der Maximierung des Deckungsbeitrags $f^{(1)}(a) = e^{(1)} = 20x_A + 10x_B$ zugleich die Zielgröße z_2 mit $f^{(2)}(a) = e^{(2)} = 50x_A + 100x_B$ maximiert werden. Die Unternehmensleitung gewichtet die Ziele $z_1 : z_2$ konstant wie 5 : 1.

Lösung:

Die Ersatzzielgröße z, für die gilt:

$$w(z) = (20x_A + 10x_B)5 + (50x_A + 100x_B)1 = 150x_A + 150x_B$$

ist in nachstehender Abbildung für bestimmte Werte gestrichelt eingezeichnet.

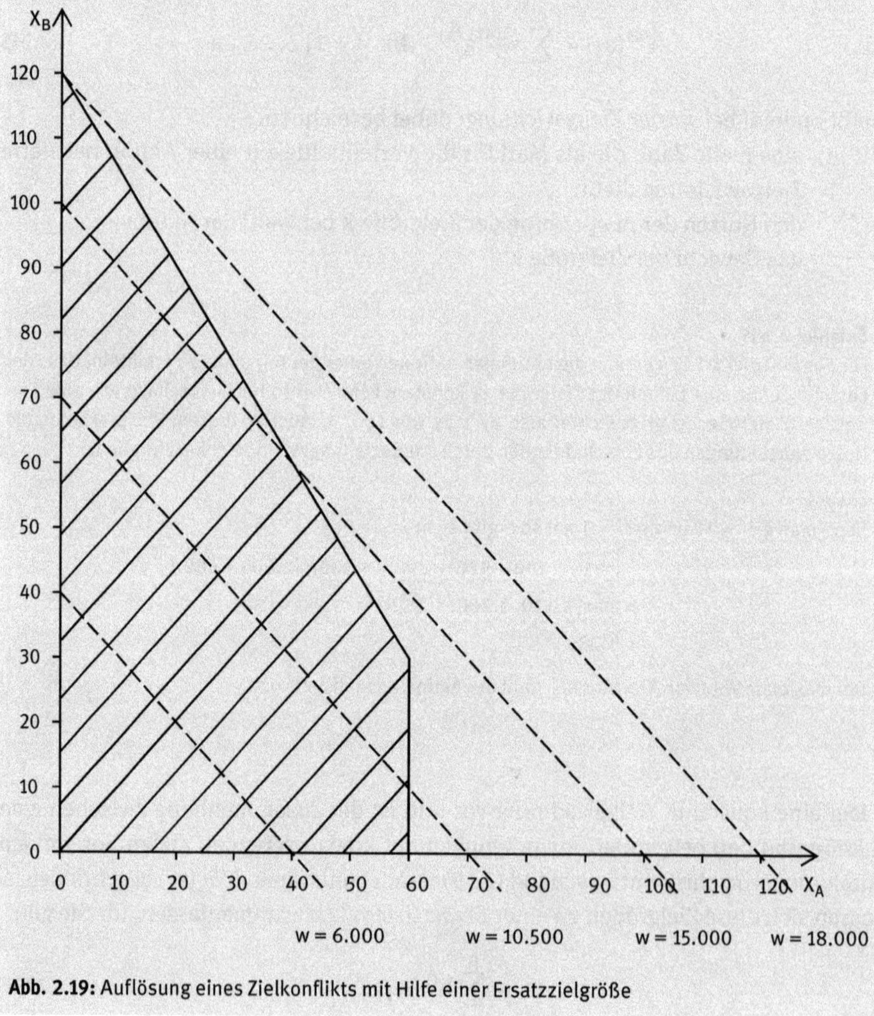

Abb. 2.19: Auflösung eines Zielkonflikts mit Hilfe einer Ersatzzielgröße

Die höchste Ausprägung der Ersatzzielgröße z, die durch eine im zulässigen Bereich liegende (x_A, x_B)-Kombination erreichbar ist, wird durch die Kombination (0, 120) mit w = 18.000 realisiert.

$$A^* = \{a = (0, 120)\},$$

d. h. es ist nur das Produkt B herzustellen in der Quantität $x_B = 120$ Stück.

Sind die Gewichte so normiert, dass ihre Summe den Wert 1 ergibt, so entspricht die Gewichtung einer Mittelwertbildung, für die ein mindestens intervallskalierter Nutzen erforderlich ist. Der Entscheidende muss in der Lage sein, Größenunterschiede zwischen den Ausprägungen der verschiedenen Zielgrößen konsistent vergleichen zu können.

Ist der Grenznutzen für unterschiedliche Ausprägungen der betrachteten Zielgrößen nicht konstant, so stellt die Annahme einer konstanten Gewichtung eine starke Vergröberung dar. Sie ist dann allenfalls für gewisse Wertebereiche der Ausprägungen akzeptabel. In der flexiblen Form der Zielgewichtung wird diesem Einwand Rechnung getragen und die Gewichtung von der Höhe der Ausprägungen der Zielgrößen abhängig gemacht.

Eine Aktion a*, für die gilt:

$$Y^{Gf}(a^*) = \max_i Y^{Gf}(a_i) \qquad \text{mit} \qquad (2.1\text{-}17)$$

$$Y^{Gf}(a_i) = \sum_{k=1}^{p} w_i^{(k)} g^{(k)}(w_i^{(k)}) \qquad \text{für } i = 1, 2, \ldots, n \qquad (2.1\text{-}18)$$

heißt optimal bei *flexibler Zielgewichtung*; dabei bezeichnet $g^{(k)}(w_i^{(k)})$ das Gewicht der Zielgröße k, wenn diese bei Wahl der Aktion a_i die bewertete Ausprägung $w_i^{(k)}$ annimmt.

Beispiel 2.1-17

Für das Beispiel 2.1-11 sind die optimalen Aktionen unter der Annahme zu ermitteln, dass der Entscheidende eine flexible Gewichtung zwischen den Zielgrößen z_1 und z_2 besitzt, die sich durch

$$g^{(1)}(w) = 3 - \frac{1}{10}\sqrt{w} \quad \text{und}$$

$$g^{(2)}(w) = 5 - \frac{1}{200}w$$

beschreiben lassen. Weiterhin soll gelten: $w^{(k)} = e^{(k)}$ für k = 1,2.

Lösung:

Setzt man die speziellen Zielgewichte

$$g^{(1)}(220) = 1{,}52;\ g^{(1)}(240) = 1{,}45;\ g^{(1)}(260) = 1{,}39 \quad \text{und}$$

$$g^{(2)}(920) = 0{,}40;\ g^{(2)}(800) = 1{,}00;\ g^{(2)}(680) = 1{,}60$$

in (2.1-18) ein, so nimmt das Präferenzfunktional

$$Y^{Gf}(a^*) = \max\{(220 \cdot 1{,}52 + 920 \cdot 0{,}40); (240 \cdot 1{,}45 + 800 \cdot 1{,}00); (260 \cdot 1{,}39 + 680 \cdot 1{,}60)\};$$

$$= \max\{702{,}4; 1.148{,}0; 1.449{,}4\}$$

den Wert 1.449,4 an. Da sich dieser Wert bei Wahl der Aktion a_7 realisiert, stellt diese Aktion die Lösung

$$A^* = \{a_7\}$$

des Entscheidungsproblems dar.

Während vom theoretischen Standpunkt nur die Unabhängigkeit der Bewertung der einzelnen Zielgrößen in Frage zu stellen ist, erhebt sich vom praktischen Standpunkt die Frage, ob der Entscheidende in der Lage ist, die Gewichtungsfunktionen anzugeben. Es existieren dazu Methoden der sukzessiven, paarweisen Befragung, auf die insbesondere im Rahmen des Analytic Hierarchy Process (AHP) eingegangen wird.

Scoring-Modelle

Eine Mischform zwischen starrer und flexibler Zielgewichtung stellen die sog. *Punktbewertungs- oder Scoring-Modelle* dar. Die Wertebereiche der Ausprägungen der Zielgrößen werden dabei jeweils in mehrere Teilbereiche aufgespalten, für die die Zielgrößen konstante Gewichte erhalten. Man versucht dabei, den Bewertungsvorgang zu vereinfachen, indem man ihn in zwei Schritte zerlegt. Im ersten Schritt erfolgt die Transformation der Wertebereiche der Zielgröße in ein Punkteschema derart, dass z. B. die niedrigste Ausprägung einen Punkt und die höchste Ausprägung 10 Punkte erhält. Damit erfolgt bereits die Nutzenmessung innerhalb einer Zielgröße.

Im zweiten Schritt sind diese „Teilnutzen" unter Verwendung dimensionsloser Gewichte zu einem (Gesamt-)Nutzen zusammenzufassen. Die Gewichte sollen ausschließlich die unterschiedliche Bedeutung der Zielgrößen zum Ausdruck bringen.

Die Ermittlung der optimalen Aktionen a^* erfolgt mit Hilfe des Präferenzfunktionals Y^S, wobei gilt:

$$Y^S(a^*) = \max_i Y^S(a_i) \quad \text{mit} \tag{2.1-19}$$

$$Y^S(a_i) = \sum_{k=1}^{p} w_i^{(k)} g^{(k)} \quad \text{für } i = 1, 2, \ldots, n\,; \tag{2.1-20}$$

dabei bezeichnen:

$w_i^{(k)}$ den Punktwert, der der Ausprägung $e_i^{(k)}$ der Zielgröße k beigelegt wird;

$g^{(k)}$ das (konstante) Gewicht der Zielgröße k.

Beispiel 2.1-18

Der Entscheidende hat zwischen zwei Stellenangeboten a_1 und a_2 und dem Verbleib in der bisherigen Position a_3 zu wählen. Die Stellen lassen sich hinsichtlich Jahreseinkommen (z_1) und täglicher Freizeit (z_2) wie folgt beschreiben:

	s_1			
a_1	$e_1^{(1)}$	50.000 EUR	$e_1^{(2)}$	8 Std.
a_2	$e_2^{(1)}$	80.000 EUR	$e_2^{(2)}$	3 Std.
a_3	$e_3^{(1)}$	30.000 EUR	$e_3^{(2)}$	9 Std.

Anlässlich einer Befragung vergab der Entscheidende die in nachstehenden Tabellen zusammengefassten Punktwerte:

Jahreseinkommen J					Punktwert
		J	<	15.000 EUR	0
15.000 EUR	≤	J	<	25.000 EUR	2
25.000 EUR	≤	J	<	40.000 EUR	5
40.000 EUR	≤	J	<	70.000 EUR	7
70.000 EUR	≤	J			10

Freizeit F					Punktwert
		F	<	3 Std.	1
3 Std.	≤	F	<	5 Std.	3
5 Std.	≤	F	<	9 Std.	7
9 Std.	≤	F			10

Weiterhin gab er seine persönliche Gewichtung zwischen Einkommen und Freizeit mit 0,6 : 0,4 an.

Für welche Stelle soll er sich entscheiden?

Lösung:
Legt man die mit Punkten bewertete Ergebnismatrix

	s_1	
a_1	7	7
a_2	10	3
a_3	5	10

zugrunde, so errechnet sich für das Präferenzfunktional

$$Y^S(a^*) = \max\{(7 \cdot 0{,}6 + 7 \cdot 0{,}4); (10 \cdot 0{,}6 + 3 \cdot 0{,}4); (5 \cdot 0{,}6 + 10 \cdot 0{,}4)\};$$
$$= \max\{7{,}0; 7{,}2; 7{,}0\}$$

ein Wert in Höhe von 7,2. Dieser Wert lässt sich durch Wahl der Aktion a_2 realisieren und als Lösung

$$A^* = \{a_2\}$$

des Problems ist dem Entscheidenden ein Wechsel zur Stelle a_2 zu empfehlen.

Die Gewichtung zwischen den Zielgrößen kann implizit auch dadurch erfolgen, dass für jede Zielgröße ein eigenes Punkteschema festgelegt wird. Behält man im Beispiel 2.1-18 für z_1 ein Maximum von 10 Punkten bei, so sind bei einer Relation von 0,5:0,2:0,3 für z_2 maximal 4 und für z_3 maximal 6 Punkte zu vergeben. Die erfragten

Punktwerte sind dann unmittelbar durch Addition zusammenzufassen. Hält man weiterhin an der Vergabe ganzer Punkte fest, so kann der Übergang von einer expliziten zu einer impliziten Gewichtung zu einer Veränderung der Messgenauigkeit führen.

Analytic Hierarchy Process

Der Analytic Hierarchy Process (AHP) wurde in den 1970er Jahren von *Thomas L. Saaty* zur Lösung multikriterieller Entscheidungsprobleme entwickelt. Kennzeichnend ist die Dekomposition eines hierarchisch-vorstrukturierten mehrkriteriellen Entscheidungsproblems in mehrere Teilprobleme und die schrittweise Ermittlung eines Präferenzfunktionals auf Basis von Paarvergleichen. Dem Verfahren liegen folgende zentrale Annahmen zugrunde:

Annahme (1): Das Entscheidungsproblem kann als Hierarchie konstruiert werden. Alle relevanten Kriterien (Ziele) und Aktionen sind in der Hierarchie enthalten.

Definition 2.7: Eine *Hierarchie* ist ein System, dessen Elemente in separate Gruppen unterteilt werden, die jeweils nur eine höhere Gruppe beeinflussen und nur von einer niedrigeren Gruppe beeinflusst werden können.

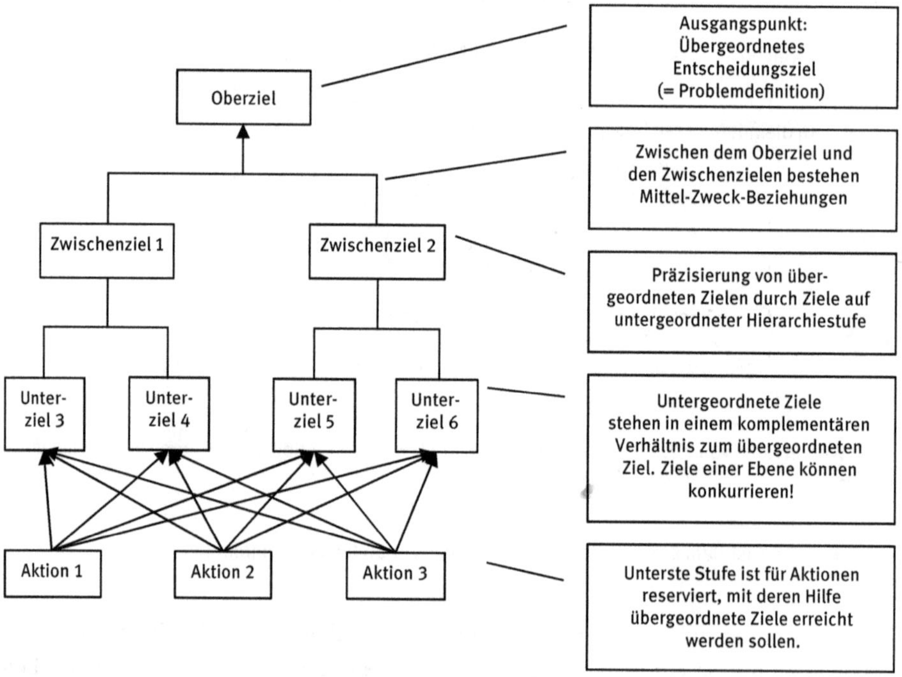

Abb. 2.20: Zielhierarchie

Annahme (2): Der Entscheider kann zwei Elemente i und j aus der endlichen Elementenmenge bezüglich eines Kriteriums aus einer Menge von Kriterien bewerten. Dabei bewertet der Entscheider ein Element niemals als unendlich viel besser als ein anderes Element im Hinblick auf ein Kriterium aus der Kriterienmenge.

Ob ausgehend vom Oberziel (top down) oder von den Alternativen (bottom up), ist im Rahmen des AHP das Entscheidungsproblem in Teilprobleme zu zerlegen (hierarchische Dekomposition), wobei zu beachten ist, dass wechselseitige Präferenzunabhängigkeit zwischen den Kriterien vorliegt.

Definition 2.8: Kriterien sind präferenzunabhängig, wenn für jedes Kriterium eine von anderen Kriterien unabhängige Nutzenfunktion ermittelt werden kann.

Durchführung von Paarvergleichen

Bei vorliegender Zielhierarchie erfolgt die Problemdekomposition im Rahmen des AHP, indem auf jeder Hierarchieebene die Alternativen bzw. Zwischenziele im Hinblick auf das jeweils übergeordnete Ziel paarweise miteinander verglichen werden. Dies geschieht anhand eines paarweisen Vergleiches auf Basis der folgenden reziproken Skala, wobei dem Vergleich von Alternative i mit Alternative j ein Paarvergleichswert a_{ij} (bzw. beim Vergleich von Alternative j mit Alternative i ein Wert von $1/a_{ij}$) zugeordnet wird:

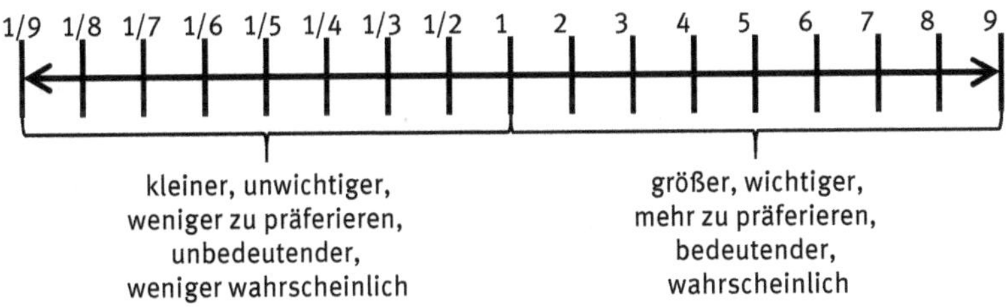

Abb. 2.21: Reziproke Paarvergleichsskala nach Saaty

Die Skalenwerte a_{ij} sind als Verhältniszahlen zu betrachten, wobei 1 den „natürlichen Nullpunkt" darstellt. Zu beachten ist, dass der Skalenumfang grundsätzlich frei wählbar ist, wobei *Saaty* darauf verweist, dass mit zu differenzierten Skalen Entscheider zumeist überfordert sind. Messtheoretisch handelt es sich bei der von *Saaty* vorgeschlagenen Skala daher um eine ordinale 9-Punkte-Skala, bei der der Entscheider die numerischen Vergleichswerte in der Regel nicht direkt, sondern unterstützt durch verbale Ausdrücke abbildet (Abb. 2.22).

Ist ein Entscheider der Auffassung, dass eine Alternative a_1 im Hinblick auf die Erfüllung eines Zieles sehr viel wichtiger ist oder eine sehr viel größere Bedeutung hat als eine Alternative a_2, so wird a_1 im Vergleich zu a_2 mit dem Skalenwert 7 bewertet. Umgekehrt folgt aufgrund der Reziprozität, dass a_2 im Vergleich zu a_1 mit 1/7 bewertet wird.

Skalenwert	Beschreibung
1	Gleich wichtig, gleiche Bedeutung
3	Etwas wichtiger, etwas größere Bedeutung
5	Erheblich wichtig, erheblich größere Bedeutung
7	Sehr viel wichtiger, sehr viel größere Bedeutung
9	Absolut wichtiger, absolut dominierende Bedeutung
2, 4, 6, 8	Zwischenwerte

Abb. 2.22: Verbale Paarvergleichsskala nach Saaty

Sind in einem Teilproblem n Elemente paarweise miteinander zu vergleichen, so resultiert eine $n \times n$-Matrix $\underline{A}$, die $n(n-1)$ Paarvergleiche erfordert. Die Eigenschaft der Reziprozität (d. h. es gilt: $a_{ij} = 1/a_{ji}$) verringert die Anzahl der Paarvergleiche auf $n(n-1)/2$. Die resultierenden Paarvergleichsmatrizen weisen stets folgende Grundstruktur auf:

$$\underline{A} = \begin{bmatrix} a_{11} & a_{12} & \cdots & a_{1n} \\ a_{21} & a_{22} & \cdots & a_{2n} \\ \vdots & \vdots & \ddots & \vdots \\ a_{n1} & a_{n2} & \cdots & a_{nn} \end{bmatrix} = \begin{bmatrix} 1 & a_{12} & \cdots & a_{1n} \\ \frac{1}{a_{12}} & 1 & \cdots & a_{2n} \\ \vdots & \vdots & \ddots & \vdots \\ \frac{1}{a_{1n}} & \frac{1}{a_{2n}} & \cdots & 1 \end{bmatrix}$$

Abb. 2.23: Paarvergleichsmatrix

Ermittlung von Teilgewichten

Aus den vorliegenden Paarvergleichsmatrizen des Entscheidungsproblems sind im nächsten Schritt Teilgewichte der jeweiligen Kriterien bzw. Alternativen zu bestimmen. Dieses geschieht, indem ein der Paarvergleichsmatrix entsprechender Eigenvektor gebildet wird. Sei $\underline{A}$ also eine quadratische Paarvergleichsmatrix der Ordnung n, dann werden ein Eigenwert λ und ein zugehöriger Eigenvektor $\underline{w}$ derart gesucht (Eigenwertproblem), dass gilt:

$$\underline{A} \cdot \underline{w} = \lambda \cdot \underline{w} \qquad (2.1\text{-}21)$$

Definition 2.9: Der Vektor, der durch eine quadratische Matrix $\underline{A}$ zu einem Vielfachen von sich abgebildet wird, heißt *Eigenvektor* $\underline{w}$; mit: $\underline{w} \neq 0$. Das Vielfache dieser Abbildung ist der Eigenwert λ.

Zur Ermittlung des Eigenvektors kann auf die iterative *Eigenvektormethode* oder ein *Näherungsverfahren* zurückgegriffen werden. Zur Berechnung des Eigenvektors nach der *Eigenvektormethode* sind folgende Iterationsschritte zu durchlaufen:

1. Die Paarvergleichsmatrix wird quadriert
2. Die Zeilensummen werden gebildet und normalisiert, indem die Zeilensummen durch die Zeilengesamtsumme dividiert werden.
3. Am Ende dieses Iterationsschrittes erhält man einen Eigenvektor.
4. Diese Berechnung wird so lange wiederholt, bis der Unterschied zwischen zwei Ei-

genvektoren der aufeinanderfolgenden Iterationsschritte keine signifikanten Änderungen mehr erfährt.

Beispiel 2.1-19

Bewertungsmatrix								Quadrierte Matrix			Zeilensumme	Eigenvektor
1. Iteration												
1,00	0,20	2,00		1,00	0,20	2,00		3,00	0,65	5,60	9,25	0,1616
5,00	1,00	8,00	×	5,00	1,00	8,00	=	14,00	3,00	26,00	43,00	0,7514
0,50	0,125	1,00		0,50	0,125	1,00		1,63	0,35	3,00	4,98	0,0869
											57,23	1,0000
2. Iteration												
3,00	0,65	5,60		3,00	0,65	5,60		27,20	5,86	50,50	83,56	0,1618
14,00	3,00	26,00	×	14,00	3,00	26,00	=	126,25	27,20	234,40	387,85	0,7510
1,63	0,35	3,00		1,63	0,35	3,00		14,65	3,16	27,20	45,01	0,0872
											516,42	1,0000
3. Iteration												
27,20	5,86	50,50		27,20	5,86	50,50		2.219,49	478,17	4.120,78	6.818,45	0,1618
126,25	27,20	234,40	×	126,25	27,20	234,40	=	10.301,96	2.219,49	19.126,99	31.648,44	0,7510
14,65	3,16	27,20		14,65	3,16	27,20		1.195,44	257,55	2.219,49	3672,48	0,0872
											42.139,36	1,0000

Zur Berechnung des Eigenvektors nach dem *Näherungsverfahren* sind folgende Rechenschritte zu durchlaufen:

1. Die Paarvergleichsmatrix ist in eine normalisierte Matrix zu überführen.
2. Die Zeilensummen werden gebildet und normalisiert.
3. Im Ergebnis erhält man den (approximierten) Eigenvektor.

Beispiel 2.1-20

Bewertungsmatrix			Normalisierte Matrix			Zeilensumme	Eigenvektor
1,00	0,20	2,00	0,15	0,15	0,18	0,49	0,1622
5,00	1,00	8,00	0,77	0,75	0,73	2,25	0,7504
0,50	0,125	1,00	0,08	0,09	0,09	0,26	0,0874
6,50	1,325	11,00	1,00	1,00	1,00	3,00	1,0000

Der Vorzug der Näherungsmethode, die Ermittlung des Eigenvektors in einem Durchlauf, dürfte angesichts der Möglichkeit einer rechnergestützten Durchführung unerheblich sein. Bedeutsamer dürfte demgegenüber sein, dass die iterative Eigenvektormethode eine beliebig genaue Eigenvektorbestimmung in endlich vielen Durchläufen erlaubt.

Bei vorliegenden quantitativen Daten kann die Durchführung von Paarvergleichen und die Ermittlung von Eigenvektoren entfallen, da im Grunde unmittelbar aus den vorliegenden Werten die entsprechenden Teilgewichte durch eine Verhältniszahl zwischen den Daten eines Elements und der Gesamtsumme der Elementdaten ermittelt werden können. Bei inversen Kriterien kommen entsprechend reziproke Werte zum Ansatz (z. B. werden höhere Kosten i. d. R. schlechter beurteilt als niedrigere Kosten).

Beispiel 2.1-21

Filiale	Umsatz (EUR)	Gewicht	Kosten (EUR)	Reziprokwert	Gewicht
A	10.000	0,10	10.000	0,000100	0,67
B	60.000	0,60	60.000	$0{,}00001\overline{6}$	0,11
C	30.000	0,30	30.000	$0{,}0000\overline{33}$	0,22
Summe	100.000	1	100.000	0,00015	1

Konsistenzprüfung der Paarvergleiche

Eine Paarvergleichsmatrix kann entweder konsistent sein oder nicht. Sie gilt als konsistent, wenn für ihre Elemente folgende Bedingung erfüllt ist:

$$a_{ij} \cdot a_{jk} = a_{ik} \quad \forall i, j, k \tag{2.1-22}$$

Andernfalls ist die Paarvergleichsmatrix inkonsistent. Konsistenz der Paarvergleiche ist empirisch nicht immer erreichbar, da die menschliche Problemerfassungs- und Verarbeitungskapazität begrenzt ist (bounded rationality). Aber auch aus der verwendeten Skala können Inkonsistenzen entstehen. *Saaty* schlägt daher eine Konsistenzprüfung der Paarvergleiche auf Basis einer „Durchschnittsmatrix" als Vergleichsbasis vor. Die Konsistenzprüfung wird mit Hilfe des sog. durchschnittlichen Eigenwerts $\overline{\lambda}_{Mean}$ dieser Matrix durchgeführt (Abb. 2.24).

	a_1	a_2	a_3	r_i^*	λ_i	
a_1	w_1a_{11}	w_2a_{12}	w_3a_{13}	$r_1^* = \sum_{i=1}^{n} w_i a_{1i}$	r_1^* / w_1	
a_2	w_1a_{21}	w_2a_{22}	w_3a_{23}	$r_2^* = \sum_{i=1}^{n} w_i a_{2i}$	r_2^* / w_2	
a_3	w_1a_{31}	w_2a_{32}	w_3a_{33}	$r_3^* = \sum_{i=1}^{n} w_i a_{3i}$	r_3^* / w_3	
					$\sum_{i=1}^{n} \lambda_i$	$\rightarrow \overline{\lambda}_{Mean} = \frac{\sum_{i=1}^{n} \lambda_i}{n}$

Abb. 2.24: Durchschnittsmatrix und Eigenwert

Mit der impliziten Bestimmung eines sog. *Konsistenzindex* (Consistency Index, CI) werden die Paarvergleichsentscheidungen schließlich auf deren Konsistenz hin geprüft. Unterschreitet dieser einen bestimmten Wert, so sind die Paarvergleichsurteile einer erneuten Prüfung zu unterziehen. Ausgehend von einem Konsistenzindex

$$CI = \frac{\overline{\lambda}_{Mean} - n}{n - 1} \tag{2.1-23}$$

wird ein *Konsistenzmaß* (Consistency Ratio, CR) bestimmt, das CI ins Verhältnis zu Werten R von durchschnittlichen Konsistenzindizes gleich großer Zufallsmatrizen stellt:

$$CR = \frac{CI}{R} \tag{2.1-24}$$

Die Werte R wurden mit Hilfe von zufällig erzeugten Matrizen gewonnen (Saaty 1980, S. 21):

n	1	2	3	4	5	6	7	8	9	10	11	12	13	14	15
R	-	-	0,58	0,90	1,12	1,24	1,32	1,41	1,45	1,49	1,51	1,48	1,56	1,57	1,59

Abb. 2.25: Zufallskonsistenz R in Abhängigkeit von der Matrixgröße

Als tolerabler Grenzwert für CR hat sich in der Literatur ein Wert von 0,1 etabliert; d. h. für $CR > 0{,}1$ sollten die Paarvergleiche nochmals überdacht werden, da sich die Inkonsistenz signifikant auf das Gesamturteil auswirken kann.

Bestimmung der Gesamtgewichte

Die Bestimmung eines Gesamtgewichts der Alternativen erfolgt schließlich durch die sukzessive Multiplikation und Addition der Werte der Alternativen und Kriterien ausgehend von den Alternativenbewertungen entlang sämtlicher Pfade der Hierarchiebeziehung; d. h.:

1. Es werden für alle Alternativen *Teilgewichte* je übergeordnetem Kriterium ermittelt.
2. Da den Kriterien unterschiedliches Gewicht zukommt, ist eine weitere Relativierung vorzunehmen: Hierzu wird das Gewicht der Kriterien mit den Gewichten der Kriterien der darüberliegenden Hierarchiestufen multipliziert. Im Ergebnis erhält man je Alternative ein *globales Gewicht* im Hinblick auf das Oberziel.
3. Durch abschließende *Addition aller globalen Gewichte je Alternative* erhält man das *Gesamtgewicht je Alternative*, anhand dessen sich die Alternativen in eine Rangfolge bringen lassen.

Während es als Vorteil von AHP gilt, komplexe multikriterielle Entscheidungsprobleme mittels Dekomposition zu Paarvergleichsmatrizen in beherrschbare Teilprobleme zu zerlegen, kann der Berechnungsaufwand schnell Ausmaße annehmen, die eine EDV-gestützte Auswertung erforderlich machen. Als Vorteil gilt auch der explizite Umgang mit inkonsistenten Paarvergleichen.

Die folgende Abbildung stellt den Verfahrensablauf von AHP zusammenfassend dar.

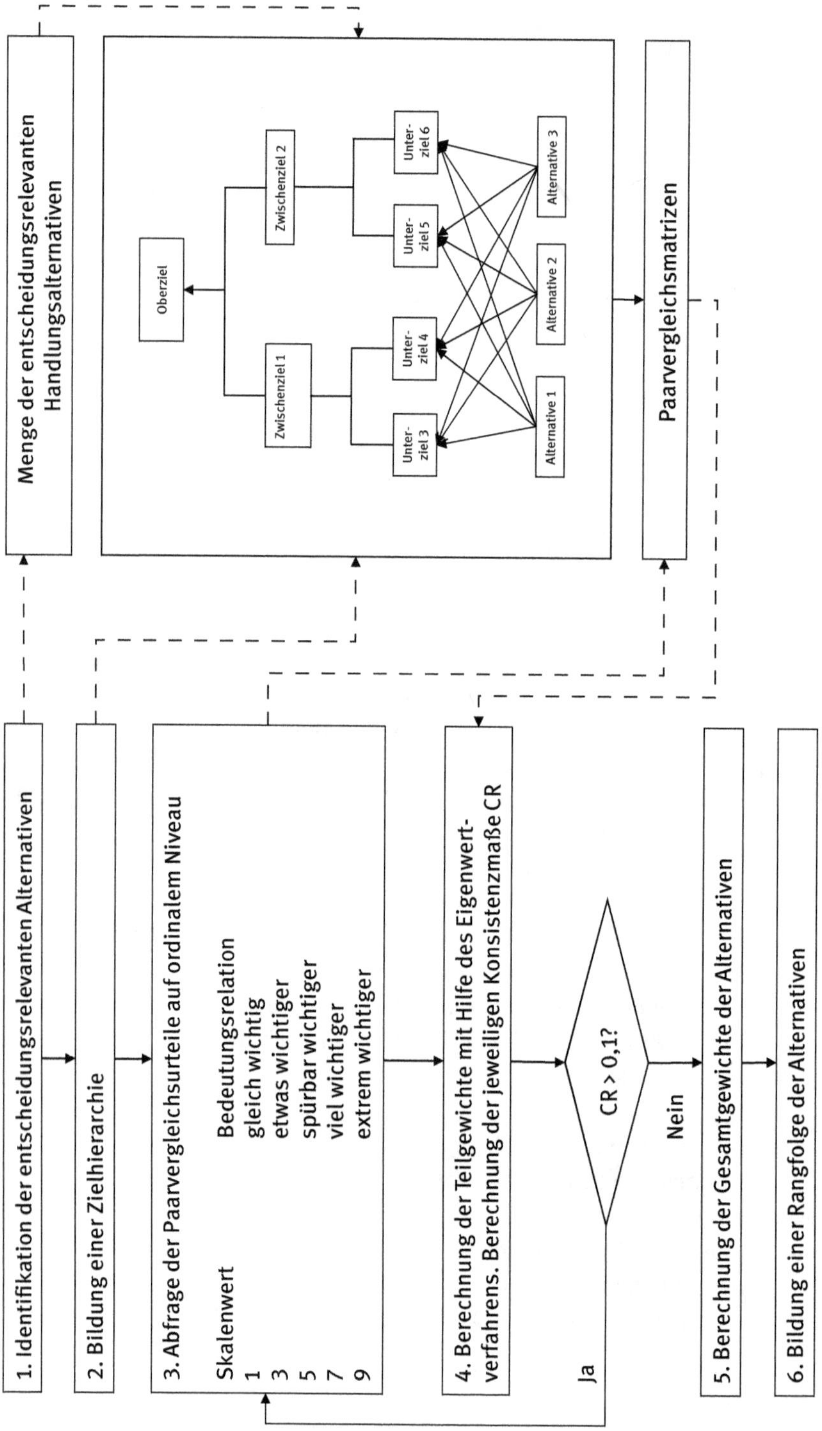
Menge der entscheidungsrelevanten Handlungsalternativen
Oberziel
Zwischenziel 1
Zwischenziel 2
Unter-ziel 3
Unter-ziel 4
Unter-ziel 5
Unter-ziel 6
Alternative 1
Alternative 2
Alternative 3
Paarvergleichsmatrizen
1. Identifikation der entscheidungsrelevanten Alternativen
2. Bildung einer Zielhierarchie
3. Abfrage der Paarvergleichsurteile auf ordinalem Niveau
Skalenwert Bedeutungsrelation
1 gleich wichtig
3 etwas wichtiger
5 spürbar wichtiger
7 viel wichtiger
9 extrem wichtiger
4. Berechnung der Teilgewichte mit Hilfe des Eigenwert-verfahrens. Berechnung der jeweiligen Konsistenzmaße CR
CR > 0,1?
Ja
Nein
5. Berechnung der Gesamtgewichte der Alternativen
6. Bildung einer Rangfolge der Alternativen

Abb. 2.26: AHP-Verfahrensablauf

2.2 Risiko

2.2.1 Problemstellung

2.2.1.1 Formale Beschreibung

Gegenstand dieses Abschnitts sind einstufige Individualentscheidungen, d. h. interpersonelle Konflikte und Folgeentscheidungen werden explizit nicht berücksichtigt. Der wesentliche Unterschied zur bisher behandelten Problemstellung liegt im Übergang zu Entscheidungsmodellen bei Unsicherheit, die dadurch gekennzeichnet sind, dass ihr Zustandsraum verschiedene Umweltzustände s_j enthält, d. h. die Ergebnisse je Aktion liegen nicht eindeutig fest, sondern können mehrwertig angegeben werden. Diese Modelle lassen sich in Form der Ergebnismatrix in Abb. 2.27 darstellen. Dabei bezeichnet e_{ij}, wie in Definition 1.12 und Beziehung (1.2-2) ausgeführt, den Vektor der Ausprägungen der Zielgrößen bei Wahl der Aktion a_i und Eintritt des Umweltzustands s_j. Zur Vereinfachung seien hier nur Modelle mit einer Zielgröße und einem Betrachtungszeitpunkt untersucht, d. h. es gilt formal:

$$e_{ij} = (e_{ij}^{(1\,1)}) . \qquad (2.2\text{-}1)$$

Wie im Überblick bereits beschrieben, lässt sich bei Unsicherheit zwischen der Risiko- und der Ungewissheitssituation unterscheiden. Charakteristisch für die zunächst betrachteten Entscheidungen bei Risiko ist die Möglichkeit zur Angabe von Wahrscheinlichkeiten p_j für das Eintreten der Umweltzustände s_j. Die um die Eintrittswahrscheinlichkeiten p_j erweiterte Ergebnismatrix wird hier als Ergebnisfeld bzw. nach der Bewertung als Entscheidungsfeld bezeichnet (Abb. 2.28).

Stellt man die Ergebnisse, die bei Wahl einer Aktion a_i eintreten können, in einem Vektor $e_i = (e_{i1}, e_{i2}, \ldots, e_{ij}, \ldots, e_{im})$ dar, so besteht die Aufgabe wiederum darin, diesen Vektor zu einem Skalar zusammenzufassen, der als Maß für die Vorteilhaftigkeit einer Aktion dient. Die entsprechend den Präferenzen des Entscheidenden vorzunehmende Zusammenfassung hat sachlich unter dem Aspekt der Unsicherheit zu erfolgen, wobei Eintrittswahrscheinlichkeiten für die Umweltzustände und damit auch für die Ergebnisse vorliegen.

	s_1	s_2	$\cdots$	s_j	$\cdots$	s_m
a_1	e_{11}	e_{12}	$\cdots$	e_{1j}	$\cdots$	e_{1m}
a_2	e_{21}	e_{22}	$\cdots$	e_{2j}	$\cdots$	e_{2m}
$\vdots$	$\vdots$	$\vdots$		$\vdots$		$\vdots$
a_i	e_{i1}	e_{i2}	$\cdots$	e_{ij}	$\cdots$	e_{im}
$\vdots$	$\vdots$	$\vdots$		$\vdots$		$\vdots$
a_n	e_{n1}	e_{n2}	$\cdots$	e_{nj}	$\cdots$	e_{nm}

Abb. 2.27: Ergebnismatrix bei Unsicherheit

	p_1	p_2	…	p_j	…	p_m
	s_1	s_2	…	s_j	…	s_m
a_1	e_{11}	e_{12}	…	e_{1j}	…	e_{1m}
a_2	e_{21}	e_{22}	…	e_{2j}	…	e_{2m}
⋮	⋮	⋮		⋮		⋮
a_i	e_{i1}	e_{i2}	…	e_{ij}	…	e_{im}
⋮	⋮	⋮		⋮		⋮
a_n	e_{n1}	e_{n2}	…	e_{nj}	…	e_{nm}

Abb. 2.28: Ergebnisfeld in der Risikosituation

2.2.1.2 Wahrscheinlichkeiten

Da Wahrscheinlichkeiten das zentrale Element der Risikosituation darstellen, ist auf die verschiedenen Wahrscheinlichkeitsauffassungen näher einzugehen. Diese noch vorzutragenden Auffassungen befinden sich formal im Einklang mit der nachstehenden Definition, die die Zuordnung von Wahrscheinlichkeiten zu Umweltzuständen als spezielle Form des Messens darstellt.

Definition 2.10: Jedem Zustand s_j als Element (Untermenge) des Zustandsraums S kann eine als *Wahrscheinlichkeit* bezeichnete, reelle Zahl $p_j \equiv p(s_j)$ zugeordnet werden, die folgenden Bedingungen (Axiome von Kolmogoroff) genügt:

$$0 \leq p_j \leq 1 \quad \forall j \in S$$

$$p_S = 1$$

$$p_{j \cup k} = p_j + p_k \quad \text{mit} \quad s_j \cap s_k = \varnothing \,.$$

Hinweise:

1. Wahrscheinlichkeiten sind nichtnegative reelle Zahlen, die auf das Einheitsintervall [0, 1] normiert sind.
2. Die Summe der Einzelwahrscheinlichkeiten aller Zustände addiert sich auf 1.
3. Die Wahrscheinlichkeit der Vereinigung disjunkter Untermengen von S setzt sich additiv aus den Einzelwahrscheinlichkeiten zusammen.

Aufbauend auf dieser allgemeinen Definition stellt sich nun die Frage, wie Eintrittswahrscheinlichkeiten speziell für die aus den einzelnen Umweltzuständen bestehenden Untermengen der Potenzmenge von S zu ermitteln sind.

Die *klassische Wahrscheinlichkeitsauffassung* nach Laplace beruht auf der Annahme der Gleichwahrscheinlichkeit aller Elementarereignisse, während die den Elementarereignissen im konkreten Fall entsprechenden Umweltzustände so definiert sind, dass sie alle möglichen Kombinationen von Einflussfaktoren vollständig abbilden und sich gegenseitig ausschließen; daher ist diese Auffassung hier nicht zweckmäßig.

Die theoretisch als Grenzwert aus einer unendlichen Anzahl von Wiederholungen des Zufallsvorgangs definierten statistischen Wahrscheinlichkeiten sind zur Lösung von Problemen aus dem Gebiet der Entscheidungstheorie insofern brauchbar, als sich die *objektiv* ermittelbaren relativen Häufigkeiten mit zunehmender Wiederholung des Zufallsvorgangs auf Werte hin stabilisieren, die gute Näherungswerte für die gesuchten Wahrscheinlichkeiten darstellen.

Können derartige objektive Wahrscheinlichkeiten nicht ermittelt werden, ist man gezwungen, auf die *subjektiven* Einschätzungen des Entscheidenden zurückzugreifen. Zwar können auch diese Glaubwürdigkeitsziffern auf objektiv nachprüfbaren Einzelinformationen beruhen, die Gesetzmäßigkeiten ihres intrapersonellen Zustandekommens sind jedoch nicht bekannt.

2.2.1.3 Wahrscheinlichkeitsverteilungen

Zur Ermittlung der Lösung eines konkreten Entscheidungsproblems bei Risiko ist eine Zuordnung von Wahrscheinlichkeiten für das Eintreten sämtlicher Umweltzustände erforderlich, die den Axiomen von Kolmogoroff genügt und die als Wahrscheinlichkeitsverteilung bezeichnet wird. Ist die Anzahl der Umweltzustände groß, so empfiehlt es sich vielfach, zunächst Wahrscheinlichkeitsverteilungen für das Eintreten der diese determinierenden Umweltfaktoren zu bestimmen und die Eintrittswahrscheinlichkeiten für die Umweltzustände nach den Regeln der Statistik daraus abzuleiten.

Existieren z. B. zwei relevante Umweltfaktoren $\tilde{f}_1^s$ und $\tilde{f}_2^s$ mit den Verteilungen

$\tilde{f}_1^s$:

f_{1i}^s	f_{11}^s	f_{12}^s	f_{13}^s
p_{1i}	0,3	0,2	0,5

und

$\tilde{f}_2^s$:

f_{2i}^s	f_{21}^s	f_{22}^s
p_{2i}	0,4	0,6

,

so ergibt sich für die daraus abgeleiteten Umweltzustände folgende Verteilung der Eintrittswahrscheinlichkeiten:

$\tilde{s}$:

s_i	$s_1 = (f_{11}^s, f_{21}^s)$	$s_2 = (f_{11}^s, f_{22}^s)$	$s_3 = (f_{12}^s, f_{21}^s)$
p_i	$0{,}3 \cdot 0{,}4 = 0{,}12$	$0{,}3 \cdot 0{,}6 = 0{,}18$	$0{,}2 \cdot 0{,}4 = 0{,}08$
	$s_4 = (f_{12}^s, f_{22}^s)$	$s_5 = (f_{13}^s, f_{21}^s)$	$s_6 = (f_{13}^s, f_{22}^s)$
	$0{,}2 \cdot 0{,}6 = 0{,}12$	$0{,}5 \cdot 0{,}4 = 0{,}2$	$0{,}5 \cdot 0{,}6 = 0{,}3$

Die analytische Ableitung der Wahrscheinlichkeitsverteilung der Umweltzustände aus den Eintrittswahrscheinlichkeiten der einzelnen Umweltfaktoren kann dann zu Schwierigkeiten führen, wenn sachliche oder zeitliche Abhängigkeiten zwischen den Umweltfaktoren bestehen. Für diesen Fall können *Simulationsverfahren* zur Ermittlung geeigneter Wahrscheinlichkeitsverteilungen verwendet werden.

Bei dem als *Risikoanalyse* bezeichneten Verfahren ermittelt man für jede Aktion in einem Simulationslauf die Ausprägung(en) der Zielgröße(n), die sich bei Eintreten einer bestimmten Konstellation von Ausprägungen der Umweltfaktoren ergeben. Die Auswahl der Ausprägungen der Umweltfaktoren erfolgt mit Hilfe eines Zufallsmechanismus, dem die (vorgegebenen) Wahrscheinlichkeiten für das Eintreten der Ausprägungen der Umweltfaktoren zugrunde liegen. Da auch unterschiedliche Konstellationen von Ausprägungen der Umweltfaktoren durchaus zu(r) gleichen Ausprägung(en) der Zielgröße(n) führen können, lassen sich nach einer hinreichend großen Anzahl von Simulationsläufen die relativen Häufigkeiten des Auftretens der Ausprägungen der Zielgröße(n) als die gesuchten Wahrscheinlichkeiten interpretieren.

Abhängigkeiten zwischen den Umweltfaktoren lassen sich dadurch berücksichtigen, dass entsprechende bedingte Wahrscheinlichkeiten vorzugeben sind, die in Abhängigkeit von der Realisation des unabhängigen Faktors die Auswahl der Ausprägung des abhängigen Faktors steuern. Sind die Verteilungen dieser bedingten Wahrscheinlichkeiten vom gleichen Verteilungstyp, so kann man die Beziehung zwischen den Umweltfaktoren auch dadurch einfangen, dass die Parameter der Verteilung in Abhängigkeit von der Realisation des unabhängigen Umweltfaktors erst während des Simulationslaufs errechnet werden.

Bei Investitionsproblemen können derartige Umweltfaktoren, die die relevanten Umweltzustände determinieren, z. B. Produktpreise, Umsätze, Marktanteile, Nutzungsdauern von Anlagen oder deren Restwerte sein.

2.2.2 Das Bernoulli-Prinzip

2.2.2.1 „Petersburger-Paradoxon“

Das Entscheidungsproblem unter Risiko besteht darin, je Alternative die Ergebnis- und Wahrscheinlichkeitsverteilungen zu einem Zahlenwert (Skalar) zusammenzufassen, der als Maß für die Vorteilhaftigkeit einer Aktion dient. Die entsprechend den Präferenzen des Entscheidenden vorzunehmende Zusammenfassung hat sachlich unter dem Aspekt der Unsicherheit zu erfolgen, wobei Eintrittswahrscheinlichkeiten für die Umweltzustände und damit auch für die Ergebnisse vorliegen.

Als klassisches Entscheidungskriterium für diesen Fall gilt der Erwartungswert der Ergebnisse.

$$Y_i = \sum_{j=1}^{m} e_{ij} p_j \quad \text{für } i = 1, 2, \ldots, n \tag{2.2-2}$$

Demach ist diejenige Alternative optimal, die – bei einem Maximierungsziel – den maximalen Erwartungswert der unsicheren Ergebnisse aufweist. Allerdings ist fraglich, inwieweit die Präferenzen des Entscheidenden hierin Berücksichtigung finden.

Auf die daher mit der Verwendung des Erwartungswertkriteriums als Verhaltensnorm bei Entscheidungen unter Risiko zusammenhängende Problematik hat als erster *Daniel Bernoulli* mit seinen Beobachtungen beim „Petersburger Spiel“ hingewiesen, die den Ausgangspunkt seiner Überlegungen zu rationalem Entscheidungsverhalten unter Risiko darstellen.

Beim „Petersburger Spiel" wird eine Münze so lange geworfen, bis zum ersten Mal „Zahl" erscheint. Ist dies beim n-ten Wurf der Fall, so erhält der Spieler von der Bank einen Gewinn von 2^n Geldeinheiten. Die Wahrscheinlichkeit, dass dies beim ersten Wurf der Fall ist, beträgt ½. Beim n-ten Wurf beträgt die Wahrscheinlichkeit $(½)^n$. Da es (theoretisch) unendlich lange dauern kann, bis „Zahl" geworfen wird, beläuft sich der Gewinn-Erwartungswert dieses Spiels in einer Grenzbetrachtung somit auf $2 \cdot ½ + 4 \cdot ¼ + \ldots = 1 + 1 + \ldots = \infty$; d. h. es gilt:

$$\sum_{n=1}^{\infty} \left(\frac{1}{2}\right)^n \cdot 2^n = \sum_{n=1}^{\infty} 1 = \infty .$$

Ein Spieler, der sich am unendlich hohen Gewinn-Erwartungswert orientiert, müsste demnach bereit sein, jeden noch so hohen Betrag an die Bank zu bezahlen, um an dem Spiel teilnehmen zu können. Tatsächlich dürfte sich aber niemand finden, der auch nur einen „mäßig" hohen Betrag einzusetzen bereit ist. Diese Diskrepanz zwischen Erwartungswert und empirischen Spieleinsätzen ist als „Petersburger Paradoxon" bekannt. *Daniel Bernoulli* schloss daraus, dass neben den Ergebnissen und deren Eintrittswahrscheinlichkeiten eine weitere Größe, nämlich der subjektive Nutzen der unsicheren Ergebnisse zu berücksichtigen sei.[3] Nicht die Ergebnisse sollen mit den Wahrscheinlichkeiten gewichtet werden, sondern die Nutzenwerte der Ergebnisse. Voraussetzung hierfür ist eine geeignete Risikonutzenfunktion, die den Ergebnissen entsprechende Nutzenwerte zuordnet. Resultat der Gewichtung dieser Nutzenwerte mit den Wahrscheinlichkeiten ist ein Erwartungswert des Nutzens.

Dieser insbesondere in der Arbeit „*Theory of Games and Economic Behavior*" von *John von Neumann* und *Oskar Morgenstern* wiederaufgegriffene und erstmals axiomatisch fundierte Lösungsvorschlag ist heute allgemein als *Bernoulli*-Prinzip bekannt.

2.2.2.2 Darstellung des Bernoulli-Prinzips

Die Zusammenfassung der mit einer Aktion verbundenen Ergebnisse zu einem Skalar lässt sich in zwei Schritte zerlegen: Erstens die Nutzenberechnung der risikobehafteten Ergebnisse und zweitens die Zusammenfassung der Nutzenwerte zu einem Skalar (Abb. 2.29).

Nimmt man im Einklang mit der Literatur die Zusammenfassung im 2. Schritt nach der Erwartungswert-Regel

$$Y_i = \sum_{j=1}^{m} u_{ij} p_j \quad \text{für } i = 1, 2, \ldots, n \tag{2.2-3}$$

vor, so hat der Entscheidende im 1. Schritt zu jedem Ergebnis e_{ij} eine reelle Zahl u_{ij} anzugeben, die sowohl seine Präferenz für das Ergebnis im Falle dessen Eintretens

3 Vgl. grundlegend *Bernoulli, D.* (1896), S. 23–60. Zu beachten ist, dass wir trotz der zitierten empirischen Kritik am Erwartungswertkriterium das *Bernoulli*-Prinzip nicht empirisch, d. h. im Sinne einer deskriptiven Theorie bestätigen, sondern im Sinne einer präskriptiven Theorie verwenden wollen.

	p_1	…	p_m
	s_1	…	s_m
a_1	e_{11}	…	e_{1m}
⋮	⋮		⋮
a_n	e_{n1}	…	e_{nm}

$\xrightarrow{1.}$

	p_1	…	p_m
	s_1	…	s_m
a_1	u_{11}	…	u_{1m}
⋮	⋮		⋮
a_n	u_{n1}	…	u_{nm}

$\xrightarrow{2.}$

a_1	$Y(a_1)$
⋮	⋮
a_n	$Y(a_n)$

Abb. 2.29: Schematischer Aufbau des Bernoulli-Prinzips

beschreibt als auch die Tatsache berücksichtigt, dass das Ergebnis selbst nicht sicher ist, sondern nur mit einer bestimmten Wahrscheinlichkeit eintritt, mithin also den sog. Risikonutzen misst.

Dabei muss gelten:

$$e_{fh} \succ e_{gl} \iff u_{fh} > u_{gl}\,. \tag{2.2-4}$$

Die Differenz zwischen u_{fh} und u_{gl} beschreibt dabei den Abstand des sog. *Risikonutzens* zwischen e_{fh} und e_{gl}. Lässt sich diese Zuordnung von reellen Zahlen zu den (unsicheren) Ergebnissen mit Hilfe des geschlossenen Ausdrucks einer Risikonutzenfunktion u in der Form

$$u_{ij} = u(e_{ij}) \tag{2.2-5}$$

beschreiben, so lässt sich das als Bernoulli-Prinzip bezeichnete Entscheidungsprinzip darstellen als:

$$a_f \succ a_g \;\Leftrightarrow\; \sum_{j=1}^{m} u(e_{fj})p_j > \sum_{j=1}^{m} u(e_{gj})p_j \tag{2.2-6}$$

mit dem Präferenzfunktional

$$Y_i^B = \sum_{j=1}^{m} u(e_{ij})p_j \quad \text{für } i = 1, 2, \ldots, n \tag{2.2-7}$$

Die folgenden Abschnitte sind nun der Frage gewidmet, welche Voraussetzungen der Entscheidende erfüllen muss, damit eine Risikonutzenfunktion u existiert, die die oben genannten Eigenschaften aufweist und wie eine solche Funktion empirisch ermittelt werden kann.

2.2.2.3 Zur Existenz der Risikonutzenfunktion

Ähnlich wie im Fall der Sicherheit existiert die gesuchte Funktion dann, wenn der Entscheidende gewisse Forderungen erfüllt, die als Axiome bezeichnet werden und Grundannahmen darstellen, die prinzipiell widerlegbar sein müssen, jedoch noch nicht widerlegt sein dürfen. Von den verschiedenen Axiomensystemen in der Literatur, aus denen sich die Existenz einer Risikonutzenfunktion ableiten lässt, erscheint dasjenige von Luce und Raiffa (1956) für didaktische Zwecke am einsichtigsten und leichtesten zu handhaben.

Grundlage des Axiomensystems bilden einfache und zusammengesetzte Wahrscheinlichkeitsverteilungen.

Definition 2.11: Jede den Bedingungen aus Definition 2.10 genügende Zuordnung von reellen Zahlen p_j $(j = 1, 2, \ldots, m)$ zu den Ergebnissen, die mit einer Aktion a_i $(i = 1, 2, \ldots, n)$ verbunden sind, wird als (einfache) *Ergebnisverteilung* $L(a_i)$ bezeichnet:

$$L(a_i): \quad \begin{array}{c|cccccc} e & e_1 & e_2 & \ldots & e_j & \ldots & e_m \\ \hline p & p_{i1} & p_{i2} & \ldots & p_{ij} & \ldots & p_{im} \end{array}$$

Sind die Ergebnismengen der Verteilungen $L(a_i)$ $(i = 1, 2, \ldots, n)$ verschieden, so ist die Vereinigungsmenge als gemeinsame Ergebnismenge heranzuziehen. Den in den einzelnen Ergebnismengen jeweils nicht enthaltenen Ergebnissen aus der Vereinigungsmenge ist die Eintrittswahrscheinlichkeit Null zuzuordnen.

Im folgenden wird nun das *Axiomensystem von Luce und Raiffa* dargestellt. An den Nachweis der Existenz der Risikonutzenfunktion schließt sich dann eine inhaltliche Diskussion der Axiome an.

Axiom 1 (Ordnungsaxiom): Der Entscheidende kann für je zwei Ergebnisse e_f und e_g einer (einfachen) Ergebnisverteilung immer angeben, ob $e_f \succ e_g$, $e_g \succ e_f$ oder $e_g \sim e_f$ gilt. Weiterhin sind die Urteile des Entscheidenden transitiv, d. h. aus $e_f \succ e_g$ und $e_g \succ e_h$ folgt $e_f \succ e_h$ bzw. aus $e_f \sim e_g$ und $e_g \sim e_h$ folgt $e_f \sim e_h$.

Hinweis: Die Ergebnisse seien unter Verwendung von Axiom 1 nach fallenden Präferenzen $e_1 \succsim e_2 \succsim \cdots \succsim e_m$ indiziert und es gelte $e_1 \succ e_m$, um triviale Fälle auszuschließen.

Axiom 2 (Reduktionsaxiom): Der Entscheidende ist indifferent zwischen der (zusammengesetzten) Ergebnisverteilung

$$L: \quad \begin{array}{c|ccc} L(a) & \begin{array}{c|ccc} e & e_1 & \ldots & e_m \\ \hline p & p_{11} & \ldots & p_{1m} \end{array} & \ldots & \begin{array}{c|ccc} e & e_1 & \ldots & e_m \\ \hline p & p_{s1} & \ldots & p_{sm} \end{array} \\ \hline q & q_1 & \ldots & q_s \end{array}$$

und der (einfachen) Ergebnisverteilung

$$L: \quad \begin{array}{c|ccc} e & e_1 & \ldots & e_m \\ \hline p & p_1 & \ldots & p_m \end{array},$$

wenn gilt: $p_j = p_{1j}q_1 + \cdots + p_{sj}q_s$ für $j = 1, 2, \ldots, m$.

Axiom 3 (Stetigkeitsaxiom): Zu jedem Ergebnis e_j $(j = 2, \ldots, m-1)$ einer (einfachen) Ergebnisverteilung $L(a_i)$ gibt es eine reelle Zahl p_j^*, so dass gilt:

$$e_j \sim \begin{array}{c|cccccc} e & e_1 & e_2 & \ldots & e_{m-1} & e_m \\ \hline p & p_j^* & 0 & \ldots & 0 & 1-p_j^* \end{array} = \begin{array}{c|cc} e & e_1 & e_m \\ \hline p & p_j^* & 1-p_j^* \end{array}$$

Axiom 4 (Substitutionsaxiom): In jeder Ergebnisverteilung kann ein Ergebnis durch eine äquivalente (einfache) Ergebnisverteilung ersetzt werden, ohne dass dies die Beurteilung der Verteilung durch den Entscheidenden beeinflusst:

$$\begin{array}{c|ccccccc} e & e_1 & e_2 & \ldots & e_j & \ldots & e_m \\ \hline p & p_{i1} & p_{i2} & \ldots & p_j & \ldots & p_m \end{array} \sim \begin{array}{c|ccccccc} e & e_1 & e_2 & \ldots & \begin{array}{c|cc} e & e_1 & e_m \\ \hline p & p_j^* & 1-p_j^* \end{array} & \ldots & e_m \\ \hline p & p_{i1} & p_{i2} & \ldots & p_j & \ldots & p_m \end{array}$$

Hinweis: Die Axiome 3 und 4 werden zusammen auch als Unabhängigkeitsaxiom bezeichnet.

Axiom 5 (Transitivitätsaxiom): Präferenz und Indifferenz zwischen Ergebnisverteilungen sind transitive Relationen, d. h. es muss gelten:

$$L_1 \succ L_2 \text{ und } L_2 \succ L_3 \Rightarrow L_1 \succ L_3 ,$$

bzw.

$$L_1 \sim L_2 \text{ und } L_2 \sim L_3 \Rightarrow L_1 \sim L_3 .$$

Axiom 6 (Dominanzaxiom): Die Ergebnisverteilung

$$\begin{array}{c|cc} e & e_1 & e_m \\ \hline p & p_j^* & 1-p_j^* \end{array}$$

wird der Verteilung

$$\begin{array}{c|cc} e & e_1 & e_m \\ \hline p & p_g^* & 1-p_g^* \end{array}$$

dann und nur dann vorgezogen, wenn $p_j^* > p_g^*$.

Zum Nachweis, dass diese Axiome hinreichend für die Existenz einer Risikonutzenfunktion sind, ist zunächst zu zeigen, dass sich jede beliebige Ergebnisverteilung auf eine Verteilung zurückführen lässt, die nur das beste und das schlechteste Ergebnis enthält.

Da sich jede zusammengesetzte Ergebnisverteilung nach Axiom 2 auf eine einfache Verteilung zurückführen lässt, ist ohne Beschränkung der Allgemeinheit von der (einfachen) Verteilung

$$L(a_i):\quad \begin{array}{c|cccc} e & e_1 & e_2 & \cdots & e_m \\ \hline e & p_{i1} & p_{i2} & \cdots & p_{im} \end{array}$$

auszugehen. Dabei sei angenommen, dass die Ergebnisse bereits nach Axiom 1 in der Form $e_1 \succsim e_2 \succsim \cdots \succsim e_m$, mit $e_1 \succ e_m$ geordnet sind.

Nach Axiom 3 gilt:

$$e_2 \sim \quad \begin{array}{c|cc} e & e_1 & e_m \\ \hline p & p_2^* & 1-p_2^* \end{array}$$

Nach Axiom 4 lässt sich e_2 in $L(a_i)$ ersetzen mit:

$$L(a_i):\quad \begin{array}{c|cccc} e & e_1 & \begin{array}{c|cc} e & e_1 & e_m \\ \hline p & p_2^* & 1-p_2^* \end{array} & \cdots & e_m \\ \hline p & p_{i1} & p_{i2} & \cdots & p_m \end{array}$$

Nach (m – 2)-maliger Vornahme dieser Ersetzung erhält man schließlich:

$$L(a_i):\quad \begin{array}{c|ccccc} e & e_1 & \begin{array}{c|cc} e & e_1 & e_m \\ \hline p & p_2^* & 1-p_2^* \end{array} & \cdots & \begin{array}{c|cc} e & e_1 & e_m \\ \hline p & p_{m-1}^* & 1-p_{m-1}^* \end{array} & e_m \\ \hline p & p_{i1} & p_{i2} & \cdots & p_{i,m-1} & p_{im} \end{array}$$

Nach Axiom 2 lässt sich diese, nur noch die Ergebnisse e_1 und e_m enthaltende, zusammengesetzte Verteilung auf eine einfache Ergebnisverteilung zurückführen mit:

$$L(a_i):\quad \begin{array}{c|c} e & e_1 \\ \hline p & p_{i1} + p_{i2}p_2^* + \cdots + p_{i,m-1}p_{m-1}^* \\ & e_m \\ \hline & p_{i2}(1-p_2^*) + \cdots + p_{i,m-1}(1-p_{m-1}^*) + p_{im} \end{array}$$

Da der Entscheidende zwischen jeweils zwei der umgeformten Verteilungen indifferent ist, gilt nach Axiom 5:

$$\begin{array}{c|cccc} e & e_1 & e_2 & \cdots & e_m \\ \hline p & p_{i1} & p_{i2} & \cdots & p_{im} \end{array} \sim \begin{array}{c|cc} e & e_1 & e_m \\ \hline p & p_{i1} + \sum_{j=2}^{m-1} p_{ij}p_j^* & p_{im} + \sum_{j=2}^{m-1} p_{ij}(1-p_j^*) \end{array}$$

Stehen in einem Entscheidungsproblem mehrere Aktionen mit den zugehörigen Ergebnisverteilungen zur Wahl, so lassen sich diese nach dem soeben beschriebenen Verfahren auf Verteilungen zurückführen, die nur noch e_1 und e_m enthalten.

Nach Axiom 6 weist der Entscheidende für die Ergebnisverteilung derjenigen Aktion die höchste Präferenz auf, für die der Wert $p_{i1} + \sum_{j=2}^{m-1} p_{ij}p_j^*$ maximal ist.

Am geringsten geschätzt wird diejenige Aktion, deren Ergebnisverteilung die kleinste Eintrittswahrscheinlichkeit für e_1 aufweist. Allgemein gilt:

$$\begin{aligned} a_f \succ a_g \quad &\Leftrightarrow \quad L(a_f) \succ L(a_g) \\ &\Leftrightarrow \quad p_{f1} + \sum_{j=2}^{m-1} p_{fj} p_j^* > p_{g1} + \sum_{j=2}^{m-1} p_{gj} p_j^* \end{aligned} \tag{2.2-8}$$

Mit den reellen Zahlen $p_{f1} + \sum_{j=2}^{m-1} p_{fj} p_j^*$ und $p_{g1} + \sum_{j=2}^{m-1} p_{gj} p_j^*$ hat man demnach Risikonutzenwerte u_f bzw. u_g gefunden, die die in (2.2-4) geforderte Bedingung erfüllen. Damit gilt:

Erfüllen in einem Entscheidungsproblem unter Risiko die Präferenzaussagen und die Indifferenzaussagen die Axiome 1–6, so existiert immer eine die Präferenz abbildende (kardinale) Risikonutzenfunktion, die dem Aussagensystem

$$\begin{aligned} e_f \succ e_g \quad &\Leftrightarrow \quad u(e_f) > u(e_g) \\ e_f \prec e_g \quad &\Leftrightarrow \quad u(e_f) < u(e_g) \\ e_f \sim e_g \quad &\Leftrightarrow \quad u(e_f) = u(e_g) \end{aligned}$$

genügt (mit: $u(e) \in \mathbb{R}$).

Während die Eintrittswahrscheinlichkeiten p_j $(j = 1, 2, \ldots, m)$ feststehen, erfüllen anstelle der Werte p_j^* auch alle aus positiven Lineartransformationen hervorgehenden Werte die geforderte Messfunktion, da gilt:

$$\begin{aligned} a_f \succ a_g \quad &\Leftrightarrow \quad L(a_f) \succ L(a_g) \\ &\Leftrightarrow \quad p_{f1} + \sum_{j=2}^{m-1} p_{fj}(a + bp_j^*) > p_{g1} + \sum_{j=2}^{m-1} p_{gj}(a + bp_j^*) \quad \text{für } b \geq 0\,. \end{aligned} \tag{2.2-9}$$

Definiert man

$$a + bp_j^* = u_j \quad \text{mit } b \geq 0 \quad \text{für } j = 1, 2, \ldots, m$$

und wählt die Koeffizienten so, dass u_1 auf 1 und u_m auf 0 normiert sind, so lässt sich (2.2-9) umformen zu

$$a_f \succ a_g \quad \Leftrightarrow \quad L(a_f) \succ L(a_g) \quad \Longleftrightarrow \quad \sum_{j=1}^{m} p_{fj} u_j > \sum_{j=1}^{m} p_{gj} u_j\,. \tag{2.2-10}$$

Ein Vergleich mit den Beziehungen (2.2-5) und (2.2-7) zeigt, dass die u_j Funktionswerte der Risikonutzenfunktion u darstellen. Bei der Gegenüberstellung ist zu beachten, dass der Beziehung (2.2-6) eine Ergebnismatrix mit unterschiedlichen Ergebnissen, jedoch einheitlichen Wahrscheinlichkeiten, der Beziehung (2.2-10) hingegen eine einheitliche Ergebnismenge und unterschiedliche Eintrittswahrscheinlichkeiten zugrunde liegen.

Die abstrakt dargestellten Zusammenhänge verdeutlicht das nachfolgende Beispiel.

Beispiel 2.2-1

Ein Entscheidungsproblem bei Risiko sei durch das Ergebnisfeld

	0,1	0,2	0,4	0,3
	s_1	s_2	s_3	s_4
a_1	e_{11}	e_{12}	e_{13}	e_{14}
a_2	e_{21}	e_{22}	e_{23}	e_{24}

beschrieben.

Der Entscheidende äußert folgende Präferenz bezüglich der z. T. identischen Ausprägungen der Zielgröße:

$$e_1 := e_{11} = e_{22} \succ e_2 := e_{13} = e_{21} \succ e_3 := e_{12} = e_{24} \succ e_4 := e_{14} \succ e_5 := e_{23}$$

Weiterhin zeigt er sich indifferent im Sinne des Axioms 3 derart:

$$e_2 \sim \begin{array}{c|cc} e & e_1 & e_5 \\ \hline p & 0{,}8 & 0{,}2 \end{array}, \quad e_3 \sim \begin{array}{c|cc} e & e_1 & e_5 \\ \hline p & 0{,}6 & 0{,}4 \end{array} \quad \text{und} \quad e_4 \sim \begin{array}{c|cc} e & e_1 & e_5 \\ \hline p & 0{,}5 & 0{,}5 \end{array}.$$

Folgende Umformungen zeigen, dass sich der Entscheidende nur dann rational im Hinblick auf seine geäußerten Präferenzen verhält, wenn er die Aktion a_1 wählt.

Lösung:

Die Vereinigungsmenge der Ergebnisse der Aktionen a_1 und a_2 ist $\{e_1, e_2, e_3, e_4, e_5\}$. Damit stellen sich die Ergebnisverteilungen als

$$L(a_1): \quad \begin{array}{c|ccccc} e & e_1 & e_2 & e_3 & e_4 & e_5 \\ \hline p & 0{,}1 & 0{,}4 & 0{,}2 & 0{,}3 & 0 \end{array} \quad \text{und}$$

$$L(a_2): \quad \begin{array}{c|ccccc} e & e_1 & e_2 & e_3 & e_4 & e_5 \\ \hline p & 0{,}2 & 0{,}1 & 0{,}3 & 0 & 0{,}4 \end{array} \quad \text{dar.}$$

Ersetzt man in $L(a_1)$ bzw. $L(a_2)$ nach Axiom 4 die Ergebnisse e_2, e_3 und e_4, so erhält man:

$$L(a_1): \quad \begin{array}{c|ccccc} e & e_1 & \begin{array}{c|cc} e & e_1 & e_5 \\ \hline p & 0{,}8 & 0{,}2 \end{array} & \begin{array}{c|cc} e & e_1 & e_5 \\ \hline p & 0{,}6 & 0{,}4 \end{array} & \begin{array}{c|cc} e & e_1 & e_5 \\ \hline p & 0{,}5 & 0{,}5 \end{array} & e_5 \\ \hline p & 0{,}1 & 0{,}4 & 0{,}2 & 0{,}3 & 0 \end{array}$$

bzw.

$$L(a_2): \quad \begin{array}{c|ccccc} e & e_1 & \begin{array}{c|cc} e & e_1 & e_5 \\ \hline p & 0{,}8 & 0{,}2 \end{array} & \begin{array}{c|cc} e & e_1 & e_5 \\ \hline p & 0{,}6 & 0{,}4 \end{array} & \begin{array}{c|cc} e & e_1 & e_5 \\ \hline p & 0{,}5 & 0{,}5 \end{array} & e_5 \\ \hline p & 0{,}2 & 0{,}1 & 0{,}3 & 0 & 0{,}4 \end{array}$$

Die Reduktion dieser zusammengesetzten Ergebnisverteilungen nach Axiom 2 führt auf die einfachen Verteilungen

$L(a_1)$:

e	e_1	e_5
p	$0{,}1 + 0{,}8 \cdot 0{,}4 + 0{,}6 \cdot 0{,}2 + 0{,}5 \cdot 0{,}3$	$0{,}2 \cdot 0{,}4 + 0{,}4 \cdot 0{,}2 + 0{,}5 \cdot 0{,}3 + 0$

bzw.

$L(a_2)$:

e	e_1	e_5
p	$0{,}2 + 0{,}8 \cdot 0{,}1 + 0{,}6 \cdot 0{,}3 + 0 \cdot 0{,}5$	$0{,}2 \cdot 0{,}1 + 0{,}4 \cdot 0{,}3 + 0{,}5 \cdot 0 + 0{,}4$

Fasst man die Verteilungen zu

$L(a_1)$:

e	e_1	e_5
p	0,69	0,31

bzw.

$L(a_2)$:

e	e_1	e_5
p	0,46	0,54

zusammen, so gilt nach Axiom 6:

$$a_1 \succ a_2 \Leftrightarrow L(a_1) \succ L(a_2) \Leftrightarrow \sum_{j=1}^{5} p_{1j} u_j = 0{,}69 > \sum_{j=1}^{5} p_{2j} u_j = 0{,}46\,.$$

Zusammenfassend seien noch einmal die wesentlichen Aspekte hinsichtlich der Existenz einer Risikonutzenfunktion herausgestellt. Sind die Axiome 1 bis 6 für einen Entscheidenden erfüllt, so genügt diejenige Wahrscheinlichkeit für das Eintreten des besten Ergebnisses in einer nur das beste und schlechteste Ergebnis enthaltenden Verteilung, bei der der Entscheidende indifferent zu einem vorgegebenen sicheren Ergebnis ist, den Anforderungen an einem Risikonutzenwert für dieses Ergebnis. Mit Hilfe der bekannten Eintrittswahrscheinlichkeiten lassen sich die einer Aktion zuzuordnenden Risikonutzenwerte zu einem Skalar zusammenfassen, der als Maßgröße für die Vorteilhaftigkeit dieser Aktion dient.

2.2.2.4 Diskussion der Axiome der Risikonutzentheorie

Den axiomatischen Grundlagen der Risikonutzentheorie kann unterschiedliche Bedeutung für rationale Entscheidungen unter Risiko beigemessen werden. Hier sollen drei mögliche Interpretationen unterschieden werden:

Interpretation 1 (Deduktion): Die Axiome können als formal notwendige Aussagen verstanden werden, um eine Risikonutzenfunktion logisch und widerspruchsfrei herleiten zu können. Ihnen kommt damit eine rein logische Bedeutung zu; ohne empirischen Gehalt.

Interpretation 2 (Definition): Die Axiome können als Definition von Rationalität bei Entscheidungen unter Risiko verstanden werden. Ihnen kommt damit eine präskriptive Rolle zu, wonach rational entscheidet, wer in Übereinstimmung mit der Risikonutzentheorie entscheidet.

Interpretation 3 (Hypothesen): Die Axiomem können aber auch als Hypothesen über empirisches Verhalten bei Entscheidungen unter Risiko verstanden werden. Ihnen kommt dann eine deskriptive Rolle zu, die Vorhersagen über Entscheidungsverhalten erlauben, die aber einer empirischen Überprüfung ausgesetzt werden müsste. Dabei ist es wissenschaftstheoretisch umstritten, ob die Axiome selbst als empirische Aussagen Bestand haben müssen oder ob die aus ihnen gewinnbaren Aussagen empirischer Prüfung standhalten können müssen.

Um zunächst beurteilen zu können, ob die Axiome 1 bis 6 für einen Entscheidenden zutreffen, sind die Implikationen offenzulegen, die mit den Axiomen verbunden sind.

Axiom 1: Die Fähigkeit des Entscheidenden, seine Präferenzen bezüglich der Ergebnisse angeben zu können, ist Grundvoraussetzung für eine Handlungsempfehlung durch die präskriptive Entscheidungstheorie und erscheint selbstverständlich. Es ist jedoch zu bedenken, dass im Modell nur eine Zielgröße explizit betrachtet wird, während weitere Ziele bei der Beurteilung der Handlungskonsequenzen durch den Entscheidenden zumindest implizit durchaus eine Rolle spielen und zu den bereits behandelten Problemen mehrfacher Zielsetzung führen können. Wurden Präferenzen ermittelt, so ist weiterhin zu beachten, dass diese in der Regel nur für einen begrenzten Zeitraum Gültigkeit besitzen. Bezüglich der geforderten Transitivitätseigenschaft sei auf das im Fall der Sicherheit bereits angesprochene Phänomen der Fühlbarkeitsschwellen hingewiesen, das auch hier zu berücksichtigen ist.

Axiom 2: Dieses Axiom impliziert, dass es für den Entscheidenden unerheblich ist, ob sich das mit einer Aktion verbundene Ergebnis bereits nach Ablauf eines Zufallsvorgangs einstellt oder ob mehrere Zufallsvorgänge stattfinden, ehe das Ergebnis feststeht, solange die Eintrittswahrscheinlichkeiten für das Ergebnis gleich hoch sind. Der Entscheidende darf demnach dem Zufallsvorgang selbst keinen Nutzen beimessen, wie dies in (Glücks-)Spielsituationen aus „Freude am Spiel“ durchaus der Fall sein kann.

Axiom 3: Die erforderliche Angabe der Wahrscheinlichkeiten p_j^* kann im konkreten Fall insbesondere dann Schwierigkeiten bereiten, wenn extreme Wertunterschiede mit minimalen Wertunterschieden zu vergleichen sind. Aus diesem Grund ist zwar die Allgemeingültigkeit des Axioms in Zweifel zu ziehen, jedoch dürfte es in einer Vielzahl von Anwendungsfällen, z. B. im Bereich der Wirtschaftswissenschaft erfüllt sein. So erscheint ein mit dem Axiom unverträgliches Verhalten dann durchaus verständlich, wenn z. B. in hypothetischen Entscheidungssituationen als Ergebnisse mit Sicherheit sehr hohe Auszahlungen offeriert werden, auf die der Entscheidende unter keinen Umständen verzichten möchte. Derartige Situationen dürften in der Realität jedoch sehr selten auftreten.

Axiom 4: Dieses in der Literatur häufig kritisierte Axiom fordert, dass sich an der Beurteilung einer Ergebnisverteilung auch dann nichts ändert, wenn ein bestimmtes Ergebnis entfällt und an dessen Stelle eine Verteilung über andere Ergebnisse tritt.

Im Segment $\frac{e_j}{p_j}$ der Ergebnisverteilung wird das unsichere Ergebnis e_j ersetzt durch die unsicheren Ergebnisse e_1 und e_m und deren Eintrittswahrscheinlichkeiten, wobei diese Ersetzung unabhängig von p_j und den übrigen Ergebnissen der Verteilung ist. Bei der Bestimmung der Eintrittswahrscheinlichkeiten in der Verteilung über e_1 und e_m wird $p_j = 1$ unterstellt, was insofern problematisch ist, als damit Sicherheit einer speziellen Form von Unsicherheit gleichkommt. Diese restriktive Annahme erscheint nur dann gerechtfertigt, wenn mit dem ersetzten Ergebnis keinerlei vom Entscheidenden positiv oder negativ empfundene Komplementaritätswirkungen verbunden sind und die Eintrittswahrscheinlichkeiten p_j für die Einzelbewertung der Ergebnisse unerheblich sind.

Werden mehrere Indifferenzrelationen mit unterschiedlichen Ergebnismengen aneinandergereiht, so kann der Wegfall aller Ergebnisse außer e_1 und e_m zu einem Überschreiten der Fühlbarkeitsschwelle und zu einer strikten Präferenz bei direktem Vergleich führen.

Axiom 5: Dieses Axiom stellt eine Verallgemeinerung des Axioms 1 dar, wenn man Ergebnisse als entartete Ergebnisverteilungen interpretiert. Das Axiom impliziert, dass der Entscheidende über eine transitive Reihung der Ergebnisverteilungen verfügt, auch wenn er diese nicht unmittelbar angeben kann. Könnte der Entscheidende diese Reihung explizit vornehmen, so wäre das Problem bereits gelöst.

Axiom 6: Es ist unmittelbar einleuchtend und bedarf keiner weiteren Begründung, dass ein rational Handelnder unter mehreren Verteilungen über je zwei identische Ergebnisse diejenige am meisten präferiert, bei der das höher geschätzte Ergebnis mit der größten Wahrscheinlichkeit auftritt.

Obwohl insbesondere kritisch zu prüfen ist, ob Axiom 3 und Axiom 4 zutreffen, ist das auf diesen Axiomen aufbauende Konzept der Risikonutzentheorie für die Entscheidungsfindung bei Risiko von großer Bedeutung, da allen Gegenbeispielen extreme Situationen zugrunde liegen und es zumindest für diejenigen Fälle, in denen die Axiome erfüllt sind, die Existenz einer Risikonutzenfunktion sichert und derzeit kein anderes brauchbares Konzept existiert, das den eingangs beschriebenen Anforderungen genügt.

Bezüglich der Frage, ob die Risikonutzentheorie hinsichtlich ihrer erzielbaren Aussagen empirischen Gehalt beanspruchen kann, hat *Maurice Allais* ein klassisches Beispiel entwickelt, das als *Allais-Paradoxon* bekannt geworden ist.

Beispiel 2.2-2

Ein Entscheidungssubjekt stehe zunächst vor der Wahl (1): entweder (A) einen Betrag von 100 Mio. mit Sicherheit oder (B) eine Lotterie mit den möglichen Zuständen (und Wahrscheinlichkeiten) 500 Mio. (0,1), 100 Mio. (0,89) und 0 Mio. (0,01).

Im Anschluss stehe das Entscheidungssubjekt vor der Wahl (2): entweder (C) eine Lotterie mit den möglichen Zuständen (und Wahrscheinlichkeiten) 100 Mio. (0,11) und 0 Mio. (0,89) oder (D) eine Lotterie mit den möglichen Zuständen (und Wahrscheinlichkeiten) 500 Mio. (0,1) und 0 Mio. (0,9).

Wie würden Sie wählen?

Lösung:
Empirisch zeigt sich oft, dass $A \succ B$ und $D \succ C$. Dies ist jedoch ein Widerspruch, wie sich zeigen lässt. Bei Existenz einer Risikonutzenfunktion folgt aus $A \succ B$:

(1) $1 \cdot u(100) > 0{,}1 \cdot u(500) + 0{,}89 \cdot u(100) + 0{,}01 \cdot u(0)$,
und falls $D \succ C$, folgt:

(2) $0{,}11 \cdot u(100) + 0{,}89 \cdot u(0) < 0{,}1 \cdot u(500) + 0{,}9 \cdot u(0)$.

Durch Umformung lässt sich (1) darstellen als:

(1') $0{,}11 \cdot u(100) > 0{,}1 \cdot u(500) + 0{,}01 \cdot u(0)$
und durch ähnliche Umformung von (2) gilt:

(2') $0{,}11 \cdot u(100) < 0{,}1 \cdot u(500) + 0{,}01 \cdot u(0)$, was offensichtlich ein Widerspruch zu (1') ist. Daher müsste, falls $A \succ B$ gilt, auch gelten $C \succ D$ (et vice versa).

Als mögliche Erklärungen für die widersprüchliche Wahl wird diskutiert, dass Wahl (1) womöglich eher durch die Wahrscheinlichkeiten getrieben ist, während Wahl (2) vornehmlich durch die Ergebnisse beeinflusst wird. Diese unterschiedliche Beurteilung dürfte allerdings nach dem Stetigkeit- und dem Substitutionssaxiom keine Rolle spielen. Dass Entscheidungssubjekte hiervon mitunter abweichen, ist aber keineswegs zwingend als Schlag ins Kontor der Risikonutzentheorie, sondern eher als ein Rationalitätsdefizit von Entscheidungssubjekten zu beurteilen.

2.2.2.5 Ermittlung der Risikonutzenfunktion

Sind die Axiome 1 bis 6 im konkreten Fall erfüllt, so ist zur empirischen Ermittlung der Risikonutzenfunktion eine Befragung des Entscheidenden durchzuführen. Liegt eine konkrete Ergebnisverteilung vor, so hat der Entscheidende zunächst die Ergebnisse gemäß Axiom 1 in eine transitive Reihung ($e_1 \succsim e_2 \succsim \cdots \succsim e_m$) zu bringen.

Das Kernstück der Befragung leitet sich aus Axiom 3 ab und verlangt vom Entscheidenden, dass er für jedes Ergebnis e_j ($j = 2, 3, \ldots, m-1$) angeben kann, mit welcher Wahrscheinlichkeit p_j^* in einer Ergebnisverteilung, die nur e_1 und e_m enthält, e_1 eintreten muss, damit er diese Verteilung und das sichere Ergebnis e_j gleichschätzt. Man kann auch den umgekehrten Weg wählen und verschiedene Ergebnisverteilungen über e_1 und e_m vorgeben und den Entscheidenden fragen, welches sichere Ergebnis e_j er der jeweiligen Verteilung gleichschätzt. Dieses sichere Ergebnis e_j wird auch als *Sicherheitsäquivalent* der entsprechenden Ergebnisverteilung gezeichnet. Bei beiden Vorgehensweisen ist die Indifferenz

$$e_j \sim \begin{array}{c|cc} e & e_1 & e_m \\ \hline p & p_j^* & 1-p_j^* \end{array}$$

herzustellen. Im ersten Fall ist e_j vorzugeben und p_j^* zu bestimmen, im zweiten Fall ist es umgekehrt.

Die p_j^* können unmittelbar als Risikonutzenwerte $u(e_j)$ für die entsprechenden Ergebnisse e_j dienen, wenn man unter Ausnutzung der in der Intervallskalierung liegenden Freiheitsgrade zusätzlich $u(e_1) = 1$ und $u(e_m) = 0$ setzt, da der Indifferenzrelation entsprechend folgt, dass $u(e_j) = p_j^* \cdot u(e_1) + (1 - p_j^*) \cdot u(e_m) = p_j^*$ ist. Diese

Normierung der Risikonutzenfunktion auf den Bereich [0; 1] ist nicht zwingend, sondern vor allem didaktischen Erwägungen geschuldet, da offenbar wird, dass durch die sich aus Axiom 3 ergebende Bernoulli-Befragung unmittelbar Risikonutzenwerte ermittelt werden. Über die Angabe von Sicherheitsäquivalenten lassen sich beliebig viele Funktionswerte der Risikonutzenfunktion erfragen. Die übrigen Funktionswerte sind durch Interpolation zu approximieren.

Die im Rahmen der Bernoulli-Befragung zum Ausdruck kommende Abwägung von unsicheren Ergebnissen (Lotterien) und sicheren Ergebnissen (Sicherheitsäquivalente) bringt neben einer Einschätzung der mit ihnen gegebenen Wahrscheinlichkeiten auch eine Bewertung der Ergebnisgröße selbst mit sich. Die Risikonutzenfunktion wird somit (bis auf lineare Transformationen) eindeutig durch die Indifferenzwahrscheinlichkeit p^* bestimmt, d. h. diejenige Wahrscheinlichkeit, bei der das Bewertungssubjekt indifferent zwischen einem sicheren Ergebnis und einer einfachen Lotterie ist. Dabei hängt der Wert für p^* von der subjektiven Bewertung der Höhe der möglichen Ergebnisse e_1, e_m und e_j und von der subjektiven Bewertung der Wahrscheinlichkeit, mit der e_1 bzw. e_m eintritt, ab und erfasst somit simultan sowohl eine „Höhenpräferenz“ als auch eine „Risikopräferenz“. Es handelt sich bei der Risikonutzenfunktion also um ein Präferenzfunktional höherer Ordnung, da in p^* als kritischer Größe weder der Vergleich von nur unsicheren Ergebnissen noch von nur sicheren Ergebnissen, sondern eben von unsicheren mit sicheren Ergebnissen enthalten ist. Eine Zerlegung der Risikonutzenfunktion in irgendwelche Präferenzarten (niederer Ordnung) ist daher weder erforderlich noch zweckmäßig. Der Umstand, dass Risiko- und Höhenpräferenzen im Rahmen der Risikonutzenfunktion über das Axiom 3 simultan miteinander verbunden sind, hat durch einen insbesondere in der deutschen betriebswirtschaftlichen Literatur über mehrere Jahrzehnte geführten Meinungsstreit zu einer gewissen Verunsicherung geführt, gilt aber mittlerweile als anerkannt. Liegt eine numerisch bestimmte Risikonutzenfunktion vor, so lassen sich beliebige Ergebnisverteilungen und damit auch die zugrunde liegenden Aktionen entsprechend den iner Befragung geäußerten Präferenzen des Entscheidenden mit Hilfe des Bernoulli-Prinzips miteinander vergleichen, da sich – wie gezeigt wurde – ein nach den Axiomen 1 bis 6 rational Entscheidender so verhält, als ob er den Erwartungswert seines Risikonutzens maximiert.

Beispiel 2.2-3

Ein Entscheidungsproblem bei Risiko sei durch das Ergebnisfeld

	0,2	0,1	0,1	0,4	0,2
	s_1	s_2	s_3	s_4	s_5
a_1	500	800	100	−300	200
a_2	1.000	500	−600	800	500
a_3	800	−300	800	100	200

beschrieben.

Die Zielgröße ist als kurzfristige Maximierung des Bilanzgewinns definiert; die Ergebnisse sind in Geldeinheiten angegeben.

Das Vorgehen zur Ermittlung der optimalen Aktion ist zu beschreiben.

Lösung:
Da die Ergebnisse bereits als Ausprägungen einer monetären Zielgröße vorliegen, ist deren Reihung unproblematisch, es gilt:

$$e_1 = 1.000 \succ e_2 = 800 \succ e_3 = 500 \succ e_4 = 200 \succ e_5 = 100 \succ e_6 = -300 \succ e_7 = -600\,.$$

$L(a_1)$:

e	1.000	800	500	200	100	–300	–600
p	0	0,1	0,2	0,2	0,1	0,4	0

,

$L(a_2)$:

e	1.000	800	500	200	100	–300	–600
p	0,2	0,4	0,3	0	0	0	0,1

,

$L(a_3)$:

e	1.000	800	500	200	100	–300	–600
p	0	0,3	0	0,2	0,4	0,1	0

.

Es sind nun Ergebnisverteilungen zu betrachten, die nur das beste Ergebnis $e_1 = 1.000$ und das schlechteste Ergebnis $e_7 = -600$ enthalten. Gibt man z. B. die Eintrittswahrscheinlichkeiten p_j^* und $1 - p_j^*$ vor und erfragt die zugehörigen Sicherheitsäquivalente, so möge gelten:

Vorgegeben — Aussage des Entscheidenden

e	1.000	-600
p	0,2	0,8

~ -500

e	1.000	-600
p	0,4	0,6

~ -400

e	1.000	-600
p	0,6	0,4

~ -200

e	1.000	-600
p	0,8	0,2

~ 100

e	1.000	-600
p	0,9	0,1

~ 300

Schließlich gilt ex definitione:

e	1.000	-600
p	1	0

~ 1000 und

e	1.000	-600
p	0	1

~ -600.

Die relevanten Daten lassen sich in der Tabelle

p_j^*	Sicherheitsäquivalent e_j
0	−600
0,2	−500
0,4	−400
0,6	−200
0,8	100
0,9	300
1,0	1.000

zusammenfassen. Graphisch dargestellt ergibt sich folgendes Bild:

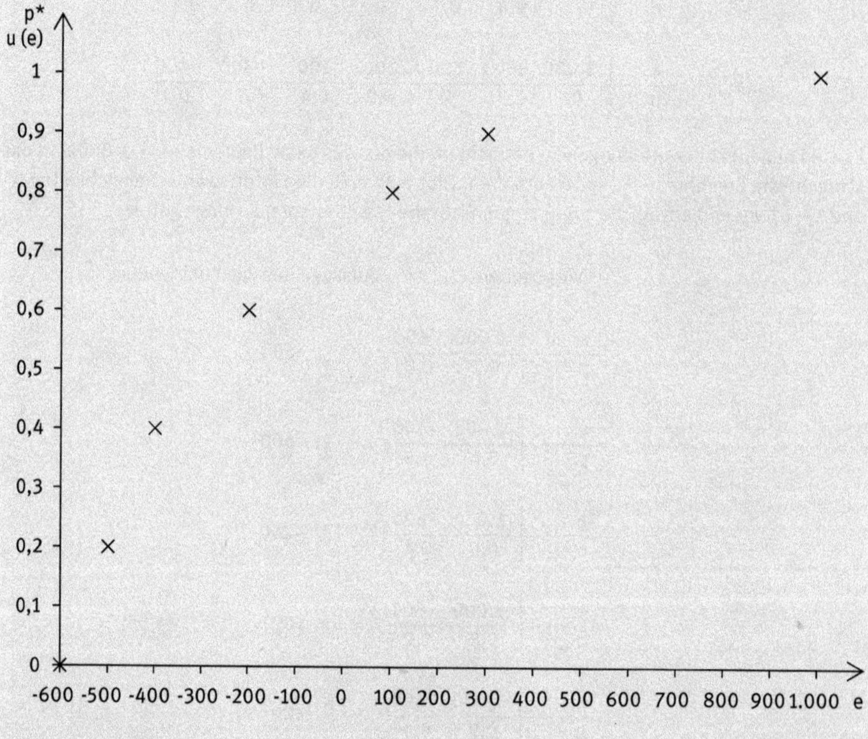

Abb. 2.30: Graph einer diskreten Risikonutzenfunktion

Unter der sinnvollen Annahme, dass die Risikonutzenfunktion monoton steigt, lässt sich als deren Bild die nachfolgend dargestellte Kurve durch Interpolation ableiten. Erscheint die Anzahl von Funktionswerten zur Ableitung der stetigen Funktion noch zu gering, so können weitere Werte durch Befragung ermittelt werden, was sich im Beispiel für Wahrscheinlichkeiten p_j^* zwischen 0,9 und 1,0 anbietet.

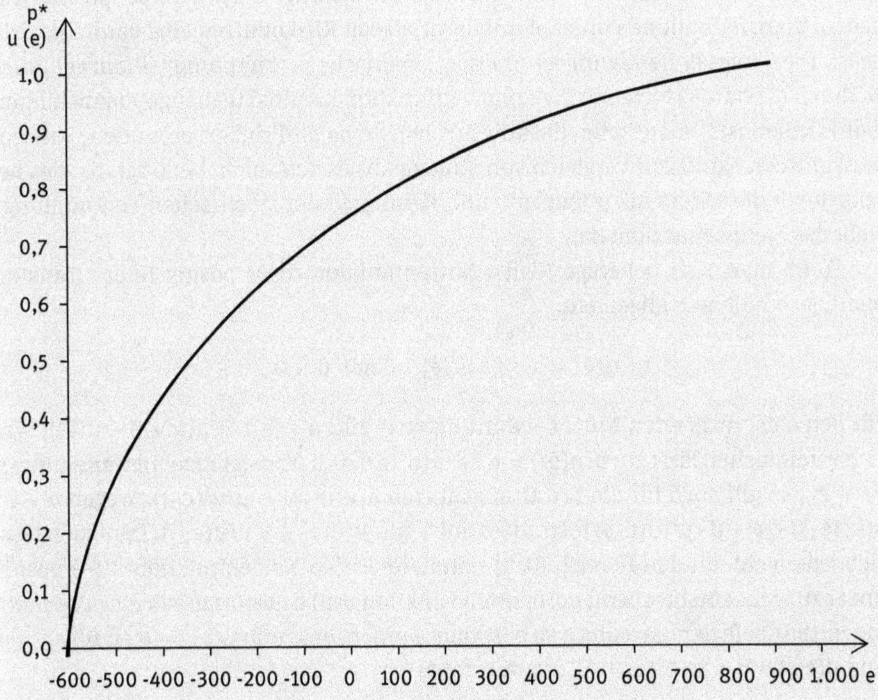

Abb. 2.31: Graph einer stetigen Risikonutzenfunktion

Die für die Anwendung des Bernoulli-Entscheidungsprinzips benötigten Funktionswerte der Risikonutzenfunktion lassen sich aus der Abbildung ablesen und sind in der Tabelle rechts zusammengefasst.

e_j	$u(e_j)$
1.000	1,00
800	0,98
500	0,95
200	0,87
100	0,80
–300	0,51
–600	0,00

Als Erwartungswerte des Risikonutzens errechnen sich

für a_1: $Y_1^B = \sum_{j=7}^{7} u(e_{1j})p_j = 0{,}98 \cdot 0{,}1 + 0{,}95 \cdot 0{,}2 + 0{,}87 \cdot 0{,}2 + 0{,}80 \cdot 0{,}1 + 0{,}51 \cdot 0{,}4 = 0{,}746$,

für a_2: $Y_2^B = \sum_{j=7}^{7} u(e_{2j})p_j = 1{,}00 \cdot 0{,}2 + 0{,}98 \cdot 0{,}4 + 0{,}95 \cdot 0{,}3 = 0{,}877$,

für a_3: $Y_3^B = \sum_{j=7}^{7} u(e_{3j})p_j = 0{,}98 \cdot 0{,}3 + 0{,}87 \cdot 0{,}2 + 0{,}80 \cdot 0{,}4 + 0{,}51 \cdot 0{,}1 = 0{,}839$

Verhält sich der Entscheidende gemäß seinen bei der Befragung geäußerten Präferenzen, so hat er a_2 zu wählen.

Es lässt sich zeigen, dass eine derartige Risiko-Nutzenfunktion gegenüber positiven linearen Transformationen unempfindlich ist, da der Risikonutzen eine kardinale Größe ist. Die *Bernoulli*-Befragung ist eine sog. „metrische Verknüpfung“ (Pfanzagl 1962), wodurch die daraus folgende Risikonutzenfunktion kardinal (genaugenommen intervall-) skaliert ist. Daraus folgt, dass die mit dem *Bernoulli*-Prinzip verbundene Nutzenmessung den expliziten Vergleich von „Nutzenabständen“ nicht benötigt, da dies bereits durch die Axiomatik impliziert wird. Kernpunkt der „metrischen Verknüpfung“ stellt das Stetigkeitsaxiom dar.

Wenn man eine beliebige Risiko-Nutzenfunktion $u'(\tilde{e})$ positiv linear transformiert, so erhält man allgemein:

$$u(\tilde{e}) = \alpha + \beta \cdot u'(\tilde{e}), \quad \text{mit } \beta > 0 .$$

Für den entsprechenden Nutzenerwartungswert gilt: $\mu(u(\tilde{e})) = \mu(\alpha + \beta \cdot u'(\tilde{e}))$, was sich vereinfachen lässt zu: $\mu(u(\tilde{e})) = \alpha + \beta \cdot \mu(u'(\tilde{e}))$. Gilt für zwei Ergebnisverteilungen $\tilde{e}_a < \tilde{e}_b$, so gilt auch für die Erwartungsnutzen $\mu(u'(\tilde{e}_a)) < \mu(u'(\tilde{e}_b))$. Wegen $\alpha + \beta \cdot \mu(u'(\tilde{e}_a)) < \alpha + \beta \cdot \mu'(u(\tilde{e}_b))$ folgt, dass auch gilt: $\mu(u(\tilde{e}_a)) < \mu(u(\tilde{e}_b))$. Demnach lässt sich jede nicht auf den Bereich [0; 1] normierte Risiko-Nutzenfunktion $u'(\tilde{e})$ positiv linear zu einer entsprechend normierten Funktion $u(\tilde{e})$ transformieren (*et vice versa*), indem die Koeffizienten α und β so bestimmt werden, dass gilt: $u(e_1) = \alpha + \beta \cdot u'(e_1) = 1$ und $u(e_m) = \alpha + \beta \cdot u'(e_m) = 0$. Daraus folgt:

$$\alpha = \frac{u'(e_m)}{u'(e_m) - u'(e_1)} \quad \text{und} \quad \beta = \frac{1}{u'(e_1) - u'(e_m)} .$$

2.2.2.6 Gestalt der Risikonutzenfunktion und Risikoneigung

Es ist nun zu zeigen, wie sich aus dem Verlauf einer empirisch ermittelten Risikonutzenfunktion auf die Einstellung des Entscheidenden zum Risiko schließen lässt.

Verläuft die Risikonutzenfunktion – wie im Beispiel 2.2-3 – im gesamten Definitionsbereich *konkav*, so weist der Entscheidende ein Verhalten auf, das als *risikoscheu* zu bezeichnen ist. Betrachtet man zwei mindestens intervallskalierte numerische Ergebnisse e_f und e_g und verbindet die entsprechenden Punkte auf der Risikonutzenkurve durch eine Gerade, so beschreibt diese Gerade alle Wahrscheinlichkeiten $\overline{p}_j$, die sich ergeben, wenn man für Ergebnisse e_j mit $e_f \succ e_j \succ e_g$ die Indifferenz

$$e_j \sim \begin{array}{c|cc} e & e_f & e_g \\ \hline p & \overline{p}_j^* & 1 - \overline{p}_j^* \end{array}$$

derart erzeugt, dass e_j genau der Bedingung

$$e_j = e_f \overline{p}_j^* + e_g(1 - \overline{p}_j^*) \qquad (2.2\text{-}11)$$

genügt.

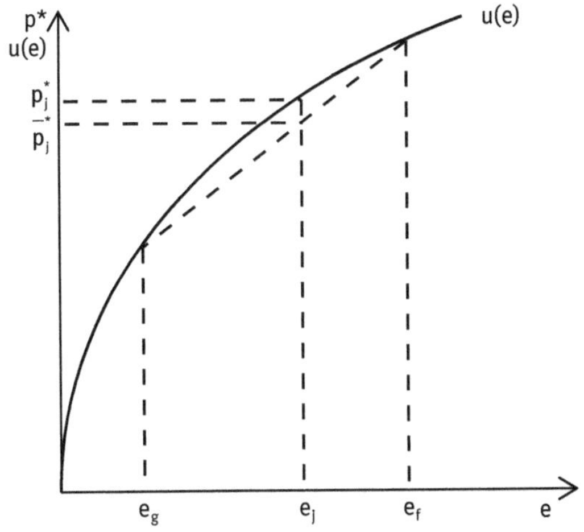

Abb. 2.32: Risikonutzenfunktion bei risikoscheuem Verhalten

Die Summe der mit den Eintrittswahrscheinlichkeiten gewichteten Nutzen wird hier als erwarteter Wert bezeichnet. Aus der Tatsache, dass die durch die Risikonutzenfunktion beschriebenen, auf der Grundlage der Befragung ermittelten Wahrscheinlichkeiten p_j^* immer über den Werten $\overline{p}_j^*$ liegen, kann man schließen, dass der Entscheidende nur für eine „bessere" als dem erwarteten Wert entsprechende Verteilung das sichere Ergebnis e_j und die Verteilung über e_f und e_g gleichschätzt. Er fordert gleichsam eine Prämie für die Übernahme von Risiko bzw. ist bereit, sich durch Zahlung einer Prämie gegen die Folgen von Risiken zu versichern. Abbildung 2.32 verdeutlicht die Zusammenhänge.

Verläuft die Risikonutzenfunktion im gesamten Definitionsbereich streng *konvex*, so lässt sich die oben geführte Argumentation umkehren; es liegt sog. *risikofreudiges* Verhalten vor. Dieser Fall ist in Abb. 2.33 dargestellt.

Verläuft die Risikonutzenfunktion im gesamten Definitionsbereich *linear*, so bezeichnet man das damit beschriebene Verhalten als *risikoneutral*. Der Entscheidende orientiert sich nur am erwarteten Wert der zu beurteilenden Ergebnisverteilung, auch wenn dieser Wert selbst in der Verteilung nicht enthalten ist. Die möglichen Abweichungen vom erwarteten Wert werden weder positiv noch negativ beurteilt. Abbildung 2.34 zeigt risikoneutrales Verhalten.

Die präskriptive Entscheidungstheorie nimmt die Risikoeinstellung des Entscheidenden als gegeben hin und fällt darüber kein Urteil, auch wenn für eine Vielzahl von Menschen zumindest für weitreichende Entscheidungen risikoscheues Verhalten plausibel erscheint.

In der Realität kann in Abhängigkeit von der Höhe der in Frage stehenden Ergebnisse bei derselben Person sowohl risikoscheues als auch risikofreudiges Verhalten zu beobachten sein. Es sind also auch Kombinationen möglich, wonach z. B. auf zu-

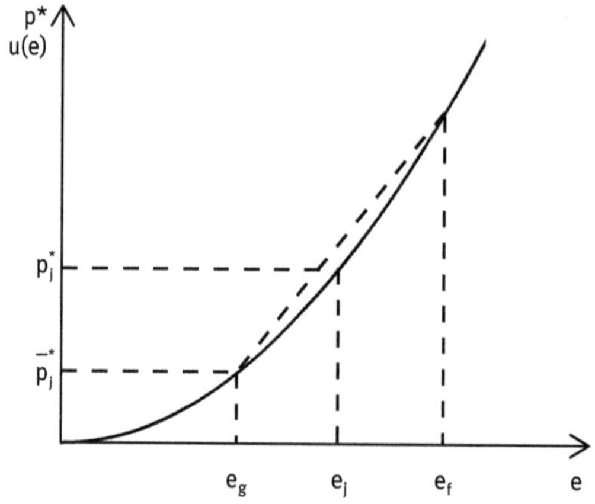

Abb. 2.33: Risikonutzenfunktion bei risikofreudigem Verhalten

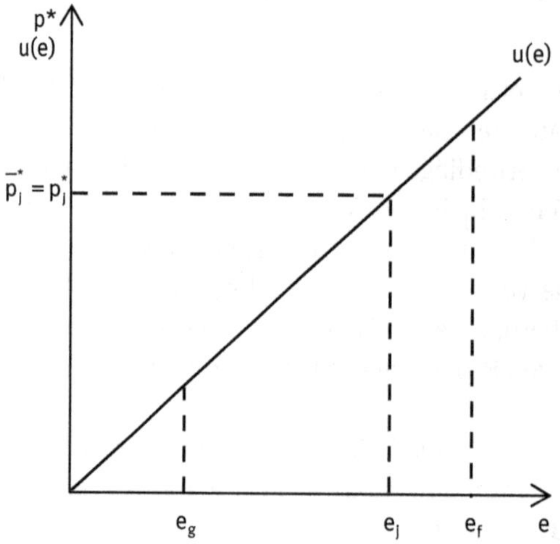

Abb. 2.34: Risikonutzenfunktion bei risikoneutralem Verhalten

nächst risikoaverses, bei steigenden Ergebnissen risikofreudiges Verhalten folgt, was dabei helfen könnte zu erklären, dass ab bestimmtem Einkommen Lotterien gespielt werden und bis zu diesem Einkommen Versicherungen abgeschlossen werden. Allerdings würde damit auch ausgesagt, dass bei kleinem Einkommen keine Lotterien gespielt und bei höherem Einkommen keine Versicherungen abgeschlossen würden. Folgte demgegenüber risikoaverses Verhalten auf risikofreudiges Verhalten bei steigendem Einkommen, ließe sich erklären, dass arme Menschen Lotterien spielen, aber keine Versicherungen abschließen, bei steigendem Einkommen die Neigung zum Lotteriespiel ab- und jene zum Abschluss von Versicherungen zunimmt.

2.2.2.7 Arrow-Pratt-Maß der Risikoaversion

Ausgehend von der Form einer Risikonutzenfunktion lässt sich wie dargestellt feststellen, ob von Risikoaversion, Risikofreude oder Risikoneutralität auszugehen ist. Bei Kenntnis der formalen Struktur einer Risikonutzenfunktion sind darüberhinaus noch weitere Einblicke in die Risikoeinstellung möglich.

Hierzu entwickelten *Arrow* (1970) und *Pratt* (1964) folgende Maßzahl der *absoluten Risikoaversion* (ARA)

$$r(e) = -\frac{u''(e)}{u'(e)},$$

da weder die erste noch die zweite Ableitung der Risikonutzenfunktion für sich genommen, sondern nur in ihrem Zusammenspiel etwas über die Risikoneigung aussagen. Während mit der absoluten Risikoaversion deren Ausmaß gemessen werden kann, wird mit der ersten Ableitung der absoluten Risikoaversion $r'(e)$ eine Aussage darüber gemacht, ob ein rationales Entscheidungssubjekt bei einer Zunahme des Vermögens V den risikobehafteten (absoluten) Teil A an diesem Vermögen

i. senkt, falls $r'(e) > 0$ (zunehmende (increasing) ARA; IARA),
ii. konstant hält, falls $r'(e) = 0$ (konstante (constant) ARA; CARA) oder
iii. erhöht, falls $r'(e) < 0$ (abnehmende (decreasing) ARA; DARA).

Das Ausmaß der *relativen Risikoaversion* (RRA) kann mit Hilfe von

$$r(e) \cdot e$$

gemessen werden. Wiederum mit deren erster Ableitung kann eine Aussage darüber gemacht werden, ob ein rationales Entscheidungssubjekt bei einer Erhöhung des Vermögens V den relativen Risikoanteil an diesem Vermögen

i. senkt, falls $(r(e) \cdot e)' > 0$ (zunehmende (increasing) RRA; IRRA),
ii. konstant hält, falls $(r(e) \cdot e)' = 0$ (konstante (constant) RRA; CRRA) oder
iii. erhöht, falls $(r(e) \cdot e)' < 0$ (abnehmende (decreasing) RRA; DRRA).

2.2.3 Klassische Entscheidungskriterien

2.2.3.1 Überblick

Bevor näher auf Entscheidungskriterien eingegangen wird, die anstelle des Bernoulli-Prinzips zur Lösung von Entscheidungsproblemen bei Risiko anwendbar sind, erfolgt noch einmal ein kurzer Aufriss der Problemstellung.

Die Aufgabe besteht in der Zusammenfassung der mit einer Aktion verbundenen Ergebnisse $(e_{i1}, e_{i2}, \ldots, e_{im})$ zu einem auch als Präferenzwert bezeichneten Skalar, der die Präferenz des Entscheidenden bezüglich a_i beschreibt. Bezeichnet w_{ij} den mindestens mit einer Intervallskala gemessenen Nutzen des Ergebnisses e_{ij}, so lässt sich eine Aktion a_i formal auch als (geordnete) Zufallsvariable $\tilde{a}_i$ beschreiben, deren

Werte mit den zugehörigen Eintrittswahrscheinlichkeiten in einer sog. Wahrscheinlichkeitstabelle

$\tilde{a}_i$:

w	w_{i1}	w_{i2}	...	w_{im}
p	p_1	p_2	...	p_m

zusammengefasst sind.

Es liegt nun nahe, zur Bewertung der Aktionen die in der Statistik gebräuchlichen (skalaren) Kennwerte für Zufallsvariablen oder Kombinationen daraus heranzuziehen. Derartige Kennwerte α sind z. B. der Erwartungswert, die Varianz oder Momente höherer Ordnung.

Wählt man diesen Weg, so ist im ersten Schritt festzulegen, welche Kennwerte der Zufallsvariablen zur Beurteilung heranzuziehen sind. Das Ergebnis dieser Wahl sind sog. *Entscheidungsprinzipien* wie etwa das μ-Prinzip, das μ-σ-Prinzip usw. Legt man, soweit dies erforderlich ist, eine konkrete Form der Verknüpfung der einzelnen Kennwerte fest, so wird das resultierende Entscheidungskriterium hier als *Entscheidungsregel* bezeichnet. Überträgt man diese Definition auf das bereits behandelte Bernoulli-Kriterium, so geht das als Maximierung des Erwartungsnutzens beschriebene Bernoulli-Prinzip durch Angabe einer konkreten Risikonutzenfunktion in eine Bernoulli-Entscheidungsregel über. Aus historischen Gründen werden die aus Kennwerten der entsprechenden Zufallsvariablen abgeleiteten Entscheidungsprinzipien und -regeln auch als *klassische Entscheidungskriterien* bezeichnet.

Es lässt sich nun eine mehr oder weniger erschöpfende Aufzählung von Entscheidungskriterien vornehmen, unter denen der Entscheidende dasjenige auszuwählen hat, das ihm am geeignetsten erscheint. Analog zum Fall der Entscheidungsregeln für Probleme bei mehrfacher Zielsetzung soll hier jedoch darüber hinaus versucht werden, dem Entscheidenden Implikationen zu verdeutlichen, die mit der Wahl eines bestimmten Entscheidungskriteriums verbunden sind. Der hier gewählte Weg zur Aufdeckung von Implikationen besteht in der Ermittlung und Diskussion derjenigen Risikonutzenfunktionen, bei denen die Anwendung des Bernoulli-Prinzips zur gleichen Reihung der Aktionen führt wie die Anwendung des jeweils untersuchten klassischen Entscheidungskriteriums.

Stellt sich das Präferenzfunktional in Form einer additiven Verknüpfung der s Kennwerte α_{ir} der Zufallsvariablen $\tilde{a}_i$ als

$$Y_i^{Kl} = b_0 + \sum_{r=1}^{s} b_r \alpha_{ir} \quad \text{für } i = 1, 2, \ldots, n \tag{2.2-12}$$

mit den Koeffizienten $b_r (r = 0, 1, \ldots, s)$ dar und lassen sich die einzelnen Kennwerte α_{ir} auch als Erwartungswerte einer Zufallsvariablen ermitteln, deren Ausprägungen durch Anwendung der Funktionen $h_r(w)$ auf die Werte von $\tilde{a}_i$ hervorgegangen sind,

d. h. gilt:

$$\alpha_{ir} = \sum_{j=1}^{m} h_r(w_{ij})p_j \qquad \begin{array}{l} \text{für } i = 1, 2, \ldots, n \\ \text{für } r = 1, 2, \ldots, s\,, \end{array} \tag{2.2-13}$$

so lässt sich Y_i^{Kl} auch berechnen als:

$$Y_i^B = \sum_{j=1}^{m} u(e_{ij})p_j \quad \text{für } i = 1, 2, \ldots, n\,, \quad \text{mit} \tag{2.2-14}$$

$$u(e_{ij}) = b_0 + \sum_{r=1}^{s} b_r h_r(w_{ij}) \qquad \begin{array}{l} \text{für } i = 1, 2, \ldots, n \\ \text{für } j = 1, 2, \ldots, m\,. \end{array} \tag{2.2-15}$$

Anders ausgedrückt bedeutet dies, dass bei Vorliegen der genannten Voraussetzungen die Anwendung der Entscheidungsregel (2.2-12) zur gleichen Entscheidung führt wie die Befolgung des Bernoulli-Prinzips (2.2-14) mit der speziellen Risikonutzenfunktion (2.2-15). Das Bindeglied zwischen beiden Bewertungsverfahren stellen die Funktionen $h_r(r = 1, 2, \ldots, s)$ und die Koeffizienten $b_r(r = 0, 1, \ldots, s)$ dar, deren Wirkungsweise im folgenden noch an einigen Entscheidungsprinzipien verdeutlicht wird.

2.2.3.2 Das μ-Prinzip

Wählt man im speziellen Fall $b_0 = 0$ und $b_1 = 1$, so stellt sich das μ-Prinzip (Erwartungswertprinzip) in der Form (2.2-12) als

$$Y_i^{\mu} = \alpha_{i1} \quad \text{für } i = 1, 2, \ldots, n \tag{2.2-16}$$

dar mit $\alpha_{i1} = E(\tilde{a}_i)$, wobei E den Erwartungswertoperator bezeichnet, d. h.

$$E(\tilde{a}_i) = \sum_{j=1}^{m} w_{ij}p_j \quad \text{für } i = 1, 2, \ldots, n\,. \tag{2.2-17}$$

Vergleicht man (2.2-17) mit (2.2-13), so ist unmittelbar ersichtlich, dass für das μ-Prinzip $h_1(w_{ij}) = w_{ij}$ gilt.

Somit ergibt sich nach (2.2-15) für die Risikonutzenfunktion $u(e_{ij})$, bei der μ-Prinzip und Bernoulli-Prinzip zur gleichen Beurteilung der Aktionen führen:

$$u(e_{ij}) = w(e_{ij}) = w_{ij}\,. \tag{2.2-18}$$

Es ist offenkundig, dass eine derartige lineare Risikonutzenfunktion risikoneutrales Verhalten beschreibt, d. h. die Anwendung des μ-Prinzips führt – gemessen am Bernoulli-Prinzip – nur dann immer zur ‚richtigen' Entscheidung, wenn der Entscheidende risikoneutral ist.

2.2.3.3 Das μ-σ-Prinzip

Die als Risikomaß dienende Varianz σ_i^2 einer Zufallsvariablen $\tilde{a}_i$ ist definiert als:

$$\sigma_i^2 = E(\tilde{a}_i - E(\tilde{a}_i))^2 \,. \tag{2.2-19}$$

Dieser Ausdruck lässt sich umformen zu:

$$\sigma_i^2 = E(\tilde{a}_i^2) - (E(\tilde{a}_i))^2 \,. \tag{2.2-20}$$

Bezeichnet man $E(\tilde{a}_i^2)$ mit q_i^2 und $(E(\tilde{a}_i))^2$ mit μ_i^2, so gilt:

$$\sigma_i^2 = q_i^2 - \mu_i^2 \quad \text{bzw.} \quad q_i^2 = \sigma_i^2 + \mu_i^2 \,. \tag{2.2-21}$$

Zur Ableitung der Funktion $h(x)$ für σ^2 ist es sinnvoll, zunächst ein μ-q-Prinzip mit $b_0 = 0$ zu betrachten, für das nach (2.2-12) gilt:

$$\begin{aligned} Y_i^{\mu q} &= b_1 \alpha_{i1} + b_2 \alpha_{i2} && \text{mit} \\ \alpha_{i1} &= \mu_i = E(\tilde{a}_i) && \text{und} \quad \alpha_{i2} = q_i^2 = E(\tilde{a}_i^2) \,. \end{aligned} \tag{2.2-22}$$

Durch Vergleich mit (2.2-13) erhält man

$$\alpha_{i1} = \sum_{j=1}^{m} w_{ij} p_j \quad \text{und damit} \quad h_1(w_{ij}) = w_{ij} \tag{2.2-23}$$

sowie

$$\alpha_{i2} = \sum_{j=1}^{m} w_{ij}^2 p_j \quad \text{und damit} \quad h_2(w_{ij}) = w_{ij}^2 \,. \tag{2.2-24}$$

Unter Berücksichtigung von $b_0 = 0$ bestimmt sich die dem μ-q-Prinzip entsprechende Risikonutzenfunktion als

$$u(e_{ij}) = b_1 w(e_{ij}) + b_2 w(e_{ij})^2 \,. \tag{2.2-25}$$

Die Anwendung des Bernoulli-Prinzips mit der speziellen Risikonutzenfunktion (2.2-25) führt demnach zur gleichen Entscheidung wie die Anwendung der in (2.2-22) beschriebenen μ-q-Entscheidungsregel bzw. die durch Einsetzen von (2.2-21) in (2.2-22) gewonnene μ-σ-Regel

$$Y_i^{\mu\sigma} = b_1 \mu_i + b_2(\sigma_i^2 + \mu_i^2) \,. \tag{2.2-26}$$

Beispiel 2.2-4

Es sei die im Ergebnisfeld

	0,4	0,2	0,1	0,3
	s_1	s_2	s_3	s_4
a_1	10	2	8	5
a_2	6	8	4	6
a_3	8	4	2	10

beschriebene Risikosituation betrachtet.

Die Nutzenvorstellungen des Entscheidenden bezüglich der Ergebnisse lassen sich wiederum durch die Funktion w mit $w_{ij} = w(e_{ij}) = e_{ij}$ beschreiben.

Man ermittle die Lösung dieses Entscheidungsproblems nach dem μ-σ-Prinzip ($b_1 = 2$, $b_2 = -0{,}2$) und der entsprechenden Bernoulli-Regel.

Lösung:
Jede Aktion lässt sich als Zufallsvariable mit den Kennwerten μ, μ^2 und σ^2 darstellen als:

$\tilde{a}_1$:

w	10	2	8	5
p	0,4	0,2	0,1	0,3

$\mu_1 = 6{,}7;\quad \mu_1^2 = 44{,}89;\quad \sigma_1^2 = 9{,}81;$

$\tilde{a}_2$:

w	6	8	4	6
p	0,4	0,2	0,1	0,3

$\mu_2 = 6{,}2;\quad \mu_2^2 = 38{,}44;\quad \sigma_2^2 = 1{,}16;$

$\tilde{a}_3$:

w	8	4	2	10
p	0,4	0,2	0,1	0,3

$\mu_3 = 7{,}2;\quad \mu_3^2 = 51{,}84;\quad \sigma_3^2 = 7{,}36;$

Da $\mu_3 > \mu_1$ und $\sigma_3^2 < \sigma_1^2$, wird die Aktion a_1 von a_3 streng dominiert und braucht nicht weiter betrachtet zu werden.

Unter der Annahme $b_1 = 2$ und $b_2 = -0{,}2$ stellt sich das Präferenzfunktional der speziellen μ-σ-Regel dar als

$$Y_i^{\mu\sigma} = 2\mu_i - 0{,}2(\sigma_i^2 + \mu_i^2)\,.$$

Die Berechnung der Werte für $Y_i^{\mu\sigma}$ ergibt (zu Vergleichszwecken auch für die streng dominierte Aktion a_1):

$$Y_1^{\mu\sigma} = 2\cdot 6{,}7 - 0{,}2(9{,}81 + 44{,}89) = 2{,}46\,,$$
$$Y_2^{\mu\sigma} = 2\cdot 6{,}2 - 0{,}2(1{,}16 + 38{,}44) = 4{,}48\,,$$
$$Y_3^{\mu\sigma} = 2\cdot 7{,}2 - 0{,}2(7{,}36 + 51{,}84) = 2{,}56\,,$$
$$Y_2^{\mu\sigma} > Y_3^{\mu\sigma} > Y_1^{\mu\sigma} \quad\Rightarrow\quad a_2 \succ a_3 \succ a_1\,,$$

d. h. nach der betrachteten μ-σ-Regel ist die Aktion a_2 zu wählen.

Nach (2.2-25) stellt sich die der speziellen μ-σ-Regel entsprechende Risikonutzenfunktion als

$$u(e_{ij}) = 2w_{ij} - 0{,}2w_{ij}^2$$

dar. Die Anwendung des Bernoulli-Prinzips gemäß (2.2-14) liefert folgende Werte:

$$Y_1^B = 2{,}46\,,$$
$$Y_2^B = 4{,}48\,,$$
$$Y_3^B = 2{,}56\,.$$

Es gilt auch hier: $Y_2^B > Y_3^B > Y_1^B \quad\Rightarrow\quad a_2 \succ a_3 \succ a_1$.

Die Anwendung der Entscheidungsregel

$$Y_i^{\mu\sigma} = 2\mu_i - 0{,}2(\sigma_i^2 + \mu_i^2)$$

und die Befolgung des Bernoulli-Prinzips mit der Risikonutzenfunktion

$$u(e_{ij}) = 2w_{ij} - 0{,}2w_{ij}^2\,.$$

führen auf dieselben Präferenzwerte Y_i und induzieren damit die gleiche Reihung der Aktionen.

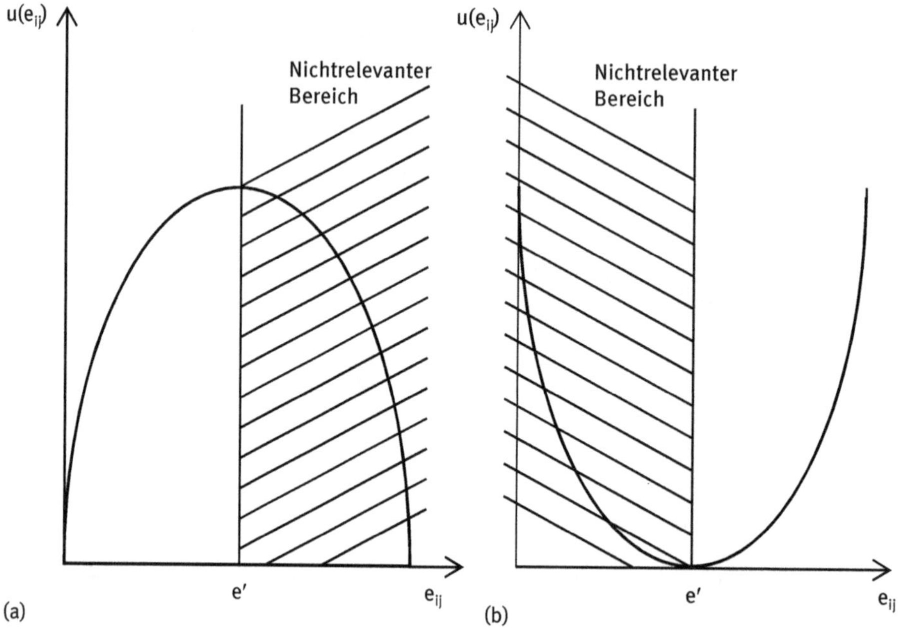

Abb. 2.35: Quadratische Risikonutzenfunktion bei risikoscheuem Verhalten (a) und risikofreudigem Verhalten (b)

Durch Wahl der Koeffizienten b_1 und b_2 lässt sich durch das μ-σ-Prinzip sowohl risikoscheue als auch risikofreudige Einstellung des Entscheidenden zum Ausdruck bringen. $b_2 = 0$ beschreibt risikoneutrales Verhalten.

Wählt man $b_2 < 0$, so stellt sich die Risikonutzenfunktion graphisch in Form der Abb. 2.35 (a) dar und beschreibt risikoscheues Verhalten. Um den Fall abnehmenden Risikonutzens bei wachsenden Ausprägungen der Zufallsvariablen auszuschließen, ist die Anwendung des μ-σ-Prinzips nur dann sinnvoll, wenn die (numerischen) e_{ij} nach oben beschränkt sind, d. h. nur Werte existieren, die links von e' liegen.

Analog dazu ist bei Risikofreude im Fall $b_2 > 0$ nur der rechts von e' liegende Bereich relevant (Abb. 2.35 (b)).

Zeigt der Entscheidende ein durchgängig risikoscheues, -neutrales oder -freudiges Verhalten, so lässt sich durch geeignete Wahl von b_1 und b_2 der Kurvenverlauf der empirisch ermittelten Risikonutzenfunktion im allgemeinen gut annähern.

2.2.3.4 Das μ-p_r-Prinzip

Ein unmittelbares Risikomaß ist die *Ruinwahrscheinlichkeit* p_r, die nach diesem Kriterium in Verbindung mit dem Erwartungswert die Entscheidung determiniert. Erhält die Ausprägung der Zufallsvariablen $\tilde{a}_i$ nicht mindestens den Wert w_r, so tritt für den

Entscheidenden eine äußerst ungünstige Situation ein, die als Ruinfall bezeichnet wird.

Mit $b_0 = 0$ gilt nach (2.2-12) für das Präferenzfunktional der μ-p_r-Regel:

$$Y^{\mu p_r} = b_1\alpha_{i1} + b_2\alpha_{i2} \quad \text{mit } \alpha_{i1} = \mu_i = E(\tilde{a}_i) \quad \text{und} \quad \alpha_{i2} = p_{ri}\,. \tag{2.2-27}$$

Durch Vergleich mit (2.2-13) erhält man:

$$\alpha_{i1} = \sum_{j=1}^{m} w_{ij}p_j \quad \text{und damit} \quad h_1(w_{ij}) = w_{ij}$$

sowie

$$\alpha_{i2} = \sum_{j\in\bar{J}} p_j \quad \text{mit } \bar{J} = \{j|w_{ij} < w_r\} \quad \text{und damit}$$

$$h_2(w_{ij}) = \begin{cases} 1 & \text{für } w_{ij} < w_r \\ 0 & \text{für } w_{ij} \geq w_r\,. \end{cases}$$

Nach (2.2-15) stellt sich die Risikonutzenfunktion, bei der die Befolgung des Bernoulli-Prinzips zur gleichen Reihung der Aktionen führt wie eine μ-p_r-Regel, dar als:

$$u(e_{ij}) = \begin{cases} b_1 w(e_{ij}) + b_2 & \text{für } w(e_{ij}) < w(e_r) \\ b_1 w(e_{ij}) & \text{für } w(e_{ij}) \geq w(e_r)\,. \end{cases} \tag{2.2-28}$$

Beispiel 2.2-5

Es sei noch einmal das Entscheidungsfeld aus Beispiel 2.2-4 betrachtet. Es gelte die Beziehung $w_{ij} = w(e_{ij}) = e_{ij}$. Nimmt die Zielgröße nicht mindestens den Wert $w_r = 6$ an, so trete der Ruinfall ein.

Man ermittle die Lösung des Entscheidungsproblems nach dem μ-p_r-Prinzip, wenn das Präferenzfunktional

$$Y_i^{\mu p_r} = 3\mu_i - 10p_{ri}$$

gilt und gebe die dieser Regel entsprechende Risikonutzenfunktion an.

Lösung:

Nachdem die Erwartungswerte bereits aus Beispiel 2.2-4 mit $\mu_1 = 6{,}7$, $\mu_2 = 6{,}2$ und $\mu_3 = 7{,}2$ bekannt sind, sind noch die Ruinwahrscheinlichkeiten p_{ri} nach

$$p_{ri} = \sum_{j\in\bar{J}} p_j \quad \text{mit } \bar{J} = \{j|w_{ij} < 6\}$$

zu ermitteln. Es gilt:

$$p_{r1} = 0{,}2 + 0{,}3 = 0{,}5\,;$$
$$p_{r2} = 0{,}1\,;$$
$$p_{r3} = 0{,}2 + 0{,}1 = 0{,}3\,.$$

Damit nimmt das Präferenzfunktional für die einzelnen Zufallsvariablen $\tilde{a}_i$ folgende Werte an:

$$Y_1^{\mu p_r} = 3 \cdot 6{,}7 - 10 \cdot 0{,}5 = 15{,}1\,,$$
$$Y_2^{\mu p_r} = 3 \cdot 6{,}2 - 10 \cdot 0{,}1 = 17{,}6\,,$$
$$Y_3^{\mu p_r} = 3 \cdot 7{,}2 - 10 \cdot 0{,}3 = 18{,}6\,,$$

Aus der Beziehung $Y_3^{\mu p_r} > Y_2^{\mu p_r} > Y_1^{\mu p_r}$ folgt $\alpha_3 \succ \alpha_2 \succ \alpha_1$, d. h. es ist die Aktion a_3 zu wählen. Dasselbe Ergebnis erhält man durch Anwendung des Bernoulli-Prinzips mit der Risikonutzenfunktion

$$u(e_{ij}) = \begin{cases} 3w_{ij} - 10 & \text{für } w_{ij} < 6 \\ 3w_{ij} & \text{für } w_{ij} \geq 6 \end{cases}.$$

Zur Beurteilung des μ-p_r-Prinzips ist zunächst die graphische Darstellung der Risikonutzenfunktion (2.2-28) in Abb. 2.36 zu betrachten.

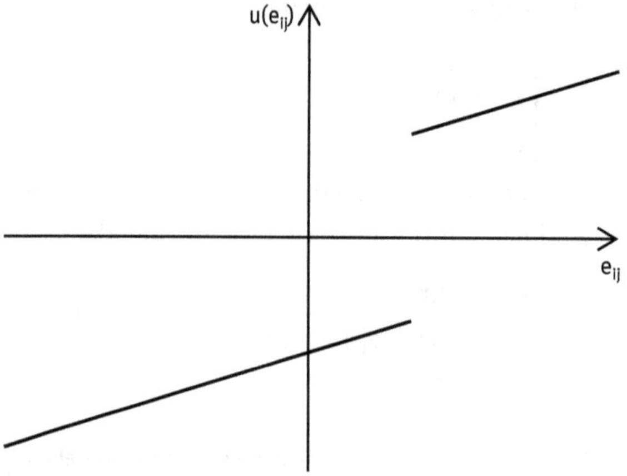

Abb. 2.36: Risikonutzenfunktion zum μ-p_r-Prinzip

In der Unstetigkeit der Risikonutzenfunktion kommt die Tatsache zum Ausdruck, dass der Entscheidende in bestimmten Fällen nicht in der Lage ist, die nach Axiom 3 der Risikonutzentheorie geforderten Wahrscheinlichkeiten p_j^* mit

$$e_j \sim \begin{array}{c|cc} e & e_l & e_m \\ \hline p & p_j^* & 1-p_j^* \end{array}$$

anzugeben. Dies ist insbesondere dann zu erwarten, wenn e_1 nur geringfügig besser eingeschätzt wird als e_j, während mit e_m der Eintritt des Ruinfalls verbunden ist. Zwar ist damit einerseits die grundsätzliche Eignung des Bernoulli-Prinzips als Beurteilungsmaßstab für das μ-p_r-Prinzip in Frage gestellt, jedoch lassen sich andererseits extrem unterschiedliche Zufallsvariablen $\tilde{a}_i$ konstruieren, für die μ_i und p_{ri} identisch sind und die deshalb auch als äquivalent nach dem μ-p_r-Prinzip gelten, während der Entscheidende im direkten Vergleich der Zufallsvariablen möglicherweise durchaus eine Präferenz angeben würde. Die Unstetigkeit der Risikonutzenfunktion ist also auch als Hinweis auf eine Schwachstelle des μ-p_r-Prinzips interpretierbar.

2.2.3.5 Zusammenfassung

Die klassischen Entscheidungsprinzipien stellen Kombinationen von Kennwerten derjenigen Zufallsvariablen dar, die den Nutzen der Ergebnisse von Aktionen eines Entscheidungsproblems bei Risiko beschreiben. In Abhängigkeit von der Art und Anzahl der Kennwerte lassen sich diese Prinzipien zu konkreten Entscheidungsregeln ausgestalten, die die Risikoeinstellung des Entscheidenden zum Ausdruck bringen. Als Anhaltspunkt für die Festlegung der Koeffizienten sowie zur Aufdeckung von Implikationen, die mit den einzelnen Prinzipien verbunden sind, eignet sich die Analyse derjenigen Risikonutzenfunktionen, bei denen das Bernoulli-Prinzip zur gleichen Reihung der Aktionen führt wie das jeweilige Entscheidungsprinzip.

Eine weitere Möglichkeit der Aufdeckung derartiger Implikationen besteht in der Konstruktion von Entscheidungsproblemen, in denen das untersuchte Entscheidungsprinzip Wahlhandlungen vorschreibt, die gemeinhin als nicht sinnvoll erachtet werden. Interpretiert man z. B. den Wert des Präferenzfunktionals als akzeptablen Spieleinsatz, so zeigte bereits Daniel Bernoulli mit Hilfe des sog. St. Petersburger Spiels, dass man bei einer Entscheidung nach dem μ-Prinzip bereit sein müsste, sein gesamtes gegenwärtiges und zukünftiges Vermögen aufs Spiel zu setzen, obwohl man mit der Wahrscheinlichkeit von 0,5 bereits nach dem ersten Zug ruiniert ist. Dieser Einwand gilt generell gegen Entscheidungsprinzipien, deren entsprechende Risikonutzenfunktion nach oben unbeschränkt ist, was – wie aus Abb. 2.36 ersichtlich – auch für den Fall des zuletzt untersuchten μ-p_r-Prinzips zutrifft.

2.2.4 Das Problem der Portefeuille-Auswahl

Eine Anwendungsmöglichkeit der in den vorangegangenen Abschnitten entwickelten Theorie der Entscheidung bei Risiko stellt das Problem der Ermittlung einer optimalen *Wertpapiermischung* (Portefeuille) für eine Periode dar. Der Entscheidende besitzt dabei einen Anlagebetrag in Höhe von B und hat die Möglichkeit, s verschiedene Wertpapiere zu erwerben. Der Kauf eines Stücks des Wertpapiers r erfordert zu Beginn der Periode eine Auszahlung in Höhe von k_r, die sich aus dem Kurswert des Papiers zum Entscheidungszeitpunkt und den beim Kauf anfallenden Kosten und Steuern zusammensetzt. Am Periodenende erhält der Entscheidende aus dem Wertpapier r eine unsichere Einzahlung in Höhe von $\tilde{x}_r$, die sich aus dem (Netto-)Verkaufserlös sowie zwischenzeitlich angefallenen Zins- bzw. Dividendenzahlungen zusammensetzt. Es stellt sich nun die Frage, wie der Entscheidende den Anlagebetrag auf die verschiedenen Wertpapiere aufteilen soll.

2.2.4.1 Ein ganzzahliger Ansatz

Bezeichnet man mit y_r die Anzahl der Wertpapiere des Typs r, die in das Portefeuille eingehen, so sind die Budgetrestriktion

$$\sum_{r=1}^{s} y_r k_r \leq B \tag{2.2-29}$$

und die Nichtnegativitätsbedingungen

$$y_r \geq 0 \quad \text{für } r = 1, 2, \ldots, s \tag{2.2-30}$$

einzuhalten.

Jedes Portefeuille, das den Bedingungen (2.2-29) und (2.2-30) genügt, wird als zulässig bezeichnet.

Beispiel 2.2-6

Es ist ein Betrag in Höhe von 200 EUR anzulegen, wofür zwei Wertpapiere zur Wahl stehen. Der Erwerb von Papier 1 erfordert einen Betrag k_1 in Höhe von 50 EUR, k_2 beläuft sich auf 100 EUR.

Man ermittle die Menge der (zulässigen) Aktionen.

Lösung:

Als Aktionsparameter stehen dem Entscheidenden die zu erwerbende Anzahl y_1 bzw. y_2 der Wertpapiere des Typs 1 bzw. 2 zur Verfügung. Als potentielle Aktionen kommen somit alle möglichen (y_1, y_2)-Kombinationen in Frage. Unter Berücksichtigung der Nebenbedingungen (2.2-29) und (2.2-30) sind nur die Aktionen

$$a_1: (y_{11}, y_{21}) = (4, 0) \quad \text{mit } 4 \cdot 50 + 0 \cdot 100 = 200 = B$$
$$a_2: (y_{12}, y_{22}) = (0, 2) \quad \text{mit } 0 \cdot 50 + 2 \cdot 100 = 200 = B \quad \text{und}$$
$$a_3: (y_{13}, y_{23}) = (2, 1) \quad \text{mit } 2 \cdot 50 + 1 \cdot 100 = 200 = B$$

zulässig. Somit gilt für den Aktionsraum:

$$A = \{a_1, a_2, a_3\}.$$

Werden die am Periodenende erfolgenden Einzahlungen aus den s zur Verfügung stehenden Wertpapieren durch Umweltfaktoren beeinflusst, die sich zu m Umweltzuständen zusammenfassen lassen, so sind zunächst Wahrscheinlichkeiten p_j für deren Eintreten zu ermitteln und die Einzahlungen zu schätzen, die sich bei Eintritt des jeweiligen Umweltzustands aus den verschiedenen Papieren realisieren werden. Gilt allgemein:

$\tilde{x}_r$:

x	x_{r1}	x_{r2}	...	x_{rm}
p	p_1	p_2	...	p_m

und lässt sich der mit den Ergebnissen verbundene Nutzen des Entscheidenden durch die Beziehung $w_{ij} = x_{ij}$ beschreiben, so berechnen sich die Verteilungen für die Nutzen der Aktionen als:

$\tilde{a}_i$:

w	w_{i1}	w_{i2}	...	w_{im}
p	p_1	p_2	...	p_m

mit $w_{ij} = e_{ij} = x_{1j}y_{1i} + x_{2j}y_{2i} + \cdots + x_{rj}y_{ri} + \cdots + x_{sj}y_{si}$ für $i = 1, 2, \ldots, n$; für $j = 1, 2, \ldots, m$; für $r = 1, 2, \ldots, s$.

Beispiel 2.2-7
In Fortsetzung von Beispiel 2.2-6 sei angenommen, dass vier Umweltzustände relevant sind und für die Einzahlungen aus den beiden betrachteten Wertpapieren die Verteilungen

$\tilde{x}_1$:

x	40	80	40	80
p	0,2	0,3	0,1	0,4

und

$\tilde{x}_2$:

x	100	120	120	100
p	0,2	0,3	0,1	0,4

geschätzt werden.
Man bilde das Problem in einem Entscheidungsfeld ab.

Lösung:
Das Entscheidungsproblem lässt sich im (bewerteten) Entscheidungsfeld

	0,2	0,3	0,1	0,4
	s_1	s_2	s_3	s_4
a_1	160	320	160	320
a_2	200	240	240	200
a_3	180	280	200	260

zusammenfassen, bzw. es gilt:

$\tilde{a}_1$:

w	160	320	160	320
p	0,2	0,3	0,1	0,4

$\tilde{a}_2$:

w	200	240	240	200
p	0,2	0,3	0,1	0,4

$\tilde{a}_3$:

w	180	280	200	260
p	0,2	0,3	0,1	0,4

Wurde die Risikonutzenfunktion des Entscheidenden entsprechend der bereits beschriebenen Bernoulli-Befragung ermittelt, so lassen sich die Werte Y_i^B des Präferenzfunktionals nach dem Bernoulli-Prinzip gemäß (2.2-7) ermitteln als:

$$Y_i^B = \sum_{j=1}^{m} u(e_{ij})p_j \,.$$

Ist $u(e_{ij})$ eine quadratische Funktion der Form

$$u(e_{ij}) = b_1 w(e_{ij}) + b_2 w(e_{ij})^2 = b_1 w_{ij} + b_2 w_{ij}^2\,,$$

so lässt sich die Entscheidung auch nach dem Präferenzfunktional

$$Y_i^{\mu\sigma} = b_1 \mu_i + b_2(\sigma_i^2 + \mu_i^2)$$

treffen, wie bereits nachgewiesen wurde.

Da weiterhin die Beziehungen

$$\mu_i = E\tilde{a}_i = y_{1i} E\tilde{x}_1 + y_{2i} E\tilde{x}_2 + \cdots + y_{si} E\tilde{x}_s \tag{2.2-31}$$

und

$$\sigma_i^2 = \operatorname{Var} \tilde{a}_i = \sum_{r=1}^{s} y_{ri}^2 \operatorname{Var} \tilde{x}_r + \sum_{r_1=1}^{s} \sum_{\substack{r_2=1 \\ r_2 \neq r_1}}^{s} y_{r_1 i} y_{r_1 i} \cdot \operatorname{Cov} \tilde{x}_{r_1}, \tilde{x}_{r_2} \tag{2.2-32}$$

gelten, lässt sich der Präferenzwert $Y_i^{\mu\sigma}$ auch unmittelbar aus Kennwerten der Zufallsvariablen $\tilde{x}_r$ ermitteln, wobei $\operatorname{Cov} \tilde{x}_{r_1}, \tilde{x}_{r_2}$ die Kovarianz der Zufallsvariablen $\tilde{x}_{r_1}$ und $\tilde{x}_{r_2}$ bezeichnet.

Beispiel 2.2-8

Man ermittle die Lösung des Entscheidungsproblems aus dem Beispiel 2.2-6 und dessen Fortsetzung im Beispiel 2.2-7 mit Hilfe des Bernoulli-Prinzips und der entsprechenden μ-σ-Regel, wenn für den Entscheidenden die folgende Risikonutzenfunktion gilt:

$$u(e_{ij}) = 6{,}5 e_{ij} - 0{,}01 e_{ij}^2$$

Lösung:

Nach dem Bernoulli-Prinzip errechnet sich:

$$\begin{aligned}
Y_1^B &= (6{,}5 \cdot 160 - 0{,}01 \cdot 160^2)0{,}3 + (6{,}5 \cdot 320 - 0{,}01 \cdot 320^2)0{,}7 = 235{,}2 + 739{,}2 \\
&= 974{,}4\,, \\
Y_2^B &= (6{,}5 \cdot 200 - 0{,}01 \cdot 200^2)0{,}6 + (6{,}5 \cdot 240 - 0{,}01 \cdot 240^2)0{,}4 = 540{,}0 + 393{,}6 \\
&= 933{,}6\,, \\
Y_3^B &= (6{,}5 \cdot 180 - 0{,}01 \cdot 180^2)0{,}2 + (6{,}5 \cdot 280 - 0{,}01 \cdot 280^2)0{,}3 \\
&\quad + (6{,}5 \cdot 200 - 0{,}01 \cdot 200^2)0{,}1 + (6{,}5 \cdot 260 - 0{,}01 \cdot 260^2)0{,}4 \\
&= 169{,}2 + 310{,}8 + 90{,}0 + 405{,}6 = 975{,}6\,.
\end{aligned}$$

Aus $Y_3^B > Y_1^B > Y_2^B$ folgt $a_3 \succ a_1 \succ a_2$, d. h. es ist die Aktion a_3 zu wählen, die den Kauf von zwei Wertpapieren des Typs 1 und einem Wertpapier des Typs 2 beschreibt.

Es soll nun gezeigt werden, dass sich dieselben Y_i-Werte nach dem Präferenzfunktional

$$Y_i^{\mu\sigma} = 6{,}5\mu_i - 0{,}01(\mu_i^2 + \sigma_i^2)$$

errechnen.

Es gilt:

$$\mu_1 = 160 \cdot 0{,}3 + 320 \cdot 0{,}7 = 272\,,$$
$$\mu_2 = 200 \cdot 0{,}6 + 240 \cdot 0{,}4 = 216\,,$$
$$\mu_3 = 180 \cdot 0{,}2 + 280 \cdot 0{,}3 + 200 \cdot 0{,}1 + 260 \cdot 0{,}4 = 244\,.$$
$$\sigma_1^2 = (160 - 272)^2 0{,}3 + (320 - 272)^2 0{,}7 = 5.376\,,$$
$$\sigma_2^2 = (200 - 216)^2 0{,}6 + (240 - 216)^2 0{,}4 = 384\,,$$
$$\sigma_3^2 = (180 - 244)^2 0{,}2 + (280 - 244)^2 0{,}3 + (200 - 244)^2 0{,}1 + (260 - 244)^2 0{,}4 = 1.504\,.$$

Setzt man diese Werte in das Präferenzfunktional ein, so erhält man:

$$Y_1^{\mu\sigma} = 6{,}5 \cdot 272 - 0{,}01(272^2 + 5.376) = 974{,}4\,,$$
$$Y_2^{\mu\sigma} = 6{,}5 \cdot 216 - 0{,}01(216^2 + 384) = 933{,}6\,,$$
$$Y_3^{\mu\sigma} = 6{,}5 \cdot 244 - 0{,}01(244^2 + 1.504) = 975{,}6\,.$$

Auch nach dem entsprechenden μ-σ-Prinzip ist die Aktion a_3 zu wählen.

Schließlich ist noch am Beispiel zu zeigen, dass sich die Kennwerte μ_i und σ_i^2 der Verteilung von $\tilde{a}_i$ auch unmittelbar aus Kennwerten der Verteilungen von $\tilde{x}$ ableiten lassen, für die sich im Beispiel die nachstehenden Werte errechnen.

$$E\tilde{x}_1 = 40 \cdot 0{,}3 + 80 \cdot 0{,}7 = 68\,,$$
$$E\tilde{x}_2 = 100 \cdot 0{,}6 + 120 \cdot 0{,}4 = 108\,,$$
$$\operatorname{Var}\tilde{x}_1 = (40 - 68)^2 0{,}3 + (80 - 68)^2 0{,}7 = 336\,,$$
$$\operatorname{Var}\tilde{x}_2 = (100 - 108)^2 0{,}6 + (120 - 108)^2 0{,}4 = 96\,,$$
$$\begin{aligned}\operatorname{Cov}\tilde{x}_1, \tilde{x}_2 &= 40 \cdot 100 \cdot 0{,}2 + 80 \cdot 120 \cdot 0{,}3 + 40 \cdot 120 \cdot 0{,}1 \\ &\quad + 80 \cdot 100 \cdot 0{,}4 - 68 \cdot 108 \\ &= 7.360 - 7.344 \\ &= 16\end{aligned}$$

Aufgrund der Beziehung

$$E\tilde{a}_i = \mu_i = y_{1i} E\tilde{x}_1 + y_{2i} E\tilde{x}_2$$

gilt:

$$E\tilde{a}_1 = \mu_1 = 4 \cdot 68 + 0 \cdot 108 = 272\,,$$
$$E\tilde{a}_2 = \mu_2 = 0 \cdot 68 + 2 \cdot 108 = 216\,,$$
$$E\tilde{a}_3 = \mu_3 = 2 \cdot 68 + 1 \cdot 108 = 244$$

und gemäß

$$\operatorname{Var}\tilde{a}_i = \sigma_i^2 = y_{1i}^2 \operatorname{Var}\tilde{x}_1 + y_{2i}^2 \operatorname{Var}\tilde{x}_2 + 2 y_{1i} y_{2i} \operatorname{Cov}\tilde{x}_1, \tilde{x}_2$$

errechnen sich

$$\operatorname{Var}\tilde{a}_1 = \sigma_1^2 = 16 \cdot 336 + 0 \cdot 96 + 2 \cdot 4 \cdot 0 \cdot 16 = 5.376\,,$$
$$\operatorname{Var}\tilde{a}_2 = \sigma_2^2 = 0 \cdot 336 + 4 \cdot 96 + 2 \cdot 0 \cdot 2 \cdot 16 = 384\,,$$
$$\operatorname{Var}\tilde{a}_3 = \sigma_3^2 = 4 \cdot 336 + 1 \cdot 96 + 2 \cdot 2 \cdot 1 \cdot 16 = 1.504\,.$$

Wie auch die Beispielrechnungen bestätigen, lassen sich mit Hilfe jeder Variante dieses Verfahrens die optimalen Stückzahlen errechnen, in denen die einzelnen Wertpapiere in das Portefeuille aufzunehmen sind. Der Nachteil des Verfahrens besteht darin, dass in Abhängigkeit von der Relation zwischen dem insgesamt anzulegenden Betrag und der Höhe der Auszahlung, die mit dem Kauf eines Stücks des jeweiligen Wertpapiers verbunden ist, die Anzahl der vorab explizit zu bestimmenden Aktionen so groß werden kann, dass eine praktikable Handhabung des Modells nicht mehr möglich ist. Für diesen Fall wird nachfolgend ein Vorgehen beschrieben, das auf den relativen Anteilen der einzelnen Wertpapiere am Portefeuille aufbaut und zunächst eine beliebige Teilbarkeit der Anlagebeträge unterstellt.

2.2.4.2 Der kontinuierliche Fall

Unter Berücksichtigung einer beliebigen Teilbarkeit der Anlagebeträge existieren unendlich viele Aktionen, die sich darstellen lassen als

$$a = (q_1, q_2, \ldots, q_s)\,, \tag{2.2-33}$$

wobei q_r den Anteil beschreibt, der vom gesamten Anlagebetrag auf Wertpapiere vom Typ r entfällt. Demnach muss weiterhin gelten:

$$\sum_{r=1}^{s} q_r = 1 \tag{2.2-34}$$

und

$$q_r \geq 0 \quad \text{für } r = 1, 2, \ldots, s\,. \tag{2.2-35}$$

Da die absolute Höhe der Auszahlungen, die zum Erwerb eines Portefeuilles der Zusammensetzung $(q_1, q_2, \ldots, q_s)$ erforderlich sind, nicht in den Ansatz (2.2-33)–(2.2-35) eingeht, sind auch die Gesamteinzahlungen e aus dem Portefeuille nur in Relation zu den damit verbundenen Auszahlungen zu sehen. Definiert man die Rendite R, die man erhält, wenn das Portefeuille die mit dem Nutzen $w(e) = e$ verbundene Einzahlung e für den Entscheidenden liefert als

$$R = (w(e) - B)/B\,, \tag{2.2-36}$$

so ergibt sich aufgelöst nach $w(e)$ die bekannte Beziehung

$$w(e) = B(1 + R)\,. \tag{2.2-37}$$

Geht man zur Beurteilung der Ergebnisse der verschiedenen Aktionen wieder von einer quadratischen Risikonutzenfunktion des Typs

$$u(e) = b_1 w(e) + b_2 w(e)^2 \tag{2.2-38}$$

aus, so gilt entsprechend für den mit der Rendite R verbundenen Risikonutzen:

$$u(R) = b_1 B(1 + R) + b_2 B^2 (1 + R)^2 \tag{2.2-39}$$

bzw. nach R zusammengefasst:

$$u(R) = b_2B^2R^2 + (b_1B + 2b_2B^2)R + b_1B + b_2B^2 \,. \tag{2.2-40}$$

Das Präferenzfunktional für die äquivalente μ-σ-Regel lautet demnach:

$$Y^{\mu\sigma} = (b_1B + 2b_2B^2)\mu + b_2B^2(\mu^2 + \sigma^2) + b_1B + b_2B^2 \,. \tag{2.2-41}$$

Bezeichnet man zur Abkürzung mit

$$c_1 = b_1B + 2b_2B^2 \,, \tag{2.2-42}$$

$$c_2 = b_2B^2 \tag{2.2-43}$$

und

$$c_3 = b_1B + b_2B^2 \,, \tag{2.2-44}$$

so lautet das Präferenzfunktional

$$Y^{\mu\sigma} = c_1\mu + c_2(\mu^2 + \sigma^2) + c_3 \,, \tag{2.2-45}$$

wobei c_3 eine nicht entscheidungsrelevante Konstante darstellt.

Bezeichnet man mit $\tilde{x}'_r$ die Verteilung der Renditen des Wertpapiers r, so errechnen sich Erwartungswert und Varianz der Rendite eines Portefeuilles als

$$\mu = \sum_{r=1}^{s} q_r E(\tilde{x}'_r) \tag{2.2-46}$$

und

$$\sigma^2 = \sum_{r=1}^{s} q_r^2 \operatorname{Var}(\tilde{x}'_r) + \sum_{r_1}^{s} \sum_{\substack{r_2=1 \\ r_2 \neq r_1}}^{s} q_{r_1} q_{r_2} \operatorname{Cov}(\tilde{x}'_{r_1}, \tilde{x}'_{r_2}) \,. \tag{2.2-47}$$

Zusammengefasst stellt sich das zu lösende Optimierungsproblem dar als:

$$\begin{aligned} Y^{\mu\sigma} = c_1 \sum_{r=1}^{s} q_r E(\tilde{x}'_r) + c_2 \Bigg[\Big(\sum_{r=1}^{s} q_r E(\tilde{x}'_r) \Big)^2 + \sum_{r=1}^{s} q_r^2 \operatorname{Var}(\tilde{x}'_r) q_{r_2} \\ + \sum_{r_1=1}^{s} \sum_{\substack{r_2=1 \\ r_2 \neq r_1}}^{s} q_{r_1} q_{r_2} \operatorname{Cov}(\tilde{x}'_{r_1}, \tilde{x}'_{r_2}) \Bigg] \quad \longrightarrow \quad \text{Max} \end{aligned} \tag{2.2-48}$$

unter den Nebenbedingungen

$$\sum_{r=1}^{s} q_r = 1 \tag{2.2-49}$$

$$q_r \geq 0 \quad \text{für } r = 1, 2, \ldots, s \,. \tag{2.2-50}$$

Bei dem Ansatz (2.2-48)–(2.2-50) handelt es sich um ein Problem der quadratischen Optimierung, für das unter bestimmten Voraussetzungen über die Zielfunktion

Lösungsverfahren existieren. Anstelle dieser z. T. mathematisch anspruchsvollen Verfahren findet noch einmal die Lagrangesche Multiplikatormethode Anwendung, auf deren Problematik bereits im Beispiel 2.1-1 hingewiesen wurde.

Lässt man zunächst die Nebenbedingung (2.2-50) unberücksichtigt, so ist eine Lagrange-Funktion L aufzustellen für die im konkreten Fall gilt:

$$L = Y^{\mu\sigma} + \lambda\left(\sum_{r=1}^{s} q_r - 1\right). \tag{2.2-51}$$

Die notwendigen Bedingungen für ein Maximum von $Y^{\mu\sigma}$ lauten:

$$\frac{\partial L}{\partial q_r} = 0 \quad \text{für } r = 1, 2, \ldots, s$$

und

$$\frac{\partial L}{\partial \lambda} = 0 .$$

Die Null gesetzten partiellen Ableitungen nach $q_r (r = 1, 2, \ldots, s)$ und λ stellen ein lineares Gleichungssystem dar, das nach q_r aufzulösen ist.

Genügen die derart ermittelten $q_r (r = 1, 2, \ldots, s)$ der Bedingung (2.2-50), so hat man einen zusätzlichen Extremwert der Zielfunktion gefunden. Die Art des Extremums ist noch gesondert zu prüfen. Ansonsten weiß man, dass die Wertpapiere mit $q_r^* < 0$ nicht in ein optimales Portefeuille eingehen und man hat für die verbleibenden Papiere das Optimierungsproblem (2.2-48)–(2.2-50) erneut zu lösen. Das Verfahren bricht ab, wenn erstmals gilt: $q_r^* \geq 0$ für alle r.

Beispiel 2.2-9

Für die in Beispiel 2.2-6 beschriebene Situation ist die optimale Aufteilung des Anlagebetrags zu ermitteln, wobei für den Entscheidenden die in Beispiel 2.2-8 beschriebene Risikonutzenfunktion gilt.

Lösung:

Für die Verteilungen der Renditen ergibt sich:

$\tilde{x}'_1$:

x′	−0,2	0,6	−0,2	0,6
p	0,2	0,3	0,1	0,4

$\tilde{x}'_2$:

x′	0	0,2	0,2	0
p	0,2	0,3	0,1	0,4

Nach (2.2-42)–(2.2-44) errechnen sich:

$$c_1 = b_1 B + 2b_2 B^2 = 6{,}5 \cdot 200 + 2(-0{,}01) \cdot 200^2 = 500\,;$$
$$c_2 = b_2 B^2 = -0{,}01 \cdot 200^2 = -400\,;$$
$$c_3 = b_1 B + b_2 B^2 = 6{,}5 \cdot 200 + (-0{,}01) \cdot 200^2 = 900\,.$$

Für das Präferenzfunktional ergibt sich demnach:

$$Y^{\mu\sigma} = 500\mu - 400(\mu^2 + \sigma^2) + 900\,.$$

Aus den angegebenen Verteilungen errechnen sich:

$$E(\tilde{x}_1') = 0{,}36,\ Var(\tilde{x}_1') = 0{,}1344\,,$$
$$E(\tilde{x}_2') = 0{,}08,\ Var(\tilde{x}_2') = 0{,}0096,\ Cov(\tilde{x}_1', \tilde{x}_2') = 0{,}0032$$

und

$$\mu = 0{,}36q_1 + 0{,}08q_2\,,$$
$$\sigma^2 = 0{,}1344q_1^2 + 0{,}0096q_2^2 + 0{,}0064q_1q_2\,.$$

Eingesetzt erhält man:

$$\begin{aligned} Y^{\mu\sigma} &= 500(0{,}36q_1 + 0{,}08q_2) - 400[(0{,}36q_1 + 0{,}08q_2)^2 + 0{,}1344q_1^2 \\ &\quad + 0{,}0096q_2^2 + 0{,}0064q_1q_2] + 900 \\ &= 180q_1 + 40q_2 - 400[0{,}1296q_1^2 + 0{,}0576q_1q_2 + 0{,}0064q_1^2 \\ &\quad + 0{,}1344q_1^2 + 0{,}0096q_2^2 + 0{,}0064q_1q_2] + 900 \\ &= 180q_1 + 40q_2 - 105{,}6q_1^2 - 6{,}4q_2^2 - 25{,}6q_1q_2 + 900\,. \end{aligned}$$

Die partiellen Ableitungen der Lagrange-Funktion

$$L = 180q_1 + 40q_2 - 105{,}6q_1^2 - 6{,}4q_2^2 - 25{,}6q_1q_2 + 900 + \lambda(q_1 + q_2 - 1)$$

nach q_1, q_2 und λ ergeben:

$$\frac{\partial L}{\partial q_1} = 180 - 211{,}2q_1^* - 25{,}6q_2^* + \lambda = 0\,, \qquad \text{(a)}$$
$$\frac{\partial L}{\partial q_2} = 40 - 12{,}8q_2^* - 25{,}6q_1^* + \lambda = 0\,, \qquad \text{(b)}$$
$$\frac{\partial L}{\partial \lambda} = q_1^* + q_2^* - 1 = 0\,. \qquad \text{(c)}$$

Die Auflösung dieses linearen Systems von Bestimmungsgleichungen für q_1^*, q_2^* und λ erfolgt in zwei Schritten:

1. Schritt:

Aus (c) $\quad q_1^* = 1 - q_2^*$

in (a) $\quad 180 - 211{,}2 + 211{,}2q_2^* - 25{,}6q_2^* + \lambda = 0$

bzw. (a') $\quad -31{,}2 + 185{,}6q_2^* + \lambda = 0\,;$

in (b) $\quad 40 - 12{,}8q_2^* - 25{,}6 + 25{,}6q_2^* + \lambda = 0$

bzw. (b') $\quad 14{,}4 + 12{,}8q_2^* + \lambda = 0\,.$

2. Schritt:

Aus (a') $\quad \lambda = 31{,}2 - 185{,}6q_2^*$

in (b') $\quad 14{,}4 + 12{,}8q_2^* + 31{,}2 - 185{,}6q_2^* = 0$

$$q_2^* = \frac{45{,}6}{172{,}89} = 0{,}26389\,;$$

in (c) $\quad q_1^* = 1 - 0{,}26389 = 0{,}73611\,.$

Vom gesamten Anlagebetrag in Höhe von 200 EUR entfallen demnach 147,22 EUR auf das Wertpapier 1 und 52,78 EUR auf das Wertpapier 2.

Sind noch Ganzzahligkeitsbedingungen zu berücksichtigen derart, dass der Erwerb jedes Wertpapiers jeweils eine Mindestauszahlung erfordert, so stellt die Rundung auf eine der nächstliegenden „ganzzahligen" Lösungen oftmals eine hinreichend gute Näherung dar.

Beispiel 2.2-10
In Fortsetzung des Beispiels 2.2-9 ermittle man die Lösung des Entscheidungsproblems unter der Voraussetzung, dass die Ganzzahligkeitsbedingungen aus dem Beispiel 2.2-6 gültig sind.

Lösung:
Die Lösung $q^* = (0{,}73611; 0{,}26389)$ ist zunächst auf die benachbarten Lösungen $q^*_{g1} = (0{,}5; 0{,}5)$ und $q^*_{g2} = (1{,}0; 0)$ zu runden, die eine ganzzahlige Anzahl von Wertpapieren darstellen. Für die Verteilungen der entsprechenden Renditen der Portefeuilles gilt:

$\tilde{a}_{g1}$:

w'	−0,1	0,4	0	0,3
p	0,2	0,3	0,1	0,4

mit $\mu_1 = 0{,}22$ und $\sigma_1^2 = 0{,}0376$

sowie

$\tilde{a}_{g2}$:

w'	−0,2	0,6	−0,2	0,6
p	0,2	0,3	0,1	0,4

mit $\mu_2 = 0{,}36$ und $\sigma_2^2 = 0{,}1344$.

Als Werte des Präferenzfunktionals errechnen sich

$$Y_1^{\mu\sigma} = 500 \cdot 0{,}22 - 400(0{,}22^2 + 0{,}0376) + 900 = 975{,}6\,,$$
$$Y_2^{\mu\sigma} = 500 \cdot 0{,}36 - 400(0{,}36^2 + 0{,}1344) + 900 = 974{,}4\,.$$

Aus $Y_1^{\mu\sigma} > Y_2^{\mu\sigma}$ folgt $q^*_{g1} \succ q^*_{g2}$, d. h. der Anlagebetrag ist je zur Hälfte auf die beiden Wertpapiere zu verteilen.

Obwohl die Darstellung der optimalen Lösung $q^* = (q_1^*, q_2^*, \ldots, q_s^*)$ mit $0 \leq q_r^* \leq 1$ keinen Bezug auf die absolute Höhe des anzulegenden Betrags B nimmt, ist dieser insofern von Bedeutung, als er in die Berechnung der Koeffizienten c_1, c_2 und c_3 entsprechend den Beziehungen (2.2-42)–(2.2-44) eingeht. Unter Berücksichtigung der eingangs getroffenen Annahme $w(e) = e$ kann die Ermittlung der optimalen Lösung unabhängig von der Höhe des insgesamt anzulegenden Betrags nur dann vorgenommen werden, wenn die Risikonutzenfunktion eine *konstante relative Risikoaversion* beschreibt. Die relative Riskoaversion ist wie folgt definiert:

$$\mathrm{RRA}(e) = -\frac{u''(e)}{u'(e)} \cdot w(e)\,. \tag{2.2-52}$$

Für die hier bisher betrachtete Risikonutzenfunktion

$$u(e) = b_1 w(e) + b_2 w(e)^2$$

gilt $u'(e) = b_1 + 2b_2 w(e)$ und $u''(e) = 2b_2$ und damit

$$\mathrm{RRA}(e) = -\frac{2b_2}{b_1 + 2b_2 w(e)} \cdot w(e)\,. \tag{2.2-53}$$

RRA(e) ist nicht konstant, wie z. B. ein Vergleich der Funktionswerte RRA(0) und RRA(1) leicht zeigt. Zudem ist die Bedingung für konstante relative Risikoaversion, $RRA(e)' = 0$, nicht erfüllt.

Risikonutzenfunktionen, die demgegenüber konstante relative Risikoaversion beschreiben, sind z. B.

$$u(e) = cw(e)$$

mit $u'(e) = c$ und $u''(e) = 0$ und damit $RRA(e) = 0$ und folglich $RRA(e)' = 0$ oder

$$u(e) = \ln w(e)$$

mit $u'(e) = \frac{1}{w(e)}$ und $u''(e) = -\frac{1}{w(e)^2}$ und damit $RRA = -\frac{w(e)\left(-\frac{1}{w(e)^2}\right)}{\frac{1}{w(e)}} = 1$ und folglich $RRA(e)' = 0$.

2.2.4.3 Eine geometrische Interpretation

Stehen s Wertpapiere zur Verfügung, die in den Quantitäten $y_r (r = 1, 2, \ldots, s)$ erworben werden, so beschreibt jeder Vektor $a_i = (y_{1i}, \ldots, y_{ri}, \ldots, y_{si})$ ein Portefeuille, das sich durch den Erwartungswert μ_i und die Varianz σ_i^2 charakterisieren lässt. Genügen die y_{ri} den Bedingungen (2.2-29) und (2.2-30), so liegt ein zulässiges Portefeuille vor. Die Menge aller *zulässigen* Portefeuilles ist im μ-σ^2-Koordinatensystem der Abb. 2.37 durch die schraffierte Fläche dargestellt.

Existiert ein Wertpapier mit sicheren Einzahlungen, so enthält das Portefeuille a_1 nur dieses Papier. In das Portefeuille a_2 bzw. a_3 bzw. a_4 geht jeweils nur das Wertpapier ein, das den größten Erwartungswert bzw. die höchste Varianz bzw. den kleinsten Erwartungswert der Einzahlungen in Bezug auf den Anlagebetrag aufweist.

Wie bereits aufgeführt, lässt sich bei Vorliegen einer quadratischen Risikonutzenfunktion entsprechend (2.2-25) eine im Sinne des Bernoulli-Prinzips rationale Ent-

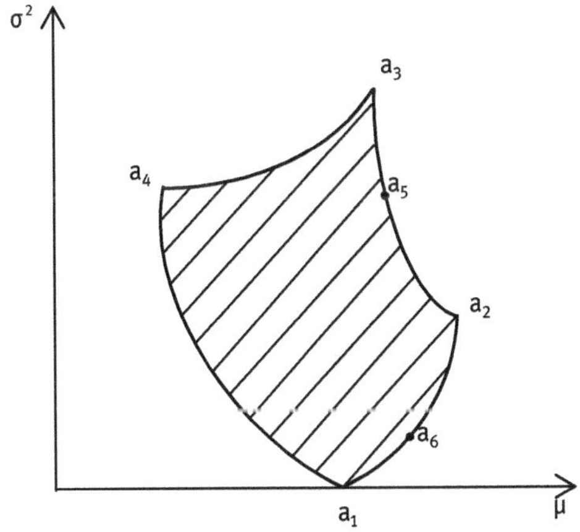

Abb. 2.37: Menge der zulässigen Portefeuilles

scheidung auch mit Hilfe einer μ-σ-Regel treffen. Ohne Kenntnis des genauen Verlaufs der Risikonutzenfunktion kann man die Menge der potentiell optimalen Portefeuilles bereits erheblich einschränken.

Soweit ein Portefeuille nicht bereits durch einen Punkt auf der Verbindungslinie zwischen a_1 und a_2 beschrieben wird, lässt sich dazu ein Portefeuille mit einem höherem Erwartungswert oder einer geringeren Varianz finden. So weist z. B. das Portefeuille a_5 bei gleicher Varianz einen größeren Erwartungswert auf als das Portefeuille a_4, während das Portefeuille a_6 wiederum bei gleichem Erwartungswert eine geringere Varianz als a_5 besitzt. Beim Übergang von einem Portefeuille auf der Linie von a_1 nach a_2 zu einem anderen Portefeuille auf dieser Linie ist die Zunahme des Erwartungswerts nur unter Inkaufnahme einer Zunahme der Varianz möglich, bzw. ist die Verringerung der Varianz zugleich mit einer Verringerung des Erwartungswerts der Einzahlungen verbunden.

Die Verbindungslinie von a_1 nach a_2 beschreibt damit gemäß Definition 2.5 die Menge aller funktional-effizienten Portefeuilles bezüglich der Menge aller zulässigen Portefeuilles sowie dem Erwartungswert und der Varianz der Einzahlungen aus den Portefeuilles.

Ist die Risikonutzenfunktion des Entscheidenden durch die Koeffizienten b_1 und b_2 festgelegt, so lässt sich gemäß (2.2-26) für jedes Portefeuille i der Wert $Y_i^{\mu\sigma}$ der Präferenzfunktion ermitteln. Zur graphischen Darstellung derjenigen Portefeuilles, die jeweils den gleichen Präferenzwert aufweisen, sind sog. Indifferenzkurven geeignet. Den höchsten Präferenzwert, der mit Hilfe eines zulässigen Portefeuilles erreicht werden kann, beschreibt in Abb. 2.38 diejenige Indifferenzkurve, die die Effizienzlinie berührt. Das optimale Portefeuille ist mit a* gekennzeichnet.

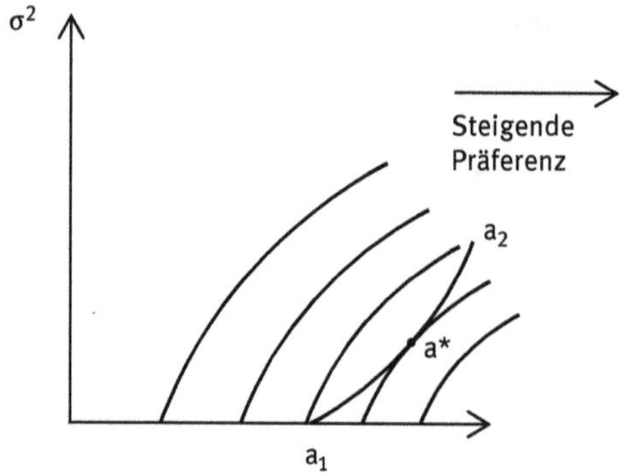

Abb. 2.38: Ermittlung des optimalen Portefeuilles a*

2.3 Ungewissheit

2.3.1 Überblick

Ist bei einem Entscheidungsproblem unter Unsicherheit zwar die Menge aller möglichen Umweltzustände bekannt, können jedoch dafür keinerlei Eintrittswahrscheinlichkeiten angegeben werden, so liegt eine Entscheidung unter Ungewissheit vor. Entscheidungsprobleme unter Ungewissheit lassen sich prinzipiell abbilden in einer Ergebnismatrix der Form

	s_1	s_2	...	s_j	...	s_m
a_1	e_{11}	e_{12}	...	e_{1j}	...	e_{1m}
a_2	e_{21}	e_{22}	...	e_{2j}	...	e_{2m}
$\vdots$	$\vdots$	$\vdots$		$\vdots$		$\vdots$
a_i	e_{i1}	e_{i2}	...	e_{ij}	...	e_{im}
$\vdots$	$\vdots$	$\vdots$		$\vdots$		$\vdots$
a_n	e_{n1}	e_{n2}	...	e_{nj}	...	e_{nm}

Abb. 2.39: Ergebnismatrix bei Ungewissheit

Nun wird, wie in der Risikosituation, ausschließlich der Fall untersucht, dass nur eine Zielgröße und ein Betrachtungszeitpunkt relevant sind, d. h. es gilt formal:

$$e_{ij} = \left(e_{ij}^{(1\,1)}\right) . \tag{2.3-1}$$

Die Gesamtheit der mit einer Aktion a_i verbundenen Ergebnisse lässt sich im Vektor $e_i = (e_{i1}, e_{i2}, \ldots, e_{im})$ zusammenfassen. Existieren Vektoren e_i, deren Elemente vom Entscheidenden hinsichtlich aller Umweltzustände höchstens genauso gut und bezüglich mindestens eines Umweltzustands echt schlechter bewertet werden als die entsprechenden Elemente anderer Vektoren aus dieser Menge, so sind die diesen Vektoren entsprechenden Aktionen nicht funktional-effizient und kommen als Lösung des Problems nicht in Betracht.

Liegen mehrere funktional-effiziente Aktionen vor, so besteht die Aufgabe nun darin, für jeden Vektor $e_i (i = 1, 2, \ldots, n)$ eine einwertige Größe (Skalar) zu finden, die diesen entsprechend den Präferenzen des Entscheidenden repräsentiert. Für diese Zusammenfassung existieren in der Literatur sog. Entscheidungsregeln, die nachfolgend dargestellt und hinsichtlich der mit ihnen verbundenen Implikationen kritisch untersucht werden.

2.3.2 Entscheidungsregeln

2.3.2.1 Extremwertregeln

In die hier vorgestellten Entscheidungsregeln gehen nur Extremwerte der mit den Ergebnissen für den Entscheidenden verbundenen Nutzen ein.

Maximin-Regel

Eine Aktion a^*, für die gilt:

$$Y^{MIN}(a^*) = \max_i Y^{MIN}(a_i)\,, \quad \text{mit} \tag{2.3-2}$$

$$Y^{MIN}(a_i) = \min_j w_{ij}\,, \quad \text{für } i = 1, 2, \ldots, n \tag{2.3-3}$$

heißt optimal nach der *Maximin-Regel*; dabei bezeichnen:

Y^{MIN} eine reelle Zahl, die als Maß für die Vorteilhaftigkeit einer Aktion nach der Maximin-Regel gilt;

w_{ij} den Nutzen des Ergebnisses e_{ij}, das sich bei Wahl der Aktion a_i und Eintritt des Umweltzustands s_j einstellt.

Beispiel 2.3-1

Ein Entscheidungsproblem unter Ungewissheit sei in der Ergebnismatrix

	s_1	s_2	s_3	s_4
a_1	6	9	−7	−1
a_2	−4	0	8	4
a_3	1	1	2	3
a_4	0	6	1	0

abgebildet. Die Bewertung der Ergebnisse durch den Entscheidenden lässt sich durch die Beziehung $w_{ij} = e_{ij}$ beschreiben.

Gesucht ist die Lösung dieses Problems nach der Maximin-Regel.

Lösung:

Nach (2.3-3) gilt:

$$Y^{MIN}(a_1) = -7\,;$$
$$Y^{MIN}(a_2) = -4\,;$$
$$Y^{MIN}(a_3) = 1\,;$$
$$Y^{MIN}(a_4) = 0\,.$$

Nach (2.3-2) gilt:

$$Y^{MIN}(a^*) = 1\,.$$

Die Aktion a_3 stellt somit die Lösung des Entscheidungsproblems dar mit

$$A^* = \{a_3\}\,.$$

Die Anwendung dieser Regel setzt einen mindestens mit einer Ordinalskala gemessenen Nutzen w_{ij} voraus und bringt eine extrem pessimistische Haltung des Entscheidenden zum Ausdruck, da nur der minimale mit einer Aktion verbundene Nutzen Berücksichtigung findet.

Maximax-Regel

Im Gegensatz dazu heißt eine Aktion a^*, für die gilt:

$$Y^{MAX}(a^*) = \max_i Y^{MAX}(a_i)\,, \quad \text{mit} \tag{2.3-4}$$

$$Y^{MAX}(a_i) = \max_j w_{ij}\,, \quad \text{für } i = 1, 2, \ldots, n \tag{2.3-5}$$

optimal nach der *Maximax-Regel*, wobei die Symbole analog zur Maximin-Regel zu interpretieren sind. Nach dieser Regel, die eine äußerst optimistische Haltung des Entscheidenden beschreibt, fällt die Entscheidung zugunsten derjenigen Aktion, die (unabhängig vom Umweltzustand) dasjenige Ergebnis liefert, das vom Entscheidenden am höchsten bewertet wird.

Beispiel 2.3-2

Es ist die Lösung des Entscheidungsproblems unter Ungewissheit aus Beispiel 2.3-1 nach der Maximax-Regel zu ermitteln.

Lösung:

Nach (2.3-5) gilt:

$$Y^{MAX}(a_1) = 9\,;$$

$$Y^{MAX}(a_2) = 8\,;$$

$$Y^{MAX}(a_3) = 3\,;$$

$$Y^{MAX}(a_4) = 6\,.$$

Nach (2.3-4) gilt:

$$Y^{MAX}(a^*) = 9\,.$$

Nach der Maximax-Regel ist die Lösung $A^* = \{a_1\}$

Hurwicz-Regel

Sowohl die Maximin-Regel als auch die Maximax-Regel sind als starre Entscheidungsregeln zu bezeichnen, da sie zu jedem Problem die Lösung unabhängig vom Entscheidenden liefern. Die folgende Regel versucht, diesem Einwand zu begegnen.

Eine Aktion a^*, für die gilt:

$$Y^{H}(a^*) = \max_i Y^{H}(a_i)\,, \quad \text{mit} \tag{2.3-6}$$

$$Y^{H}(a_i) = \lambda \max_j w_{ij} + (1-\lambda) \min_j w_{ij}\,, \quad \text{für } i = 1, 2, \ldots, n \tag{2.3-7}$$

heißt optimal nach der *Hurwicz-Regel*;

dabei bezeichnen:

Y^H eine reelle Zahl, die als Maß für die Vorteilhaftigkeit einer Aktion nach der Hurwicz-Regel dient;

w_{ij} den Nutzen des Ergebnisses e_{ij}, das sich bei Wahl der Aktion a_i und Eintritt des Umweltzustands s_j einstellt;

λ einen vom Entscheidenden vorzugebenden „Optimismusparameter", mit $0 \leq \lambda \leq 1$.

Beispiel 2.3-3
Gesucht ist die Lösung des im Beispiel 2.3-1 beschriebenen Problems nach der Hurwicz-Regel für $\lambda = 0{,}5$.

Lösung:
Nach (2.3-7) gilt:

$$Y^H(a_1) = 0{,}5 \cdot 9 + 0{,}5 \cdot (-7) = 1\,;$$
$$Y^H(a_2) = 0{,}5 \cdot 8 + 0{,}5 \cdot (-4) = 2\,;$$
$$Y^H(a_3) = 0{,}5 \cdot 3 + 0{,}5 \cdot 1 = 2\,;$$
$$Y^H(a_4) = 0{,}5 \cdot 6 + 0{,}5 \cdot 0 = 3\,.$$

Nach (2.3-6) gilt:

$$Y^H(a^*) = 3\,.$$

Die Lösung des Problems stellt sich somit dar als

$$A^* = \{a_4\}\,.$$

Mit Hilfe von λ lässt sich jede mögliche Einstellung des Entscheidenden zur Ungewissheit beschreiben. Für $\lambda = 0$ gilt nach (2.3-7):

$$Y^H(a_i) = \min_j w_{ij} = Y^{MIN}(a_i) \quad \text{für } i = 1, 2, \ldots, n\,;$$

für $\lambda = 1$ ergibt sich:

$$Y^H(a_i) = \max_j w_{ij} = Y^{MAX}(a_i) \quad \text{für } i = 1, 2, \ldots, n\,.$$

Die Anwendung der Hurwicz-Regel erfordert einen mindestens mit einer Intervallskala gemessenen Nutzen w_{ij}. Diese Anforderung stellt auch die nachfolgend beschriebene Regel, die als Beurteilungsmaßstab das mit einer Aktion verbundene Bedauern verwendet, welches sich nach Eintritt des wahren Umweltzustands einstellt.

Savage-Niehans-Regel

Eine Aktion a^*, für die gilt:

$$Y^{SN}(a^*) = \min_i Y^{SN}(a_i) \quad \text{mit} \tag{2.3-8}$$

$$Y^{SN}(a_i) = \max_j b_{ij} \quad \text{für } i = 1, 2, \ldots, n \tag{2.3-9}$$

$$b_{ij} = \max_i w_{ij} - w_{ij} \quad \text{für } i = 1, 2, \ldots, n\,; \; j = 1, 2, \ldots, m \tag{2.3-10}$$

heißt optimal nach der *Savage-Niehans-Regel*;
dabei bezeichnen:

Y^{SN} eine reelle Zahl, die als Maß für die Vorteilhaftigkeit einer Aktion nach der Savage-Niehans-Regel dient;

b_{ij} das Bedauern, das sich einstellt, wenn die Aktion a_i gewählt wurde und der wahre Umweltzustand s_j ist;

w_{ij} den Nutzen des Ergebnisses e_{ij}, das sich bei Wahl der Aktion a_i und Eintritt des Umweltzustands s_j ergibt.

Beispiel 2.3-4

Man ermittle die Lösung des Entscheidungsproblems aus dem Beispiel 2.3-1 nach der Savage-Niehans-Regel.

Lösung:

Nach (2.3-10) gilt:

$$\begin{array}{llll} b_{11} = 0 & b_{12} = 0 & b_{13} = 15 & b_{14} = 5 \\ b_{21} = 10 & b_{22} = 9 & b_{23} = 0 & b_{24} = 0 \\ b_{31} = 5 & b_{32} = 8 & b_{33} = 6 & b_{34} = 1 \\ b_{41} = 6 & b_{42} = 3 & b_{43} = 7 & b_{44} = 4 \end{array}$$

Nach (2.3-9) gilt:

$$Y^{SN}(a_1) = 15\,;$$
$$Y^{SN}(a_2) = 10\,;$$
$$Y^{SN}(a_3) = 8\,;$$
$$Y^{SN}(a_4) = 7\,.$$

Nach (2.3-8) gilt:

$$Y^{SN}(a^*) = 7\,.$$

Demnach ist $A^* = \{a_4\}$ die Lösung des Entscheidungsproblems.

Die Savage-Niehans-Regel, die auch als *Minimax-Regret-Regel* bezeichnet wird, ist eine starre Entscheidungsregel, die keine Anpassung an den Entscheidenden ermöglicht. Da es sich um eine Extremwertregel handelt, werden auch nicht sämtliche in der Ergebnismatrix angegebenen Informationen über das Entscheidungsproblem genutzt.

Beispiel 2.3-5
Es sei noch einmal das Unternehmen aus Beispiel 2.1-2 betrachtet. Während Produkt A weiterhin zum Preis von 29 EUR für den Inlandsmarkt bestimmt ist, wird nun Produkt B zum Preis von 10 $ exportiert. Der Dollarkurs ist unbekannt, man erwartet jedoch, dass er im Intervall [1,70; 2,00] EUR/$ liegen wird.

Es ist derjenige Produktionsplan zu bestimmen, der den Gesamtdeckungsbeitrag in EUR nach der Savage-Niehans-Regel optimiert.

Lösung:
Da die Stückdeckungsbeiträge für Produkt A und Produkt B positiv sind, steigt der Gesamtdeckungsbeitrag mit zunehmenden x_A bzw. x_B. Wie aus Abb. 2.2 ersichtlich ist, liegen die funktionaleffizienten (x_A, x_B)-Kombinationen auf der Verbindungslinie zwischen den Kombinationen (0, 120) und (60, 30), da sich zu jeder Kombination im Inneren des schraffierten Bereichs eine Kombination auf dieser Linie finden lässt, die einen größeren x_A- und/oder x_B-Wert aufweist.

Betrachtet man zunächst die Randpunkte, so gilt:

$$D_{(0,120)} = 120(p_B - 6) = 120p_B - 720$$

und

$$\begin{aligned} D_{(60,30)} &= 60(29 - 9) + 30(p_B - 6) = 1.200 + 30p_B - 180 \\ &= 30p_B + 1.020\,, \end{aligned}$$

wobei p_B den Erlös für das Produkt B in EUR bezeichnet.

Stellt man die Abhängigkeit des Gesamtdeckungsbeitrags vom Dollarkurs in einem Koordinatensystem dar, so ergibt sich folgendes Bild:

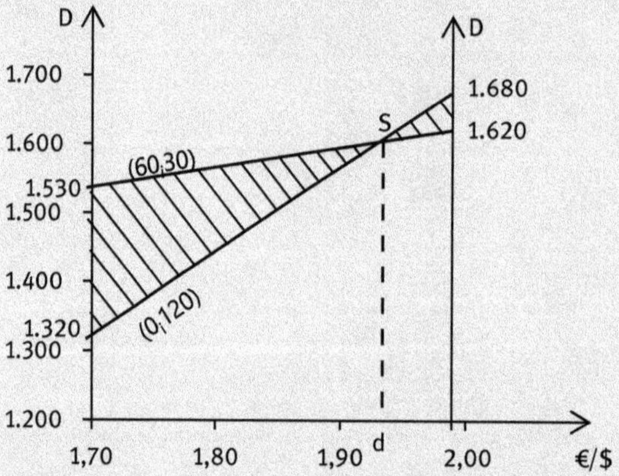

Abb. 2.40: Deckungsbeiträge in Abhängigkeit vom $-Kurs

Aus der Abbildung ist ersichtlich, dass bei einem niedrigeren $-Kurs als d der Produktionsplan (60, 30) zu einem höheren Gesamtdeckungsbeitrag führt, während bei einem über d liegenden $-Kurs der Produktionsplan (0, 120) günstiger ist.

Wie leicht nachprüfbar ist, entspricht jeder Punkt auf der Linie zwischen (0, 120) und (60, 30) in Abb. 2.2 einer Geraden in der obigen Abbildung, die im schraffierten Bereich verläuft und durch den Punkt S führt.

Gesucht ist nun diejenige (x_A, x_B)-Kombination, bei der nach Kenntnis des wahren Umweltzustands ($-Kurses) das maximale Bedauern am geringsten ist. Können im konkreten Fall Geldeinheiten als Nutzeneinheiten dienen, und würde man sich z. B. für den Produktionsplan (0, 120) entscheiden, so wäre einem beim $-Kurs von 1.70 ein Nutzen in Höhe von 210 Einheiten entgangen, während der Nutzenentgang bei einem $-Kurs von 2,00 und Wahl des Plans (60, 30) nur 60 Einheiten beträgt. Allgemein ist nun diejenige (x_A, x_B)-Kombination gesucht, bei der – gemessen an der Aktion (60, 30) – der Nutzenentgang beim $-Kurs von 1,70 genauso hoch ist wie der Nutzenentgang – gemessen an der Aktion (0, 120) – bei einem $-Kurs von 2,00. Formal lässt sich dieses Optimalitätskriterium darstellen als:

$$1.530 - x_A 20 - x_B(17 - 6) = 1.680 - x_A 20 - x_B(20 - 6)$$

$$1.530 - 11x_B = 1.680 - 14x_B$$

$$3x_B = 150$$

$$x_B = 50$$

Aus der Beschränkung

$$9x_A + 6x_B = 720$$

errechnet sich

$$9x_A + 300 = 720$$

bzw.

$$x_A = 46{,}7\,.$$

Stellt man den Nutzenentgang B in Abhängigkeit vom $-Kurs und der gewählten Aktion dar, so ergibt sich schließlich folgendes Bild:

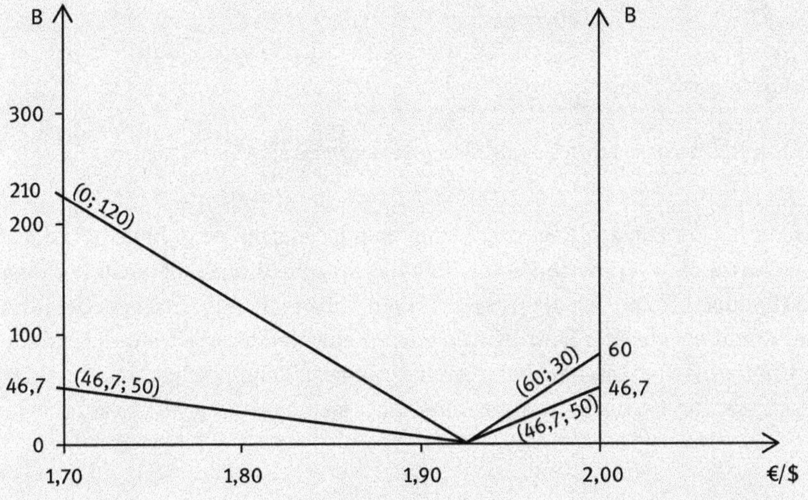

Abb. 2.41: Nutzenentgang (Bedauern) in Abhängigkeit vom $-Kurs

Es existiert kein Produktionsplan, der bei jedem möglichen $-Kurs einen geringeren maximalen Nutzenentgang aufweist als die Aktion (46,7; 50) mit 46,7 Nutzeneinheiten.

Die Laplace-Regel

Diese auch als Prinzip vom unzureichenden Grund bezeichnete Regel berücksichtigt die Nutzen aller mit einer Aktion verbundenen Ergebnisse und gewichtet diese gleich.

Eine Aktion a^*, für die gilt:

$$Y^L(a^*) = \max_i Y^L(a_i) \quad \text{mit} \tag{2.3-11}$$

$$Y^L(a_i) = \sum_{j=1}^{m} w_{ij} \qquad \text{für } i = 1, 2, \ldots, n \tag{2.3-12}$$

heißt optimal nach der *Laplace-Regel*; dabei bezeichnen:

Y^L eine reelle Zahl, die als Maß für die Vorteilhaftigkeit einer Aktion nach der Laplace-Regel gilt;

w_{ij} den Nutzen des Ergebnisses e_{ij}, das sich bei Wahl der Aktion a_i und Eintritt des Umweltzustands s_j ergibt.

Beispiel 2.3-6

Die Lösung des Problems aus Beispiel 2.3-1 soll nun mit Hilfe der Laplace-Regel ermittelt werden.

Lösung:

Nach (2.3-12) gilt:

$$Y^L(a_1) = 7\,;$$
$$Y^L(a_2) = 8\,;$$
$$Y^L(a_3) = 7\,;$$
$$Y^L(a_4) = 7\,.$$

Nach (2.3-11) gilt:

$$Y^L(a^*) = 8\,.$$

Nach der Laplace-Regel stellt sich die Lösung des Problems als $A^* = \{a_2\}$ dar.

Die Anwendung der Laplace-Regel setzt einen mindestens mit einer Intervallskala gemessenen Nutzen w_{ij} voraus und liefert für jedes Entscheidungsproblem unter Ungewissheit dieselbe Lösung wie die μ-Regel für ein entsprechendes Problem bei Risiko unter der Annahme gleicher Eintrittswahrscheinlichkeiten für alle Umweltzustände.

Vor einer kritischen Untersuchung der hier vorgestellten Entscheidungsregeln bei Ungewissheit soll noch die Konzeption eines allgemeineren Vorgehens skizziert werden.

Die Konzeption des Ungewissheitsnutzens (Krelle-Regel)

Die Tatsache, dass Ergebnisse unterschiedlich zu beurteilen sind, je nachdem, ob ihr Eintritt sicher oder unsicher ist, gilt auch für die Ungewissheitssituation. Es liegt deshalb nahe, in Analogie zu der im zweiten Abschnitt dieses Kapitels behandelten Risikonutzentheorie eine Befragung des Entscheidenden durchzuführen, um einen „Ungewissheitsnutzen" zu ermitteln, der den Nutzen des Ergebnisses bei dessen Eintritt und die Einstellung des Entscheidenden zur Ungewissheit beschreibt. Die Befragung könnte folgendermaßen ablaufen: In einer hypothetischen Wahlsituation sind dem Entscheidenden zwei Ausprägungen des zeitbezogenen Merkmals einer Zielgröße vorzugeben, von denen eine unter Ungewissheit realisiert wird. Der Entscheidende hat nun diejenige Ausprägung e' der betrachteten Zielgröße anzugeben, deren Eintritt mit Sicherheit er der Ungewissheitssituation gleichschätzt. Kann der Entscheidende angeben, welches Ergebnis er in einer konkreten Entscheidungssituation am höchsten (e_1) bzw. am geringsten (e_m) schätzt, so lässt sich eine Normierung des Ungewissheitsnutzens v auf $v(e_1) = 1$ und $v(e_m) = 0$ vornehmen. Man betrachtet nun die beiden – ex definitione von e' – äquivalenten Aktionen a_1 mit den Ergebnissen e_1 und e_m und a_2 mit dem Ergebnis e' bei beiden Umweltzuständen. Unter der Voraussetzung, dass der erfragte Ungewissheitsnutzen verhältnisskaliert ist, lässt sich die Aggregation der einzelnen mit einer Aktion verbundenen Ungewissheitsnutzen zu einem Präferenzwert durch Addition vornehmen und es gilt:

$$v(e_1) + v(e_m) = 1 = v(e') + v(e')$$

bzw.

$$v(e') = \frac{1}{2}\,.$$

Setzt man nun e' an die Stelle von e_1 bzw. e_m, so lassen sich diejenigen Argumente der Ungewissheitsnutzenfunktion erfragen, die den Funktionswerten $\frac{1}{4}$ bzw. $\frac{3}{4}$ entsprechen, usw.

Unter Verwendung der erfragten Ungewissheitsnutzenfunktion v gelangt man zu folgender Entscheidungsregel:

Eine Aktion a^*, für die gilt:

$$Y^V(a^*) = \max_i Y^V(a_i) \quad \text{mit} \qquad (2.3\text{-}13)$$

$$Y^V(a_i) = \sum_{j=1}^{m} v(e_{ij}) \qquad \text{für } i = 1, 2, \ldots, n \qquad (2.3\text{-}14)$$

weist den höchsten *Gesamtungewissheitsnutzen* auf.

Beispiel 2.3-7

Es sei das Entscheidungsproblem mit der Ergebnismatrix aus Beispiel 2.3-1 betrachtet.

Der Entscheidende schätzt die Ungewissheitssituation

	s'_1	s'_2
a'	−7	9

einem sicheren Ergebnis in Höhe von 0 gleich.

Ebenso gilt:

	s'_1	s'_2
a'	−7	0

$\sim$

	s''_1	s''_2
a''	−4	−4

und

$$\begin{array}{c|cc} & s_1' & s_2' \\ \hline a' & 0 & 9 \end{array} \sim \begin{array}{c|cc} & s_1'' & s_2'' \\ \hline a'' & 4 & 4 \end{array}$$

Gesucht ist die Lösung des Problems nach dem Konzept des Ungewissheitsnutzens.

Lösung:
Unter Berücksichtigung der Normierung $v(9) = 1$ und $v(-7) = 0$ gilt:

$$v(-7) + v(9) = 1 = v(0) + v(0) \quad \Rightarrow \quad v(0) = \frac{1}{2};$$

$$v(-7) + v(0) = \frac{1}{2} = v(-4) + v(-4) \quad \Rightarrow \quad v(-4) = \frac{1}{4};$$

$$v(0) + v(9) = \frac{3}{2} = v(4) + v(4) \quad \Rightarrow \quad v(4) = \frac{3}{4};$$

Trägt man diese Werte in ein Koordinatensystem ein und interpoliert die nicht erfragten Funktionswerte, so erhält man nachstehenden Kurvenverlauf.

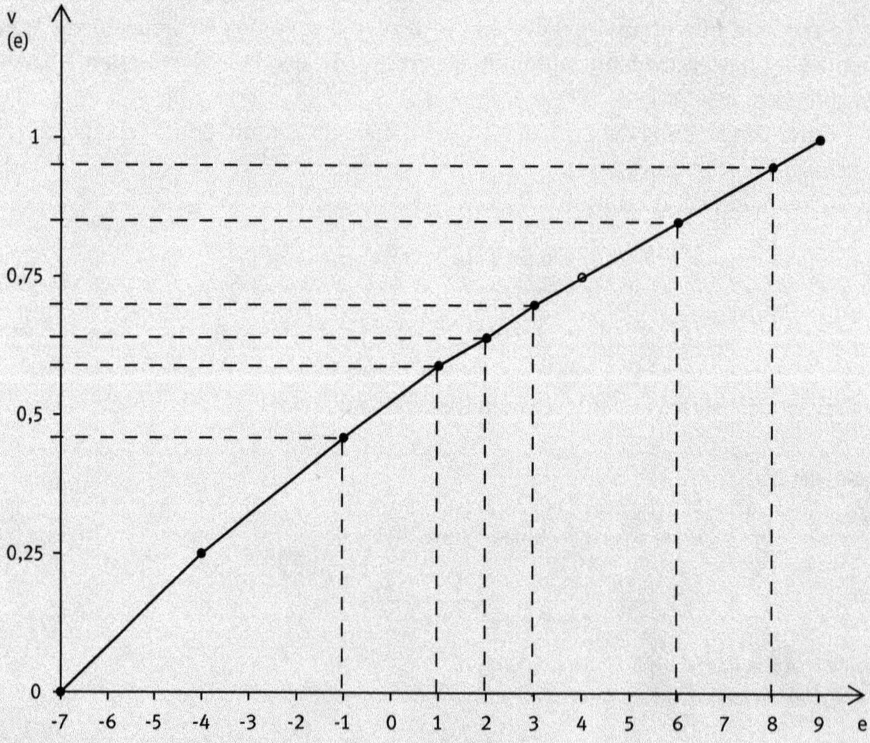

Abb. 2.42: Ungewissheitsnutzenfunktion

Für die zur Lösung des Entscheidungsproblems erforderlichen Werte lässt sich aus der Abbildung ablesen:

$$v(-1) = 0{,}46\,,$$
$$v(1) = 0{,}59\,,$$
$$v(2) = 0{,}64\,,$$
$$v(3) = 0{,}70\,,$$
$$v(6) = 0{,}85\,,$$
$$v(8) = 0{,}95\,.$$

Nach (2.3-14) gilt:

$$Y^V = (a_1) = 0{,}85 + 1{,}00 + 0{,}00 + 0{,}46 = 2{,}31\,;$$
$$Y^V = (a_2) = 0{,}25 + 0{,}50 + 0{,}95 + 0{,}75 = 2{,}45\,;$$
$$Y^V = (a_3) = 0{,}59 + 0{,}59 + 0{,}64 + 0{,}70 = 2{,}52\,;$$
$$Y^V = (a_4) = 0{,}50 + 0{,}85 + 0{,}59 + 0{,}50 = 2{,}44\,.$$

Nach (2.3-13) gilt:

$$Y^V(a^*) = 2{,}52\,.$$

Die Aktion a_3 stellt die Lösung $A^* = \{a_3\}$ des Entscheidungsproblems für einen Entscheidenden dar, der die oben angegebene spezielle Ungewissheitsnutzenfunktion besitzt.

Die Problematik dieser Regel ist in den hohen Anforderungen zu sehen, die sie an den Entscheidenden bezüglich der von ihm anzugebenen Nutzenwerte stellt. Da in die Ermittlung des Ungewissheitsnutzens mit der Addition bereits eine spezielle Form der Aggregation der Ungewissheitsnutzen zu einem Präferenzwert eingeht, lassen sich mit Hilfe dieser Regel nur Entscheidungsregeln beurteilen, die auch mit dieser Art der Aggregation arbeiten. So stellt die Laplace-Regel einen Spezialfall der Beziehung (2.3-14) mit $v(e_{ij}) = w_{ij}$ dar. Man könnte in diesem Fall analog zur Risikosituation von „Ungewissheitsneutralität" sprechen.

Wie die Beispiele verdeutlichen, kann in Abhängigkeit von der gewählten Entscheidungsregel bei einem Entscheidungsproblem unter Ungewissheit jede Aktion optimal sein. Das Problem besteht darin, die „richtige" Entscheidungsregel zu finden. Zwar muss der Entscheidende die Wahl zwischen den zur Verfügung stehenden Regeln selbst treffen, womit ein eigenes übergeordnetes Entscheidungsproblem eintritt. Allerdings kann die präskriptive Entscheidungstheorie Implikationen offenlegen, die mit den einzelnen Entscheidungsregeln verbunden sind.

2.3.2.2 Zur Problematik von Entscheidungsregeln

Ein möglicher Weg zur Verdeutlichung von Implikationen, die mit den verschiedenen Entscheidungsregeln unter Ungewissheit verbunden sind, besteht darin, weitgehend akzeptable Anforderungen zu formulieren, die als Ausdruck rationalen Verhaltens zu verstehen sind und dann zu prüfen, inwieweit die zu untersuchenden Entscheidungsregeln diesen Anforderungen genügen. Das hier verwendete System von Anforderungen ähnelt dem von Luce und Raiffa. Zur Vereinfachung der Schreibweise wird der Ausdruck Entscheidungsproblem unter Ungewissheit mit E. u. U. abgekürzt.

Anforderung 1: Jedes E. u. U. besitzt eine nichtleere Lösungsmenge A^*.

Diese Anforderung soll sicherstellen, dass die Entscheidungsregel auf jedes beliebige E. u. U. anwendbar ist. Soweit die jeweils angegebenen Vorschriften bezüglich der Nutzenmessung erfüllt sind, genügen alle vorgestellten Entscheidungsregeln der Anforderung 1.

Anforderung 2: Die Lösung eines E. u. U. ist weder vom Ursprung noch von der Einheit der zugrunde liegenden Nutzenskala abhängig.

Eine Entscheidungsregel muss demnach dieselbe Lösungsmenge A^* erzeugen, unabhängig davon, ob sie auf das ursprüngliche Entscheidungsproblem angewendet wird oder auf ein Problem, das daraus durch die Nutzentransformation

$$w'_{ij} = aw_{ij} + b \quad \text{mit } a > 0$$

hervorgegangen ist.

Für die Extremwertregeln lässt sich die Erfüllung der Anforderung 2 durch die nachfolgende Plausibilitätsüberlegung verdeutlichen.

$$\begin{aligned} w_i = \max_j w_{ij} \quad &\Leftrightarrow \quad w_i \geq w_{ij} && \text{für } j = 1, 2, \ldots, m\,; \\ w_i \geq w_{ij} \quad &\Leftrightarrow \quad aw_i + b \geq aw_{ij} + b \quad \Leftrightarrow \quad w'_i \geq w'_{ij} && \text{für } j = 1, 2, \ldots, m\,, \quad b > 0\,; \\ w'_i \geq w'_{ij} \quad &\Leftrightarrow \quad w'_i = \max_j w'_{ij} && \text{für } j = 1, 2, \ldots, m\,. \end{aligned}$$

Die analoge Folgerung gilt auch für $w_i = \min_j w_{ij}$. Für die auf der additiven Verknüpfung von (Ungewissheits-)Nutzenwerten basierenden Regeln ist zu zeigen, dass aus

$$w_{f1} + w_{f2} + \cdots + w_{fm} \geq w_{g1} + w_{g2} + \cdots + w_{gm}$$

folgt:

$$w'_{f1} + w'_{f2} + \cdots + w'_{fm} \geq w'_{g1} + w'_{g2} + \cdots + w'_{gm}\,.$$

Führt man für w' die Nutzentransformation durch, so erhält man

$$\begin{aligned} &aw_{f1} + b + aw_{f2} + b + \cdots + aw_{fm} + b \geq aw_{g1} + b + aw_{g2} + b + \cdots + aw_{gm} + b \\ &\Leftrightarrow a(w_{f1} + w_{f2} + \cdots + w_{fm}) + mb \geq a(w_{g1} + w_{g2} + \cdots + w_{gm}) + mb\,. \end{aligned}$$

Durch Subtraktion von mb auf beiden Seiten der Ungleichung erhält man:

$$a(w_{f1} + w_{f2} + \cdots + w_{fm}) \geq a(w_{g1} + w_{g2} + \cdots + w_{gm})\,.$$

Dividiert man schließlich noch durch $a > 0$, so ergibt sich:

$$w_{f1} + w_{f2} + \cdots + w_{fm} \geq w_{g1} + w_{g2} + \cdots + w_{gm}\,,$$

was nach Voraussetzung gilt.

Anforderung 3: Die Lösung A^* eines E. u. U. ist von der Nummerierung der Aktionen unabhängig.

Diese Anforderung ist für alle betrachteten Entscheidungsregeln erfüllt, da in keines der zugehörigen Präferenzfunktionale Y der Index der Aktionen eingeht.

Anforderung 4: Wenn a_f ein Element von A^* ist und die Präferenzrelation $a_g \succ a_f$ oder $a_g \sim a_f$ gilt, dann ist auch a_g ein Element von A^*.

Auch die einsichtige Anforderung 4 wird noch von allen hier untersuchten Entscheidungsregeln erfüllt, was exemplarisch für die Maximin-Regel nachgewiesen wird.

$$a_g \gtrsim a_f \quad \Leftrightarrow \quad \min_j w_{gj} \geq \min_j w_{fj} \quad \Leftrightarrow \quad Y^{MIN}(a_g) \geq Y^{MIN}(a_f)$$

$$a_f \in A^* \Leftrightarrow Y^{MIN}(a_f) = \max_i Y^{MIN}(a_i) \leq Y^{MIN}(a_g) \quad \Leftrightarrow \quad a_g \in A^*$$

Anforderung 5: Wenn a_i ein Element von A^* ist, dann ist a_i funktional-effizient bezüglich des Aktionsraums A und der Funktionen g_j, wobei gilt:

$$e_{ij} = f(a_i, s_j) = g_j(a_i)\,.$$

Beispiel 2.3-8
Anhand eines Entscheidungsproblems, das in der Nutzenmatrix

	s_1	s_2	s_3
a_1	−8	5	12
a_2	−8	7	12

abgebildet ist, ist zu zeigen, dass die Hurwicz-Regel für jeden beliebigen Parameter λ mit $0 \leq \lambda \leq 1$ der Anforderung 5 nicht genügt.

Lösung:
Nach (2.3-7) gilt:

$$Y^H(a_1) = \lambda 12 + (1-\lambda)\cdot(-8) = 12\lambda - 8 + 8\lambda = 20\lambda - 8\,;$$
$$Y^H(a_2) = \lambda 12 + (1-\lambda)\cdot(-8) = 12\lambda - 8 + 8\lambda = 20\lambda - 8\,.$$

Nach (2.3-6) gilt:

$$Y^H(a^*) = 20\lambda - 8\,.$$

Die Lösung des Problems stellt sich als $A^* = \{a_1, a_2\}$ dar, d. h. beide Aktionen sind optimal, unabhängig von λ.

Unter Verwendung der Notation aus dem ersten Kapitel gilt:

$$f(a_1, s_1) = g_1(a_1) = -8;\ f(a_1, s_1) = g_2(a_1) = 5;\ f(a_1, s_3) = g_3(a_1) = 12\,;$$
$$f(a_2, s_1) = g_1(a_2) = -8;\ f(a_2, s_2) = g_2(a_2) = 7;\ f(a_2, s_3) = g_3(a_2) = 12\,.$$

Der Vektor $(g_1(a_1), g_2(a_1), g_3(a_1)) = (-8, 5, 12)$ wird vom Vektor $(g_1(a_2), g_2(a_2), g_3(a_2)) = (-8, 7, 12)$ streng dominiert und kann damit gemäß Definition 2.6 nicht funktional-effizient sein.

Da a_1 nach der Hurwicz-Regel ein Element von A^*, zugleich aber nicht funktional-effizient ist, erfüllt die Hurwicz-Regel die Anforderung 5 nicht.

Das Gegenbeispiel 2.3-8 genügt als Beweis, dass die Hurwicz-Regel nicht in jedem Fall der Anforderung 5 genügt. Da dieser Beweis für beliebiges λ mit $0 \leq \lambda \leq 1$ geführt wurde, gilt diese Aussage auch für die Maximin-Regel ($\lambda = 0$) und die Maximax-Regel ($\lambda = 1$).

Als Konsequenz aus diesem Ergebnis ergibt sich die Notwendigkeit, nicht funktional-effiziente Aktionen im Rahmen der Modellbildung bereits nicht in den Aktionsraum A aufzunehmen, bzw. vor Anwendung der genannten Entscheidungsregeln eine entsprechende Vorauswahl zu treffen.

Anforderung 6: Ist eine Aktion a_1 für ein gegebenes E. u. U. nicht Element von A^*, so gilt dies auch für einen erweiterten Aktionsraum A' mit $A \subset A'$.

Beispiel 2.3-9
Anhand eines Entscheidungsproblems, das durch die Nutzenmatrix

	s_1	s_2	s_3	s_4
a_1	−4	0	8	4
a_2	1	7	2	3
a_3	0	6	2	0

abgebildet wird, ist zu zeigen, dass die Savage-Niehans-Regel die Anforderung 6 nicht erfüllt.

Lösung:
Im 1. Schritt erfolgt gemäß (2.3-10) die Ermittlung einer Matrix B, die das Bedauern beschreibt, das der Entscheidende mit Kenntnis des wahren Umweltzustands empfindet.

B:

	s_1	s_2	s_3	s_4
a_1	5	7	0	0
a_2	0	0	6	1
a_3	1	1	6	4

Nach (2.3-9) gilt:

$$Y^{SN}(a_1) = 7\,;$$

$$Y^{SN}(a_2) = 6\,;$$

$$Y^{SN}(a_3) = 6\,.$$

Nach (2.3-8) gilt:

$$Y^{SN}(a^*) = 6\,.$$

Demnach ist $A^* = \{a_2, a_3\}$ die Lösung des Entscheidungsproblems.
Erweitert sich nun der Aktionsraum $A = \{a_1, a_2, a_3\}$ zu $A' = \{a_1, a_2, a_3, a_4\}$ mit:

	s_1	s_2	s_3	s_4
a_4	2	7	10	−8

so errechnet sich die erweiterte Matrix B' als

B':

	s_1	s_2	s_3	s_4
a_1	5	7	0	0
a_2	0	0	6	1
a_3	1	1	6	4
a_4	2	7	10	−8

Nach (2.3-9) gilt:

$$Y'^{SN}(a_1) = 7\,;$$
$$Y'^{SN}(a_2) = 8\,;$$
$$Y'^{SN}(a_3) = 8\,;$$
$$Y'^{SN}(a_4) = 12\,.$$

Nach (2.3-8) gilt:

$$Y'^{SN}(a^*) = 7\,.$$

Demnach ist $A'^* = \{a_1\}$ die Lösung des erweiterten Entscheidungsproblems. Da a_1 im ursprünglichen Entscheidungsproblem nach der Savage-Niehans-Regel nicht Element von A^* ist, dies jedoch für den erweiterten Aktionsraum A' gilt, genügt die Savage-Niehans-Regel der Anforderung 6 nicht.

Die Verletzung der Anforderung 6, die auch als Prinzip der Unabhängigkeit von irrelevanten Alternativen bezeichnet wird, durch die Savage-Niehans-Regel stellt die Eignung dieser Regel als „rationale“ Entscheidungsregel unter Ungewissheit dann in Frage, wenn die Möglichkeit besteht, dass dem Entscheidenden noch nicht alle grundsätzlich möglichen Aktionen bekannt sind.

Anforderung 7: Verändern sich die mit einem bestimmten Umweltzustand verbundenen Nutzenwerte um jeweils einen konstanten Betrag, so beeinflusst dies die Lösung A^* des E. u. U. nicht.

Beispiel 2.3-10
Anhand eines Entscheidungsproblems, das durch die Nutzenmatrix

	s_1	s_2	s_3	s_4
a_1	10	1	8	−3
a_2	6	−3	10	2

abgebildet wird, ist zu zeigen, dass die Hurwicz-Regel der Anforderung 7 nicht genügt.

Lösung:
Nach (2.3-7) gilt:

$$Y^H(a_1) = \lambda 10 + (1-\lambda)(-3) = 13\lambda - 3\,;$$
$$Y^H(a_2) = \lambda 10 + (1-\lambda)(-3) = 13\lambda - 3\,.$$

Nach (2.3-6) gilt:

$$Y^H(a^*) = 13\lambda - 3\,.$$

Die Lösung des Problems stellt sich dar als

$$A^* = \{a_1, a_2\}\,.$$

Erhöhen sich die Nutzenwerte bei Eintritt des Umweltzustands s_4 um 5 Nutzeneinheiten, so ergibt sich:

	s_1	s_2	s_3	s_4
a_1	10	1	8	2
a_2	6	−3	10	7

Nach (2.3-7) gilt:

$$Y^H(a_1) = \lambda 10 + (1 - \lambda)1 = 9\lambda + 1\,;$$

$$Y^H(a_2) = \lambda 10 + (1 - \lambda)(-3) = 13\lambda - 3\,.$$

Für $0 \leq \lambda < 1$ gilt:

$Y^H(a_1) > Y^H(a_2)$, d. h. $Y^H(a^*) = 9\lambda + 1$.

Damit ist nachgewiesen, dass die Hurwicz-Regel für $0 \leq \lambda < 1$ und speziell die Maximin-Regel ($\lambda = 0$) die Anforderung 7 nicht erfüllen.

Erhöhen sich die Nutzenwerte bei Eintritt des Umweltzustands s_1 um 2 Nutzeneinheiten, so ergibt sich:

	s_1	s_2	s_3	s_4
a_1	12	1	8	−3
a_2	8	−3	10	2

Nach (2.3-5) gilt:

$$Y^{MAX}(a_1) = 12\,;$$

$$Y^{MAX}(a_2) = 10\,.$$

Nach (2.3-4) gilt:

$$Y^{MAX}(a^*) = 12$$

und damit $A^* = \{a_1\}$.

Somit erfüllt auch die Maximax-Regel die Anforderung 7 nicht generell.

Die nachträgliche gleichmäßige Änderung der Nutzen, die sich in Abhängigkeit von der gewählten Aktion bei einem bestimmten Umweltzustand realisieren, kann bei den in Beispiel 2.3-10 untersuchten Entscheidungsregeln zu einer Änderung der Lösung führen.

Anforderung 8: Die Lösung A^* eines E. u. U. ist von der Nummerierung der Umweltzustände abhängig.

Diese Anforderung ist für alle untersuchten Entscheidungsregeln erfüllt, da in keines der zugehörigen Präferenzfunktionale Y der Index der Umweltzustände eingeht.

Anforderung 9: Sind die mit den Aktionen eines E. u. U. verbundenen Nutzen für verschiedene Umweltzustände identisch, so können diese Umweltzustände zu einem Zustand zusammengefasst werden, ohne dass sich die Lösung A^* ändert.

Beispiel 2.3-11
Anhand einer Entscheidungssituation, die durch die Nutzenmatrix

	s_1	s_2	s_3
a_1	6	3	3
a_2	0	7	7

beschrieben wird, ist zu zeigen, dass die Laplace Regel der Anforderung 9 nicht genügt.

Lösung:
Nach (2.3-12) gilt:

$$Y^L(a_1) = 12\,;$$

$$Y^L(a_2) = 14\,.$$

Nach (2.3-11) gilt:

$$Y^L(a^*) = 14\,.$$

Nach der Laplace-Regel stellt sich die Lösung des Problems als $A^* = \{a_2\}$ dar.

Fasst man die Umweltzustände s_2 und s_3, die der Bedingung in Anforderung 9 genügen, zu einem Zustand s' zusammen, so ergibt sich:

	s_1	s'
a_1	6	3
a_2	0	7

Für dieses Problem gilt nach (2.3-12):

$$Y'^L(a_1) = 9\,;$$

$$Y'^L(a_2) = 7\,.$$

Nach (2.3-11) gilt:

$$Y'^L(a^*) = 9\,.$$

Nach der Laplace-Regel ist die Lösung des modifizierten Problems $A'^* = \{a_1\}$.

Da sich die mit Hilfe der Laplace-Regel ermittelte Lösung für das Beispiel durch die (zulässige) Zusammenfassung zweier Umweltzustände ändert, verstößt die Laplace-Regel gegen die Anforderung 9.

Beispiel 2.3-12
Anhand eines Entscheidungsproblems, das durch die Ergebnismatrix

	s_1	s_2	s_3
a_1	2	0	2
a_2	6	−4	6

abgebildet wird, ist zu zeigen, dass das Konzept des Ungewissheitsnutzens die Anforderung 9 nicht erfüllt.

Lösung:
Unterstellt man die Ungewissheitsnutzenfunktion aus dem Beispiel 2.3-7, so lässt sich folgende Ungewissheitsnutzenmatrix aufstellen:

	s_1	s_2	s_3
a_1	0,64	0,50	0,64
a_2	0,85	0,25	0,85

Nach (2.3-14) gilt:

$$Y^V(a_1) = 1{,}78\,;$$

$$Y^V(a_2) = 1{,}95\,.$$

Nach (2.3-13) gilt:

$$Y^V(a^*) = 1{,}95\,.$$

$A^* = \{a_2\}$ stellt die Lösung des Entscheidungsproblems für einen Entscheidenden mit der angenommenen Ungewissheitsnutzenfunktion dar.

Fasst man die Umweltzustände s_1 und s_3 zu einem Umweltzustand s' zusammen, so ergibt sich die Ungewissheitsnutzenmatrix

	s'	s_2
a_1	0,64	0,50
a_2	0,85	0,25

Nach (2.3-14) gilt:

$$Y'^V(a_1) = 1{,}14\,;$$

$$Y'^V(a_2) = 1{,}10\,.$$

Nach (2.3-13) gilt:

$$Y'^V(a^*) = 1{,}14\,.$$

Da die Lösung $A'^* = \{a_1\}$ des modifizierten Problems von der Lösung $A^* = \{a_2\}$ verschieden ist, erfüllt die Anwendung des Konzepts des Ungewissheitsnutzens die Anforderung 9 nicht.

Das Ergebnis, dass sowohl die Laplace-Regel als auch das Konzept des Ungewissheitsnutzens gegen die Anforderung 9 verstoßen, ist dadurch zu erklären, dass diese Entscheidungsregeln implizit an die Stelle der Ungewissheitssituation eine Risikosituation setzen, bei der jeder Umweltzustand mit der gleichen Wahrscheinlichkeit eintritt. Das Weglassen eines Umweltzustands ist in diesem Fall auch dann nicht zulässig, wenn die mit den Aktionen verbundenen (Ungewissheits-)Nutzen identisch sind.

Zusammenfassend lässt sich feststellen, dass keine der in der Literatur vorgeschlagenen Entscheidungsregeln für die Ungewissheitssituation allen hier aufgestellten Anforderungen genügt. Insbesondere lassen sich Situationen konstruieren, in denen die Extremwertregeln zu unplausiblem Verhalten führen, da sie nicht sämtliche über das Entscheidungsproblem zur Verfügung stehenden Informationen berücksichtigen. So werden in der durch die Nutzenmatrix abgebildeten Entscheidungssituation die Aktionen a_1 und a_2 nach allen Extremwertregeln als gleichwertig beurteilt.

	s_1	s_2	s_3	s_4	s_5
a_1	10	0	0	0	0
a_2	0	10	10	10	10

Nach Kenntnis der mit den verschiedenen Regeln verbundenen Implikationen muss die Wahl des Entscheidenden nunmehr auf diejenige Entscheidungsregel fallen, die ihm infolge des speziellen Entscheidungsproblems und aufgrund seines persönlichen Urteils über die Einsichtigkeit der Anforderungen am zweckmäßigsten erscheint.

3 Mehrstufige Individualentscheidungen

3.1 Vorgegebener Informationsstand und neutrale Umwelt

3.1.1 Überblick

Gegenstand dieses Kapitels sind sog. mehrstufige Entscheidungssituationen, bei denen der Einfluss, der von einer zu treffenden Entscheidung auf die Ausgangssituation zeitlich nachgelagerter Entscheidungen ausgeht, im Modell explizit Berücksichtigung findet. Die Aufgabe besteht nicht mehr nur in der Ermittlung einer optimalen Einzelentscheidung, das Interesse richtet sich jetzt auf eine hinsichtlich ihrer Gesamtwirkung auf die Zielgröße zu beurteilende Abfolge von interdependenten Entscheidungen. Diesem Aspekt trägt der nachfolgend definierte Begriff der Strategie Rechnung.

Definition 3.1: Unter einer Strategie versteht man eine vollständige Handlungsanweisung für jeden Entscheidungszeitpunkt bis zum zeitlichen Modellhorizont.

Der den Planungszeitraum begrenzende Zeithorizont q ist im Rahmen der Modellbildung festzulegen. Die Wahl des geeigneten Zeithorizonts hängt von den zur Verfügung stehenden Informationen über die Determinanten des Beschreibungsmodells und von der konkreten Problemstellung ab; allgemeingültige Aussagen darüber lassen sich nicht treffen.

Für die Strategien gilt analog zu den Aktionen:

Definition 3.2: Die Menge aller dem Entscheidenden subjektiv zur Verfügung stehenden und durch eine geordnete Menge von Aktionen determinierten Strategien $b_1, b_2, \dots, b_s$ wird als Strategienraum B bezeichnet.

Mit Hilfe des Strategiebegriffs lassen sich mehrstufige Entscheidungsprobleme formal auf einstufige Entscheidungsprobleme zurückführen. Bezeichnet man mit s'_j eine mögliche Abfolge von Umweltzuständen im Planungszeitraum und enthält die Menge $S' = \{s'_1, s'_2, \dots, s'_r\}$ alle möglichen s'_j, so stellt sich die Ergebnismatrix unter der Voraussetzung, dass nur eine Zielgröße relevant ist, folgendermaßen dar:

https://doi.org/10.1515/9783110616941-003

	s_1'	s_2'	…	s_j'	…	s_r'
b_1	$(e_{11}^{(1)},\dots,e_{11}^{(q)})$	$(e_{12}^{(1)},\dots,e_{12}^{(q)})$	…	$(e_{1j}^{(1)},\dots,e_{1j}^{(q)})$	…	$(e_{1r}^{(1)},\dots,e_{1r}^{(q)})$
b_2	$(e_{21}^{(1)},\dots,e_{21}^{(q)})$	$(e_{22}^{(1)},\dots,e_{22}^{(q)})$	…	$(e_{2j}^{(1)},\dots,e_{2j}^{(q)})$	…	$(e_{2r}^{(1)},\dots,e_{2r}^{(q)})$
⋮	⋮	⋮		⋮		⋮
b_i	$(e_{i1}^{(1)},\dots,e_{i1}^{(q)})$	$(e_{i2}^{(1)},\dots,e_{i2}^{(q)})$	…	$(e_{ij}^{(1)},\dots,e_{ij}^{(q)})$	…	$(e_{ir}^{(1)},\dots,e_{ir}^{(q)})$
⋮	⋮	⋮		⋮		⋮
b_s	$(e_{s1}^{(1)},\dots,e_{s1}^{(q)})$	$(e_{s2}^{(1)},\dots,e_{s2}^{(q)})$	…	$(e_{sj}^{(1)},\dots,e_{sj}^{(q)})$	…	$(e_{sr}^{(1)},\dots,e_{sr}^{(q)})$

Abb. 3.1: Ergebnismatrix für mehrstufige Entscheidungsprobleme

Beispiel 3.1-1

Ein Entscheidender besitzt einen Betrag von 100 EUR, den er nach Ablauf von zwei Jahren ausgeben möchte. Als zwischenzeitliche Anlage stehen ihm für das erste Jahr zwei Wertpapiere P_1 und P_2 zur Verfügung, deren Erwerb einen Betrag in Höhe von jeweils 100 EUR erfordert und die am Ende des ersten Jahres mit den unten angegebenen Einzahlungen verbunden sind. Im zweiten Jahr hat er die Wahl zwischen zwei anderen Wertpapieren P_3 und P_4, von denen P_3 eine Auszahlung in Höhe von 120 EUR und P_4 eine Auszahlung in Höhe von 110 EUR erfordert. Neben dem Kauf von Wertpapieren steht dem Entscheidenden noch die Möglichkeit offen, den Betrag zum konstanten Zinssatz von 5 % auf einem Sparbuch anzulegen. Für die Verteilungen der Einzahlungen aus den Wertpapieren gilt:

$\tilde{x}_1$:

x	130	100
p	0,5	0,5

,

$\tilde{x}_2$:

x	120	110
p	0,5	0,5

,

$\tilde{x}_3$:

x	150	120
p	0,3	0,7

,

$\tilde{x}_4$:

x	140	90
p	0,3	0,7

.

Das Entscheidungsproblem ist unter der Voraussetzung, dass der Entscheidende am Ende des zweiten Jahres über einen möglichst großen Betrag verfügen möchte, in einem Modell abzubilden.

Lösung:
Unter der Annahme ihrer Unabhängigkeit kann man aus den nicht näher spezifizierten Umweltzuständen s_{11} und s_{12} im ersten Jahr und den Zuständen s_{21} und s_{22} des zweiten Jahres vier sich gegenseitig ausschließende Umweltzustände s' ableiten, für die gilt:

$$s'_1 = (s_{11}, s_{21}) \quad \text{mit} \quad p'_1 = 0{,}5 \cdot 0{,}3 = 0{,}15\,,$$

$$s'_2 = (s_{11}, s_{22}) \quad \text{mit} \quad p'_2 = 0{,}5 \cdot 0{,}7 = 0{,}35\,,$$

$$s'_3 = (s_{12}, s_{21}) \quad \text{mit} \quad p'_3 = 0{,}5 \cdot 0{,}3 = 0{,}15\,,$$

$$s'_4 = (s_{12}, s_{22}) \quad \text{mit} \quad p'_4 = 0{,}5 \cdot 0{,}7 = 0{,}35\,.$$

Der Strategieraum, der alle Strategien im Sinne von sich gegenseitig ausschließenden und umfassenden Handlungsempfehlungen enthält, lässt sich folgendermaßen beschreiben:

b_1: Anlage von 100 EUR in Wertpapier P_1 ; falls $\tilde{x}_1 = 130$ EUR:
120 EUR in P_3 und 10 EUR auf das Sparbuch;
falls $\tilde{x}_1 = 100$ EUR: 100 EUR auf das Sparbuch.

b_2: Anlage von 100 EUR in Wertpapier P_1;
falls $\tilde{x}_1 = 130$ EUR: 110 EUR in P_4 und 20 EUR auf das Sparbuch;
falls $\tilde{x}_1 = 100$ EUR: 100 EUR auf das Sparbuch.

b_3: Anlage von 100 EUR in Wertpapier P_1;
falls $\tilde{x}_1 = 130$ EUR: 130 EUR auf das Sparbuch;
falls $\tilde{x}_1 = 100$ EUR: 100 EUR auf das Sparbuch.

b_4: Anlage von 100 EUR in Wertpapier P_2;
falls $\tilde{x}_2 = 120$ EUR: 120 EUR in P_3;
falls $\tilde{x}_2 = 110$ EUR: 110 EUR in P_4.

b_5: Anlage von 100 EUR in Wertpapier P_2;
falls $\tilde{x}_2 = 120$ EUR: 120 EUR in P_3;
falls $\tilde{x}_2 = 110$ EUR: 110 EUR auf das Sparbuch.

b_6: Anlage von 100 EUR in Wertpapier P_2;
falls $\tilde{x}_2 = 120$ EUR: 110 EUR in P_4 und 10 EUR auf das Sparbuch;
falls $\tilde{x}_2 = 110$ EUR: 110 EUR in P_4.

b_7: Anlage von 100 EUR in Wertpapier P_2;
falls $\tilde{x}_2 = 120$ EUR: 110 EUR in P_4 und 10 EUR auf das Sparbuch;
falls $\tilde{x}_2 = 110$ EUR: 110 EUR auf das Sparbuch.

b_8: Anlage von 100 EUR in Wertpapier P_2;
falls $\tilde{x}_2 = 120$ EUR: 120 EUR auf das Sparbuch;
falls $\tilde{x}_2 = 110$ EUR: 110 EUR in P_4.

b_9: Anlage von 100 EUR in Wertpapier P_2;
falls $\tilde{x}_2 = 120$ EUR: 120 EUR auf das Sparbuch;
falls $\tilde{x}_2 = 110$ EUR: 110 EUR auf das Sparbuch.

b_{10}: Im ersten Jahr 100 EUR auf das Sparbuch;
im zweiten Jahr 105 EUR auf das Sparbuch.

Mit den Strategien b_1 bis b_{10} sind sämtliche Verhaltensmöglichkeiten des Entscheidenden im Planungszeitraum beschrieben. In Verbindung mit den eingangs definierten Umweltzuständen lässt sich das Entscheidungsproblem mit folgendem Ergebnisfeld beschreiben:

	0,15	0,35	0,15	0,35
	s'_1	s'_2	s'_3	s'_4
b_1	160,50	130,50	105,00	105,00
b_2	161,00	111,00	105,00	105,00
b_3	136,50	136,50	105,00	105,00
b_4	150,00	120,00	140,00	90,00
b_5	150,00	120,00	115,50	115,50
b_6	150,50	100,50	140,00	90,00
b_7	150,50	100,50	115,50	115,50
b_8	126,00	126,00	140,00	90,00
b_9	126,00	126,00	115,50	115,50
b_{10}	110,25	110,25	110,25	110,25

Die Strategie b_{10} wird von den Strategien b_9 und b_5 streng dominiert.

Existiert keine Strategie, die mit Ausprägungen der Zielgröße verbunden ist, die bezüglich jedes Umweltzustands und aller Betrachtungszeitpunkte höher geschätzt werden als die der übrigen Strategien, so ist ein Skalar zu bilden, der die Präferenzen des Entscheidenden hinsichtlich der Vorziehenswürdigkeit der Strategien beschreibt.

Ausgehend von der in Abb. 3.1 dargestellten Situation werden zunächst den zeitverschiedenen Ausprägungen ($e_{ij}^{(t)}$) der betrachteten Zielgröße (Risiko-)Nutzen zugeordnet, für die dann mit Hilfe von *Zeitpräferenzsätzen* Gegenwartswerte zu ermitteln sind. Die in der Literatur durchgehend vorgeschlagene additive Verknüpfung dieser q Gegenwartswerte zur Beschreibung eines Ergebnisses setzt einen mindestens intervallskalierten (Risiko-)Nutzen voraus. Für die Ermittlung der Zeitpräferenzsätze, die Periodengewichtungen darstellen, kommen sukzessive Befragungen des Entscheidenden in Betracht. Soweit die betrachtete Zielgröße aus dem finanziellen Bereich stammt, sind zumindest im Fall der Sicherheit unter der Annahme $w_t(e_{ij}^{(t)}) = e_{ij}^{(t)}$ die für den Entscheidenden relevanten Anlage- bzw. Verschuldungszinssätze geeignete Zeitpräferenzsätze.

Bezeichnet man mit $\gamma^{(t)}$ $(t = 1, 2, \ldots, q)$ die relevanten Zeitpräferenzsätze im Fall der Sicherheit, so stellt w_{i1} mit

$$w_{i1} = \sum_{t=1}^{q} \gamma^{(t)} w_t(e_{i1}^{(t)}) \quad \text{für } i = 1, 2, \ldots, s$$

bereits eine reelle Zahl dar, die die Vorziehenswürdigkeit der Strategie b_i beschreibt.

In der Risikosituation lässt sich das Bernoulli-Prinzip formal auf mehrstufige Probleme in der Form

$$Y_i^B = E\left[\sum_{t=1}^{q} \beta^{(t)} u_t(e_{ij}^{(t)})\right] \quad \text{für } i = 1, 2, \ldots, s$$

übertragen, wobei $\beta^{(t)}$ den Risikonutzendiskontsatz und E den Erwartungswertoperator beschreibt.

Bei Ungewissheit ist die gewählte Entscheidungsregel auf die (gleichsam als sicher betrachteten) Gegenwartsnutzen w_{ij} anzuwenden, die sich formal ableiten aus:

$$w_{ij} = \sum_{t=1}^{q} \gamma^{(t)} w_t(e_{ij}^{(t)}) \quad \text{für} \quad \begin{array}{l} i = 1, 2, \ldots, s \\ j = 1, 2, \ldots, r \end{array}$$

oder es ist die Konzeption des Ungewissheitsnutzens analog zum Fall des Risikos auf mehrstufige Entscheidungsprobleme zu übertragen.

Zur Vereinfachung der angegebenen Vorgehensweisen werden häufig die Annahmen einer konstanten Zeitpräferenz und eines zeitkonstanten (Risiko-) Nutzens getroffen. Die Indizierung in den oben angegebenen Beziehungen vereinfacht sich entsprechend.

Beispiel 3.1-2

In Fortsetzung von Beispiel 3.1-1 sei von der zeitkonstanten Risikonutzenfunktion

$$u(e_{ij}) = 6{,}5e_{ij} - 0{,}01e_{ij}^2$$

und den Diskontierungsfaktoren $\beta^{(1)} = \beta^{(2)} = 1$ ausgegangen.

Lösung:

Es errechnet sich:

$$\begin{aligned}
Y_1^B &= 785{,}65 \cdot 0{,}15 + 677{,}95 \cdot 0{,}35 + 572{,}25 \cdot 0{,}15 + 572{,}25 \cdot 0{,}35 = 641{,}26\,;\\
Y_2^B &= 787{,}29 \cdot 0{,}15 + 598{,}29 \cdot 0{,}35 + 572{,}25 \cdot 0{,}15 + 572{,}25 \cdot 0{,}35 = 613{,}62\,;\\
Y_3^B &= 700{,}93 \cdot 0{,}15 + 700{,}93 \cdot 0{,}35 + 572{,}25 \cdot 0{,}15 + 572{,}25 \cdot 0{,}35 = 636{,}59\,;\\
Y_4^B &= 750{,}00 \cdot 0{,}15 + 636{,}00 \cdot 0{,}35 + 714{,}00 \cdot 0{,}15 + 504{,}00 \cdot 0{,}35 = 618{,}60\,;\\
Y_5^B &= 750{,}00 \cdot 0{,}15 + 636{,}00 \cdot 0{,}35 + 617{,}35 \cdot 0{,}15 + 617{,}35 \cdot 0{,}35 = 643{,}78\,;\\
Y_6^B &= 751{,}75 \cdot 0{,}15 + 552{,}25 \cdot 0{,}35 + 714{,}00 \cdot 0{,}15 + 504{,}00 \cdot 0{,}35 = 589{,}55\,;\\
Y_7^B &= 751{,}75 \cdot 0{,}15 + 552{,}25 \cdot 0{,}35 + 617{,}35 \cdot 0{,}15 + 617{,}35 \cdot 0{,}35 = 614{,}73\,;\\
Y_8^B &= 660{,}24 \cdot 0{,}15 + 660{,}24 \cdot 0{,}35 + 714{,}00 \cdot 0{,}15 + 504{,}00 \cdot 0{,}35 = 613{,}62\,;\\
Y_9^B &= 660{,}24 \cdot 0{,}15 + 660{,}24 \cdot 0{,}35 + 617{,}35 \cdot 0{,}15 + 617{,}35 \cdot 0{,}35 = 638{,}80\,;\\
Y_{10}^B &= 595{,}07 \cdot 0{,}15 + 595{,}07 \cdot 0{,}35 + 595{,}07 \cdot 0{,}15 + 595{,}07 \cdot 0{,}35 = 595{,}07\,.
\end{aligned}$$

Den höchsten Erwartungswert des Risikonutzens weist demnach die Strategie b_5 mit einem Gegenwartswert des Risikonutzens in Höhe von 643,78 auf, d. h. der Entscheidende soll im ersten Jahr 100 EUR in Wertpapier P_2 anlegen. Realisiert sich am Ende des ersten Jahres eine Einzahlung aus diesem Wertpapier in Höhe von 120 EUR, so soll er diesen Betrag in das Wertpapier P_3 investieren. Andernfalls ist der Betrag in Höhe von 110 EUR auf dem Sparbuch bis zum Ende des zweiten Jahres anzulegen.

Vor der Untersuchung von speziell zur Lösung mehrstufiger Entscheidungsprobleme entwickelter Verfahren ist noch auf Strategien mit einer besonderen Eigenschaft hinzuweisen.

Definition 3.3: Sind die Einzelentscheidungen, aus denen sich eine Strategie zusammensetzt, unabhängig vom Entscheidungszeitpunkt, so handelt es sich um eine stationäre Strategie.

Hinweis: Bei Vorliegen gleicher Ausgangsbedingungen gibt eine stationäre Strategie jeweils die gleiche Handlungsempfehlung unabhängig von der gerade betrachteten Stufe des Entscheidungsproblems.

Beispiel 3.1-3
Die Nachfrage nach einem Produkt beträgt konstant 100 Stück/Tag und muss zu jedem Zeitpunkt befriedigt werden. Das Produkt wird auf einer Anlage bearbeitet, die zur Herstellung einer vorgegebenen Menge jeweils umzustellen ist. Bis die Anlage nach einer Umstellung einwandfrei läuft, fällt Ausschuss an, der fixe Kosten in Höhe von 490 EUR verursacht. Die Produktionszeit ist zu vernachlässigen. Können bereits hergestellte Produkte nicht sofort ausgeliefert werden, so beläuft sich die Verzinsung des in den Produkten gebundenen Kapitals auf 0,05 EUR/Stück und Tag. Es sind die Stückzahlen zu ermitteln, in denen das Produkt jeweils ohne Unterbrechung herzustellen ist (Losgröße).

Lösung:
Da die Betrachtung der Entscheidungssituation zeitlich unbegrenzt ist, wird diejenige Strategie gesucht, bei der die Kosten pro Zeiteinheit minimal sind.

Die gesamten Lagerhaltungskosten C je Zeiteinheit setzen sich zusammen aus

$$C = C_l + C_u \left[\frac{GE}{ZE}\right],$$

dabei bezeichnen:
C_l die Lagerkosten je Zeiteinheit $[\frac{GE}{ZE}]$,
C_u die Umrüstkosten je Zeiteinheit $[\frac{GE}{ZE}]$.
Die Lagerkosten je Zeiteinheit C_l errechnen sich als:

$$C_l = c_l l_l = \left[\frac{GE}{ME\ ZE} ME\right] = \left[\frac{GE}{ZE}\right],$$

dabei bezeichnen:
c_l den Lagerkostensatz (Lagerkosteneinheit) $[\frac{GE}{ME\ ZE}]$,
l_l die durchschnittlich gelagerte Menge [ME]
Die Umrüstkosten je Zeiteinheit C_u errechnen sich als:

$$C_u = c_u l_u = \left[GE \frac{1}{ZE}\right] = \left[\frac{GE}{ZE}\right],$$

dabei bezeichnen:
c_u die Kosten einer Umrüstung (Umrüstkostensatz) [GE],
l_u die durchschnittliche Anzahl der Umrüstungen je Zeiteinheit $[\frac{1}{ZE}]$.
Da die Nachfrage konstant ist, gilt für die durchschnittlich gelagerte Menge:

$$l_l = 1/2q \cdot [ME],$$

dabei bezeichnet:
q die ohne Unterbrechung hergestellte Menge (Losgröße) [ME].

Für die durchschnittliche Anzahl von Umrüstungen je Zeiteinheit gilt:

$$l_u = \frac{r}{q} = \left[\frac{ME}{ZE} : ME\right] = \left[\frac{1}{ZE}\right],$$

dabei bezeichnen:
r die Nachfragerate $\left[\frac{ME}{ZE}\right]$,
q die Losgröße [ME].
Zusammengefasst ergibt sich demnach für die gesamten Lagerhaltungskosten je Zeiteinheit:

$$C = c_l \frac{1}{2} q + c_u \frac{r}{q}.$$

Notwendige Bedingung für ein Minimum der Gesamtkosten ist:

$$\frac{\partial C}{\partial q} = \frac{c_l}{2} - \frac{c_u r}{(q^*)^2} = 0.$$

Umgeformt ergibt sich:

$$(q^*)^2 = \frac{2 c_u r}{c_l}$$

bzw.

$$q^* = \sqrt{\frac{2 c_u r}{c_l}}.$$

Da die zweite Ableitung an der Stelle q^* größer Null ist, ist auch die hinreichende Bedingung für ein Kostenminimum erfüllt.

Für das Beispiel errechnet sich:

$$q^* = \sqrt{\frac{2 \cdot 490 \cdot 100}{0{,}05}} = 1.400 \text{ Stück}.$$

Da die Produktionszeit zu vernachlässigen ist, ist die Menge q^* immer dann herzustellen, wenn der Lagerbestand auf Null abgesunken ist.

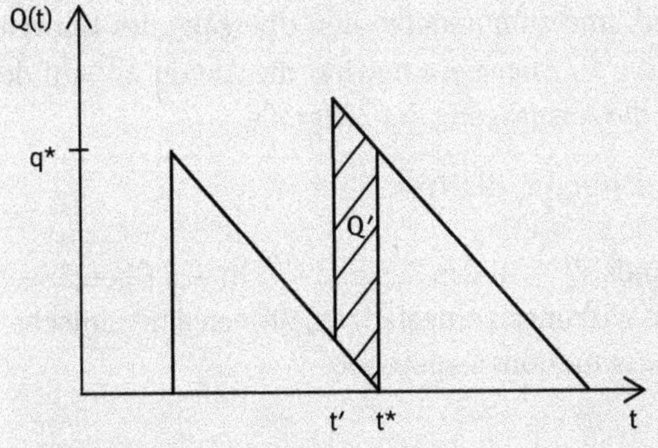

Abb. 3.2: Lagerbestandsentwicklung

Würde man bereits zum Zeitpunkt t' anstatt in t^* produzieren, so wäre im betrachteten Zeitraum die Menge Q' zusätzlich zu lagern, was mit entsprechenden Kosten verbunden ist. Eine Produktion nach t^* ist nicht zulässig, da der Bedarf zu jedem Zeitpunkt befriedigt werden muss.

Die Handlungsanweisungen:
- Es ist immer dann zu produzieren, wenn der Lagerbestand auf Null abgesunken ist und
- es ist immer die Menge $q^* = 1.400$ Stück zu produzieren,

stellen eine optimale stationäre Strategie dar.

Für jeden Zeitpunkt lässt sich nach dieser (vollständigen) Handlungsanweisung entscheiden, ob und ggf. in welcher Menge zu produzieren ist.

Obwohl die Rückführung mehrstufiger Entscheidungsprobleme auf das Grundmodell prinzipiell immer möglich ist, lässt sie sich im praktischen Fall häufig nicht realisieren. Wie man sich bereits bei Betrachtung des Beispiels 3.1-1 vorstellen kann, wächst die Zahl der Strategien mit zunehmender Anzahl von Aktionen in den einzelnen Stufen und insbesondere mit der Anzahl der Stufen so stark an, dass eine praktikable Handhabung des Modells nicht mehr möglich ist. Aus diesem Grund werden nachfolgend Verfahren untersucht, die zunächst auf jeder Stufe bedingt-optimale Entscheidungen liefern, die dann – ausgehend von einem bekannten Anfangszustand – zu einer optimalen Strategie verknüpft werden.

3.1.2 Dynamische Optimierung

3.1.2.1 Grundlagen

Gegenstand dieses Abschnitts sind mehrstufige Entscheidungsprobleme unter Sicherheit, bei denen die relevante Umwelt zu Beginn der Betrachtung durch den Vektor $s_1^{(0)}$ von Umweltfaktoren beschrieben ist.[4] Die Wahl der Aktion $a_i^{(1)}$ auf der ersten Stufe des Entscheidungsprozesses hat zum einen die über die technologische Beziehung $f^{(1)}$ gegebene Ausprägung der Zielgröße auf dieser Stufe zur Folge, die mit $e_i^{(1)} = f^{(1)}(a_i^{(1)}, s_1^{(0)})$ bezeichnet wird, und zum anderen den Übergang des Umweltzustands $s_1^{(0)}$ in den Umweltzustand $s_1^{(1)}$. Allgemein bewirkt die Aktion $a_i^{(t)}$ auf der Stufe t des Entscheidungsprozesses die Ausprägung der Zielgröße

$$e_i^{(t)} = f^{(t)}(a_i^{(t)}, s_1^{(t-1)})$$

und den Übergang des Umweltzustands $s_1^{(t-1)}$ in den Zustand $s_1^{(t)}$. In den Übergängen von einer Stufe zur nächsten sind die Wirkungen eingefangen, die von einer Entscheidung auf die künftigen Entscheidungssituationen ausgehen.

4 Obwohl er zur eindeutigen Kennzeichnung entbehrlich wäre, wird der Index 1 des Umweltzustands mitgeführt, um zu symbolisieren, dass der Zustand zum Entscheidungszeitpunkt mit Sicherheit bekannt ist.

Unter der vereinfachenden Annahme eines zeitkonstanten Nutzendiskontsatzes lässt sich die im Modell betrachtete Zielgröße beschreiben als

$$Y^D(a^{*(1)}, a^{*(2)}, \ldots, a^{*(q)}) = Y^D(b^*) = \max_i Y^D(b_i)\,, \quad \text{mit}$$

$$Y^D(b_i) = \sum_{t=1}^{q} \gamma^{(t)} w_t(e_i^{(t)}) \qquad \text{für } i = 1, 2, \ldots, s \quad \text{und} \tag{3.1-1}$$

$$e_i^{(t)} = f^{(t)}(a_i^{(t)}, s_1^{(t-1)}) \qquad \text{für } t = 1, 2, \ldots, q\,.$$

Die Stufenübergänge lassen sich formal darstellen als:

$$s_1^{(t)} = g^{(t)}(a_i^{(t)}, s_1^{(t-1)}) \quad \text{für } t = 1, 2, \ldots, q\,. \tag{3.1-2}$$

Der Anfangszustand

$$s_1^{(0)} = \text{const}\,. \tag{3.1-3}$$

ist bekannt.

Auf den einzelnen Stufen des Entscheidungsprozesses ist jeweils ein einstufiges Problem zu betrachten, für dessen Aktionen

$$a^{(t)} \in A^{(t)}(s_1^{(t-1)}) \quad \text{für } t = 1, 2, \ldots, q \tag{3.1-4}$$

und dessen Umweltzustände

$$s_1^{(t)} \in S^{(t)} \quad \text{für } t = 1, 2, \ldots, q \tag{3.1-5}$$

gilt. Der Aktionsraum auf der Stufe t wird beeinflusst durch den vor Durchführung der Aktion $a^{(t)}$ herrschenden Umweltzustand $s_1^{(t-1)}$. Bei der Wahl der Aktion $a^{(t)}$ ist darauf zu achten, dass der damit verbundene Übergang von $s_1^{(t-1)}$ auf einen (zulässigen) Umweltzustand $s_1^{(t)}$ aus dem Zustandsraum $S^{(t)}$ führt.

Definition 3.4: Eine Strategie $b \in B$, die der Bedingung (3.1-4) genügt und gemäß (3.1-3) und (3.1-2) eine Zustandsfolge erzeugt, die die Bedingung (3.1-5) erfüllt, wird als zulässige Strategie bezeichnet.

Definition 3.5: Maximiert eine zulässige Strategie die Zielfunktion (3.1-1), so wird sie als optimale Strategie bezeichnet und stellt ein Element der Lösung B^* des mehrstufigen Entscheidungsproblems dar.

3.1.2.2 Optimalitätskriterium

Sind die Umweltzustände eines mehrstufigen Entscheidungsmodells so definiert, dass für zwei Strategien

$$b_1 = (a_1^{(1)}, a_1^{(2)}, \ldots, a_1^{(t)}, \ldots, a_1^{(q)})$$

und

$$b_2 = (a_2^{(1)}, a_2^{(2)}, \dots, a_2^{(t)}, \dots, a_2^{(q)}) \quad \text{mit}$$

$$a_1^{(r)} \neq a_2^{(r)} \quad \text{für mindestens ein } r \leq t \quad \text{und}$$

$$a_1^{(r)} = a_2^{(r)} \quad \text{für } r = t+1, t+2, \dots, q$$

und

$$s_1^{(t)}(a_1^{(t)}, s_1^{(t-1)}) = s_1^{(t)}(a_2^{(t)}, s_1^{(t-1)})$$

gilt:

$$s_1^{(r)}\left(a_1^{(r)}, s_1^{(r-1)}\right) = s_1^{(r)}\left(a_2^{(r)}, s_1^{(r-1)}\right) \quad \text{für } r = t+1, t+2, \dots, q\,,$$

d. h. ist es für den Ablauf des Prozesses nach der Stufe t gleichgültig, wie der Zustand $s_1^{(t)}$ erreicht wurde, so lässt sich eine optimale Strategie mit Hilfe eines rekursiven Verfahrens ermitteln, dessen Kernstück die sog. *Bellmansche Funktionalgleichung* darstellt, nach der gilt:

$$h^{*(t)}(s_1^{(t-1)}) = \max_{a^{(t)} \in A^{(t)}(s_1^{(t-1)})} \left\{ \gamma^{(t)} w_t(a^{(t)}, s_1^{(t-1)}) + h^{*(t+1)}(s_1^{(t)}) \right\}\,. \tag{3.1-6}$$

In Verbindung mit der Identitätsbeziehung

$$h^{*(q+1)}(s_1^{(q)}) \equiv 0 \tag{3.1-7}$$

gilt die Beziehung (3.1-6) für alle $t = 1, 2, \dots, q$.

Die Funktion h^* beschreibt auf jeder Stufe des Entscheidungsproblems den Beitrag, den die Ausprägungen der Zielgröße auf den Stufen $t, t+1, \dots, q$ bei optimalem Verhalten auf diesen Stufen zum Gesamtergebnis gemäß der Beziehung (3.1-1) beitragen.

3.1.2.3 Der Lösungsalgorithmus

Zur Bestimmung der optimalen Strategie ist zunächst eine sog. *Rückwärtsrechnung* vorzunehmen, in der man bedingte, vom jeweiligen Umweltzustand (vor Durchführung der Aktion) abhängige Aktionen ermittelt. Für die letzte Stufe gilt unter Berücksichtigung von (3.1-7) gemäß (3.1-6):

$$h^{*(q)}(s_1^{(q-1)}) = \max_{a^{(q)} \in A^{(q)}(s_1^{(q-1)})} \left\{ \gamma^{(q)} w_q(a^{(q)}, s_1^{(q-1)}) \right\}\,. \tag{3.1-8}$$

Für die vorletzte Stufe gilt entsprechend:

$$h^{*(q-1)}(s_1^{(q-2)}) = \max_{a^{(q-1)} \in A^{(q-1)}(s_1^{(q-2)})} \left\{ \gamma^{(q-1)} w_{q-1}(a^{(q-1)}, s_1^{(q-2)}) + h^{*(q)}(s_1^{(q-1)}) \right\}\,, \tag{3.1-9}$$

wobei sich $h^{*(q)}(s_1^{(q-1)})$ nach (3.1-8) bestimmt.

Für die erste Stufe gilt:

$$h^{*(1)}(s_1^{(0)}) = \max_{a^{(1)} \in A^{(1)}(s_1^{(0)})} \left\{ \gamma^{(1)} w_1(a^{(1)}, s_1^{(0)}) + h^{*(2)}(s_1^{(1)}) \right\}\,. \tag{3.1-10}$$

Da nach (3.1-3) $s_1^{(0)}$ bekannt und konstant ist, lässt sich für die erste Stufe das unbedingte Maximum gemäß (3.1-10) und damit die optimale Aktion $a^{*(1)}$ ermitteln.

Mit Hilfe der sog. *Vorwärtsrechnung* kann man nun die optimale Strategie explizit angeben. Der nächste relevante Zustand errechnet sich gemäß:

$$s_1^{(1)} = g^{(1)}(a^{*(1)}, s_1^{(0)}), \qquad (3.1\text{-}11)$$

wonach wiederum $a^{*(2)}$ über $h^{*(2)}(s_1^{(1)})$ bestimmt werden kann usw. Das sukzessive Vorgehen zur Ermittlung der optimalen Strategie wird nun anhand eines Beispiels verdeutlicht.

Beispiel 3.1-4

Eine Goldmine mit nachgewiesenen Vorräten in Höhe von 2.000 kg soll in den nächsten beiden Jahren ausgebeutet und dann geschlossen werden. Aufgrund von Informationen über Goldpreis- und Abbaukostenentwicklung rechnet die Unternehmensleitung mit einem Jahreszahlungsüberschuss $e^{(t)}$ in Abhängigkeit von der im Jahr t = 1, 2 geförderten Goldmenge $a^{(t)}$ in Höhe von

$$e^{(t)}(a^{(t)}) = (-0{,}99\,t + 3{,}19)\sqrt{a^{(t)}}\,.$$

Die Unternehmensleitung, die liquide Mittel anderweitig zu 10 % p. a. anlegen kann, verhält sich so, als ob sie die Einzahlungsüberschüsse mit der Nutzenfunktion $w_t(e^{(t)}) = e^{(t)}$ bewertet.

Die optimale Abbaustrategie ist zu ermitteln.

Lösung:

In der formalen Darstellung der Beziehungen (3.1-1)–(3.1-5) lässt sich das Problem wie folgt beschreiben:

$$Y^D = \sum_{t=1}^{2} 1{,}1^{-t}(-0{,}99\,t + 3{,}19)\sqrt{a^{(t)}}\,;$$

$$s_1^{(t)} = s_1^{(t-1)} - a^{(t)}\,;$$

$$s_1^{(0)} = 2.000\,;$$

$$a^{(t)} \in A^{(t)} = \left\{a^{(t)} \mid 0 \le a^{(t)} \le s_1^{(t-1)}\right\};$$

$$s_1^{(t)} \in S^{(t)} = \left\{s_1^{(t)} \mid 0 \le s_1^{(t)}\right\};$$

dabei bezeichnen:

$s_1^{(t)}$ den Goldbestand am Ende des Jahres t,

$a^{(t)}$ die Fördermenge im Jahr t.

Für die Rückwärtsrechnung gilt zunächst die allgemeine Beziehung

$$h^{*(3)}(s_1^{(2)}) \equiv 0\,.$$

Der (bedingte) Beitrag des zweiten Jahres zur Zielerfüllung errechnet sich als:

$$h^{*(2)}(s_1^{(1)}) = \max_{a^{(2)} \in A^{(2)}(s_1^{(1)})} \left\{1{,}1^{-2}(-0{,}99 \cdot 2 + 3{,}19)\sqrt{a^{(2)}} + 0\right\}.$$

Das Maximum der in $a^{(2)}$ monoton steigenden Funktion:

$$f^{(2)}(a^{(2)}) = 1{,}1^{-2}(-0{,}99 \cdot 2 + 3{,}19)\sqrt{a^{(2)}} = \sqrt{a^{(2)}}$$

unter der Nebenbedingung

$$0 \le a^{(2)} \le s_1^{(1)}$$

erhält man für $a^{(2)} = s_1^{(1)}$ mit

$$h^{*(2)} = \sqrt{s_1^{(1)}}\ .$$

Unter Berücksichtigung des Periodenübergangs gemäß der Beziehung

$$s_1^{(1)} = s_1^{(0)} - a^{(1)}$$

erhält man für den Beitrag des ersten Jahres zur Zielerfüllung:

$$h^{*(1)}(s_1^{(0)}) = \max_{a^{(1)} \in A^{(1)}(s_1^{(0)})} \left\{1{,}1^{-1}(-0{,}99 + 3{,}19)\sqrt{a^{(1)}} + \sqrt{s_1^{(0)} - a^{(1)}}\right\}\ .$$

Die notwendige Bedingung für ein freies Maximum der Funktion

$$f^{(1)}(a^{(1)}) = 2\sqrt{a^{(1)}} + \sqrt{2.000 - a^{(1)}}$$

stellt sich dar als:

$$\frac{df(a^{(1)})}{da^{(1)}} = \frac{1}{\sqrt{a^{*(1)}}} - \frac{1}{2\sqrt{2.000 - a^{*(1)}}} = 0\ .$$

Diese Beziehung lässt sich umformen zu

$$\sqrt{a^{*(1)}} = 2\sqrt{2.000 - a^{*(1)}}$$

bzw.

$$a^{*(1)} = 8.000 - 4a^{*(1)}\ .$$

Die Auflösung nach $a^{*(1)}$ ergibt:

$$5a^{*(1)} = 8.000$$

bzw.

$$a^{*(1)} = 1.600\ .$$

Da die zweite Ableitung der Funktion $f^{(1)}$ nach $a^{(1)}$ immer negativ und zudem die Nebenbedingung $0 \le a^{*(1)} \le 2.000$ erfüllt ist, stellt $a^{*(1)}$ eine zulässige optimale Aktion dar.

Damit ist die Rückwärtsrechnung abgeschlossen und der optimale Goldabbau im ersten Jahr mit 1.600 kg ermittelt.

In der Vorwärtsrechnung erhält man zunächst den Goldbestand am Ende des ersten Jahres mit

$$s_1^{(1)} = s_1^{(0)} - a^{*(1)} = 2.000 - 1.600 = 400\ .$$

Die von diesem Bestand abhängige (bedingte) Entscheidung für das zweite Jahr wurde in der Rückwärtsrechnung als

$$a^{(2)} = s_1^{(1)}$$

ermittelt. Demnach sind im zweiten Jahr die restlichen 400 kg Gold abzubauen.

Der Gegenwartswert der gesamten Zahlungsüberschüsse errechnet sich als

$$\begin{aligned} \gamma^{(1)}e^{(1)} + \gamma^{(2)}e^{(2)} &= 1{,}1^{-1}(-0{,}99 \cdot 2 + 3{,}19)\sqrt{1.600} + 1{,}1^{-2}(-0{,}99 + 3{,}19\sqrt{400}) \\ &= 2\sqrt{1.600} + \sqrt{400} = 2 \cdot 40 + 20 = 100\ . \end{aligned}$$

Das folgende Beispiel soll noch einmal die Vorgehensweise der dynamischen Optimierung verdeutlichen, wobei im speziellen Fall auf jeder Stufe eine endliche Anzahl von Aktionen zur Verfügung steht.

Beispiel 3.1-5

Ein Unternehmen hat lt. Vertrag jeweils zu Beginn eines Quartals folgende Mengen eines Produkts zu liefern:

Quartal	1	2	3	4
Menge	80	100	125	100

Die Herstellung des Produkts (die Produktionszeit ist zur Vereinfachung zu vernachlässigen) kann aus technischen Gründen jeweils nur zu Beginn eines Quartals stattfinden und verursacht von der produzierten Menge unabhängige Rüstkosten in Höhe von 60 EUR. Wird bei einem Produktionsvorgang eine größere Gütermenge hergestellt als unmittelbar darauf zu liefern ist, so kann diese gelagert werden. Das in den gelagerten Produkten gebundene Kapital (16 EUR pro Mengeneinheit) könnte anderweitig zu 10 % pro Jahr angelegt werden. Zu Beginn des betrachteten Jahres ist das Lager leer, zum Jahresende soll es ebenfalls wieder leer sein.

Unter Berücksichtigung der Tatsache, dass nur Produktionsmengen optimal sein können, die gleich der Liefermenge eines Quartals oder gleich den Liefermengen mehrerer aufeinanderfolgender Quartale sind, ist der optimale Produktionsplan mit Hilfe der dynamischen Optimierung zu ermitteln.

Lösung:

Bezeichnet man mit:

c_1 die Lagerkosten je Mengeneinheit und Quartal,

c_3 die Kosten eines Umrüstvorgangs,

$s_1^{(t)}$ den Lagerbestand im Quartal t,

$a^{(t)}$ die Produktionsmenge zu Beginn des Quartals t,

$l^{(t)}$ die Liefermenge zu Beginn des Quartals t,

so lässt sich das Problem unter der Annahme, dass Kosten unmittelbar negative Nutzen darstellen, gemäß (3.1-1)–(3.1-5) beschreiben als:

$$-Y^D = \sum_{t=1}^{4} c_1 s_1^{(t)} + c_3 \delta(a^{(t)}), \quad \text{mit}$$

$$\delta(a^{(t)}) = \begin{cases} 1 & \text{für } a^{(t)} > 0 \\ 0 & \text{für } a^{(t)} = 0\,; \end{cases}$$

$$s_1^{(t)} = s_1^{(t-1)} + a^{(t)} - l^{(t)} \quad \text{für } t = 1, 2, 3\,;$$

$$s_1^{(0)} = 0\,;$$

$$a^{(1)} \in A^{(1)} = \{80, 180, 305, 405\},$$

$$a^{(2)} \in A^{(2)}(s_1^{(1)}), \quad \text{mit}$$

$$A^{(2)}(0) = \{100, 225, 325\}\,;$$

$$A^{(2)}(100) = \{0, 125, 225\}\,;$$

$$A^{(2)}(225) = \{0, 100\}\,;$$

$$A^{(2)}(325) = \{0\}\,;$$

$$a^{(3)} \in A^{(3)}(s_1^{(2)}), \quad \text{mit}$$

$$A^{(3)}(0) = \{125, 225\}\,;$$

$$A^{(3)}(125) = \{0, 100\};$$
$$A^{(3)}(225) = \{0\};$$
$$a^{(4)} \in A^{(4)}(s_1^{(3)}), \quad \text{mit}$$
$$A^{(4)}(0) = \{100\};$$
$$A^{(4)}(100) = \{0\}.$$

Die Aktionsräume in den einzelnen Stufen sind aus der Angabe abgeleitet, dass nur Produktionsmengen optimal sein können, die gleich den Liefermengen eines Quartals oder gleich den Liefermengen mehrerer aufeinanderfolgender Quartale sind. Entsprechend gilt für die Zustandsräume:

$$S^1 = \{0, 100, 225, 325\};$$
$$S^2 = \{0, 125, 225\};$$
$$S^3 = \{0, 100\};$$
$$S^4 = \{0\}.$$

Da sich die Kostenminimierung auf vier Quartale erstreckt, gilt nach der Bellmanschen Funktionsgleichung:

$$h^{*(5)}(s_1^{(4)}) \equiv 0$$

und

$$h^{*(4)}(s_1^{(3)}) = \min_{a^{(4)} \in A^{(4)}(s_1^{(3)})} \left\{c_1 s_1^{(4)} + c_3 \delta(a^{(4)})\right\}.$$

Ist $s_1^{(3)} \in S^{(3)} = 0$, so gilt $A^{(4)}(0) = \{100\}$. Die Produktion von 100 Mengeneinheiten ist mit Rüstkosten in Höhe von 60 EUR verbunden und es gilt $h^{*(4)}(0) = 60$, da keine Lagerkosten anfallen.

Ist $s_1^{(3)} \in S^{(3)} = 100$, so gilt $A^{(4)}(100) = \{0\}$. Da nicht produziert wird, fallen keine Rüstkosten an; auch Lagerkosten entstehen im vierten Quartal nicht, da die Produkte sofort ausgeliefert werden können und es gilt $h^{*(4)}(100) = 0$.

Zusammengefasst ergibt sich:

$$h^{*(4)} = \begin{cases} 60 & \text{für } s_1^{(3)} = 0 \text{ und } a^{(4)} = 100 \\ 0 & \text{für } s_1^{(3)} = 100 \text{ und } a^{(4)} = 0\,. \end{cases}$$

Der Übergang vom zweiten zum dritten Quartal vollzieht sich nach der Beziehung:

$$s_1^{(3)} = s_1^{(2)} + a^{(3)} - 125$$

und die Bellmansche Funktionalgleichung stellt sich dar als:

$$\begin{aligned} h^{*(3)}(s_1^{(2)}) &= \min_{a^{(3)} \in A^{(3)}(s_1^{(2)})} \left\{c_1 s_1^{(3)} + c_3 \delta(a^{(3)}) + h^{*(4)}(s_1^{(3)})\right\} \\ &= \min_{a^{(3)} \in A^{(3)}(s_1^{(2)})} \left\{c_1(s_1^{(2)} + a^{(3)} - 125) + c_3 \delta(a^{(3)}) + h^{*(4)}(s_1^{(3)})\right\}. \end{aligned}$$

Ist $s_1^{(2)} \in S^2 = 0$, so gilt $A^{(3)}(0) = \{125, 225\}$. Die Produktion von 125 Mengeneinheiten ist mit Rüstkosten in Höhe von 60 EUR verbunden, Lagerkosten fallen nicht an, der Lagerbestand in der dritten Periode ist $s_1^{(3)} = 0$. Wie aus $h^{*(4)}$ abzulesen ist, fallen bei $s_1^{(3)} = 0$ im vierten Quartal Kosten in Höhe von 60 EUR an. Somit sind mit der Entscheidung $a^{(3)} = 125$ im dritten und vierten Quartal Gesamtkosten in Höhe von 120 EUR verbunden.

Die Produktion von 225 Mengeneinheiten ist mit Rüstkosten in Höhe von 60 EUR verbunden, es entstehen 40 EUR Lagerkosten für 100 Mengeneinheiten im dritten Quartal, der Lagerbestand ist $s_1^{(3)} = 100$. Wie aus $h^{*(4)}$ abzulesen ist, fallen bei $s_1^{(3)} = 100$ im vierten Quartal Kosten in Höhe von 0 an. Somit sind mit der Entscheidung $a^{(3)} = 225$ im dritten und vierten Quartal Gesamtkosten in Höhe von 100 EUR verbunden.

Bei einem Lagerbestand $s_1^{(2)} = 0$ ist es demnach optimal, im dritten Quartal 225 Mengeneinheiten zu produzieren, wovon 100 Mengeneinheiten bis zum vieren Quartal zu lagern sind. Ermittelt man die zu den Minimalkosten führenden Aktionen für die übrigen Lagerbestände $s_1^{(2)} \in S^2$ analog, so erhält man zusammengefasst:

$$h^{*(3)} = \begin{cases} 100 & \text{für } s_1^{(2)} = 0 \text{ und } a^{(3)} = 100 \\ 60 & \text{für } s_1^{(2)} = 125 \text{ und } a^{(3)} = 0 \\ 40 & \text{für } s_1^{(2)} = 225 \text{ und } a^{(3)} = 0\,. \end{cases}$$

Den Übergang vom ersten zum zweiten Quartal beschreibt die Beziehung

$$s_1^{(2)} = s_1^{(1)} + a^{(2)} - 100\,.$$

Die Bellmansche Funktionalgleichung lautet:

$$\begin{aligned} h^{*(2)}(s_1^{(1)}) &= \min_{a^{(2)} \in A^{(2)}(s_1^{(1)})} \left\{c_1 s_1^{(2)} + c_3 \delta(a^{(2)}) + h^{*(3)}(s_1^{(2)})\right\} \\ &= \min_{a^{(2)} \in A^{(2)}(s_1^{(1)})} \left\{c_1 (s_1^{(1)} + a^{(2)} - 100) + c_3 \delta(a^{(3)}) + h^{*(3)}(s_1^{(2)})\right\}\,. \end{aligned}$$

Die nachfolgende Zusammenfassung gibt die jeweils zum Kostenminimum führende Quartalsentscheidung in Abhängigkeit der unterschiedlichen Lagerbestände wieder:

$$h^{*(2)} = \begin{cases} 160 & \text{für } s_1^{(1)} = 0 \text{ und } a^{(2)} = 100 \\ 100 & \text{für } s_1^{(1)} = 125 \text{ und } a^{(2)} = 0 \\ 110 & \text{für } s_1^{(1)} = 225 \text{ und } a^{(2)} = 0 \\ 130 & \text{für } s_1^{(1)} = 325 \text{ und } a^{(2)} = 0 \end{cases}$$

Der Übergang vom Anfangszustand in das erste Quartal vollzieht sich gemäß:

$$s_1^{(1)} = 0 + a^{(1)} - 80\,.$$

Für die Bellmansche Funktionalgleichung gilt:

$$\begin{aligned} h^{*(1)}(s_1^{(0)}) &= \min_{a^{(1)} \in A^{(1)}(s_1^{(0)})} \left\{c_1 s_1^{(1)} + c_3 \delta(a^{(1)}) + h^{*(2)}(s_1^{(1)})\right\} \\ &= \min_{a^{(1)} \in A^{(1)}(s_1^{(0)})} \left\{c_1 (0 + a^{(1)} - 80) + c_3 \delta(a^{(1)}) + h^{*(2)}(s_1^{(1)})\right\}\,. \end{aligned}$$

Produziert man in der ersten Periode $a^{(1)} = 80$ Mengeneinheiten, so entstehen Rüstkosten im ersten Quartal in Höhe von 60 EUR, Lagerkosten fallen im ersten Quartal nicht an, da keine Produkte gelagert werden. $h^{*(2)}$ gibt an, dass bei einem Lagerbestand von $s_1^{(1)} = 0$ weitere Kosten von mindestens 160 EUR in den restlichen Quartalen anfallen. Somit ergeben sich Gesamtkosten in Höhe von 220 EUR.

Berechnet man analog die Kosten, die mit den übrigen Produktionsentscheidungen $a^{(1)} \in A^{(1)}$ verbunden sind, so ergibt sich:

$$h^{*(1)} = \min\{220, 200, 260, 320\} = 200\,.$$

Die minimalen Kosten sind mit der Produktion $a^{*(1)} = 180$ Mengeneinheiten verbunden und betragen 200 EUR.

In der Vorwärtsrechnung ist nun noch die optimale Strategie zu ermitteln.

Das Lager ist zunächst leer, d. h. es gilt:

$$s_1^{(0)} = 0\,.$$

Nach der Produktion von $a^{*(1)} = 180$ Mengeneinheiten und Auslieferung von 80 Mengeneinheiten existiert zu Beginn des zweiten Quartals ein Lagerbestand in Höhe von 100 Mengeneinheiten. Nach $h^{*(2)}$ ist bei einem Lagerbestand $s_1^{(1)} = 100$ die optimale Entscheidung $a^{*(2)} = 0$, d. h. es findet keine Produktion statt. Nach Auslieferung von 100 Mengeneinheiten im zweiten Quartal sinkt der Lagerbestand auf $s_1^{(2)} = 0$ ab. Gemäß $h^{*(3)}$ sind in diesem Fall $a^{*(3)} = 225$ Mengeneinheiten zu produzieren. Da im dritten Quartal nur 125 Mengeneinheiten benötigt werden, gehen 100 Mengeneinheiten auf Lager, mit denen zugleich auch der Bedarf im vierten Quartal gedeckt ist. Die Gesamtkosten belaufen sich bei der Strategie $a^* = (180, 0, 225, 0)$ auf 200 EUR.

Wie im einleitenden Abschnitt bereits ausgeführt wurde, lassen sich mehrstufige Entscheidungsprobleme mit Hilfe der Strategienbildung grundsätzlich auf einstufige Entscheidungsprobleme zurückführen. Da die Anzahl der Strategien in konkreten Entscheidungssituationen im allgemeinen sehr hoch sein wird, ist dieses Vorgehen aus rechentechnischen Gründen nicht zu empfehlen; vielmehr erweist es sich sogar oft als zweckmäßig, einstufige Entscheidungsprobleme künstlich zu „dynamisieren“ und mit Hilfe der dynamischen Optimierung zu lösen. Das nachfolgende Beispiel verdeutlicht das Vorgehen, das sich insbesondere bei sog. Aufteilungsproblemen anbietet.

Beispiel 3.1-6

Ein Unternehmen stellt ein Produkt in einem einstufigen Fertigungsprozess her, wozu drei kostenverschiedene Anlagen zur Verfügung stehen. Die jeweiligen Gesamtkosten in Bezug auf die Ausbringung für die drei Anlagen zeigt folgende Tabelle

	Anlage		
Ausbringung	1	2	3
0	0	0	0
1	4	5	3
2	6	6	7
3	12	9	11

Gesucht ist die kostenminimale Aufteilung einer Ausbringungsmenge von 6 Mengeneinheiten auf die drei zur Verfügung stehenden Anlagen, wobei Kosten wiederum negativem Nutzen gleichgesetzt werden können.

Lösung:

Der „Dynamisierung“ des Problems liegt der Gedanke zugrunde, dass sich die Zuordnung einer bestimmten Ausbringungsmenge zur Anlage t auf der Stufe t des Entscheidungsprozesses vollzieht. Der jeweilige Zustand des Systems lässt sich durch die noch nicht zugeordnete Ausbringungsmenge beschreiben.

Bezeichnet man mit:

$a^{(t)}$ die der Anlage t zugeordnete Ausbringungsmenge,
$s_1^{(t)}$ die nach Zuordnung auf die Anlage t noch nicht zugeordnete Ausbringungsmenge,
k^t die Produktionskosten auf der Anlage t,

so lässt sich dieses Zuordnungsproblem gemäß (3.1-1)–(3.1-5) darstellen als:

$$-Y^D = \sum_{t=1}^{3} k^{(t)} ;$$

$$s_1^{(t)} = s_1^{(t-1)} - a^{(t)} ;$$

$$s_1^{(0)} = 6 \quad \text{und} \quad s_1^{(3)} = 0 ;$$

$$a^{(t)} \in A^{(t)} = \left\{ a^{(t)} | 0 \leq a^{(t)} \leq s_1^{(t-1)} \right\} ;$$

$$s_1^{(t)} \in S^{(t)} = \left\{ s^{(t)} | 0 \leq s_1^{(t)} \right\} .$$

Die Bedingung $s_1^{(3)} = 0$ stellt zusammen mit $s_1^{(0)} = 6$ sicher, dass die gesamte Ausbringungsmenge den drei Anlagen zugeordnet wird.

Da die Zielsetzung in der kostenminimalen Aufteilung der gesamten Ausbringungsmenge besteht, gilt für die Bellmansche Funktionalgleichung:

$$h^{*(t)}(s_1^{(t-1)}) = \min_{a^{(t)} \in A^{(t)}(s_1^{(t-1)})} \left\{ k^{(t)} + h^{*(t+1)}(s_1^{(t)}) \right\} ,$$

mit

$$h^{*(4)}(s_1^{(3)}) \equiv 0 .$$

Im ersten Schritt der Rückwärtsrechnung ergibt sich demnach:

$$h^{*(3)}(s_1^{(2)}) = \min_{a^{(3)} \in A^{(3)}(s_1^{(2)})} \left\{ k^{(3)} \right\} .$$

Wie aus der angegebenen Tabelle unmittelbar abzulesen ist, gilt:

$$h^{*(3)} = \begin{cases} 0 & \text{für } s_1^{(2)} = 0 \text{ und } a^{(3)} = 0 \\ 3 & \text{für } s_1^{(2)} = 1 \text{ und } a^{(3)} = 1 \\ 7 & \text{für } s_1^{(2)} = 2 \text{ und } a^{(3)} = 2 \\ 11 & \text{für } s_1^{(2)} = 3 \text{ und } a^{(3)} = 3 \end{cases}$$

Der Ermittlung der optimalen (bedingten) Zuordnungen von Ausbringungsmengen zur Anlage 2 liegt die Funktionalgleichung

$$h^{*(2)}(s_1^{(1)}) = \min_{a^{(2)} \in A^{(2)}(s_1^{(1)})} \left\{ k^{(2)} + h^{*(3)}(s_1^{(2)}) \right\}$$

zugrunde, wobei sich der Übergang von der ersten auf die zweite Stufe (Anlage) beschreiben lässt als:

$$s_1^{(2)} = s_1^{(1)} - a^{(2)} .$$

Da auf der ersten Anlage höchstens drei Mengeneinheiten gefertigt werden können, ist die Zuordnung zur zweiten Anlage für die Fälle $S^{(1)} = \{3, 4, 5, 6\}$ zu untersuchen.

Für $s_1^{(1)} = 3$ sind die für die Berechnung relevanten Werte in der nachstehenden Tabelle zusammengestellt.

$a^{(2)}$	$a^{(3)}$	$k^{(2)}$	$k^{(3)}$	$k^{(2)} + k^{(3)}$
3	0	9	0	9 $\longleftarrow$ min
2	1	6	3	9 $\longleftarrow$ min
1	2	5	7	12
0	3	0	11	11

Die Entscheidungen $a^{(2)} = 3$ und $a^{(2)} = 2$ führen auf die minimalen Gesamtkosten in der zweiten und dritten Stufe von 9.

Für $s_1^{(1)} = 4$ errechnet sich:

$a^{(2)}$	$a^{(3)}$	$k^{(2)}$	$k^{(3)}$	$k^{(2)} + k^{(3)}$
3	1	9	3	12 $\longleftarrow$ min
2	2	6	7	13
1	3	5	11	16

Für $s_1^{(1)} = 5$ gilt:

$a^{(2)}$	$a^{(3)}$	$k^{(2)}$	$k^{(3)}$	$k^{(2)} + k^{(3)}$
3	2	9	7	16 $\longleftarrow$ min
2	3	6	11	17

Sind auf der zweiten und dritten Anlage insgesamt noch 6 Mengeneinheiten zu produzieren, so besteht keine Wahlmöglichkeit. Es sind jeweils 3 Mengeneinheiten auf jeder der beiden Anlagen herzustellen, was mit Gesamtkosten in Höhe von 20 verbunden ist.

Zusammengefasst gilt:

$$h^{*(2)} = \begin{cases} 9 & \text{für } s_1^{(1)} = 3 \text{ und } a^{(2)} = 3 \text{ oder } a^{(2)} = 2 \\ 12 & \text{für } s_1^{(1)} = 4 \text{ und } a^{(2)} = 3 \\ 16 & \text{für } s_1^{(1)} = 5 \text{ und } a^{(2)} = 3 \\ 20 & \text{für } s_1^{(1)} = 6 \text{ und } a^{(2)} = 3\,. \end{cases}$$

Der Übergang vom Anfangszustand zum Zustand nach der Zuordnung auf die erste Anlage vollzieht sich nach der Beziehung:

$$s_1^{(1)} = s_1^{(0)} - a^{(1)}$$

und für die Bellmansche Funktionalgleichung gilt:

$$h^{*(1)}(s_1^{(0)}) = \min_{a^{(1)} \in A^{(1)}(s_1^{(0)})} \left\{k^{(1)} + h^{*(2)}(s_1^{(1)})\right\}\,.$$

Da der Anfangszustand mit $s_1^{(0)} = 6$ fest vorgegeben ist, lässt sich die optimale Entscheidung auf der ersten Stufe bereits mit Hilfe der nachstehenden Tabelle ermitteln.

$a^{(1)}$	$a^{(2)} + a^{(3)}$	$k^{(1)}$	$k^{(2)} + k^{(3)}$	$k^{(1)} + k^{(2)} + k^{(3)}$
3	3	12	9	21
2	4	6	12	18 $\longleftarrow$ min
1	5	4	19	20
0	6	0	20	20

Als Ergebnis der Rückwärtsrechnung liegen die optimalen (bedingten) Entscheidungen und die unbedingte Entscheidung $a^{*(1)} = 2$ vor.

In der Vorwärtsrechnung sind nun die weiteren optimalen Entscheidungen zu ermitteln, die insgesamt die optimale Strategie darstellen.

Insgesamt sind 6 Mengeneinheiten zu produzieren, d. h. es gilt:

$$s_1^{(0)} = 6 .$$

Auf der Anlage 1 werden $a^{*(1)} = 2$ Mengeneinheiten gefertigt. Auf der zweiten und dritten Anlage sind insgesamt noch

$$s_1^{(1)} = s_1^{(0)} - a^{*(1)} = 6 - 2 = 4$$

Mengeneinheiten herzustellen. Nach $h^{*(2)}$ sind davon 3 Mengeneinheiten auf der Anlage 2 zu produzieren. Als Restgröße ergibt sich

$$s_1^{(2)} = s_1^{(1)} - a^{*(2)} = 4 - 3 = 1 ,$$

d. h. auf der Anlage 3 ist eine Mengeneinheit zu fertigen.

Die minimalen Gesamtkosten zur Herstellung von 6 Mengeneinheiten fallen bei Wahl der Strategie (2, 3, 1) in Höhe von 18 an. Damit ist die optimale Anlagenbelegung ermittelt. Ein zeitlicher Ablauf der Produktion ist durch die künstliche Dynamisierung des Problems nicht festgelegt. Das Ergebnis ist unabhängig von der Reihenfolge, in der die Anlagen in die Betrachtung einbezogen werden.

3.1.3 Entscheidungsbaumverfahren

3.1.3.1 Sicherheit

Existieren neben der zeitlichen Verknüpfung sachliche Interdependenzen zwischen den im Zeitablauf zu treffenden Entscheidungen und ist die Anzahl der Aktionen und Umweltzustände auf jeder Stufe endlich, so eignen sich Entscheidungsbaumverfahren zur Lösung derartiger Probleme. Der besondere Vorteil der Entscheidungsbaumverfahren wird in der anschaulichen Problemdarstellung und im leicht nachvollziehbaren Berechnungsvorgang gesehen, was insbesondere bei Überblicksbetrachtungen und bei der didaktischen Aufbereitung mehrstufiger Entscheidungsprobleme zur Wirkung kommt. Praktischen Anwendungen steht vielfach der Umfang entgegen, den die Entscheidungsbäume mit zunehmender Stufenanzahl sehr rasch erreichen.

Definition 3.6: Ein *Digraph* D (gerichteter Graph) ist ein Quadrupel (V, R, α, ω) mit:
$V = \{v_1, \ldots, v_k\}$ nichtleere „Knotenmenge";
$R = \{r_1, \ldots, r_l\}$ „Pfeilmenge";
$\alpha : R \longrightarrow V$ $[\alpha(r)$: Anfangsknoten von r]
$\omega : R \longrightarrow V$ $[\omega(r)$: Endknoten von r].

Definition 3.7: Ein Knoten v_2 eines Digraphen heißt von einem Knoten v_1 aus erreichbar, wenn es in D eine Pfeilfolge mit dem Anfangsknoten v_1 und dem Endknoten v_2 gibt.

Definition 3.8: Ein Digraph heißt *gerichteter Baum* mit der Wurzel v_0, wenn (a) jeder beliebige Knoten von v_0 aus erreichbar ist; (b) $\| R \| = \| V \| - 1$, d. h. die Anzahl der Pfeile entspricht der Anzahl der Knoten minus 1.

Hinweis: Bei einem gerichteten Baum handelt es sich um einen Digraphen mit einer Minimalzahl von Pfeilen, wobei jeder Knoten von der Wurzel aus erreichbar ist.

Definition 3.9: Im Fall der *Sicherheit* wird ein gerichteter Baum mit Wurzel *Entscheidungsbaum* genannt, wenn den Knoten die verschiedenen Zustände und den Pfeilen die verschiedenen Aktionen zugeordnet sind.

Definition 3.10: Ist es in einem Entscheidungsproblem gleichgültig, wie man einen bestimmten Zustand erreicht hat, so kann man durch Zusammenfassung gleicher Zustände den Entscheidungsbaum zu einem *Entscheidungsnetzwerk* umformen.

Hinweis: Lässt sich ein Problem in einem Entscheidungsnetzwerk abbilden, so ist es auch mit Hilfe der dynamischen Optimierung lösbar.

Beispiel 3.1-7
Es ist der Entscheidungsbaum für die Problemstellung aus Beispiel 3.1-6 darzustellen.

Lösung:
In den Entscheidungsknoten, die durch □ symbolisiert sind, ist die Anzahl der noch zu produzierenden Mengeneinheiten angegeben. Die von den Knoten ausgehenden Pfeile sind durch die Anzahl der auf der entsprechenden Anlage gefertigten Mengeneinheiten und die damit verbundenen Kosten (in Klammern) gekennzeichnet.

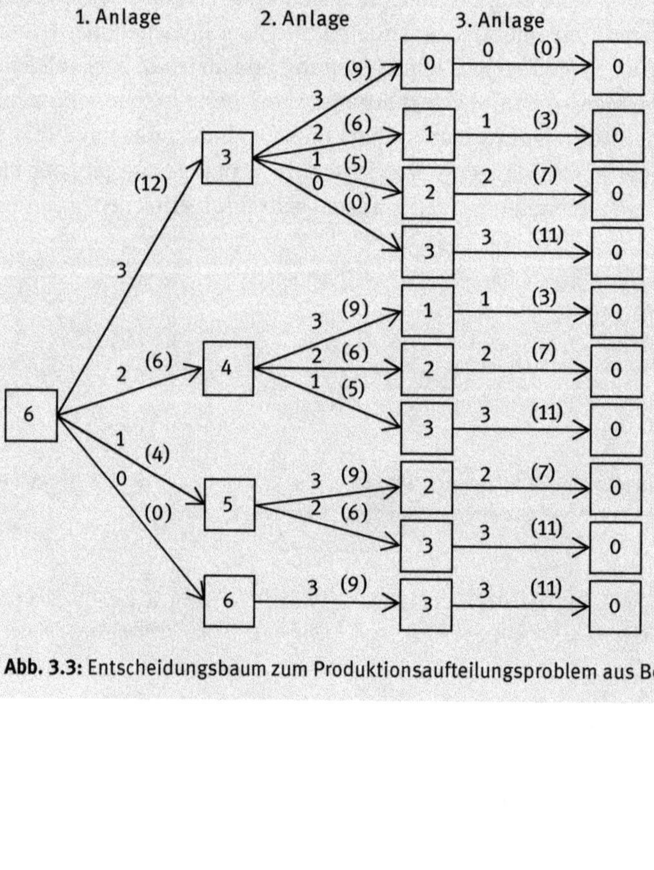

Abb. 3.3: Entscheidungsbaum zum Produktionsaufteilungsproblem aus Beispiel 3.1-6

Im konkreten Fall gilt:

$$V = \{v_1, \ldots, v_{25}\} \quad \text{und} \quad \| V \| = 25 \quad \text{bzw.}$$

$$R = \{r_1, \ldots, r_{24}\} \quad \text{und} \quad \| R \| = 24 .$$

Da es bei dieser Problemstellung gleichgültig ist, wie ein bestimmter Zustand erreicht wurde, lässt sich der Entscheidungsbaum auch zu nachstehendem Netzwerk zusammenfassen.

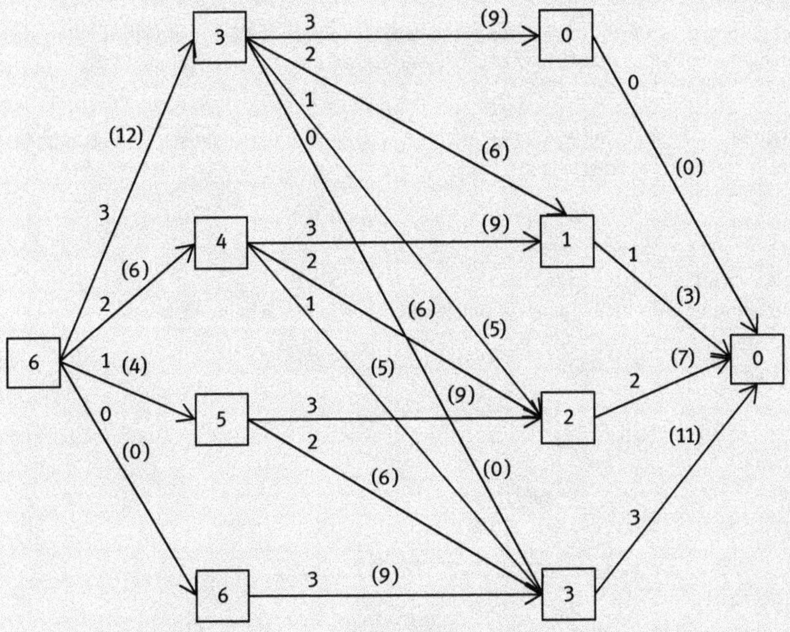

Abb. 3.4: Entscheidungsnetzwerk zum Produktionsaufteilungsproblem aus Beispiel 3.1-6

Jede Pfeilfolge von der Wurzel bis zu einem beliebigen Endknoten des Entscheidungsbaums beschreibt genau eine Strategie des Entscheidenden. Die Ermittlung einer optimalen Strategie erfolgt mit Hilfe einer Rückwärtsrechnung, die als sog. Roll-back-Analyse bezeichnet wird. Im Verlauf dieses Verfahrens erfolgt eine Zuordnung von Entscheidungswerten W zu den Knoten des Baums, die den weiteren Ablauf steuern und schließlich die optimalen Strategien beschreiben. Die Knotenbewertung geschieht in folgenden Schritten:

1. Schritt:
Unter der Voraussetzung, dass keine Bewertung über den Planungshorizont hinaus erfolgt, ist allen Endknoten des Entscheidungsbaums der Wert W = 0 zuzuordnen.

2. Schritt:
Von den Endknoten des Baums ausgehend und zur Wurzel fortschreitend, ist jedem Knoten v_i, der noch keinen Entscheidungswert besitzt, der Wert

$$W(v_i) = \max_{\alpha(r_j)=v_i} \{W(r_j) + W(\omega(r_j))\}$$

zuzuordnen.

3. Schritt:

Eine optimale Strategie wird durch diejenige Pfeilfolge determiniert, die von der Wurzel ausgehend den Weg beschreibt, der zur Bewertung der Wurzel geführt hat. Der Entscheidungswert der Wurzel gibt zugleich den Maximalwert der Zielfunktion an.

Beispiel 3.1-8

Es ist eine optimale Strategie für die Problemstellung aus Beispiel 3.1-6 unter Verwendung des Entscheidungsbaums aus Beispiel 3.1-7 mit Hilfe der Roll-back-Analyse zu ermitteln.

Lösung:

Für die Werte $W(r_j)$ für alle r_j mit $\alpha(r_j) = v_i$ sind die negativen Produktionskosten im 2. Schritt des Verfahrens heranzuziehen, bzw. es gilt:

$$W(v_i) = \min_{\alpha(r_j)=v_i} \{K(r_j) + W(\omega(r_j))\} ,$$

wobei K die Produktionskosten bezeichnet.

Die errechneten Entscheidungswerte sind jeweils über den Entscheidungsknoten angegeben:

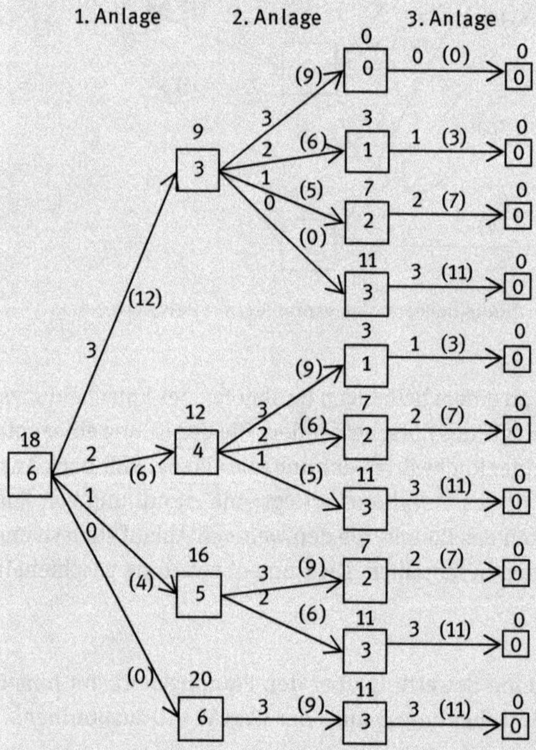

Abb. 3.5: Ermittlung der optimalen Strategie zur Produktionsaufteilung

Die minimalen Gesamtkosten belaufen sich auf 18 und entstehen, wenn zwei Einheiten auf der Anlage 1, drei Einheiten auf der Anlage 2 und eine Einheit auf der Anlage 3 gefertigt werden.

3.1.3.2 Risiko

In der Risikosituation sind im Entscheidungsbaum neben den Aktionsmöglichkeiten des Entscheidenden auch alternative Umweltzustände zu berücksichtigen.

Definition 3.11: In der *Risikosituation* ist ein *Entscheidungsbaum* ein gerichteter Baum mit Wurzel, bei dem die Knoten jeder Pfeilfolge alternierend Elemente aus den disjunkten Mengen der Entscheidungsknoten □ bzw. Zufallsknoten ○ sind.

Hinweise:

1. Den Pfeilen, die von Zufallsknoten ausgehen, sind Eintrittswahrscheinlichkeiten zugeordnet, wobei $p_{ik}^{(t)}$ die Wahrscheinlichkeit des Eintretens desjenigen Umweltzustands bezeichnet, der auf der Stufe t durch den k-ten, von i ausgehenden Pfeil repräsentiert wird.
2. Bildet man ein Entscheidungsproblem nur durch die auf den einzelnen Stufen relevanten Umweltzustände in einem Baum ab, so bezeichnet man diesen als *Zustandsbaum*.

Beispiel 3.1-9

Bezeichnet man mit

P_1: die Anlage im Wertpapier P_1 und den Rest auf das Sparbuch,
P_2: die Anlage im Wertpapier P_2 und den Rest auf das Sparbuch,
S: die Anlage auf dem Sparbuch,

so erhält man den Entscheidungsbaum in Abb. 3.6.

Ist ein mehrstufiges Entscheidungsproblem bei Risiko mit Hilfe eines Entscheidungsbaums darstellbar, so ist zur Ermittlung der optimalen Strategie eine entsprechend angepasste Roll-back-Analyse geeignet. Analog zum Fall der Sicherheit steuern hier Entscheidungswerte U den weiteren Ablauf des Verfahrens und dienen zudem der Beschreibung der optimalen Strategie.

Bezeichnet v_i^{zt} den i-ten Zufallsknoten auf der Stufe t des Problems und v_{ik}^{et} denjenigen Entscheidungsknoten auf der Stufe t, zu dem der k-te von $v_i^{z,t-1}$ ausgehende Pfeil führt, so geschieht die Knotenbewertung in folgenden Schritten:

1. Schritt:

Die Bewertung der Endknoten des Entscheidungsbaums mit Risikonutzenwerten u, die in diesem Fall zugleich Entscheidungswerte U darstellen, richtet sich nach der speziellen Aufgabenstellung.

Von der Wurzel des Entscheidungsbaums ausgehend, sind dabei zunächst die Ausprägungen der Zielgröße zu ermitteln, die auf einem Weg bis zum betreffenden Endknoten auf den einzelnen Stufen realisiert werden. Sind mit bestimmten Aktionen Kosten verbunden, so sind diese den entsprechenden Ausprägungen der Zielgröße gegenüberzustellen. Da hier nur mehrstufige Entscheidungsprobleme unter einer Zielsetzung betrachtet werden, ist davon auszugehen, dass zwischen den Ausprägungen der Zielgröße und den Kosten Dimensionsgleichheit besteht, was eine

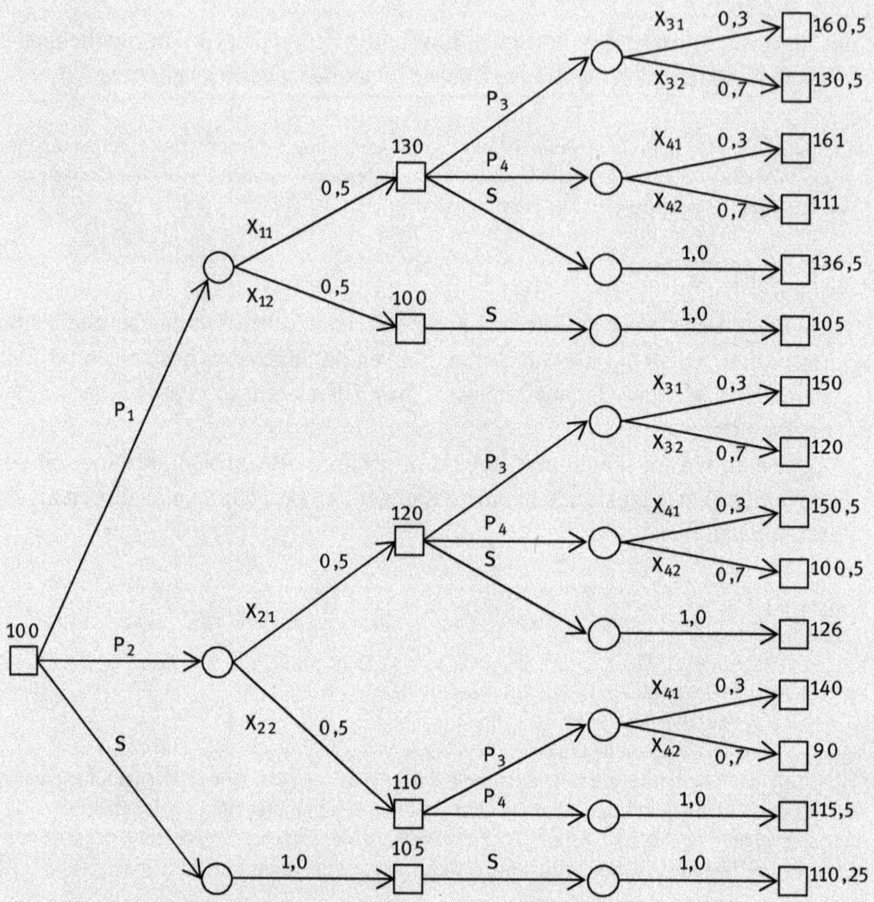

Abb. 3.6: Entscheidungsbaum zum Anlageproblem aus Beispiel 3.1-1
Anmerkung: Zur Darstellung sicherer Entwicklungen, d. h. deterministischer Zustände, werden aus Symmetriegründen Zufallsknoten verwendet, von denen jeweils ein Pfeil ausgeht, der mit der Sicherheit repräsentierenden „Wahrscheinlichkeit" 1,0 gekennzeichnet ist.

Saldierung ermöglicht. Sodann erfolgt der bereits beschriebene Übergang zu (Risiko-)Nutzenwerten, die schließlich, gegebenenfalls unter Berücksichtigung einer Diskontierung, additiv zur Bewertung des jeweiligen Endknotens zu verknüpfen sind.

2. Schritt:

Von den Endknoten des Baumes ausgehend und zur Wurzel fortschreitend, ist jedem Knoten v_i, der noch keinen Entscheidungswert besitzt, ein Wert zuzuordnen, für den gilt:

a) für Zufallsknoten:

$$U(v_i^{zt}) = \sum_k p_{ik}^{(t)} U(v_{ik}^{e,t+1}) \quad \text{für alle } i ,$$

b) für Entscheidungsknoten

$$U(v_{ik}^{et}) = \max_j \{U(v_j^{zt})\} ,$$

wobei v_j^{zt} unmittelbar von v_{ik}^{et} aus erreichbar ist.

3. Schritt:
Eine optimale Strategie ist durch diejenigen Pfeil- und Knotenfolgen gekennzeichnet, die von der Wurzel ausgehend, die Wege beschreiben, die zur Bewertung der Wurzel geführt haben.

Hinweis: Da es sich um Entscheidungsprobleme unter Unsicherheit handelt, besteht jede Strategie aus bedingten Handlungsanweisungen.

Beispiel 3.1-10
Anhand des Entscheidungsbaums aus Beispiel 3.1-9 ist eine optimale Strategie für die Problemstellung aus Beispiel 3.1-1 zu ermitteln unter der Annahme, dass für den Entscheidenden die Risikonutzenfunktion aus Beispiel 3.1-2 mit

$$u(e_{ij}) = 6{,}5e_{ij} - 0{,}01e_{ij}^2$$

zutreffend ist.

Lösung:
Auf der Grundlage des Entscheidungsbaums aus Beispiel 3.1-9 lässt sich die Knotenbewertung gemäß dem angegebenen Algorithmus durchführen. Die Entscheidungswerte U sind jeweils über den Knoten angegeben (Abb. 3.7).

Die optimale Strategie besteht darin, zu Beginn des ersten Jahres das Wertpapier P_2 zu erwerben. Beträgt die Auszahlung am Ende des ersten Jahres 120, so ist zu Beginn des zweiten Jahres das Papier P_3 zu kaufen, ansonsten (Auszahlung 110) ist das Geld im zweiten Jahr auf dem Sparbuch anzulegen. Der gesamte mit dieser Strategie verbundene Risikonutzen beträgt 643,78.

3.1.3.3 Die Methode der stochastischen Entscheidungsbäume

Betrachtet man das Beispiel 3.1-1 und die daraus abgeleiteten Beispiele 3.1-9 und 3.1-10, so wird deutlich, dass eine realitätsnähere Abbildung mehrstufiger Entscheidungsprobleme in Entscheidungsmodellen vor allem eine weitere Differenzierung der Umweltzustände erforderlich macht. Hängt z. B. die Auszahlung des Wertpapiers P_1 am Ende des ersten Jahres von dessen Börsenkurs ab, so sind anstelle der beiden Umweltzustände, die zu den Auszahlungen 130 und 100 führen, eine Vielzahl von Umweltzuständen zu berücksichtigen. Die Vergrößerung der Anzahl der von den Zufallsknoten

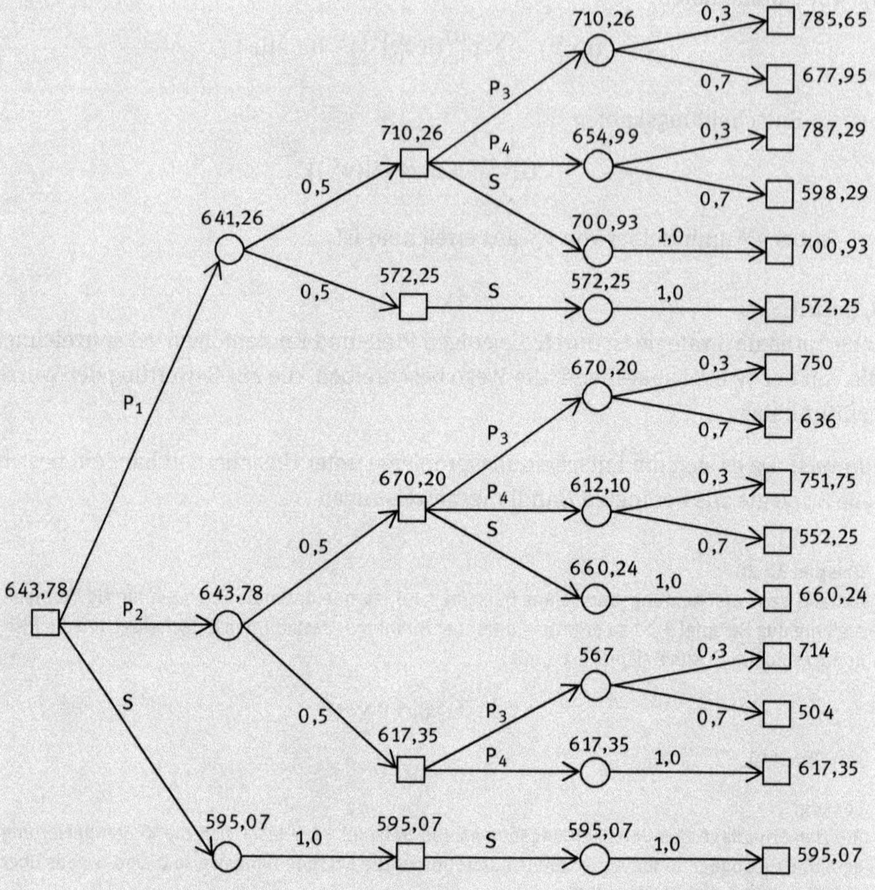

Abb. 3.7: Ermittlung der optimalen Anlagestrategie

ausgehenden Pfeile führt zwar zu einer Verbesserung der Abbildung, hat jedoch eine Vergrößerung des Entscheidungsbaums zur Folge, die sich insbesondere bei hoher Stufenzahl negativ auswirkt. Als Ausweg aus diesem Dilemma bietet sich ein Verfahren an, bei dem im ersten Schritt – ausgehend von einem modifizierten Entscheidungsbaum – das mehrstufige Entscheidungsproblem mittels Simulation auf ein einstufiges Problem zurückgeführt wird. Als Ergebnis dieses Schritts erhält man für jede Strategie eine *Verteilung* der Ausprägungen des zeitbezogenen Merkmals der Zielgröße. Diese Verteilungen sind dann im zweiten Schritt miteinander zu vergleichen und es ist diejenige Strategie optimal, die zur meistpräferierten Verteilung der Zielgröße führt.

In dem als Grundlage für das geschilderte Vorgehen dienenden sog. *stochastischen Entscheidungsbaum* tritt an die Stelle der von den Zufallsknoten ausgehenden

Pfeile die gesamte Verteilung der entsprechenden Größe, was durch einen Pfeil und das Symbol ≅ dargestellt wird. Die von den Entscheidungsknoten ausgehenden Pfeile beschreiben jeweils eine vollständige Handlungsanweisung in Abhängigkeit vom eingetretenen Umweltzustand.

Beispiel 3.1-11
Das Problem aus Beispiel 3.1-1 ist in einem stochastischen Entscheidungsbaum abzubilden.

Lösung:
Während im ersten Jahr mit dem Anfangsbestand von 100 EUR sämtliche Anlagemöglichkeiten realisierbar sind, ist im zweiten Jahr nur die Anlage auf dem Sparbuch in jedem Fall möglich. In einer vollständigen Handlungsanweisung ist zu berücksichtigen, dass der Erwerb des Wertpapiers P_3 eine Auszahlung von 120 EUR erfordert, während für den Kauf des Papiers P_4 ein Betrag von 110 EUR ausreicht. So bedeutet z. B. die Angabe P_3/S, dass ein Betrag von mindestens 120 EUR in das Wertpapier P_3 zu investieren ist, ansonsten die Anlage auf dem Sparbuch erfolgt.

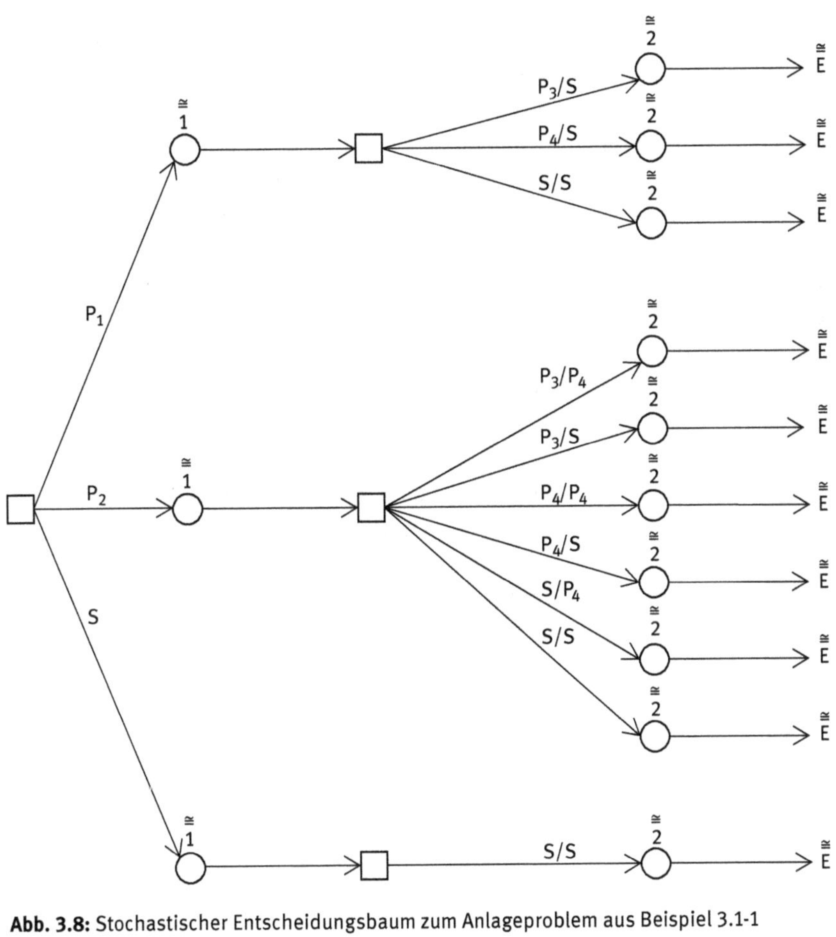

Abb. 3.8: Stochastischer Entscheidungsbaum zum Anlageproblem aus Beispiel 3.1-1

Die durch $\overset{\cong}{1}$ dargestellten Verteilungen beschreiben im konkreten Fall des Beispiels den Eintritt der Umweltzustände s_{11} bzw. s_{12}, jeweils mit der Wahrscheinlichkeit von 0,5. Mit $\overset{\cong}{2}$ werden die Verteilungen der Umweltzustände s_{21} bzw. s_{22} mit den Wahrscheinlichkeiten 0,3 bzw. 0,7 symbolisiert. Bei Anlage auf dem Sparbuch ist der Endbestand unabhängig davon, welcher Umweltzustand eintritt. Die Verteilungen an den Endästen des stochastischen Entscheidungsbaums $\overset{\cong}{E}$ stellen das Ergebnis der ersten Stufe des Verfahrens für jede mögliche Strategie dar.

Nach der Darstellung des Problems in einem stochastischen Entscheidungsbaum besteht die Aufgabe nun in der Ermittlung der Ergebnisverteilungen. Hierzu ist jeweils für eine bestimmte Strategie eine hinreichend große Anzahl von *Simulationsläufen* durchzuführen. Danach sind die relativen Häufigkeiten des Eintretens der einzelnen Ausprägungen des zeitbezogenen Merkmals der Zielgröße zu ermitteln und als Wahrscheinlichkeiten zu interpretieren. Simuliert man z. B. die Strategie $P_1 - P_3/S$ mit einem idealen Simulationsverfahren, so steht in 50 % der Simulationsläufe zu Beginn der zweiten Stufe ein Betrag von 130 EUR zur Verfügung. In diesem Fall ist gemäß der Handlungsanweisung der Strategie für das zweite Jahr das Wertpapier P_3 zu kaufen und der Rest auf dem Sparbuch anzulegen. Das Papier P_3 erbringt in 30 % der Simulationsläufe eine Einzahlung in Höhe von 150 EUR am Ende des zweiten Jahres, in 70 % der Läufe lautet das Ergebnis 120 EUR. Hinzu kommt noch der auf dem Sparbuch angelegte Betrag einschließlich Zinsen. Sind zu Beginn des zweiten Jahres nur 100 EUR zu investieren, so bleibt dafür nur die Möglichkeit der Anlage auf dem Sparbuch mit einer sicheren Verzinsung in Höhe von 5 %.

Es ist nun die Aufgabe des Entscheidenden, durch Vergleich der ermittelten Verteilungen, die optimale Strategie zu bestimmen. Dabei liefern ihm die vollständigen Verteilungen wesentlich mehr Informationen als nur einige ihrer Kennwerte. So kann es für den Entscheidenden von Bedeutung sein, wie groß die Wahrscheinlichkeit des Auftretens einer Einzahlung ist, die kleiner ist als der Anfangsbestand bzw. der Betrag, den er bei sicherer Anlage auf dem Sparbuch nach zwei Jahren erhält.

Ist eine direkte Beurteilung der Wahrscheinlichkeitsverteilungen durch den Entscheidenden nicht möglich, etwa wenn deren Anzahl zu groß ist, so kann man auf die Verfahren zum Vergleich von Verteilungen zurückgreifen, die im Kapitel über einstufige Entscheidungen behandelt wurden. Ein Beispiel zur Anwendung des Bernoulli-Prinzips zu diesem Zweck beschließt diesen Abschnitt.

Beispiel 3.1-12
Für das Problem aus dem Beispiel 3.1-1 sind die Häufigkeitsverteilungen der mit den einzelnen Strategien verbundenen Einzahlungen am Ende des zweiten Jahres für jeweils 100 (ideale) Simulationsläufe darzustellen (Abb. 3.9).

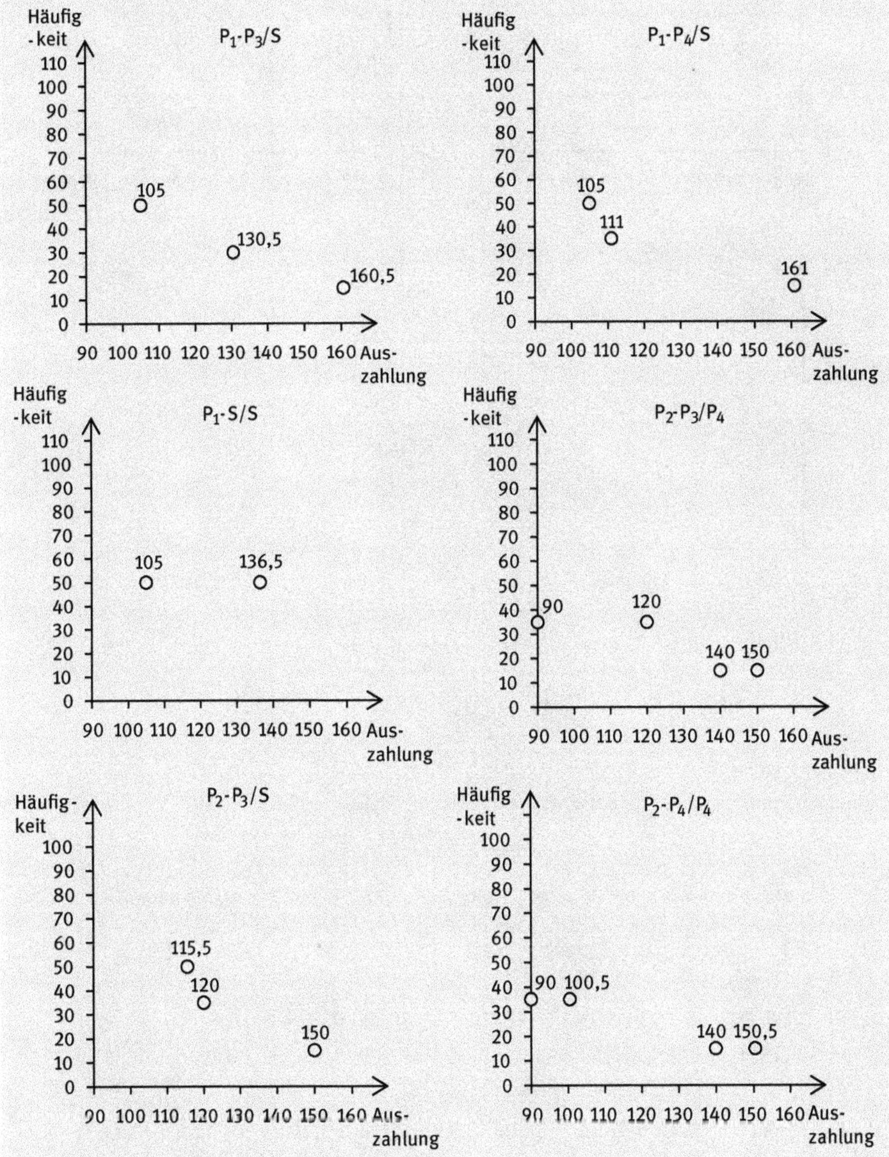

Abb. 3.9: Häufigkeitsverteilungen für die Strategien im Anlageproblem (Fortsetzung S. 160)

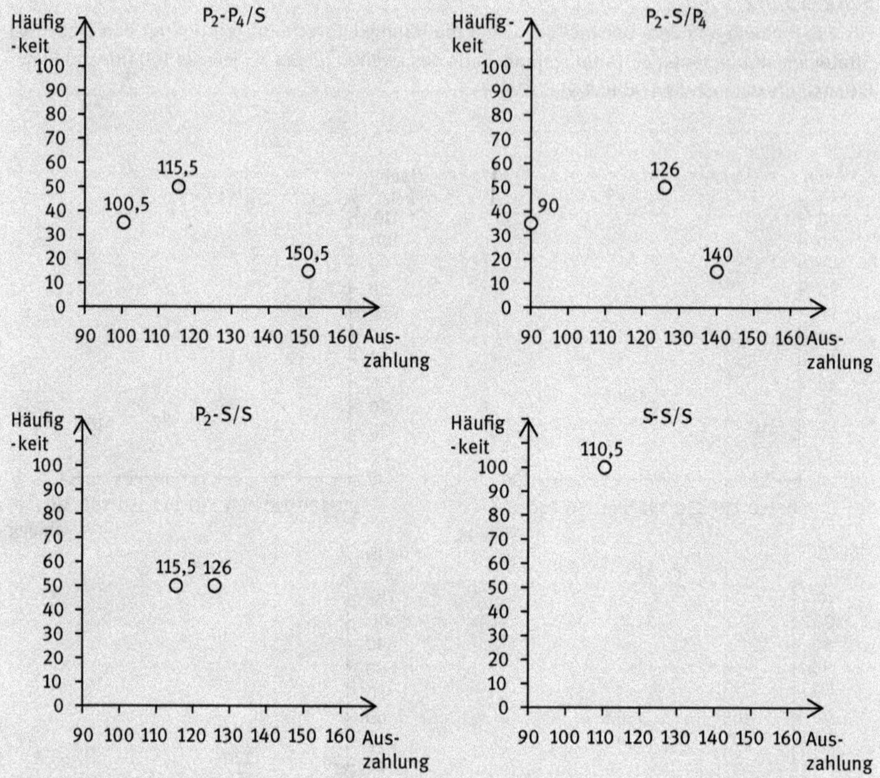

(Fortsetzung)

Beispiel 3.1-13

Unter der Annahme, dass für den Entscheidenden die Risikonutzenfunktion

$$u(e_{ij}) = 6{,}5e_{ij} - 0{,}01e_{ij}^2$$

gilt, sind die Verteilungen aus Beispiel 3.1-12 zu beurteilen, wobei die relativen Häufigkeiten des Auftretens von Einzahlungen als Wahrscheinlichkeiten zu interpretieren sind.

Lösung:

$P_1 - P_3/S$: $572{,}25 \cdot 0{,}5 + 677{,}95 \cdot 0{,}35 + 785{,}65 \cdot 0{,}15 = 641{,}26$;

$P_1 - P_4/S$: $572{,}25 \cdot 0{,}5 + 598{,}29 \cdot 0{,}35 + 787{,}29 \cdot 0{,}15 = 613{,}62$;

$P_1 - S/S$: $572{,}25 \cdot 0{,}5 + 700{,}93 \cdot 0{,}5 = 636{,}59$;

$P_2 - P_3/P_4$: $504{,}00 \cdot 0{,}35 + 636{,}00 \cdot 0{,}35 + 714{,}00 \cdot 0{,}15 + 750 \cdot 0{,}15 = 618{,}60$;

$P_2 - P_3/S$: $617{,}35 \cdot 0{,}5 + 636{,}00 \cdot 0{,}35 + 750{,}00 \cdot 0{,}15 = 643{,}78$;

$P_2 - P_4/P_4$: $504{,}00 \cdot 0{,}35 + 552{,}25 \cdot 0{,}35 + 714{,}00 \cdot 0{,}15 + 751{,}75 \cdot 0{,}15 = 589{,}55$;

$P_2 - P_4/S$: $552{,}25 \cdot 0{,}35 + 617{,}35 \cdot 0{,}5 + 751{,}75 \cdot 0{,}15 = 614{,}73$;

$P_2 - S/P_4$: $504{,}00 \cdot 0{,}35 + 660{,}24 \cdot 0{,}5 + 714{,}00 \cdot 0{,}15 = 613{,}62$;

$P_2 - S/S$: $617{,}35 \cdot 0{,}5 + 660{,}24 \cdot 0{,}5 = 638{,}80$;

$S - S/S$: $595{,}07 \cdot 1{,}0 = 595{,}07$.

Den höchsten Erwartungswert des Risikonutzens weist mit 643,78 die Strategie $P_2 - P_3/S$ auf, d. h. es ist zunächst in das Wertpapier P_2 zu investieren; stehen zu Beginn des zweiten Jahres 120 EUR zur Verfügung, so ist das Papier P_3 zu erwerben, ansonsten ist die Anlage im Sparbuch dem Wertpapier P_4 vorzuziehen.

3.2 Variable Information und neutrale Umwelt

3.2.1 Einführung in die statistische Entscheidungstheorie

Als ein spezielles mehrstufiges Entscheidungsproblem lässt sich der Fall interpretieren, dass der Informationsstand des Entscheidenden nicht fest vorgegeben ist, sondern selbst den Gegenstand der Entscheidung auf der ersten Stufe des Problems bildet. Da die Gewinnung von Informationen in der Regel mit Ausgaben oder zusätzlichem Arbeitsaufwand verbunden ist, besteht die Aufgabe darin, diese Nachteile – hier auch als Kosten bezeichnet – gegen die Vorteile abzuwägen, die sich daraus ziehen lassen.

Geben die Wahrscheinlichkeiten für das Eintreten der Umweltzustände den Informationsstand des Entscheidenden wieder, so ist ex definitione nur die Risikosituation weiter zu untersuchen. In diesem Fall lässt sich die Einbeziehung von Zusatzinformationen in ein Entscheidungsproblem unter Verwendung von Entscheidungsbäumen darstellen. Betrachtet man ein einstufiges Entscheidungsproblem, bei dem drei Aktionsmöglichkeiten zur Verfügung stehen und drei Umweltzustände zu berücksichtigen sind, so stellt sich der entsprechende Entscheidungsbaum dar als:

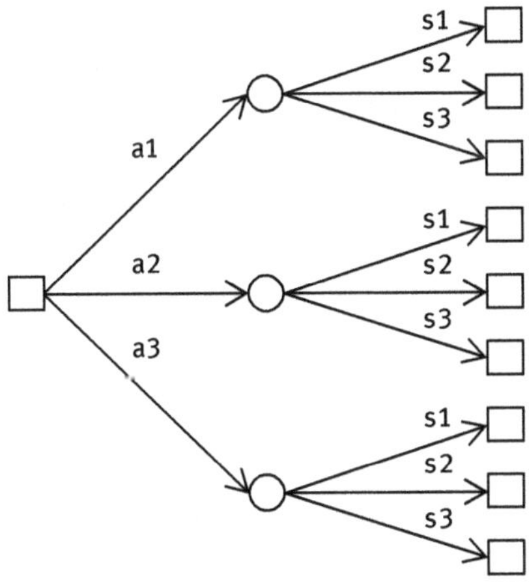

Abb. 3.10: Entscheidungsbaum bei Risiko

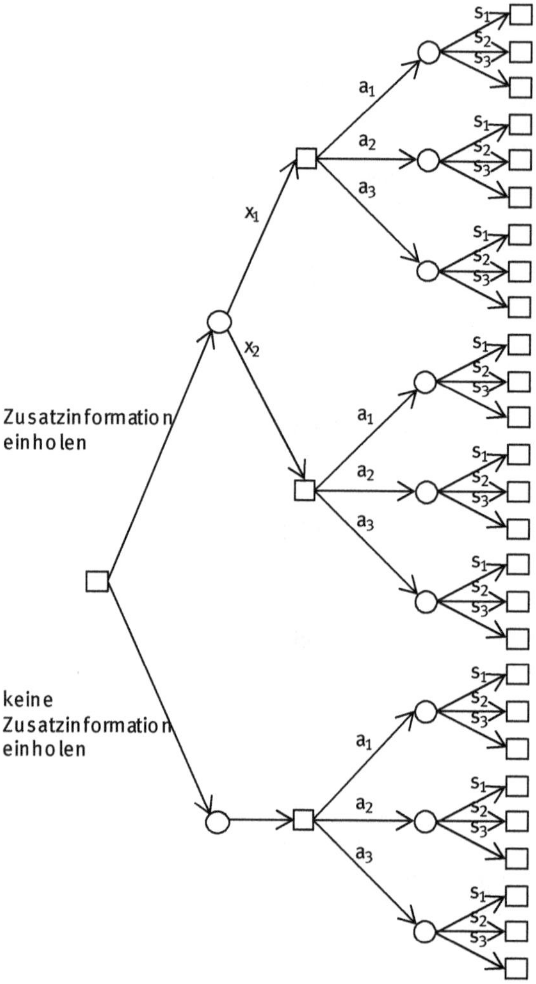

Abb. 3.11: Entscheidungsbaum bei Risiko und variabler Information

Besteht nun noch die Möglichkeit, zusätzliche Information über das Entscheidungsproblem einzuholen, die sich als eine von zwei möglichen Nachrichten x_1 und x_2 darstellt, so erweitert sich der Entscheidungsbaum wie in Abb. 3.11 angegeben.

Von Bedeutung ist nun die Frage nach der Aussagefähigkeit der Zusatzinformation, d. h. nach dem Zusammenhang zwischen der eingehenden Information und dem späteren Eintritt der verschiedenen Umweltzustände. Zur Beschreibung dieses Zusammenhangs eignet sich die bedingte Wahrscheinlichkeit $\theta(x_l|s_j)$, die auch als *Likelihoodwahrscheinlichkeit* bezeichnet wird und die Wahrscheinlichkeit angibt, dass die Information x_l eintritt, wenn s_j der wahre Umweltzustand ist.

Ist $\theta(x_l|s_j) = 1$, d. h. trifft mit Sicherheit ausschließlich die Information x_l ein, wenn s_j der wahre Umweltzustand ist, so entsteht für den Entscheidenden mit dem Eintreffen der Information x_l ein Entscheidungsproblem unter Sicherheit und er wird diejenige Aktion wählen, die ihm bei Umweltzustand s_j den größten Nutzen liefert. Das Problem besteht in diesem Fall in der Entscheidung, ob die (vollkommene) Information überhaupt eingeholt werden soll und wird an anderer Stelle noch näher untersucht.

Ist der Zusammenhang zwischen der eintreffenden Information und dem wahren Umweltzustand weniger eng, etwa wenn es sich bei der Information um einen Stichprobenbefund handelt, so besteht die Aufgabe darin, die *ursprünglichen (a priori) Wahrscheinlichkeiten* für das Eintreten der Umweltzustände unter Berücksichtigung des Informationsinhalts und des stochastischen Zusammenhangs zwischen der Information und dem wahren Umweltzustand zu „verbessern". Man spricht in diesem Zusammenhang auch von der Verarbeitung der unvollkommenen Information zu sog. *a posteriori Wahrscheinlichkeiten* ϱ.

Eine sinnvolle Form der Verknüpfung von a priori Wahrscheinlichkeiten und Likelihoodwahrscheinlichkeiten zu a posteriori Wahrscheinlichkeiten stellt das sog. *Bayessche Theorem* dar, nach dem gilt:

$$\varrho(s_j|x_l) = \varrho_{jl} = \frac{\theta(x_l|s_j)p_j}{\sum_{j=1}^{m}\theta(x_l|s_j)p_j} \qquad (3.2\text{-}1)$$

dabei bezeichnen:

$\varrho(s_j|x_l)$ die a posteriori Wahrscheinlichkeit für das Eintreten des Umweltzustands s_j nach Eintreffen der Information x_l,

$\theta(x_l|s_j)$ die Likelihoodwahrscheinlichkeit für das Eintreffen der Information x_l, wenn s_j der wahre Umweltzustand ist,

p_j die a priori Wahrscheinlichkeit für das Eintreten des Umweltzustands s_j.

Zur Lösung des in Abb. 3.11 dargestellten Entscheidungsproblems mit Hilfe der Rollback-Analyse werden noch die sog. *totalen Wahrscheinlichkeiten* τ für das Eintreffen der Information x_l $(l = 1, 2, \ldots, q)$ benötigt, für die gilt:

$$\tau(x_l) = \tau_l = \sum_{j=1}^{m}\theta(x_l|s_j)p_j\,. \qquad (3.2\text{-}2)$$

Da es sich um ein Entscheidungsproblem unter Risiko handelt, sind die Endknoten des Entscheidungsbaums mit den Risikonutzen derjenigen Ergebnisse zu bewerten, die sich bei der gewählten Aktion und dem eintretenden Umweltzustand auf der zweiten Stufe des Problems realisieren. Der in Abb. 3.11 dargestellte Entscheidungsbaum lässt sich damit entsprechend Abb. 3.12 vervollständigen.

Ist die Gewinnung der Zusatzinformation mit Kosten verbunden, so sind diese denjenigen Ergebnissen gegenüberzustellen, die sich nach dem Einholen der Zusatzinformation realisieren. Da die Problematik variabler Information hier nur unter Berücksichtigung einer Zielgröße untersucht wird, ist davon auszugehen, dass zwischen den Ausprägungen dieser Zielgröße und den Kosten der Zusatzinformation Dimensionsgleichheit besteht und beide Größen saldiert werden können. Für die nach Abzug

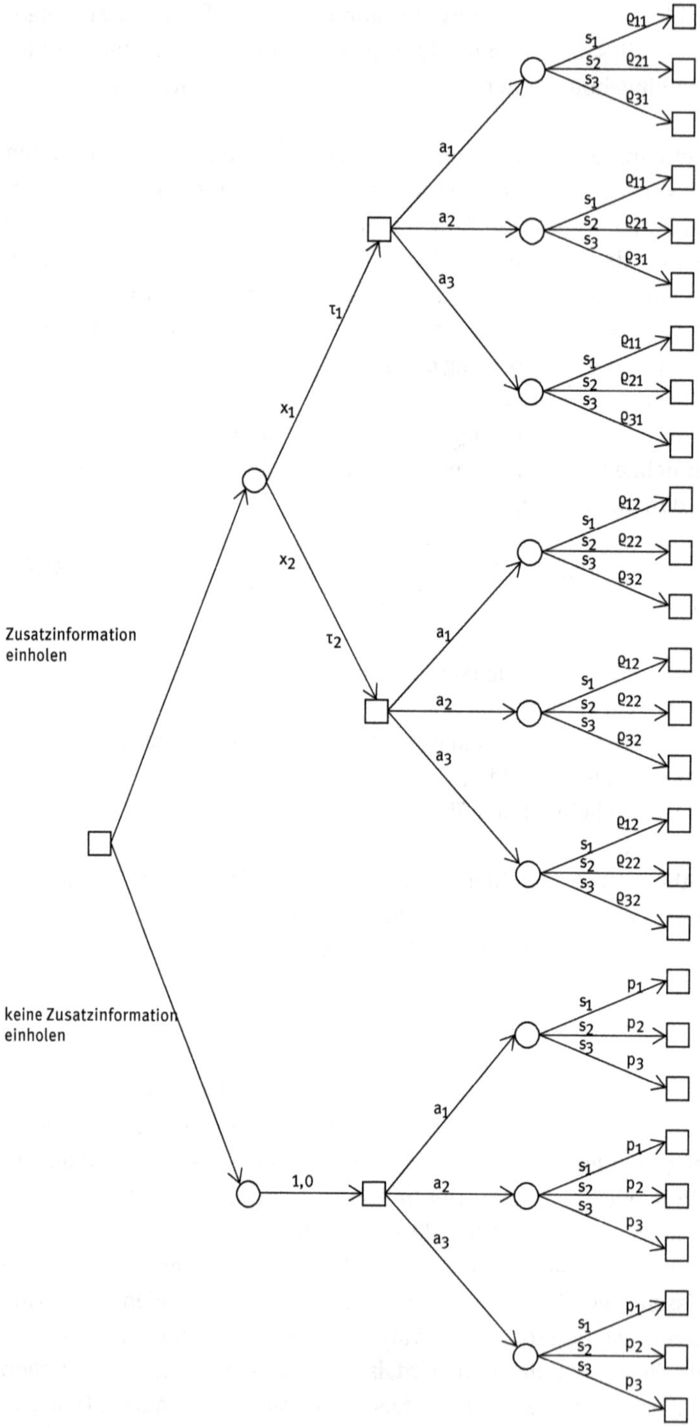

Abb. 3.12: Entscheidungsbaum bei Risiko und variabler Information

der Kosten der Zusatzinformation verbleibenden (Netto-)Ergebnisse sind dann die Risikonutzen zu ermitteln, die die Bewertung der Endknoten des Entscheidungsbaums darstellen.

Für den Spezialfall, dass die Risikonutzenfunktion u vorliegt, mit $u_{ij} = u(e_{ij}) = e_{ij}$, lassen sich die Kosten auch im Verlauf der Roll-back-Analyse berücksichtigen, indem man sie vom Entscheidungswert für die Aktion „Zusatzinformation einholen" subtrahiert. Dieser Fall liegt auch im folgenden Beispiel vor.

Beispiel 3.2-1
Ein Verleger steht vor der Entscheidung, ob er ein eingereichtes Manuskript veröffentlichen soll. Er weiß, dass 20 % der Bücher dieses Autors Bestseller werden, die übrigen Werke sind als Ladenhüter einzustufen. Die Herausgabe des Buches verursacht dem Verleger fixe Kosten in Höhe von 50.000 EUR. Wird das Buch ein Bestseller, so errechnet er einen Gewinn von 300.000 EUR. Andernfalls können die restlichen Bücher so abgesetzt werden, dass die variablen Kosten gedeckt sind. Der Verleger zieht zusätzlich in Betracht, das Manuskript einem erfahrenen Lektor vorzulegen, der für 10.000 EUR eine Stellungnahme derart abgibt, dass er entweder den Verkaufserfolg des Buches positiv beurteilt oder von einer Veröffentlichung abrät. In 80 % aller Beurteilungen von späteren Bestsellern fällt das Urteil des Lektors positiv aus, während die Wahrscheinlichkeit der positiven Beurteilung eines Ladenhüters nur 0,1 beträgt.

Wie soll sich der Verleger verhalten, um seinen Gewinn zu maximieren?

Lösung:
In einem ersten Schritt lässt sich die verbal beschriebene Aufgabenstellung formal folgendermaßen strukturieren:

- Aktionen
  a_1: Buch herausbringen,
  a_2: Buch nicht herausbringen;
- Umweltzustände
  s_1: Buch wird Bestseller,
  s_2: Buch wird Ladenhüter;
- Ergebnisse

	s_1	s_2
a_1	300.000	−50.000
a_2	0	0

Da keine weiteren Angaben vorliegen, ist davon auszugehen, dass für den Entscheidenden die Risikonutzenfunktion $u(e_{ij}) = e_{ij}$ gilt, d. h. dass die Ergebnisse (Gewinne) gleichzeitig Risikonutzenwerte darstellen.

A-priori-Wahrscheinlichkeitsverteilung über die Umweltzustände

$$p = (p_1; p_2) = (0{,}2; 0{,}8) ;$$

- Zusatzinformation
  x_1: Lektor beurteilt das Buch positiv,
  x_2: Lektor beurteilt das Buch negativ.
  Die Treffsicherheit der Beurteilung durch den Lektor lässt sich durch die Likelihoodwahrscheinlichkeiten $\theta(x|s)$ beschreiben, mit

θ(x|s)	x_1	x_2
s_1	0,8	0,2
s_2	0,1	0,9

Das Einholen der Zusatzinformation ist mit Kosten in Höhe von 10.000 EUR verbunden.

Überträgt man die Angaben über das Problem in einen Entscheidungsbaum, so ergibt sich:

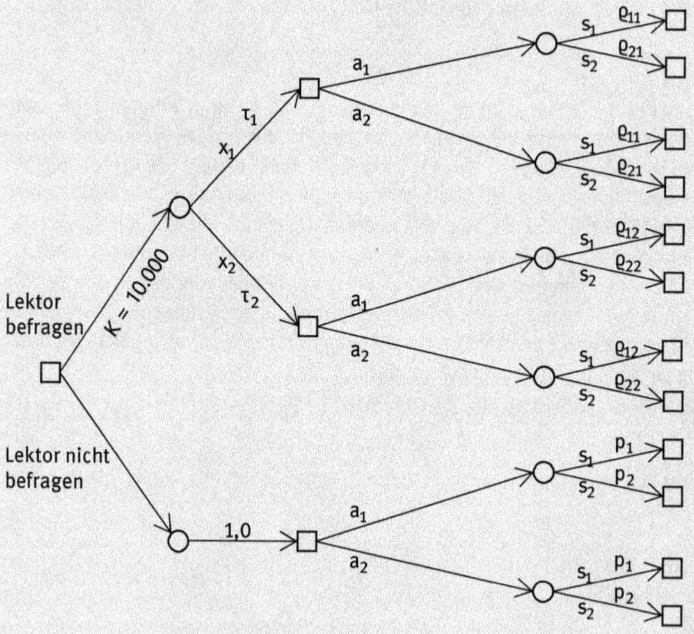

Abb. 3.13: Entscheidungsbaum zum Verlagsproblem

Mit Hilfe des Bayesschen Theorems errechnet sich:

$$\varrho_{11} = \varrho(s_1|x_1) = \frac{0{,}8 \cdot 0{,}2}{0{,}8 \cdot 0{,}2 + 0{,}1 \cdot 0{,}8} = \frac{0{,}16}{0{,}24} = \frac{2}{3},$$

$$\varrho_{21} = \varrho(s_2|x_1) = \frac{0{,}1 \cdot 0{,}8}{0{,}8 \cdot 0{,}2 + 0{,}1 \cdot 0{,}8} = \frac{0{,}08}{0{,}24} = \frac{1}{3},$$

$$\varrho_{12} = \varrho(s_1|x_2) = \frac{0{,}2 \cdot 0{,}2}{0{,}2 \cdot 0{,}2 + 0{,}9 \cdot 0{,}8} = \frac{0{,}04}{0{,}76} = \frac{1}{19},$$

$$\varrho_{22} = \varrho(s_2|x_2) = \frac{0{,}9 \cdot 0{,}8}{0{,}2 \cdot 0{,}2 + 0{,}9 \cdot 0{,}8} = \frac{0{,}72}{0{,}76} = \frac{18}{19}.$$

Nach (3.2-2) gilt für die totalen Wahrscheinlichkeiten:

$$\tau_1 = \tau(x_1) = 0{,}8 \cdot 0{,}2 + 0{,}1 \cdot 0{,}8 = 0{,}24,$$

$$\tau_2 = \tau(x_2) = 0{,}2 \cdot 0{,}2 + 0{,}9 \cdot 0{,}8 = 0{,}76.$$

Die bei Durchführung der Roll-back-Analyse ermittelten Entscheidungswerte sind an den Knoten des nachstehenden Entscheidungsbaums vermerkt.

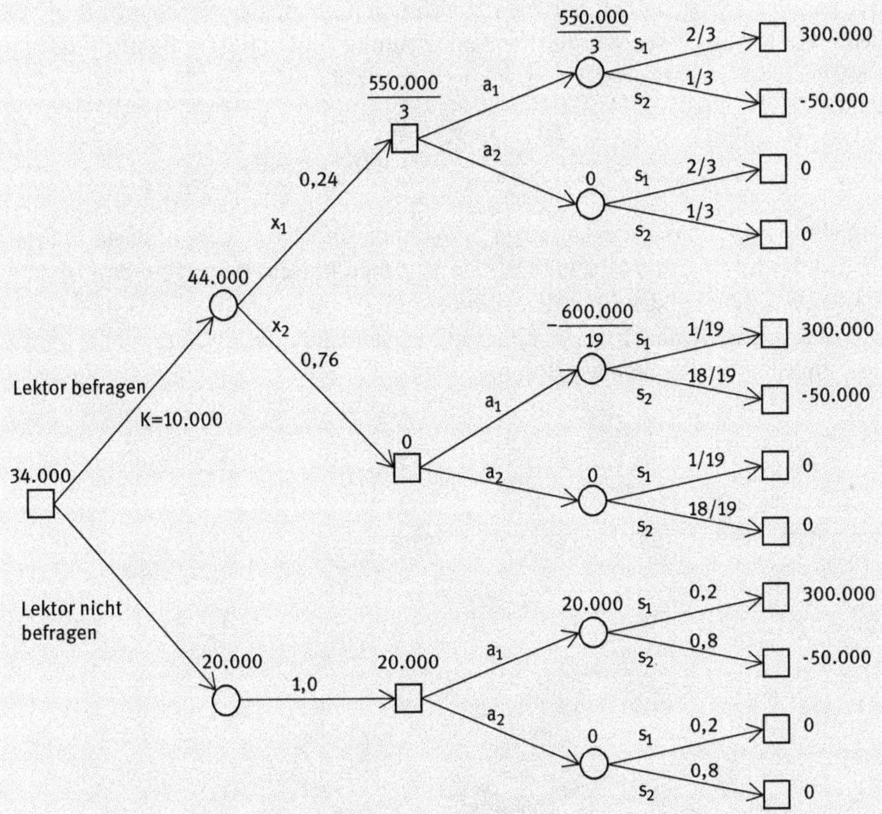

Abb. 3.14: Ermittlung der optimalen Strategie des Verlegers

Die optimale Strategie des Verlegers besteht darin, die Zusatzinformation des Lektors zum Preis von 10.000 EUR einzuholen und nur im Falle eines positiven Urteils das Buch herauszubringen.

Neben diesem Verfahren, das auch als „konstruktive“ Methode bezeichnet wird, findet sich in der Literatur unter dem Begriff „integrale“ Methode ein Vorgehen, dem der Gedanke der Rückführung auf ein einstufiges Entscheidungsproblem zugrunde liegt. Man geht bei diesem Verfahren zunächst von der Annahme aus, dass die Zusatzinformation eingeholt werden soll und prüft erst in einem weiteren Schritt nach Kenntnis der optimalen Strategie, ob der Wert der Zusatzinformation deren Kosten übersteigt.

Die formale Rückführung auf ein einstufiges Entscheidungsproblem erfolgt unter Verwendung des Begriffs der statistischen Entscheidungsfunktion, für den in Anlehnung an den Strategiebegriff gilt:

Definition 3.12: Eine *statistische Entscheidungsfunktion* d gibt für jede mögliche Information x aus dem Informationsraum X an, welche Aktion a aus dem Aktionsraum A zu ergreifen ist.

Der von der Treffsicherheit der Zusatzinformation abhängige Risikonutzen u'_{rj}, der beim Handeln nach der statistischen Entscheidungsfunktion d_r und Eintritt des Umweltzustands s_j zu erwarten ist, errechnet sich gemäß:

$$u'(d_r, s_j) = u'_{rj} = \sum_{l=1}^{q} u(d_r(x_l), s_j)\theta(x_l|s_j)\,, \tag{3.2-3}$$

wobei $u(d_r(x_l), s_j)$ den Risikonutzen bezeichnet, der sich realisiert, wenn die nach Eintritt der Information x_l gemäß der statistischen Entscheidungsfunktion d_r zu ergreifende Aktion auf den Umweltzustand s_j trifft.

Es verbleibt demnach das im Entscheidungsfeld der Abb. 3.15 dargestellte (einstufige) Entscheidungsproblem zu lösen.

	p_1	p_2	...	p_j	...	p_m
	s_1	s_2	...	s_j	...	s_m
d_1	u'_{11}	u'_{12}	...	u'_{1j}	...	u'_{1m}
d_2	u'_{21}	u'_{22}	...	u'_{2j}	...	u'_{2m}
⋮	⋮	⋮		⋮		⋮
d_r	u'_{r1}	u'_{r2}	...	u'_{rj}	...	u'_{rm}
⋮	⋮	⋮		⋮		⋮
d_s	u'_{s1}	u'_{s2}	...	u'_{sj}	...	u'_{sm}

Abb. 3.15: Entscheidungsfeld bei variabler Information

In Befolgung des Bernoulli-Prinzips ist diejenige statistische Entscheidungsfunktion d^* optimal, für die gilt:

$$Y^B(d^*) = \max_r Y^B(d_r)\,, \quad \text{mit} \tag{3.2-4}$$

$$Y^B(d_r) = \sum_{j=1}^{m} u'_{rj} p_j \qquad \text{für } r = 1, 2, \ldots, s \tag{3.2-5}$$

Dabei bezeichnen:

Y^B eine reelle Zahl, die als Maß für die Vorteilhaftigkeit einer statistischen Entscheidungsfunktion nach dem Bernoulli-Prinzip gilt;

u'_{rj} den zu erwartenden Risikonutzen bei Wahl der statistischen Entscheidungsfunktion d_r und Eintritt des Umweltzustands s_j;

p_j die a priori Wahrscheinlichkeit für den Eintritt des Umweltzustands s_j.

Beispiel 3.2-2
Es ist die optimale statistische Entscheidungsfunktion für das in Beispiel 3.2-1 dargestellte Entscheidungsproblem zu ermitteln.

Lösung:
Unter Verwendung der Symbole aus Beispiel 3.2-1 existieren gemäß Definition 3.12 folgende statistische Entscheidungsfunktionen:

	Bei Eintreffen der Information x_1 Wahl der Aktion	Bei Eintreffen der Information x_2 Wahl der Aktion
d_1:	a_1	a_1
d_2:	a_1	a_2
d_3:	a_2	a_1
d_4:	a_2	a_2

Nach (3.2-3) errechnet sich:

$$u'_{11} = 300.000 \cdot 0{,}8 + 300.000 \cdot 0{,}2 = 300.000\,;$$
$$u'_{12} = -50.000 \cdot 0{,}1 - 50.000 \cdot 0{,}9 = -50.000\,;$$
$$u'_{21} = 300.000 \cdot 0{,}8 + 0 \cdot 0{,}2 = 240.000\,;$$
$$u'_{22} = -50.000 \cdot 0{,}1 + 0 \cdot 0{,}9 = -5.000\,;$$
$$u'_{31} = 0 \cdot 0{,}8 + 300.000 \cdot 0{,}2 = 60.000\,;$$
$$u'_{32} = 0 \cdot 0{,}1 - 50.000 \cdot 0{,}9 = -45.000\,;$$
$$u'_{41} = 0 \cdot 0{,}8 + 0 \cdot 0{,}2 = 0\,;$$
$$u'_{42} = 0 \cdot 0{,}1 + 0 \cdot 0{,}9 = 0\,.$$

Zusammengefasst erhält man folgendes Entscheidungsfeld:

	0,2 s_1	0,8 s_2
d_1:	300.000	−50.000
d_2:	240.000	−5.000
d_3:	60.000	−45.000
d_4:	0	0

Nach (3.2-5) errechnen sich als Erwartungswerte des Risikonutzens für die einzelnen statistischen Entscheidungsfunktionen:

$$Y^B(d_1) = 300.000 \cdot 0{,}2 - 50.000 \cdot 0{,}8 = 20.000\,;$$
$$Y^B(d_2) = 240.000 \cdot 0{,}2 - 5.000 \cdot 0{,}8 = 44.000\,;$$
$$Y^B(d_3) = 60.000 \cdot 0{,}2 - 45.000 \cdot 0{,}8 = -24.000\,;$$
$$Y^B(d_4) = 0 \cdot 0{,}2 + 0 \cdot 0{,}8 = 0\,.$$

Nach (3.2-4) gilt:

$$Y^B(d_2) = \max_r Y^B(d_r) = 44.000\,.$$

Folgt der Verleger der statistischen Entscheidungsfunktion d_2, d. h. wählt er bei Eintreffen der Information x_1 (positives Urteil des Lektors) die Aktion a_1 und bei Eintreffen der Information x_2 (negatives Urteil des Lektors) die Aktion a_2, so verhält er sich optimal. Sein Gewinnerwartungswert beträgt in diesem Fall ohne Berücksichtigung der Kosten der Zusatzinformation 44.000 EUR.

Wie bereits allgemein ausgeführt und im Beispiel 3.2-2 nochmals verdeutlicht, liefert die „integrale" Methode nur die optimale Verhaltensvorschrift im Hinblick auf die eingehende Zusatzinformation; die Frage, ob es überhaupt zweckmäßig ist, diese Information einzuholen, bleibt dabei noch offen. Eine Ausnahme bildet der Fall, dass eine statistische Entscheidungsfunktion optimal ist, bei der die Wahl der Aktion von der eintreffenden Information unabhängig ist, was im Beispiel 3.2-2 auf die statistischen Entscheidungsfunktionen d_1 und d_4 zutrifft. In diesem Fall ist die in der optimalen statistischen Entscheidungsfunktion angegebene Aktion ohne Inanspruchnahme von Zusatzinformation zu ergreifen, ansonsten stellt sich die Frage nach dem Informationswert.

Beispiel 3.2-3

Der Kandidat einer Fernsehshow steht vor drei gleichen, verschlossenen Türen. Hinter einer der Türen befindet sich als Gewinn ein Sportwagen im Wert von 90.000 EUR, hinter den beiden anderen Türen steht jeweils eine für den Kandidaten wertlose Ziege.

Die Aufgabe des Kandidaten besteht darin, die Tür zu benennen, hinter der sich der Gewinn befindet. Hat der Kandidat seine Entscheidung getroffen, dann öffnet der Moderator, der weiß, hinter welcher Tür sich der Sportwagen befindet, eine Tür, hinter der eine Ziege steht. Daraufhin gibt er dem Kandidaten die Möglichkeit, seine ursprüngliche Entscheidung zu überdenken.

Wie soll sich der Kandidat nun verhalten? Soll er an seiner ursprünglichen Wahl festhalten oder soll er die Tür wechseln, hinter der er den Gewinn vermutet?

Lösung:

Die Entscheidungssituation lässt sich folgendermaßen beschreiben:

$$A = \{a_1, a_2, a_3\} \quad \text{mit}$$

a_1: Wahl der linken Tür
a_2: Wahl der mittleren Tür
a_3: Wahl der rechten Tür
und

$$S = \{s_1, s_2, s_3\} \quad \text{mit}$$

s_1: Gewinn hinter der linken Tür
s_2: Gewinn hinter der mittleren Tür
s_3: Gewinn hinter der rechten Tür
Die Wahrscheinlichkeit für den Eintritt jedes Umweltzustands beträgt 1/3.

Bezeichnet man den Gewinn mit G und die Ziegen mit Z, so erhält man folgende Matrixdarstellung für das Entscheidungsproblem:

	1/3	1/3	1/3
	s_1	s_2	s_3
a_1	G	Z	Z
a_2	Z	G	Z
a_3	Z	Z	G

Unabhängig davon, welche Aktion (Tür) der Kandidat wählt, beträgt die Wahrscheinlichkeit auf den Gewinn in der Ausgangssituation 1/3. Die Aktionen sind a priori gleichwertig: $A^* = \{a_1, a_2, a_3\}$.

Das Öffnen einer Tür durch den Moderator stellt eine Zusatzinformation dar, die bei der nachfolgenden Entscheidung zu berücksichtigen ist. Zu den a-priori-Wahrscheinlichkeiten $p = (p_1, p_2, p_3) = (1/3, 1/3, 1/3)$ treten folgende mögliche Zusatzinformationen hinzu:

x_1: Moderator öffnet die linke Tür
x_2: Moderator öffnet die mittlere Tür
x_3: Moderator öffnet die rechte Tür

Da der Moderator nicht die vom Kandidaten genannte Tür öffnet, verbleiben in Abhängigkeit von der Position des Sportwagens eine oder zwei Möglichkeiten eine Tür zu öffnen, hinter der sich eine Ziege befindet. Die zugehörigen Likelihood-Wahrscheinlichkeiten sind in der nachstehenden Tabelle zusammengefasst:

	$\Phi(x\|s)$	x_1	x_2	x_3
	s_1	–	$\frac{1}{2}$	$\frac{1}{2}$
a_1	s_2	–	0	1
	s_3	–	1	0
	s_1	0	–	1
a_2	s_2	$\frac{1}{2}$	–	$\frac{1}{2}$
	s_3	1	–	0
	s_1	0	1	–
a_3	s_2	1	0	–
	s_3	$\frac{1}{2}$	$\frac{1}{2}$	–

Mit Hilfe des Theorems von Bayes (3.2-1) lassen sich die a posteriori Wahrscheinlichkeiten berechnen gemäß

$$p(s_j|x_l) = \frac{\theta(x_l|s_j) \cdot p_j}{\theta(x_l|s_1) \cdot p_1 + \theta(x_l|s_2) \cdot p_2 + \theta(x_l|s_3) \cdot p_3} \quad \text{für } l = 1, 2, 3 \,.$$

Hat sich der Kandidat für a_1 entschieden, so erhält man für s_1 folgende a posteriori-Wahrscheinlichkeiten:

$$\rho_{12} = \frac{\frac{1}{2} \cdot \frac{1}{3}}{\frac{1}{2} \cdot \frac{1}{3} + 0 \cdot \frac{1}{3} + 1 \cdot \frac{1}{3}} = \frac{\frac{1}{6}}{\frac{1}{6} + \frac{1}{3}} = \frac{\frac{1}{6}}{\frac{1}{2}} = \frac{1}{3}$$

$$\rho_{13} = \frac{\frac{1}{2} \cdot \frac{1}{3}}{\frac{1}{2} \cdot \frac{1}{3} + 1 \cdot \frac{1}{3} + 0 \cdot \frac{1}{3}} = \frac{\frac{1}{6}}{\frac{1}{6} + \frac{1}{3}} = \frac{\frac{1}{6}}{\frac{1}{2}} = \frac{1}{3}$$

Hat sich der Kandidat für a_1 entschieden, so erhält man für s_2 folgende a posteriori-Wahrscheinlichkeiten:

$$\rho_{22} = \frac{0 \cdot \frac{1}{3}}{\frac{1}{2} \cdot \frac{1}{3} + 0 \cdot \frac{1}{3} + 1 \cdot \frac{1}{3}} = 0$$

$$\rho_{23} = \frac{1 \cdot \frac{1}{3}}{\frac{1}{2} \cdot \frac{1}{3} + 1 \cdot \frac{1}{3} + 0 \cdot \frac{1}{3}} = \frac{\frac{1}{3}}{\frac{1}{6} + \frac{1}{3}} = \frac{\frac{1}{3}}{\frac{1}{2}} = \frac{2}{3}$$

Hat sich der Kandidat für a_1 entschieden, so erhält man für s_3 folgende a posteriori-Wahrscheinlichkeiten:

$$\rho_{32} = \frac{1 \cdot \frac{1}{3}}{\frac{1}{2} \cdot \frac{1}{3} + 0 \cdot \frac{1}{3} + 1 \cdot \frac{1}{3}} = \frac{\frac{1}{3}}{\frac{1}{6} + \frac{1}{3}} = \frac{\frac{1}{3}}{\frac{1}{2}} = \frac{2}{3}$$

$$\rho_{33} = \frac{0 \cdot \frac{1}{3}}{\frac{1}{2} \cdot \frac{1}{3} + 1 \cdot \frac{1}{3} + 0 \cdot \frac{1}{3}} = 0$$

Ermittelt man analog dazu die a posteriori-Wahrscheinlichkeiten für die Fälle, in denen der Kandidat sich für die Aktion a_2 bzw. a_3 entschieden hat, erhält man insgesamt folgende a posteriori-Wahrscheinlichkeiten:

	$\rho(x\|s)$	s_1	s_2	s_3
	x_1	–	–	–
a_1	x_2	$\frac{1}{3}$	0	$\frac{2}{3}$
	x_3	$\frac{1}{3}$	$\frac{2}{3}$	0
	x_1	0	$\frac{1}{3}$	$\frac{2}{3}$
a_2	x_2	–	–	–
	x_3	$\frac{2}{3}$	$\frac{1}{3}$	0
	x_1	0	$\frac{2}{3}$	$\frac{1}{3}$
a_3	x_2	$\frac{2}{3}$	0	$\frac{1}{3}$
	x_3	–	–	–

Die totalen Wahrscheinlichkeiten erhält man nach (3.2-2) entsprechend

$$\tau(x_l) = \tau_l = \theta(x_l|s_1) \cdot p_1 + \theta(x_l|s_2) \cdot p_2 + \theta(x_l|s_3) \cdot p_3$$

Hat der Kandidat a_1 gewählt, so errechnen sich:

$$\tau_2 = \frac{1}{2} \cdot \frac{1}{3} + 0 \cdot \frac{1}{3} + 1 \cdot \frac{1}{3} = \frac{1}{6} + \frac{1}{3} = \frac{1}{2}$$

$$\tau_3 = \frac{1}{2} \cdot \frac{1}{3} + 1 \cdot \frac{1}{3} + 0 \cdot \frac{1}{3} = \frac{1}{6} + \frac{1}{3} = \frac{1}{2}$$

Bei Wahl von a_2 errechnen sich:

$$\tau_1 = 0 \cdot \frac{1}{3} + \frac{1}{2} \cdot \frac{1}{3} + 1 \cdot \frac{1}{3} = \frac{1}{6} + \frac{1}{3} = \frac{1}{2}$$

$$\tau_3 = 1 \cdot \frac{1}{3} + \frac{1}{2} \cdot \frac{1}{3} + 0 \cdot \frac{1}{3} = \frac{1}{3} + \frac{1}{6} = \frac{1}{2}$$

Bei Wahl von a_3 errechnen sich:

$$\tau_1 = 0 \cdot \frac{1}{3} + 1 \cdot \frac{1}{3} + \frac{1}{2} \cdot \frac{1}{3} = \frac{1}{3} + \frac{1}{6} = \frac{1}{2}$$

$$\tau_2 = 1 \cdot \frac{1}{3} + 0 \cdot \frac{1}{3} + \frac{1}{2} \cdot \frac{1}{3} = \frac{1}{3} + \frac{1}{6} = \frac{1}{2}$$

Stellt man die ermittelten Informationen in einem Entscheidungsbaum dar, und bezeichnet dabei mit „W" den Wechsel der ursprünglichen Wahl des Kandidaten und mit „kW" den Fall, dass kein Wechsel stattfindet, so erhält man folgende Abbildung:

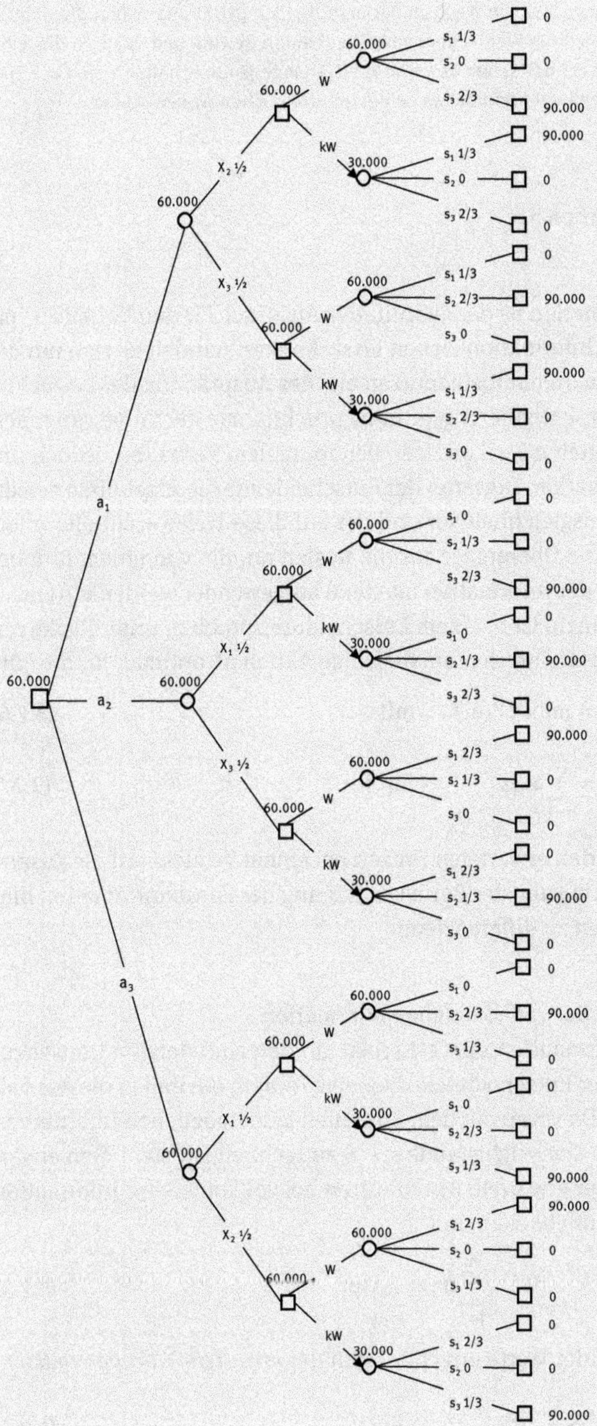

Abb. 3.16: Ermittlung der optimalen Strategie des Kandidaten

Aus der Abbildung ist abzulesen, dass ein Wechsel der ursprünglich getroffenen Wahl die richtige Entscheidung darstellt, da sich die Wahrscheinlichkeit auf einen Gewinn und damit in diesem Beispiel auch der Erwartungswert des Gewinns verdoppelt. Demgegenüber halbiert sich der Erwartungswert des Gewinns, wenn der Kandidat an seiner ursprünglichen Wahl festhält.

3.2.2 Der Wert von Information

3.2.2.1 Überblick

Unter dem Wert einer Information ist der quantitative Ausdruck für den Vorteil zu verstehen, der sich aus dieser Information ziehen lässt. Konkret handelt es sich um die Differenz zwischen dem erwarteten Risikonutzen aus der Ausprägung der betrachteten Zielgröße bei optimalem Verhalten unter Inanspruchnahme der zu bewertenden Information und dem erwarteten Risikonutzen bei optimalem Verhalten, jedoch unter Verzicht auf diese Information. Bewertet der Entscheidende die Ergebnisse gemäß $u_{ij} = e_{ij}$, so liegt Dimensionsgleichheit vor und der auf diese Weise ermittelte Informationswert gibt zugleich die Obergrenze für die Kosten an, die von einem rational Handelnden zur Erlangung der Information maximal aufgewendet werden dürfen.

Nach dem Bernoulli-Prinzip ist in einem Entscheidungsproblem unter Risiko ohne Berücksichtigung von Zusatzinformation diejenige Aktion a^* optimal, für die gilt:

$$Y^B(a^*) = \max_i Y^B(a_i), \quad \text{mit} \tag{3.2-6}$$

$$Y^B(a_i) = \sum_{j=1}^{m} u_{ij} p_j \qquad \text{für } i = 1, 2, \ldots, n. \tag{3.2-7}$$

Während Y^B allgemein den erwarteten Nutzen bei einem Verzicht auf die Zusatzinformation beschreibt, ist im Falle der Berücksichtigung der Zusatzinformation hinsichtlich deren Eigenschaften zu differenzieren.

3.2.2.2 Der erwartete Wert der vollkommenen Information

Lässt sich aus der Zusatzinformation mit Sicherheit auf den eintretenden Umweltzustand schließen, so wählt der Entscheidende diejenige Aktion, die ihm in diesem Fall den größten Nutzen liefert. Da vorab mit dem Eintreffen jeder möglichen Information $x \in X$ bzw. jedes möglichen Umweltzustands $s \in S$ zu rechnen ist, steht dem erwarteten Risikonutzen $Y^B(a^*)$ der erwartete Risikonutzen bei vollkommener Information bzgl. der a priori Wahrscheinlichkeiten, mit

$$Y^V = \sum_{j=1}^{m} (\max_i u_{ij}) p_j \tag{3.2-8}$$

gegenüber. Als Differenz beider Werte errechnet sich der *erwartete Wert der vollkommenen Information* gemäß:

$$W^V = Y^V - Y^B(a^*) \tag{3.2-9}$$

bzw. eingesetzt

$$W^v = \sum_{j=1}^{m} (\max_i u_{ij}) p_j - \sum_{j=1}^{m} u_{ij} p_j \,. \tag{3.2-10}$$

Beispiel 3.2-4
Im Entscheidungsproblem aus Beispiel 3.2-1 ist der erwartete Wert der vollkommenen Information zu bestimmen unter der Annahme, dass der Lektor dem Verleger mit Sicherheit angeben kann, ob das geprüfte Manuskript ein Bestseller werden wird oder nicht.

Lösung:
Entschließt sich der Verleger dazu, die Stellungnahme des Lektors einzuholen, so wird dieser nach den Erwartungen des Verlegers mit einer Wahrscheinlichkeit von 0,2 ein positives Urteil abgeben. In diesem Fall ist es vorteilhaft, das Manuskript zu veröffentlichen, da dann mit Sicherheit ein Gewinn in Höhe von 300.000 EUR entsteht. Mit einer Wahrscheinlichkeit von 0,8 erwartet der Verleger den Umweltzustand s_2 und dementsprechend ein negatives Urteil des Lektors, woraufhin er das Manuskript nicht herausgeben wird, um einen Verlust von 50.000 EUR zu vermeiden. Für den Verleger errechnet sich somit:

$$Y^v = 300.000 \cdot 0{,}2 + 0 \cdot 0{,}8 = 60.000 \,.$$

Verzichtet der Verleger auf die Stellungnahme des Lektors und entscheidet er sich aufgrund seiner a priori Wahrscheinlichkeiten, so erhält er

$$Y^B(a_1) = 300.000 \cdot 0{,}2 - 50.000 \cdot 0{,}8 = 60.000 - 40.000 = 20.000 \,;$$
$$Y^B(a_2) = 0 \cdot 0{,}2 + 0 \cdot 0{,}8 = 0$$

und damit

$$Y^B(a^*) = 20.000 \,.$$

Der erwartete Wert der vollkommenen Information beläuft sich demnach auf

$$W^v = Y^v - Y^B(a^*) = 60.000 - 20.000 = 40.000 \,.$$

Unter der Annahme, dass die Risikonutzenfunktion $u(e_{ij}) = e_{ij}$ gilt, d. h. der erwartete Wert der vollkommenen Information bereits in Geldeinheiten ausgedrückt ist, kann der Verleger maximal 40.000 EUR für die Stellungnahme des Lektors aufwenden. Es sei noch einmal darauf hingewiesen, dass dieser Wert für den Fall gilt, dass der Lektor mit Sicherheit die richtige Beurteilung liefert.

3.2.2.3 Der erwartete Wert der unvollkommenen Information

Ist die Treffsicherheit der Zusatzinformation nicht mit Sicherheit, sondern nur mit einer bestimmten Wahrscheinlichkeit gegeben, so besteht rationales Verhalten in der Befolgung der als optimal ermittelten statistischen Entscheidungsfunktion und für den erwarteten Risikonutzen errechnet sich bei Inanspruchnahme der unvollkommenen Information:

$$Y^u = \max_r Y^B(d_r) \,, \quad \text{mit} \tag{3.2-11}$$

$$Y^B(d_r) = \sum_{j=1}^{m} u'_{rj} p_j \,, \quad \text{wobei} \tag{3.2-12}$$

u'_{rj} gemäß (3.2-3) definiert ist. Für den *erwarteten Wert der unvollkommenen Information* gilt entsprechend den allgemeinen Ausführungen:

$$W^u = Y^u - Y^B(a^*) \qquad (3.2\text{-}13)$$

bzw. eingesetzt

$$W^u = \max_r \sum_{j=1}^{m} u'_{rj} p_j - \max_i \sum_{j=1}^{m} u_{ij} p_j \,. \qquad (3.2\text{-}14)$$

Beispiel 3.2-5

Für die Problemstellung aus Beispiel 3.2-1 ist der Wert der (unvollkommenen) Information des Lektors für den Verleger zu ermitteln.

Lösung:

Aus der Lösung des Beispiels 3.2-2 lässt sich unmittelbar übernehmen:

$$Y^u = Y^B(d_2) = 44.000 \,.$$

Im Beispiel 3.2-4 wurde ermittelt:

$$Y^B(a^*) = 20.000 \,.$$

Entsprechend (3.2-13) gilt demnach:

$$W^u = 44.000 - 20.000 = 24.000 \,.$$

Der (Brutto-)Informationswert in Höhe von 24.000 EUR übersteigt die 10.000 EUR betragenden Kosten der Informationsbeschaffung und es verbleibt ein (Netto-)Informationswert von 14.000 EUR. Aus diesem Grund soll der Verleger die Stellungnahme des Lektors einholen und sich dann – wie in Beispiel 3.2-2 ermittelt – entsprechend der statistischen Entscheidungsfunktion d_2 verhalten.

3.2.3 Mehrere Informationsquellen

Abschließend ist noch der Fall zu untersuchen, dass für ein bestimmtes Entscheidungsproblem mehrere Informationsquellen zur Verfügung stehen, die alternativ oder in Verbindung miteinander in Anspruch genommen werden können; es sei wiederum die Beziehung $u_{ij} = e_{ij}$ unterstellt.

Kommt für den Entscheidenden höchstens eine von mehreren Informationsquellen in Betracht, so hat er diejenige zu wählen, die für ihn nach Abzug der entstehenden Kosten den höchsten erwarteten (Netto-)Wert aufweist. Die Bestimmung der besten Informationsquelle (einschließlich des Verzichts auf Zusatzinformation) kann nach Ermittlung der a posteriori Wahrscheinlichkeiten entsprechend (3.2-2) grundsätzlich wie im Fall einer Zusatzinformation mit Hilfe der Roll-back-Analyse erfolgen. Der zugehörige Entscheidungsbaum ist beispielhaft für zwei Informationsquellen sowie je zwei Aktionen und Umweltzustände in Abb. 3.17 dargestellt.

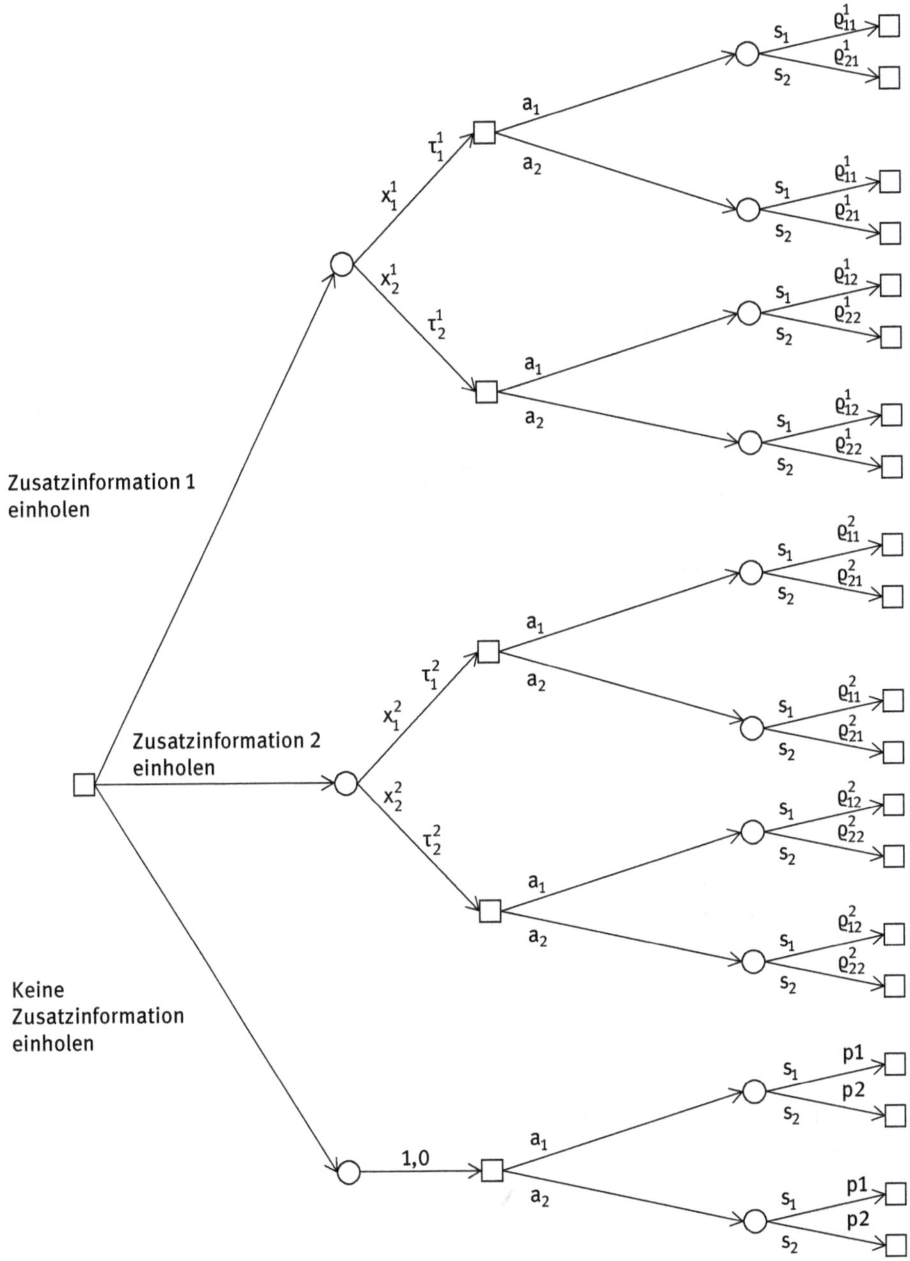

Abb. 3.17: Entscheidungsbaum bei Risiko und zwei Informationsquellen

Auch für den Fall, dass mehrere Informationsquellen kombiniert verwendet werden können, lässt sich das im ersten Abschnitt entwickelte Grundschema zur Ermittlung des optimalen Informationsstands heranziehen. Dabei sind zunächst die aus den verschiedenen Informationsquellen stammenden Einzelinformationen zu Informationen im bisher verwendeten Sinn zusammenzufassen. Die a posteriori Wahrscheinlichkeiten für das Eintreten der Umweltzustände sind dann im Hinblick auf die zusammengesetzten Informationen zu ermitteln. Dazu berechnet man, ausgehend von den a priori Wahrscheinlichkeiten des Entscheidenden, für die Informationen aus einer Quelle die entsprechenden a posteriori Wahrscheinlichkeiten. Diese a posteriori Wahrscheinlichkeiten stellen im nächsten Schritt die a priori Wahrscheinlichkeiten für die Einbeziehung der nächsten Informationsquelle dar. Das von der Reihenfolge der Berücksichtigung der Informationsquellen unabhängige Verfahren endet, nachdem alle betrachteten Quellen einbezogen worden sind.

Stehen z. B. drei (unvollkommene) Informationsquellen I_1, I_2 und I_3 zur Verfügung, so sind folgende Aktionen auf der ersten Stufe des Problems zu unterscheiden:

- Keine Zusatzinformation einholen,
- Information I_1 einholen,
- Information I_2 einholen,
- Information I_3 einholen,
- Information I_1 und I_2 einholen,
- Information I_1 und I_3 einholen,
- Information I_2 und I_3 einholen,
- Information I_1, I_2 und I_3 einholen.

Um unnötige Rechenarbeit zu vermeiden, empfiehlt es sich, vorab die mit diesen Aktionen verbundenen Kosten dem erwarteten Wert der vollkommenen Information gegenüberzustellen. Übersteigen die Informationskosten diese absolute Obergrenze, so brauchen die entsprechenden Aktionen nicht weiter berücksichtigt zu werden, da sie niemals optimal sein können.

Beispiel 3.2-6

Der Verleger aus dem Beispiel 3.2-1 zieht in Betracht, einen weiteren Lektor zur Begutachtung des Manuskripts beizuziehen. Zwar besitzt dieser noch weniger Erfahrung, d. h. nur in 70 % aller Beurteilungen von späteren Bestsellern fällt sein Urteil positiv aus und die Wahrscheinlichkeit der positiven Beurteilung eines Ladenhüters beträgt 0,2, jedoch beläuft sich seine Honorarforderung auch nur auf 1.000 EUR. Soll der Verleger den zweiten Lektor zusätzlich mit einer Stellungnahme beauftragen?

Lösung:

Die Likelihoodwahrscheinlichkeiten des Lektors 2 sind in nachstehender Tabelle zusammengefasst:

$\theta(x\|s)$	x_1	x_2
s_1	0,7	0,3
s_2	0,2	0,8

Für die Inanspruchnahme des Lektors 1 errechnete sich im Beispiel 3.2-5 ein (Netto-) Informationswert von 14.000 EUR. An diesem Wert ist die hier zu untersuchende Alternative zu messen.

Bezeichnet man z. B. mit x_2^1 die zweite Information (negatives Urteil) des ersten Lektors, so können prinzipiell beim Verleger folgende Informationen eintreffen:

$x_1 = (x_1^1, x_1^2)$ beide Lektoren urteilen positiv;
$x_2 = (x_1^1, x_2^2)$ Lektor 1 urteilt positiv, Lektor 2 urteilt negativ;
$x_3 = (x_2^1, x_1^2)$ Lektor 1 urteilt negativ, Lektor 2 urteilt positiv;
$x_4 = (x_2^1, x_2^2)$ beide Lektoren urteilen negativ.

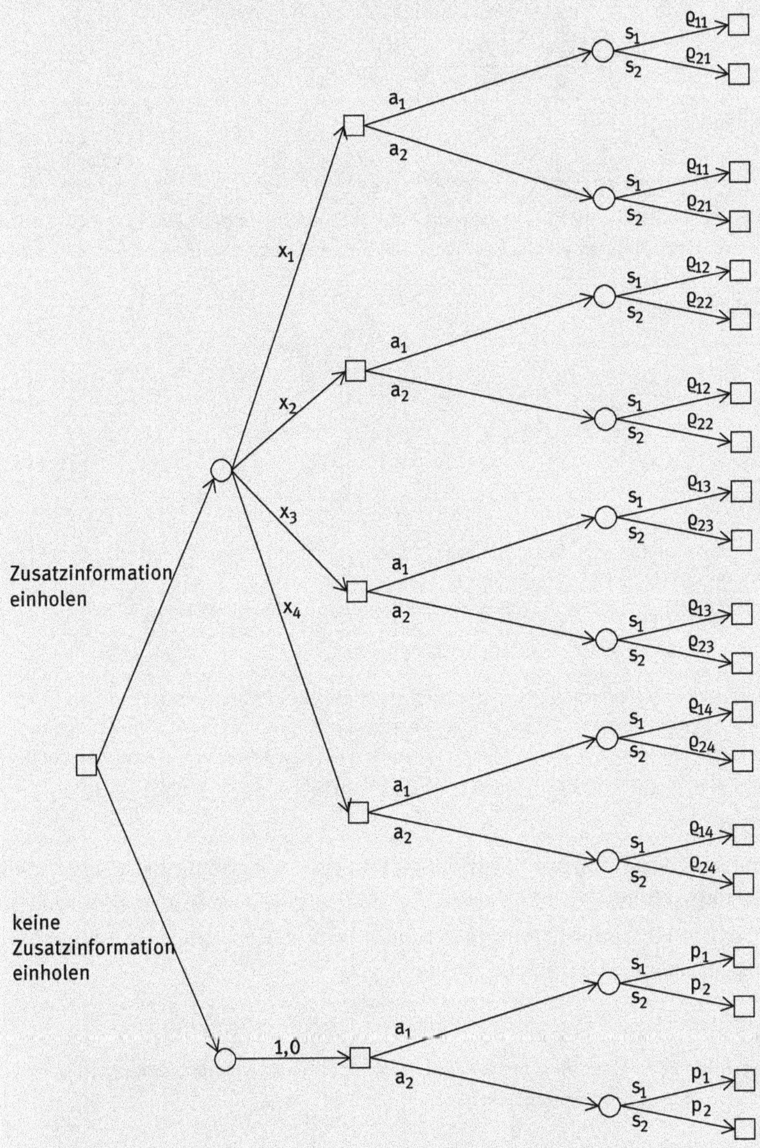

Abb. 3.18: Entscheidungsbaum zum Verlagsproblem bei zwei Informationsquellen

Die Abb. 3.18 zeigt den entsprechenden Entscheidungsbaum unter Berücksichtigung der Möglichkeit des Verzichts auf Zusatzinformation.

Die a posteriori Wahrscheinlichkeiten bezüglich des Lektors 1 wurden im Beispiel 3.2-1 errechnet mit:

$$\varrho(s_1|x_1^1) = \frac{2}{3}\,; \quad \varrho(s_2|x_1^1) = \frac{1}{3}\,; \quad \varrho(s_1|x_2^1) = \frac{1}{19}\,; \quad \varrho(s_2|x_2^1) = \frac{18}{19}\,.$$

Diese Wahrscheinlichkeiten dienen nun als a priori Wahrscheinlichkeiten bei der Einbeziehung der Information des Lektors 2.

Unter Verwendung der Notation aus obigem Entscheidungsbaum gilt nach (3.2-1):

$$\varrho_{11} = \frac{0{,}7 \cdot \frac{2}{3}}{0{,}7 \cdot \frac{2}{3} + 0{,}2 \cdot \frac{1}{3}} = \frac{\frac{1{,}4}{3}}{\frac{1{,}6}{3}} = \frac{1{,}4}{1{,}6} = \frac{7}{8}\,.$$

Analog errechnen sich:

$$\varrho_{21} = \frac{1}{8}, \varrho_{12} = \frac{3}{7}, \varrho_{22} = \frac{4}{7}, \varrho_{13} = \frac{7}{43}, \varrho_{23} = \frac{36}{43}, \varrho_{14} = \frac{1}{49} \quad \text{und} \quad \varrho_{24} = \frac{48}{49}\,.$$

Die totalen Wahrscheinlichkeiten für das Eintreffen der Informationen des Lektors 2 erhält man nach (3.2-2). Die entsprechenden Wahrscheinlichkeiten für den Lektor 1 wurden im Beispiel 3.2-1 ermittelt.

Insgesamt erhält man:

$$\tau_1 = 0{,}24 \cdot \frac{1{,}6}{3} = 0{,}128\,,$$
$$\tau_2 = 0{,}24 \cdot \frac{1{,}4}{3} = 0{,}112\,,$$
$$\tau_3 = 0{,}76 \cdot \frac{4{,}3}{19} = 0{,}172\,,$$
$$\tau_4 = 0{,}76 \cdot \frac{14{,}7}{19} = 0{,}588\,.$$

Die bei Durchführung der Roll-back-Analyse ermittelten Entscheidungswerte sind an den Knoten des nachstehenden Entscheidungsbaums angegeben.

Nach (3.2-13) ergibt sich aus Abb. 3.19 als erwarteter Wert der unvollkommenen Information:

$$W^u = 45.200 - 20.000 = 25.200\,.$$

Nach Abzug der Kosten in Höhe von 11.000 EUR verbleibt ein (Netto-)Informationswert in Höhe von 14.200 EUR gegenüber 14.000 EUR bei alleinigem Einsatz des Lektors 1. Der Verleger soll die Stellungnahmen beider Lektoren einholen und nur im Fall, dass beide negativ urteilen auf die Herausgabe des Manuskripts verzichten, ansonsten ist die Herausgabe sinnvoll.

Der allgemeine Fall, der die bisher behandelten Vorgehensweisen umfasst und zudem die Möglichkeit einschließt, die Entscheidung über die weitere Informationsgewinnung von der Ausprägung der bereits eingeholten Information abhängig zu machen, soll nun an einem Beispiel dargestellt werden.

Beispiel 3.2-7

Es ist zu prüfen, inwieweit der Verleger aus den Beispielen 3.2-1 und 3.2-6 die beiden Lektoren zur Beurteilung des Manuskripts heranziehen soll.

Lösung:

Der Entscheidungsbaumin Abb. 3.20 enthält sämtliche Möglichkeiten des Einsatzes der beiden Lektoren.

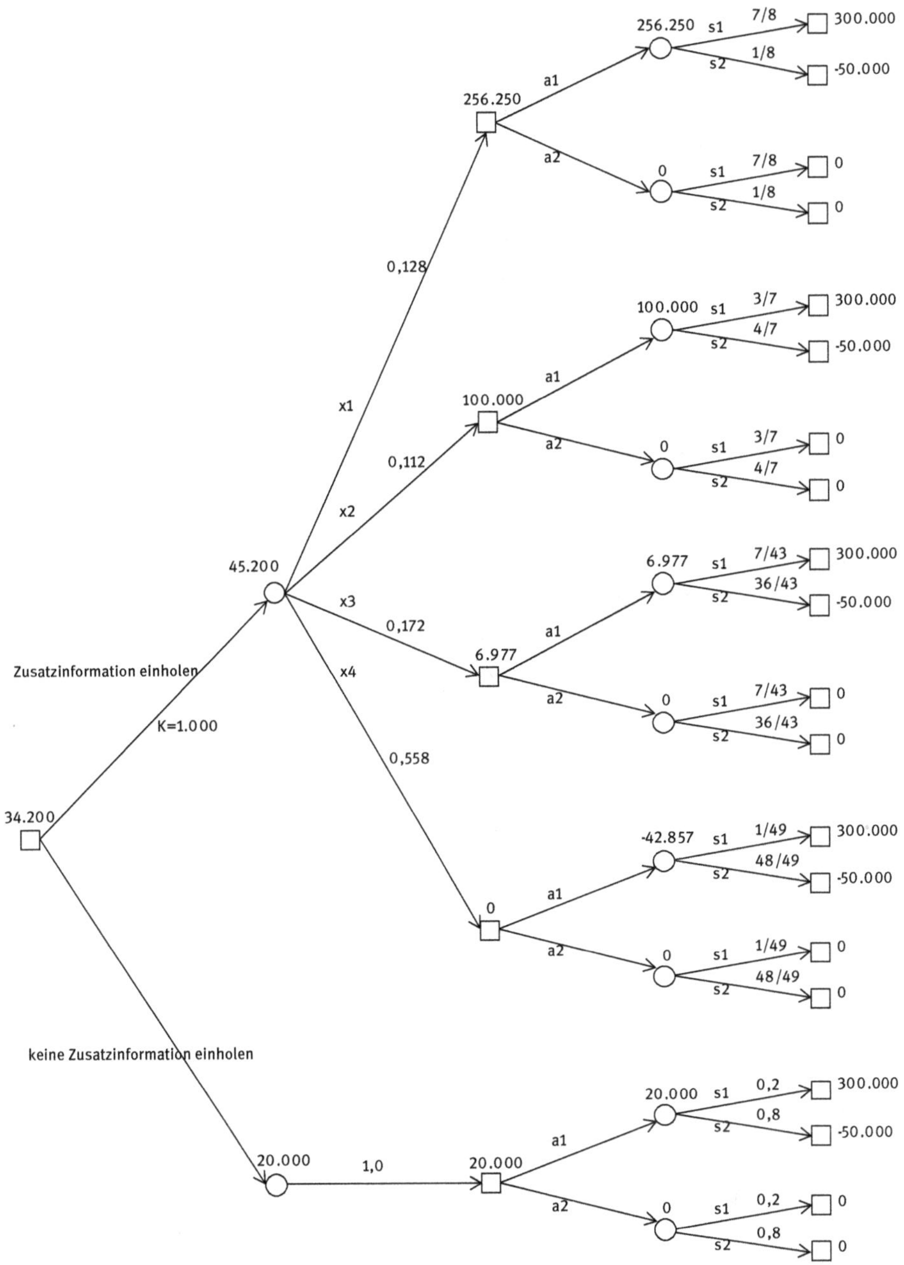

Abb. 3.19: Ermittlung der optimalen Strategie des Verlegers bei zwei Informationsquellen

Zur Ermittlung der a posteriori Wahrscheinlichkeiten und der totalen Wahrscheinlichkeiten sei auf das Beispiel 3.2-6 verwiesen.

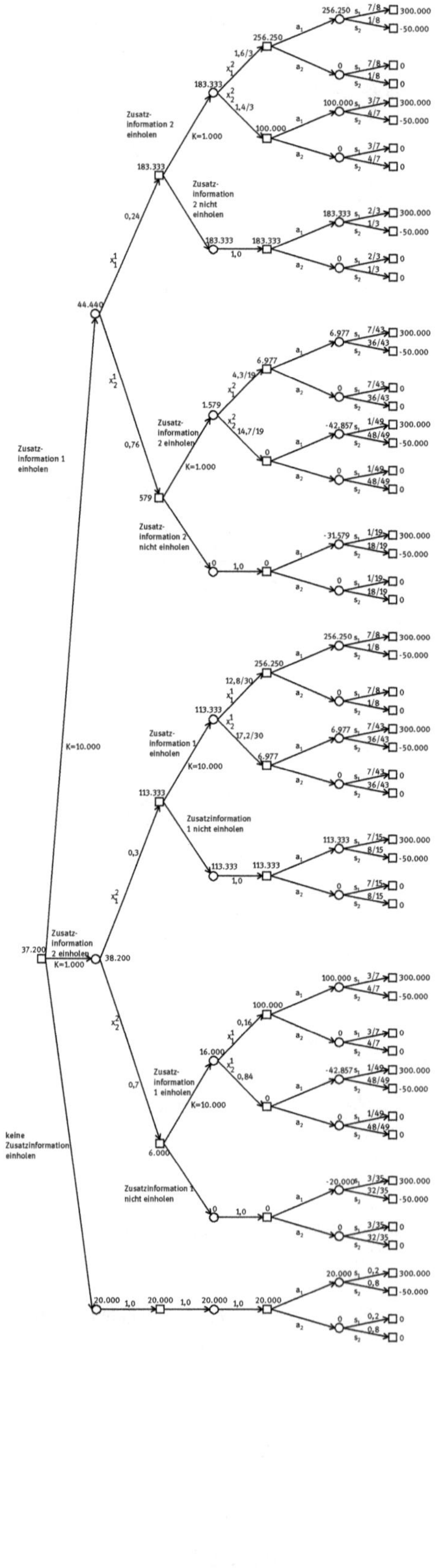

Abb. 3.20: Ermittlung des optimalen Verhaltens des Verlegers (allgemeiner Fall)

Der Verleger soll demnach zunächst den Lektor 2 einsetzen. Urteilt dieser positiv, so soll der Verleger das Manuskript veröffentlichen, ohne vorher weitere Informationen einzuholen. Urteilt der Lektor 2 negativ, so ist zusätzlich das Gutachten des Lektors 1 erforderlich. Urteilt der Lektor 1 positiv, so soll der Verleger das Buch herausbringen, andernfalls soll er auf die Veröffentlichung des Manuskripts verzichten.

Dem im Beispiel 3.2-7 dargestellten Modell liegt die Annahme zugrunde, dass kein Informationsaustausch zwischen den beiden Informationsquellen besteht. Die anstelle der Beratung des Entscheidenden in Betracht zu ziehende Delegation des Entscheidungsproblems an eine zusammenarbeitende Gruppe von Experten wird im Kapitel über Gruppenentscheidungen behandelt.

3.3 Rational handelnde Gegenspieler

3.3.1 Überblick

Entsprechend der Konzeption des Grundmodells wird die Zielerreichung des Entscheidenden sowohl durch seine Handlungen als auch durch (Umwelt-) Faktoren bestimmt, die von ihm nicht beeinflussbar sind. Während nun bisher davon ausgegangen wurde, dass die Umwelt dem Entscheidenden neutral gegenübersteht und der Eintritt eines Zustands vom Zufall bestimmt ist, sollen nun Problemstellungen untersucht werden, bei denen bewusst handelnde Gegenspieler auftreten. Die als Spiel bezeichnete Konfliktsituation entsteht dadurch, dass die nach einer Abfolge von Aktionen eintretenden Ergebnisse für die Spieler voneinander abhängen und die Zielerreichung im Extremfall sogar vollkommen entgegengesetzt verläuft.

Bei einer Bewertung der Ergebnisse einer Spielsituation ist zu berücksichtigen, dass der Ausgang des Spiels unsicher ist und auch keine Wahrscheinlichkeiten über das (situationsbedingte) Verhalten der Spieler angegeben werden können, es sich also um ein Entscheidungsproblem unter Ungewissheit handelt.

Zu den wichtigsten Determinanten einer Spielsituation zählen die Anzahl der Spieler und die vom Spielverlauf abhängenden Ergebnisse. Weiterhin ist von Bedeutung, ob Kooperation zwischen einzelnen Spielern möglich ist, ob jeder Spieler vollkommene Information über den zurückliegenden Spielverlauf besitzt und ob dieser ausschließlich vom Verhalten der Spieler – wie etwa beim Schachspiel – oder auch vom Zufall – wie bei Kartenspielen – bestimmt ist.

Durch geeignete Kombination der genannten Determinanten lassen sich viele in der Realität anzutreffende Konfliktsituationen abbilden. Da es jedoch für die meisten der praktisch relevanten Konstellationen noch nicht gelungen ist, befriedigende Lösungskonzepte zu entwickeln, wird mit diesem Abschnitt vor allem die Absicht verfolgt, die Grundgedanken und die Formalstruktur der Spieltheorie zu verdeutlichen. Zu diesem Zweck ist die Betrachtung einfacher Spiele ausreichend, bei denen nur zwei

Spieler auftreten und der Vorteil eines Spielers mit einem Nachteil des anderen Spielers in gleicher Höhe verbunden ist. Infolge dieser Eigenschaften bezeichnet man derartige Spiele auch als *Zwei-Personen-Nullsummen-Spiele (ZPNS)*.

3.3.2 Zwei-Personen-Nullsummen-Spiele (ZPNS) in extensiver Form und ihre Reduktion auf Normalform

Als extensive Darstellungsform eines ZPNS bezeichnet man den sog. Spielbaum.

Definition 3.13: Ein gerichteter Baum mit Wurzel wird als *Spielbaum* eines ZPNS bezeichnet, wenn die von den Knoten des Baumes ausgehenden Pfeile alternierend die jeweiligen Aktionsmöglichkeiten eines der beiden Spieler beschreiben.

Beispiel 3.3-1

Es sei ein ZPNS betrachtet, bei dem jeder Spieler zwei Spielsteine erhält, die an den beiden Enden unterschiedlich farbig markiert sind. Die Steine des Spielers 1 tragen die Farben rot/schwarz und schwarz/blau; die Steine des Spielers 2 sind rot/blau und rot/schwarz.

Spieler 1 beginnt und legt einen seiner beiden Steine auf den Tisch. Danach darf Spieler 2 einen zum rechten Ende des aufgelegten Steins farblich passenden Stein anlegen, an dessen rechtes Ende wiederum Spieler 1 seinen zweiten Stein anlegen darf, falls ein Ende die passende Farbe aufweist. Schließlich ist noch Spieler 2 mit seinem zweiten Stein am Zuge.

Können beide Spieler sämtliche Steine in der geschilderten Weise anlegen, so endet das Spiel unentschieden ohne Vorteil für einen der beiden Spieler. Kann ein Spieler seinen zweiten Stein nicht mehr farblich passend anlegen, so hat er das Spiel verloren und zahlt an den anderen Spieler eine Geldeinheit; das Spiel ist damit beendet.

Wie stellt sich der Spielbaum für dieses Spiel dar?

Lösung:

An den Pfeilen des nachstehenden Spielbaums ist die Farbkombination des jeweiligen Spielsteins angegeben. Die Endknoten sind mit dem Gewinn bzw. Verlust des Spielers 1 bewertet.

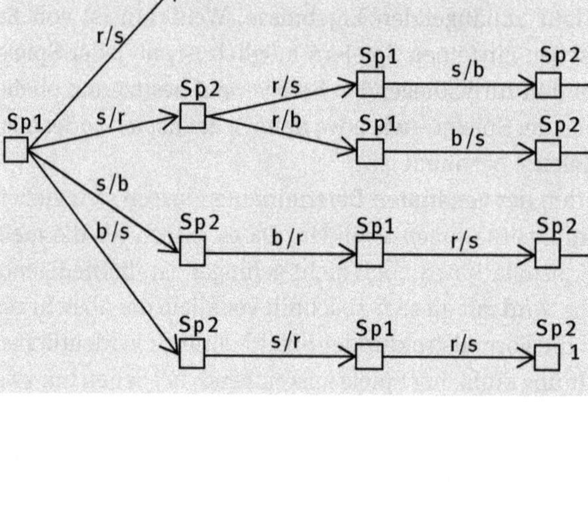

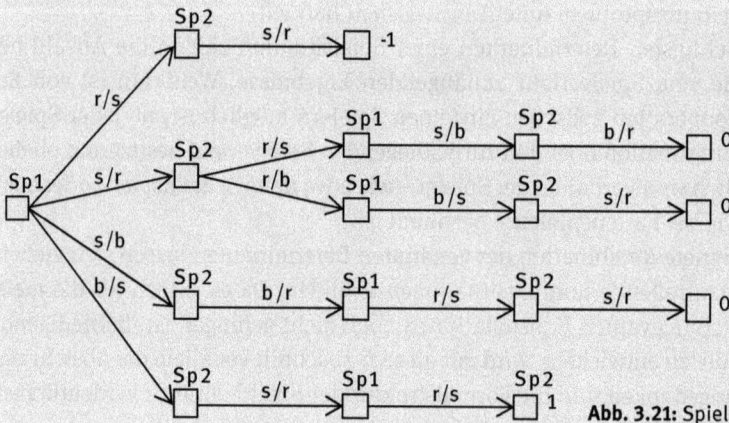

Abb. 3.21: Spielbaum

Konnte eine Spielsituation in einem Spielbaum abgebildet werden, so ist dieser im Rahmen der präskriptiven Entscheidungstheorie im Hinblick auf das Optimalverhalten der Spieler zu analysieren. Spieler 1 soll diejenige Abfolge von Aktionen (Spielzügen) wählen, die ihm aus eigener Kraft einen möglichst hohen Gewinn sichert, während Spieler 2 – in Abhängigkeit von der ersten Aktion des Spielers 1 – an einer Aktionsfolge interessiert ist, die den Gewinn des Spielers 1 minimiert bzw. dessen Verlust maximiert.

Beispiel 3.3-2

Wie sollen sich die beiden Spieler in dem in Beispiel 3.3-1 beschriebenen Spiel (optimal) verhalten, wenn die Ergebnisse für beide Spieler zugleich den damit verbundenen Nutzen darstellen?

Lösung:

Wie man aus dem Spielbaum des Beispiels 3.3-1 ersehen kann, ist es für den Spieler 1 am günstigsten, im ersten Zug seinen blau/schwarzen Spielstein mit dem schwarzen Ende nach rechts aufzulegen. Spieler 2 hat keine andere Wahl, als seinen schwarz/roten Stein anzulegen, an dessen rotes Ende der Spieler 1 seinen rot/schwarzen Stein legt. Laut Spielregel muss der als nächstes anzulegende Stein ein schwarzes Ende aufweisen. Da Spieler 2 nur noch einen rot/blauen Stein besitzt, hat er das Spiel verloren und an Spieler 1 eine Geldeinheit auszuzahlen.

Das Optimalverhalten der beiden Spieler in einem ZPNS soll nun noch an einem etwas komplizierteren Beispiel verdeutlicht werden.

Beispiel 3.3-3

Es sei ein ZPNS betrachtet, das durch den Spielbaum in Abb. 3.22 beschrieben wird.

Mit a_i^t ist die i-te Aktion des Spielers 1 bei dessen t-tem Zug gekennzeichnet, mit $\overline{a}_i^t$ die entsprechende Aktion des Spielers 2.

Wie verhalten sich die beiden Spieler optimal?

Lösung:

Verfolgt man alle potentiellen Spielverläufe (Partien) nach, so wird deutlich, dass es für den Spieler 1 unerheblich ist, ob er mit der Aktion a_1^1 oder a_2^1 das Spiel beginnt. In jedem Fall kann er sich aus eigener Kraft (nur) einen Gewinn in Höhe von 6 (Nutzen-) Einheiten sichern.

Entscheidet sich Spieler 1 für die Aktion a_1^1, so wird Spieler 2 zunächst die Aktion $\overline{a}_2^1$ und in seinem nächsten Zug der Aktion $\overline{a}_3^2$ wählen. Der Gewinn des Spielers 1 beträgt in diesem Fall 6, während bei Wahl des Zuges $\overline{a}_1^1$ durch Spieler 2 Spieler 1 a_1^2 wählen würde, was mit einem Gewinn von 8 verbunden wäre.

Entscheidet sich Spieler 1 für a_2^1, so wird Spieler 2 $\overline{a}_4^1$ ergreifen, um einem sicheren Verlust von 8 zu entgehen. Obwohl theoretisch mit a_5^2 für Spieler 1 auch eine Auszahlung von 9 verbunden sein könnte, wird er sich mit a_7^2 für einen Zug entscheiden, der ihm einen Gewinn von mindestens 6 sichert, während ihm andernfalls nur ein Gewinn von 5 sicher ist.

Der für Spieler 2 bei diesem Spiel mit Sicherheit eintretende Verlust könnte z. B. durch eine Zahlung kompensiert werden, die vom Spieler 1 vorab zu leisten ist.

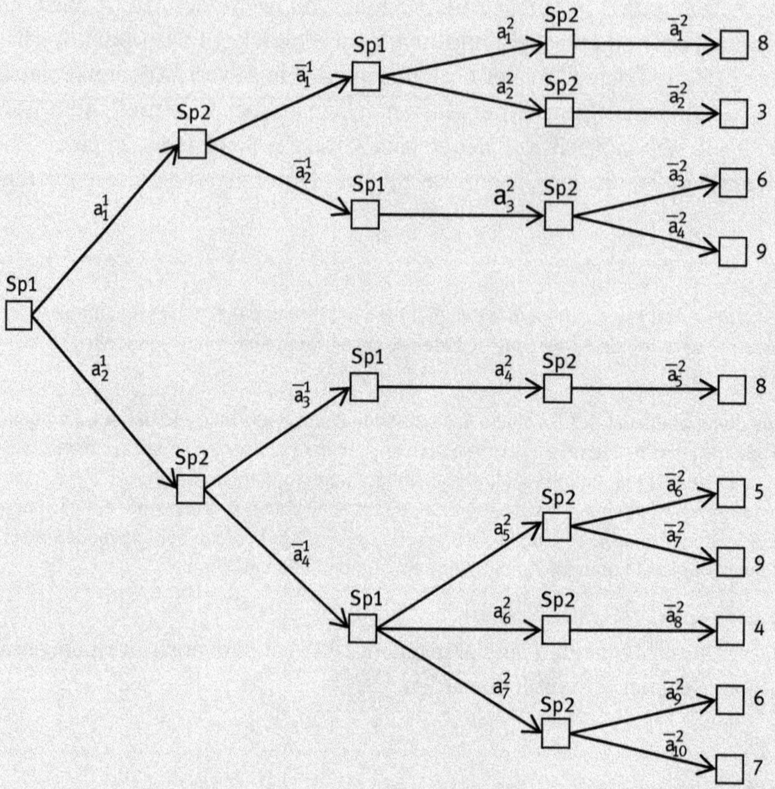

Abb. 3.22: Spielbaum

Wie die beiden letzten Beispiele zeigen, ist es erforderlich, die einzelnen Spielverläufe eines ZPNS unter dem Gesichtspunkt zu analysieren, dass sich zwei rational handelnde Gegenspieler mit konträren Interessen gegenüberstehen. Eine Kurzbeschreibung des Spielverlaufs ist möglich, wenn für jeden Spieler eine Verhaltensbeschreibung vorliegt, die zu jedem Zeitpunkt angibt, welche Aktion er in Abhängigkeit vom Verhalten des Gegenspielers ergreifen soll. In Anlehnung an die Behandlung mehrstufiger Entscheidungsprobleme bei neutraler Umwelt ist auch hier die Einführung eines speziellen Strategiebegriffs zweckmäßig.

Definition 3.14: Unter der *Strategie eines Spielers* in einem ZPNS versteht man eine vollständige Handlungsanweisung an den Spieler für jeden möglichen Spielverlauf bis zum Spielende.

Definition 3.15: Die Menge aller dem Spieler 1 zur Verfügung stehenden und durch eine geordnete Menge von Aktionen determinierten Strategien $b_1, b_2, \ldots, b_s$ wird als *Strategieraum* B *des Spielers 1* bezeichnet.

Definition 3.16: Die Menge aller dem Spieler 2 zur Verfügung stehenden und durch eine geordnete Menge von Aktionen determinierten Strategien $\overline{b}_1, \overline{b}_2, \ldots, \overline{b}_s$ wird als *Strategieraum* $\overline{B}$ *des Spielers 2* bezeichnet.

Beispiel 3.3-4
Für das ZPNS aus dem Beispiel 3.3-1 sind die Strategien der beiden Spieler zu ermitteln.

Lösung:
Zu einer vollständigen Handlungsanweisung für den Spieler 1 genügt die Angabe der ersten Aktion, da seine weiteren Aktionen (Züge) determiniert sind. Kennzeichnet man die Aktionen durch die Angabe der (geordneten) Farbkombinationen des ersten Spielsteins, so gilt für die Strategien des Spielers 1:

$$b_1 : r/s$$
$$b_2 : s/r$$
$$b_3 : s/b$$
$$b_4 : b/s\,.$$

Da der Spieler 2 vorab nicht weiß, welche Aktion der Spieler 1 hinsichtlich des ersten Spielsteins wählen wird, muss er – soweit ihm Alternativen offenstehen – jeder Möglichkeit Rechnung tragen. Im Beispiel besitzt der Spieler 2 nur Wahlmöglichkeiten, wenn der Spieler 1 die Aktion s/r ergreift. In diesem Fall stehen ihm zwei Aktionsmöglichkeiten offen. Für die Strategien des Spielers 2 gilt demnach:
$\overline{b}_1$: falls Spieler 1 s/r wählt, dann Entscheidung für r/s,
$\overline{b}_2$: falls Spieler 1 s/r wählt, dann Entscheidung für r/b.

Wählt der Spieler 1 seine Strategie b_r und der Spieler 2 seine Strategie $\overline{b}_{\overline{r}}$, so ist der Spielverlauf determiniert und es tritt das Ergebnis $e_{r\overline{r}}$ für den Spieler 1 und – infolge der Nullsummeneigenschaft – das Ergebnis $-e_{r\overline{r}}$ für den Spieler 2 ein. Besitzt jeder Spieler endlich viele Strategien, so lassen sich die Ergebnisse $e_{r\overline{r}}$ in der übersichtlich geordneten Form einer sog. *Spielergebnismatrix* zusammenfassen wie sie in Abb. 3.23 dargestellt ist.

Beispiel 3.3-5
Man ermittle die Spielergebnismatrix für das in Beispiel 3.3-1 beschriebene ZPNS.

Lösung:
Verfolgt man den Spielbaum aus dem Beispiel 3.3-1 für alle Kombinationen von Strategien der beiden Spieler nach, so erhält man nachstehende Spielergebnismatrix.

	$\overline{b}_1$	$\overline{b}_2$
b_1	−1	−1
b_2	0	0
b_3	0	0
b_4	0	1

	$\bar{b}_1$	$\bar{b}_2$	...	$\bar{b}_r$	...	$\bar{b}_s$
b_1	e_{11}	e_{12}	...	e_{1r}	...	e_{1s}
b_2	e_{21}	e_{22}	...	e_{2r}	...	e_{2s}
⋮	⋮	⋮		⋮		⋮
b_r	e_{r1}	e_{r2}	...	e_{rr}	...	e_{rs}
⋮	⋮	⋮		⋮		⋮
b_s	e_{s1}	e_{s2}	...	e_{sr}	...	e_{ss}

Abb. 3.23: Spielergebnismatrix

Da die Transformation (Rückführung) eines ZPNS von der extensiven Darstellungsform des Spielbaums in die auch als Normalform bezeichnete Spielergebnismatrix von wesentlicher Bedeutung ist, soll ein zweites Beispiel zum besseren Verständnis des Vorgehens beitragen.

Beispiel 3.3-6
Für das in Beispiel 3.3-3 beschriebene ZPNS sind die Strategien der beiden Spieler und die Spielergebnismatrix zu ermitteln.

Lösung:
Soweit Wahlmöglichkeiten bestehen, beschreiben die folgenden Strategien jeweils eine vollständige Handlungsanweisung für den Spieler 1.

$$b_1:\ a_1^1(\bar{a}_1^1)a_1^2\ .$$

Diese Kurzschreibweise ist so zu interpretieren, dass der Spieler 1 mit der Aktion a_1^1 beginnt. Falls der Spieler 2 daraufhin die Aktion $\bar{a}_1^1$ wählt, dann entscheidet sich der Spieler 1 im zweiten Zug für die Aktion a_1^2. Gemäß dieser Notation gilt für die weiteren Strategien des Spielers 1:

$$\begin{aligned} b_2:&\quad a_1^1(\bar{a}_1^1)a_2^2\ ,\\ b_3:&\quad a_2^1(\bar{a}_4^1)a_5^2\ ,\\ b_4:&\quad a_2^1(\bar{a}_4^1)a_6^2\ ,\\ b_5:&\quad a_2^1(\bar{a}_4^1)a_7^2\ . \end{aligned}$$

Als Reaktion auf das Verhalten des Spielers 1 stehen dem Spieler 2 folgende Strategien zur Verfügung:

$$\begin{aligned} \bar{b}_1:&\quad (a_1^1)\bar{a}_1^1 \\ &\quad (a_2^1)\bar{a}_3^1, \\ \bar{b}_2:&\quad (a_1^1)\bar{a}_1^1 \\ &\quad (a_2^1)\bar{a}_4^1 \qquad (a_5^2)\bar{a}_6^2 \\ &\quad \qquad\qquad\quad\ (a_7^2)\bar{a}_9^2\ . \end{aligned}$$

Wählt der Spieler 1 die Aktion a_1^1, so entscheidet sich der Spieler 2 gemäß seiner Strategie $\overline{b}_2$ für die Aktion $\overline{a}_1^1$. Beginnt der Spieler 1 hingegen mit seiner Aktion a_2^1, so wählt der Spieler 2 die Aktion $\overline{a}_4^1$, woraufhin der Spieler 1 weitere Wahlmöglichkeiten besitzt. Entscheidet er sich in diesem Fall für die Aktion a_5^2, so wählt der Spieler 2 seine Aktion $\overline{a}_6^2$, anderenfalls (Aktion a_7^2) die Aktion $\overline{a}_9^2$. Entsprechend ergeben sich:

$$\begin{array}{lll}
\overline{b}_3: & (a_1^1)\overline{a}_1^1 & \\
 & (a_2^1)\overline{a}_4^1 & (a_5^2)\overline{a}_6^2 \\
 & & (a_7^2)\overline{a}_{10}^2, \\
\overline{b}_4: & (a_1^1)\overline{a}_1^1 & \\
 & (a_2^1)\overline{a}_4^1 & (a_5^2)\overline{a}_7^2 \\
 & & (a_7^2)\overline{a}_9^2, \\
\overline{b}_5: & (a_1^1)\overline{a}_1^1 & \\
 & (a_2^1)\overline{a}_4^1 & (a_5^2)\overline{a}_7^2 \\
 & & (a_7^2)\overline{a}_{10}^2, \\
\overline{b}_6: & (a_1^1)\overline{a}_2^1 & (a_3^2)\overline{a}_3^2 \\
 & (a_2^1)\overline{a}_3^1, & \\
\overline{b}_7: & (a_1^1)\overline{a}_2^1 & (a_3^2)\overline{a}_3^2 \\
 & (a_2^1)\overline{a}_4^1 & (a_5^2)\overline{a}_6^2 \\
 & & (a_7^2)\overline{a}_9^2, \\
\overline{b}_8: & (a_1^1)\overline{a}_2^1 & (a_3^2)\overline{a}_3^2 \\
 & (a_2^1)\overline{a}_4^1 & (a_5^2)\overline{a}_6^2 \\
 & & (a_7^2)\overline{a}_{10}^2, \\
\overline{b}_9: & (a_1^1)\overline{a}_2^1 & (a_3^2)\overline{a}_3^2 \\
 & (a_2^1)\overline{a}_4^1 & (a_5^2)\overline{a}_7^2 \\
 & & (a_7^2)\overline{a}_9^2, \\
\overline{b}_{10}: & (a_1^1)\overline{a}_2^1 & (a_3^2)\overline{a}_3^2 \\
 & (a_2^1)\overline{a}_4^1 & (a_5^2)\overline{a}_7^2 \\
 & & (a_7^2)\overline{a}_{10}^2, \\
\overline{b}_{11}: & (a_1^1)\overline{a}_2^1 & (a_3^2)\overline{a}_4^2 \\
 & (a_2^1)\overline{a}_3^1, & \\
\overline{b}_{12}: & (a_1^1)\overline{a}_2^1 & (a_3^2)\overline{a}_4^2 \\
 & (a_2^1)\overline{a}_4^1 & (a_5^2)\overline{a}_6^2 \\
 & & (a_7^2)\overline{a}_9^2, \\
\overline{b}_{13}: & (a_1^1)\overline{a}_2^1 & (a_3^2)\overline{a}_4^2 \\
 & (a_2^1)\overline{a}_4^1 & (a_5^2)\overline{a}_6^2 \\
 & & (a_7^2)\overline{a}_{10}^2,
\end{array}$$

$$\begin{array}{lll} \overline{b}_{14}: & (a_1^1)\overline{a}_2^1 & (a_3^2)\overline{a}_4^2 \\ & (a_2^1)\overline{a}_4^1 & (a_5^2)\overline{a}_7^2 \\ & & (a_7^2)\overline{a}_9^2\,, \\ \overline{b}_{15}: & (a_1^1)\overline{a}_2^1 & (a_3^2)\overline{a}_4^2 \\ & (a_2^1)\overline{a}_4^1 & (a_5^2)\overline{a}_7^2 \\ & & (a_7^2)\overline{a}_{10}^2\,. \end{array}$$

Der Spieler 2 verfügt prinzipiell über 15 Strategien, wobei noch keine Auswahl hinsichtlich deren Optimalität getroffen wurde. Verfolgt man den Spielbaum entsprechend den einzelnen Strategiekombinationen nach, so erhält man folgende Spielergebnismatrix.

	$\overline{b}_1$	$\overline{b}_2$	$\overline{b}_3$	$\overline{b}_4$	$\overline{b}_5$	$\overline{b}_6$	$\overline{b}_7$	$\overline{b}_8$	$\overline{b}_9$	$\overline{b}_{10}$	$\overline{b}_{11}$	$\overline{b}_{12}$	$\overline{b}_{13}$	$\overline{b}_{14}$	$\overline{b}_{15}$
b_1	8	8	8	8	8	6	6	6	6	6	9	9	9	9	9
b_2	3	3	3	3	3	6	6	6	6	6	9	9	9	9	9
b_3	8	5	5	9	9	8	5	5	9	9	8	5	5	9	9
b_4	8	4	4	4	4	8	4	4	4	4	8	4	4	4	4
b_5	8	6	7	6	7	8	6	7	6	7	8	6	7	6	7.

Vor einer näheren Untersuchung spezieller Spielergebnismatrizen soll noch anhand eines Beispiels eine Spielsituation vorgeführt werden, die unmittelbar in einer Matrix abzubilden ist.

Beispiel 3.3-7

Die Wahlkampfstrategen zweier Parteien A und B beabsichtigen, jeweils in einer der vier Städte S_1, S_2, S_3 und S_4 zur Unterstützung des Wahlkreiskandidaten einen Politiker aus Berlin einzusetzen. Die Entfernung (in km) zwischen den Städten und die Anzahl der Wahlberechtigten in den einzelnen Städten ist in folgender Tabelle angegeben:

	S_1	S_2	S_3	S_4	Stimmenpotential
S_1	0	20	40	60	20.000
S_2	20	0	20	40	40.000
S_3	40	20	0	20	20.000
S_4	60	40	20	0	20.000

Aus Meinungsumfragen kann auf folgende Verteilung des Stimmenpotentials geschlossen werden:

Ist die Entfernung einer Stadt zum Auftrittsort des Politikers von A geringer als zu dem Ort, an dem die Partei B mit ihrem Politiker auftritt, so erhält A einen Anteil von 70 % am Stimmenpotential dieser Stadt, im umgekehrten Fall erhält A nur einen Anteil von 40 %. Treten beide Politiker von einer Stadt gleich weit entfernt oder in ihr selbst auf, fällt 60 % des Stimmenpotentials dieser Stadt an A. Als optimal gilt der Auftrittsort für den Politiker dann, wenn er zum größten Stimmenanteil bei der Wahl führt.

Man stelle die Spielergebnismatrix für die geschilderte Situation dar.

Lösung:
Da die Entscheidung einer Partei für einen bestimmten Ort die Möglichkeiten der anderen Partei, in einer der genannten Städte aufzutreten, nicht einschränkt, besitzt jede Partei vier Aktionen, die zugleich deren Strategien im Sinne der Definition 3.14 darstellen. Es gilt:

$$b_r\text{: Auftritt des Politikers der Partei A in der Stadt } S_r \text{ für } r = 1, 2, 3, 4$$

und

$$\overline{b}_{\overline{r}}\text{: Auftritt des Politikers der Partei B in der Stadt } S_{\overline{r}} \text{ für } \overline{r} = 1, 2, 3, 4\,.$$

Es soll nun beschrieben werden, wie sich der aus der Kombination zweier Strategien resultierende Stimmenanteil errechnet. Treffen z. B. die beiden Strategien b_1 und $\overline{b}_1$ aufeinander, d. h. treten beide Politiker in der Stadt S_1 auf, so erhält laut Meinungsumfrage die Partei A 60 % des Gesamtpotentials von 100.000 Stimmen, d. h. 60.000 Stimmen.

Tritt der Politiker A in der Stadt S_1 und der Politiker der Partei B in der Stadt S_2 auf, so errechnet sich für die Partei A folgender Stimmenanteil:
In S_1: 70 % von 20.000 ergibt 14.000 Stimmen,
in S_2: 40 % von 40.000 ergibt 16.000 Stimmen,
in S_3: 40 % von 20.000 ergibt 8.000 Stimmen,
in S_4: 40 % von 20.000 ergibt 8.000 Stimmen.

Insgesamt erhält die Partei A demnach 46.000 Stimmen.

Schließlich sei noch exemplarisch der Fall betrachtet, dass der Politiker der Partei A in der Stadt S_3 und der Politiker der Partei B in der Stadt S_4 auftritt. Für den Stimmenanteil von A gilt:
In S_1: 70 % von 20.000 ergibt 14.000 Stimmen,
in S_2: 70 % von 40.000 ergibt 28.000 Stimmen,
in S_3: 70 % von 20.000 ergibt 14.000 Stimmen,
in S_4: 40 % von 20.000 ergibt 8.000 Stimmen.

Insgesamt erhält die Partei A in diesem Fall 64.000 Stimmen.

Zusammengefasst ergibt sich folgende Spielergebnismatrix (in Tsd. Stimmen):

	$\overline{b}_1$	$\overline{b}_2$	$\overline{b}_3$	$\overline{b}_4$
b_1	60	46	54	58
b_2	64	60	58	62
b_3	60	52	60	64
b_4	52	50	46	60.

Es stellt sich nun das Problem der Ermittlung optimaler Strategien für ZPNS, die bereits in einer Spielergebnismatrix abgebildet sind.

3.3.3 Zwei-Personen-Nullsummen-Spiele (ZPNS) in Normalform

3.3.3.1 Reine Strategien

Da jeder Spieler mit der zu wählenden Strategie seinen Nutzen maximieren möchte, sind die Elemente der Spielergebnismatrix mit den Nutzen zu bewerten, die beide Spieler den Ergebnissen jeweils zuordnen.

In den klassischen Ansätzen der Spieltheorie geht man implizit davon aus, dass sich die Bewertung der Ergebnisse für beide Spieler durch die Beziehung $w_{ij} = e_{ij}$ beschreiben lässt und damit die Nullsummengemeinschaft erhalten bleibt. Die dabei aus der Spielergebnismatrix hervorgehende Matrix der Nutzenwerte wird als *Spielmatrix* bezeichnet.

Da sich zwei rational handelnde Spieler gegenüberstehen, besteht die Aufgabe darin, den größtmöglichen Nutzen, den jeder Spieler aus eigener Kraft erzielen kann, und die zugehörige Strategie zu bestimmen. Auf die Spielmatrix übertragen bedeutet dies für den Spieler 1, dass er zunächst für jede Strategie den geringsten Nutzen ermittelt und dann diejenige Strategie wählt, bei der noch im ungünstigsten Fall der größte Nutzen eintritt.

In der formalen Darstellung heißt eine Strategie b^*, für die gilt:

$$Y^{S1}(b^*) = \max_{r} Y^{S1}(b_r), \quad \text{mit} \tag{3.3-1}$$

$$Y^{S1}(b_r) = \min_{\bar{r}} w_{r\bar{r}} \quad \text{für } r = 1, 2, \dots, s \tag{3.3-2}$$

Maximin-Strategie des Spielers 1 in einem ZPNS; dabei bezeichnen:

Y^{S1} eine reelle Zahl, die als Maß für die Vorteilhaftigkeit einer Strategie des Spielers 1 in einem ZPNS gilt,

$w_{r\bar{r}}$ den Nutzen des Ergebnisses $e_{r\bar{r}}$ für den Spieler 1, der sich bei Wahl der Strategie b_r durch den Spieler 1 und der Strategie $\bar{b}_{\bar{r}}$ durch den Spieler 2 einstellt.

Formal hat diese Entscheidungsregel ihre Entsprechung in der Maximin-Regel unter Ungewissheit. Die in dieser Regel zum Ausdruck kommende, extrem pessimistische Haltung ist in diesem Fall gerechtfertigt, da der Spieler nicht mit einer neutralen Umwelt, sondern mit einem rational handelnden Gegenspieler konfrontiert ist.

Für den Spieler 2 gelten die bisherigen Ausführungen analog, wobei jedoch zu berücksichtigen ist, dass die in der Spielmatrix für den Spieler 1 angegebenen Nutzen mit entgegengesetztem Vorzeichen gelten. Weiterhin ist anzumerken, dass eine ordinale (Nutzen-) Bewertung der Ergebnisse durch die beiden Spieler ausreichend ist.

Ausgehend von der Spielmatrix für den Spieler 1 heißt eine Strategie $\bar{b}^*$, für die gilt:

$$Y^{S2}(\bar{b}^*) = \min_{\bar{r}} Y^{S2}(\bar{b}_{\bar{r}}), \quad \text{mit} \tag{3.3-3}$$

$$Y^{S2}(\bar{b}_{\bar{r}}) = \max_{r} w_{\bar{r}r} \quad \text{für } \bar{r} = 1, 2, \dots, \bar{s} \tag{3.3-4}$$

Maximin-Strategie (bzw. Minimax-Strategie) des Spielers 2 in einem ZPNS; dabei bezeichnet: Y^{S2} eine reelle Zahl, die als Maß für die Vorteilhaftigkeit einer Strategie des Spielers 2 in einem ZPNS gilt.

Beispiel 3.3-8
Für das in Beispiel 3.3-1 beschriebene ZPNS ermittle man die Maximin-Strategien der beiden Spieler.

Lösung:
Bewerten beide Spieler die Ergebnisse gemäß $w_{ij}=e_{ij}$ und wendet man die Entscheidungsregeln (3.3-1)–(3.3-4) auf die Spielmatrix an, so ergibt sich:

	$\bar{b}_1$	$\bar{b}_2$	Min	
b_1	−1	−1	−1	
b_2	0	0	0	
b_3	0	0	0	
b_4	1	1	1	← Max
Max	1	1		
	↑ Min	↑ Min		

Wie bereits im Beispiel 3.3-2 aus dem Spielbaum abzulesen war, verhält sich der Spieler 1 optimal, wenn er seine im Beispiel 3.3-4 definierte Strategie b_4 wählt, während Spieler 2 dann in jedem Fall einen Verlust von 1 erleidet.

Definition 3.17: Die reelle Zahl $Y^{S1}(b^*)$ wird als *unterer Spielwert* des zugehörigen ZPNS bezeichnet.

Definition 3.18: Die reelle Zahl $Y^{S2}(\bar{b}^*)$ wird als *oberer Spielwert* des dazugehörigen ZPNS bezeichnet.

Definition 3.19: Sind oberer und unterer Spielwert identisch, so nennt man das ZPNS *determiniert* und $Y^{S1}(b^*) = Y^{S2}(\bar{b}^*) = Y^{SP}$ wird als *Spielwert* des zugehörigen Spiels bezeichnet.

Hinweis: Sind oberer und unterer Spielwert verschieden, so spricht man von einem *indeterminierten* Spiel.

Definition 3.20: In einem ZPNS heißt die Strategienkombination $(b^*, \bar{b}^*)$ ein *Gleichgewichtspunkt*, wenn für alle $b_r \in B$ und $\bar{b}_{\bar{r}} \in \bar{B}$ gilt:

$$w(b^*, \bar{b}^*) \geq w(b_r, \bar{b}^*)$$
$$w(b^*, \bar{b}^*) \leq w(b^*, \bar{b}_{\bar{r}}) .$$

Beispiel 3.3-9

Für das in Beispiel 3.3-3 beschriebene ZPNS sind die Maximin-Strategien der beiden Spieler zu ermitteln. Weiterhin ist das Spiel entsprechend den Definitionen 3.16–3.20 zu charakterisieren.

Lösung:

Für die der Spielergebnismatrix des Beispiels 3.3-6 entsprechende Spielmatrix gilt:

	$\bar{b}_1$	$\bar{b}_2$	$\bar{b}_3$	$\bar{b}_4$	$\bar{b}_5$	$\bar{b}_6$	$\bar{b}_7$	$\bar{b}_8$	$\bar{b}_9$	$\bar{b}_{10}$	$\bar{b}_{11}$	$\bar{b}_{12}$	$\bar{b}_{13}$	$\bar{b}_{14}$	$\bar{b}_{15}$	Min
b_1	8	8	8	8	8	6	6	6	6	6	9	9	9	9	9	6 ← Max
b_2	3	3	3	3	3	6	6	6	6	6	9	9	9	9	9	3
b_3	8	5	5	9	9	8	5	5	9	9	8	5	5	9	9	5
b_4	8	4	4	4	4	8	4	4	4	4	8	4	4	4	4	4
b_5	8	6	7	6	7	8	6	7	6	7	8	6	7	6	7	6 ← Max
Max	8	8	8	9	9	8	6 ↑ Min	7	9	9	9	9	9	9	9	

Die Maximin-Strategien des Spielers 1 sind die Strategien b_1 und b_5. Die Maximin-Strategie des Spielers 2 ist die Strategie $\bar{b}_7$.

Der untere Spielwert beträgt $Y^{S1}(b_1) = Y^{S1}(b_5) = Y^{S1}(b^*) = 6$, der obere Spielwert beträgt $Y^{S2}(\bar{b}_7) = Y^{S2}(\bar{b}^*) = 6$.

Damit ist das Spiel determiniert mit dem Spielwert $Y^{SP} = 6$.

Die Strategiekombinationen $(b_1, \bar{b}_7.)$ und $(b_5, \bar{b}_7.)$ sind Gleichgewichtspunkte des Spiels.

In einem determinierten Spiel ist es für beide Spieler am günstigsten, eine ihrer Maximin-Strategien zu wählen, was zugleich eine Gleichgewichtskombination im Sinne der Definition 3.20 darstellt. Durch ein Abweichen von seiner Gleichgewichtsstrategie kann sich ein Spieler nicht verbessern und unter Umständen sogar verschlechtern, wenn der Gegenspieler an seiner Gleichgewichtsstrategie festhält. In diesem Sinne stellen die Maximin-Strategien eine Lösung eines determinierten Spiels dar.

Beispiel 3.3-10

Man ermittle für das in Beispiel 3.3-7 beschriebene ZPNS die Maximin-Strategien der beiden Spieler und charakterisiere das Spiel entsprechend den Definitionen 3.17–3.20.

Lösung:

Die Maximin-Strategien der beiden Spieler lassen sich aus der der Spielergebnismatrix des Beispiels 3.3-7 entsprechenden Spielmatrix ermitteln.

	$\bar{b}_1$	$\bar{b}_2$	$\bar{b}_3$	$\bar{b}_4$	Min	
b_1	60	46	54	58	46	
b_2	64	60	58	62	58	← Max
b_3	60	52	60	64	52	
b_4	52	50	46	60	46	
Max	64	60 ↑ Min.	60 ↑ Min.	64		

Die Strategie b_2 ist die Maximin-Strategie des Spielers 1, die Strategien $\overline{b}_2$ und $\overline{b}_3$ sind Maximin-Strategien des Spielers 2.

Der untere Spielwert beträgt $Y^{S1}(b_2) = Y^{S1}(b^*) = 58$, der obere Spielwert beträgt $Y^{S2}(\overline{b}_2) = Y^{S2}(\overline{b}_3) = Y^{S2}(\overline{b}^*) = 60$.

Da der untere vom oberen Spielwert abweicht, ist das Spiel indeterminiert und es existiert auch kein Gleichgewichtspunkt.

Ist ein Spiel indeterminiert, so existiert insofern kein stabiler Zustand, als ein Spieler unter Umständen auch dann sein Ergebnis verbessern kann, wenn der jeweilige Gegenspieler an seiner Maximin-Strategie festhält.

Betrachtet man das Beispiel 3.3-10, so wird der Spieler 2 die Strategie $\overline{b}_3$ wählen, in der Annahme, dass der Spieler 1 seine Maximin-Strategie b_2 spielt. Unter der Voraussetzung, dass der Spieler 2 an seiner Maximin-Strategie $\overline{b}_3$ festhält, kann der Spieler 1 durch Übergang von seiner Maximin-Strategie b_2 auf die Strategie b_3 sein Ergebnis von 58 auf 60 verbessern. Bezieht der Spieler 2 diesen Übergang von b_2 auf b_3 in seine Überlegungen ein, so ist für ihn die Wahl der Strategie $\overline{b}_2$ am günstigsten. In diesem Fall würde aber Spieler 1 jedoch wiederum mit seiner Strategie b_2 besser abschneiden.

Wie die Interpretation des Beispiels zeigt, lässt sich in indeterminierten ZPNS keine stabile Lösung derart finden, wie sie die Gleichgewichtspunkte in determinierten Spielen darstellen. Ein möglicher Ausweg aus dieser Situation wird im nächsten Abschnitt untersucht.

3.3.3.2 Die gemischte Erweiterung

Da es nicht möglich ist, in indeterminierten Spielen den Spielern Handlungsempfehlungen zu geben, die aussagen, welche ihrer Strategien sie entsprechend ihren Präferenzen ergreifen sollen, wurde in der Literatur vorgeschlagen, diese Auswahl vom Ausgang eines Zufallsexperiments abhängig zu machen. Das Problem besteht dann nicht mehr unmittelbar in der Ermittlung der optimalen Strategien für die beiden Spieler, sondern in der Bestimmung eines geeigneten Zufallsexperiments.

Zwar ist die Einbeziehung eines Zufallsexperiments in die Spielsituation formal durchaus zulässig, man darf jedoch nicht übersehen, dass damit zugleich auch der Übergang von der Ungewissheitssituation zur Risikosituation verbunden ist. In Abhängigkeit vom gewählten Zufallsexperiment können verschiedene risikobehaftete Ergebnisse eintreten, die entsprechend der bisher vertretenen Vorgehensweise mit ihren Risikonutzen zu bewerten sind. Zur Beurteilung eines Zufallsexperiments eignet sich der Erwartungswert des Risikonutzens der Ergebnisse. Dieses Vorgehen impliziert zum einen, dass an die Stelle der ordinalen Nutzenbewertung der Ergebnisse der kardinale Risikonutzen tritt, zum anderen bleibt die Nullsummeneigenschaft nur erhalten, wenn beide Spieler den Ergebnissen identische Risikonutzen zuordnen. Die aus der Spielergebnismatrix hervorgehende Matrix der Risikonutzen wird hier auch als *Spielmatrix* bezeichnet.

Aus der Sicht des Spielers 1 lässt sich das Ergebnis der Zuordnung seiner Strategien zu den Ausgängen des Zufallsexperiments durch die Wahrscheinlichkeiten p_r $(r = 1, 2, \ldots, s)$ beschreiben, mit der die Strategien b_r $(r = 1, 2, \ldots, s)$ eingesetzt werden. Folgende Begriffe erweisen sich als zweckmäßig:

Definition 3.21: Die geordnete Menge $p = (p_1, p_2, \ldots, p_s)$ von Eintrittswahrscheinlichkeiten für seine (reinen) Strategien wird als gemischte Strategie des Spielers 1 in einem ZPNS bezeichnet. Die Menge aller gemischten Strategien des Spielers 1 heißt dessen *Raum der gemischten Strategien* P.

Definition 3.22: Die geordnete Menge $\overline{p} = (\overline{p}_1, \overline{p}_2, \ldots, \overline{p}_{\overline{s}})$ von Eintrittswahrscheinlichkeiten für seine (reinen) Strategien wird als *gemischte Strategie des Spielers 2* in einem ZPNS bezeichnet. Die Menge aller gemischten Strategien des Spielers 2 heißt dessen *Raum der gemischten Strategien* $\overline{P}$.

Hinweise:

(1) Im Raum der gemischten Strategien jedes Spielers sind auch dessen (reine) Strategien enthalten.

(1) Es muss gelten: $\sum_{r=1}^{s} p_r = 1$ und $\sum_{\overline{r}=1}^{\overline{s}} \overline{p}_{\overline{r}} = 1$.

Die Aufgabe besteht nun darin, diejenige gemischte Strategie aus P zu ermitteln, die für den Spieler 1 mit dem höchsten Erwartungswert des Risikonutzens verbunden ist. Dabei ist zu berücksichtigen, dass auch der Spieler 2 seine beste gemischte Strategie einsetzen wird. Für den Spieler 2 ist diejenige Strategie aus $\overline{P}$ optimal, die zum geringsten Erwartungswert des Risikonutzens für den Spieler 1 führt.

Die Einführung eines Zufallsexperiments sichert einen zu den determinierten Spielen analogen Gleichgewichtszustand, da sich zeigen lässt, dass jedes ZPNS mit endlichen (reinen) Strategieräumen B und $\overline{B}$ in seiner gemischten Erweiterung genau einen Spielwert Y^{SG} besitzt, den jeder Spieler mit mindestens einer gemischten Strategie aus eigener Kraft erreichen kann.

Die Problemstellung lässt sich als lineare Programmierungsaufgabe formulieren, die z. B. mit Hilfe des Simplex-Algorithmus gelöst werden kann. Für den Fall, dass mindestens einer der beiden Spieler höchstens zwei (reine) Strategien besitzt, kann man die optimalen gemischten Strategien auch graphisch ermitteln. Gegebenenfalls ist zu prüfen, ob diese Eigenschaft durch eine sog. *Reduktion* der Spielmatrix herbeigeführt werden kann. Dabei werden zunächst sukzessiv alle (dominierten) Strategien b_r des Spielers 1 aus der Spielmatrix eliminiert, für die gilt:

$$u(r'\overline{r}) \leq u_{r\overline{r}} \quad \text{für } \overline{r} = 1, 2, \ldots, \overline{s}\,;\; b_r, b_{r'} \in B\,;\; r \neq r'\,.$$

In dieser reduzierten Spielmatrix werden nun sukzessiv alle (dominierten) Strategien b_r des Spielers 2 aus der Spielmatrix eliminiert, für die gilt:

$$u_{r\overline{r'}} \leq u_{r\overline{r'}} \quad \text{für } r = 1, 2, \ldots, s\,;\; \overline{b}_{\overline{r}}, \overline{b}_{\overline{r'}} \in B\,;\; \overline{r} \neq \overline{r}'\,.$$

Nach diesen Kriterien erfolgt nun so lange abwechselnd eine Eliminierung von Strategien der beiden Spieler, bis keine weitere Reduktion mehr möglich ist.

Beispiel 3.3-11
Die Spielmatrix aus dem Beispiel 3.3-10 ist soweit wie möglich zu reduzieren.

Lösung:
In der Spielmatrix

	$\overline{b}_1$	$\overline{b}_2$	$\overline{b}_3$	$\overline{b}_4$
b_1	60	46	54	58
b_2	64	60	58	62
b_3	60	52	60	64
b_4	52	50	46	60

dominiert Strategie b_2 die Strategie b_1, und die Strategie b_4 wird von der Strategie b_3 des Spielers 1 dominiert.

In der reduzierten Spielmatrix

	$\overline{b}_1$	$\overline{b}_2$	$\overline{b}_3$	$\overline{b}_4$
b_2	64	60	58	62
b_3	60	52	60	64

dominiert die Strategie $\overline{b}_2$ die Strategie $\overline{b}_1$, und die Strategie $\overline{b}_4$ wird von der Strategie $\overline{b}_3$ des Spielers 2 dominiert.

Die schließlich verbleibende Spielmatrix

	$\overline{b}_2$	$\overline{b}_3$
b_2	60	58
b_3	52	60

kann nicht weiter reduziert werden.

Da die Wahl der von den Spielern eingesetzten (reinen) Strategien mit Hilfe eines Zufallsexperiments erfolgt, ist das Ergebnis des Spiels und der daraus resultierende Risikonutzen für die beiden Spieler unsicher. Setzt der Spieler 1 seine gemischte Strategie p und der Spieler 2 seine gemischte Strategie $\overline{p}$ ein, so errechnet sich der erwartete Risikonutzen für den Spieler 1 mit:

$$Y^{SG1}(p, \overline{p}) = \sum_{r=1}^{s} \sum_{\overline{r}=1}^{\overline{s}} u_{r\overline{r}} p_r \overline{p}_{\overline{r}} \,. \qquad (3.3\text{-}5)$$

Besitzt z. B. der Spieler 1 nur zwei reine Strategien b_1 bzw. b_2, die er mit der Wahrscheinlichkeit p_1 bzw. $p_2 = 1 - p_1$ einsetzt, so erhält man für seinen erwarteten Risikonutzen bei Einsatz der Strategie $\overline{b}_{\overline{r}}$ durch den Spieler 2:

$$Y^{SG1}(p_1) = u_{1\overline{r}} p_1 + u_{2\overline{r}}(1 - p_1) \quad \text{für } \overline{r} = 1, 2, \ldots, \overline{s} \,. \qquad (3.3\text{-}6)$$

Die Beziehung (3.3-6) stellt für jede Strategie $\overline{b}_{\overline{r}}$ im reduzierten ZPNS eine Geradengleichung dar. Bei drei (reinen) Strategien des Spielers 2 ergibt die graphische Darstellung z. B. Bild 3.24.

Wie aus der Abb. 3.24 abzulesen ist, stellt sich der höchste aus eigener Kraft zu erwartende Risikonutzen Y^{SG1} (p_1^*) des Spielers 1 dann ein, wenn er den Einsatz seiner reinen Strategien vom Ausgang eines Zufallsexperiments derart abhängig macht,

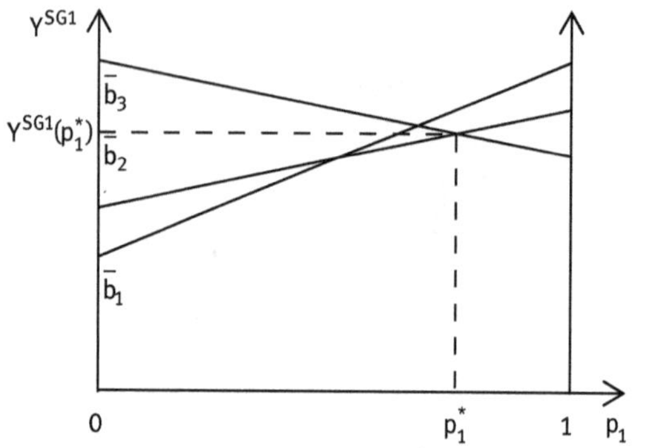

Abb. 3.24: Graphische Ermittlung der optimalen gemischten Strategien in einem ZPNS

dass die Strategie b_1 mit einer Wahrscheinlichkeit von p_1^* und die Strategie b_2 mit der Wahrscheinlichkeit $1 - p_1^*$ gewählt wird.

Wie bereits ausgeführt wurde, besitzt jedes endliche ZPNS in seiner gemischten Erweiterung genau einen erwarteten Spielwert Y^{SG}, d. h. es muss gelten:

$$Y^{SG} = Y^{SG1} .$$

Dieser erwartete Spielwert stellt die Obergrenze für den Risikonutzen dar, der dem Spieler 2 infolge der Nullsummeneigenschaft des Spiels entgeht. Unter der ohne Beschränkung der Allgemeinheit getroffenen Annahme, dass der Spieler 1 nur zwei reine Strategien besitzt, gelten demnach folgende Ungleichungen:

$$u_{11}\overline{p}_1 + u_{12}\overline{p}_2 + \ldots + u_{1\overline{s}}\overline{p}_{\overline{s}} \leq Y^{SG} \quad \text{und} \tag{3.3-7}$$

$$u_{21}\overline{p}_1 + u_{22}\overline{p}_2 + \ldots + u_{2\overline{s}}\overline{p}_{\overline{s}} \leq Y^{SG} . \tag{3.3-8}$$

Diese Ungleichungen beschreiben die Menge der optimalen gemischten Strategien $\overline{p}^*$ des Spielers 2.

Hat eine Reduktion des Spiels gemäß dem vorgeschriebenen Verfahren stattgefunden, so ist im hier betrachteten Fall die Eintrittswahrscheinlichkeit für die eliminierten Strategien des Spielers 2 in den optimalen gemischten Strategien Null. Für jede optimale Strategie $p^* = (p_1^*, p_2^*, \ldots, p_s^*)$ des Spielers 1 im unreduzierten Spiel ist $p_r^* = 0$, wenn die Ungleichung

$$\sum_{\overline{r}=1}^{\overline{s}} u_{r\overline{r}} p_{\overline{r}}^* < Y^{SG} \tag{3.3-9}$$

für mindestens ein $\overline{p}^* \in \overline{P}$ gilt.

Beispiel 3.3-12
Für das in Beispiel 3.3-7 beschriebene Spiel sind die optimalen gemischten Strategien der beiden Spieler zu ermitteln.

Lösung:
In Beispiel 3.3-10 wurde festgestellt, dass es sich bei dem betrachteten ZPNS um ein in den reinen Strategien indeterminiertes Spiel handelt, dessen Spielmatrix in Beispiel 3.3-11 soweit wie möglich zu reduzieren war. Ausgangspunkt der weiteren Untersuchung ist die reduzierte Spielmatrix

	$\bar{b}_2$	$\bar{b}_3$
b_2	60	58
b_3	52	60

,

in der die Stimmenanzahl (in Tsd.) als Maß für den Risikonutzen dient, der sich für die Partei A einstellt.

Gemäß Beziehung (3.3-6) gelten folgende Überlegungen:

Wählt der Spieler 2 seine Strategie $\bar{b}_2$, so errechnet sich für den erwarteten Risikonutzen des Spielers 1 bei Einsatz seiner gemischten Strategie $p = (p_2, p_3) = (p_2, (1 - p_2))$:

$$Y^{SG1}(p_2) = 60p_2 + 52(1 - p_2)\,.$$

Bei Wahl der Strategie $\bar{b}_3$ durch den Spieler 2 ergibt sich entsprechend:

$$Y^{SG1}(p_2) = 58p_2 + 60(1 - p_2)\,.$$

Die graphische Darstellung der beiden Geradengleichungen zeigt folgendes Bild:

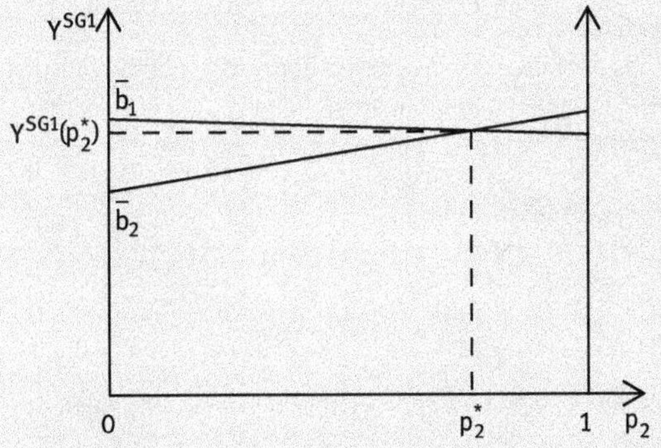

Abb. 3.25: Graphische Ermittlung der optimalen gemischten Strategie des Spielers 1

Zur analytischen Ermittlung des Schnittpunkts der beiden Geraden ist anzusetzen:

$$60p_2^* + 52(1 - p_2^*) = 58p_2^* + 60(1 - p_2^*)$$

bzw. zusammengefasst:

$$8p_2^* + 52 = -2p_2^* + 60\,.$$

Damit errechnet sich für die (optimale) Wahrscheinlichkeit p_2^*, mit der der Spieler 1 seine Strategie b_2 einsetzt:

$$10p_2^* = 8$$

bzw.

$$p_2^* = 0{,}8\,.$$

Für den Spielwert der gemischten Erweiterung des Spiels ergibt sich durch Einsetzen:

$$Y^{SG1} = 60 \cdot 0{,}8 + 52(1 - 0{,}8) = 48 + 10{,}4 = 58{,}4\,.$$

Im reduzierten Spiel erhält man somit {(0,8; 0,2)} als Menge aller optimalen gemischten Strategien des Spielers 1.

Für das unreduzierte Spiel stellt $p^* = (0; 0{,}8; 0{,}2; 0) \in P^*$ eine optimale gemischte Strategie des Spielers 1 dar.

Da die Eintrittswahrscheinlichkeiten für die bei der Reduktion eliminierten Strategien des Spielers 2 in der optimalen gemischten Strategie Null sind, lässt sich für das Beispiel ansetzen:

$$\overline{P}^* = \{(0;\ \overline{p}_2^*; \overline{p}_3^* = (1 - \overline{p}_2^*); 0)\}\,.$$

Nach (3.3-7) gilt:

$$\begin{aligned} 60\overline{p}_2^* + 58(1 - \overline{p}_2^*) &\leq 58{,}4 \\ 2\overline{p}_2^* + 58 &\leq 58{,}4 \\ 2\overline{p}_2^* &\leq 0{,}4 \\ \overline{p}_2^* &\leq 0{,}2 \end{aligned}$$

Nach (3.3-8) gilt:

$$\begin{aligned} 58\overline{p}_2^* + 60(1 - \overline{p}_2^*) &\leq 58{,}4 \\ -8\overline{p}_2^* + 60 &\leq 58{,}4 \\ -8\overline{p}_2^* &\leq -1{,}6 \\ \overline{p}_2^* &\geq 0{,}2 \end{aligned}$$

Beide Ungleichungen sind nur für $\overline{p}_2^* = 0{,}2$ gleichzeitig erfüllt. Somit ist $\overline{P}^* = \{(0; 0{,}2; 0{,}8; 0)\}$ die Menge aller optimalen gemischten Strategien des Spielers 2.

Es bleibt noch zu prüfen, ob die im Zuge der Reduktion des Spiels eliminierten Strategien des Spielers 1 in seinen optimalen gemischten Strategien enthalten sein können.

Für die eliminierte Strategie b_1 gilt nach (3.3-9):

$$60 \cdot 0 + 46 \cdot 0{,}2 + 54 \cdot 0{,}8 + 58 \cdot 0 = 54{,}4 < Y^{SG} = 58{,}4$$

und für die Strategie b_4 errechnet sich:

$$52 \cdot 0 + 50 \cdot 0{,}2 + 46 \cdot 0{,}8 + 60 \cdot 0 = 46{,}8 < Y^{SG} = 58{,}4\,.$$

Damit ist $P^* = \{(0; 0{,}8; 0{,}2; 0)\}$ auch die Menge aller optimalen gemischten Strategien des Spielers 1 im unreduzierten Spiel.

Als Lösung der Problemstellung bleibt festzuhalten, dass die Wahlkampfstrategen der beiden Parteien den Einsatzort ihrer Politiker vom Ausgang jeweils eines Zufallsexperiments abhängig machen sollen. Das Zufallsexperiment soll für die Partei A die Wahrscheinlichkeiten 0,8 bzw. 0,2 und für die Partei B die Wahrscheinlichkeiten 0,2 bzw. 0,8 jeweils für die Städte S_2 bzw. S_3 aufweisen.

Der Erwartungswert für die Anzahl der Stimmen bei der Wahl ergibt sich aufgrund des Spielwerts Y^{SG} als 58.400 für die Partei A und infolge der Nullsummeneigenschaft als 41.600 für die Partei B.

Lässt sich ein ZPNS nicht soweit reduzieren, dass mindestens ein Spieler nur noch zwei (reine) Strategien besitzt, so lässt sich das Optimierungsproblem mit Hilfe eines linearen Programmierungsansatzes beschreiben und mit Hilfe des Simplex-Verfahrens lösen. Auf diese, mehr dem Bereich der Unternehmensforschung zuzuordnende Problemstellung soll hier nicht näher eingegangen werden.

Da auch der gemischten Erweiterung eines ZPNS der Gedanke zugrunde liegt, den aus eigener Kraft zu erzielenden Nutzen eines Spielers, der mit einem rational handelnden Gegenspieler konfrontiert ist, zu maximieren, spricht man auch von gemischten Maximinstrategien bzw. Gleichgewichtsstrategien der beiden Spieler.

Wie bereits ausgeführt wurde, besteht die Problematik der gemischten Erweiterung eines ZPNS im Übergang zur Risikosituation und der damit unter Umständen nicht mehr gegebenen Nullsummeneigenschaft hinsichtlich der mit dem Spielausgang verbundenen Risikonutzen. Darüber hinaus ist zu berücksichtigen, dass die auf dem erwarteten Spielwert basierende „Lösung" des ZPNS in der gemischten Erweiterung für Spiele nicht geeignet ist, die nur mit geringer Wiederholung, im Extremfall nur einmal, gespielt werden.

3.3.4 Ruinspiele

Lässt sich eine Problemstellung als Abfolge von gleichartigen Spielsituationen beschreiben, was z. B. beim Oligopol der Fall sein kann, das dadurch gekennzeichnet ist, dass sich nur einige wenige Anbieter auf einem Markt als Konkurrenten gegenüberstehen, so interessiert neben dem einzelnen Spielausgang auch die Gesamtentwicklung des Nutzens der Spieler. Mit Fragestellungen, die aus dieser Grundproblematik abgeleitet sind, beschäftigt sich die Theorie der Ruinspiele, von der hier anhand einfacher Beispiele und wiederum beschränkt auf ZPNS ein erster Eindruck vermittelt werden soll.

Betrachtet werden zunächst zwei Spieler, die über einen Anfangsbestand an Zahlungsmitteln in Höhe von x bzw. y verfügen. Die beiden Spieler nehmen nun so lange an einem ZPNS teil, bis der Zahlungsmittelbestand eines der beiden Spieler den Wert Null erreicht hat. Der betreffende Spieler ist dann „ruiniert" und das Spiel damit beendet.

Lässt sich das ZPNS derart beschreiben, dass der Spieler 1 mit der Wahrscheinlichkeit p vom Spieler 2 eine Geldeinheit erhält, so gilt die *Wahrscheinlichkeit* q_x, *dass der Spieler 1* bei einem derzeitigen Zahlungsmittelbestand in Höhe von x im Verlauf des weiteren Spiels *ruiniert ist*:

$$q_x = pq_{x+1} + (1-p)q_{x-1} \quad \text{für } 1 < x < x + y - 1\,. \tag{3.3-10}$$

Mit der Wahrscheinlichkeit p geht der Zahlungsmittelbestand x des Spielers 1 in den Zustand $x + 1$ über, und mit der Wahrscheinlichkeit $1 - p$ verliert der Spieler 1 eine Geldeinheit und sein Zahlungsmittelbestand beträgt dann $x - 1$. Mit q_{x+1} bzw. q_{x-1} ist die Wahrscheinlichkeit bezeichnet, dass der Spieler 1 im weiteren Verlauf des Ruinspiels irgendwann ruiniert ist, wenn er derzeit über Zahlungsmittel in Höhe von $x + 1$ bzw. $x - 1$ verfügt.

Beträgt der Zahlungsmittelbestand des Spielers 1 vor Durchführung des ZPNS $x = 1$, so kann der nächste Spielausgang bereits zum Ruin führen und es gilt:

$$q_1 = pq_2 + 1 - p \,. \tag{3.3-11}$$

Entsprechend kann für den Fall, dass der Spieler 2 nur noch über eine Geldeinheit verfügt, der Spieler 1 also bereits Zahlungsmittel in Höhe von $x + y - 1$ besitzt, der nächste Spielausgang zum endgültigen Sieg des Spielers 1 ohne weiteres Ruinrisiko führen, d. h. es gilt:

$$q_{x+y-1} = (1 - p)q_{x+y-2} \,. \tag{3.3-12}$$

Allgemein gelten die Randbedingungen:

$$q_0 = 1 \,, \tag{3.3-13}$$

d. h. der Ruinfall ist für den Spieler 1 (bereits) eingetreten und

$$q_{x+y} = 0 \,, \tag{3.3-14}$$

d. h. der Ruinfall kann nicht mehr eintreten, da der Spieler 1 im Ruinspiel (endgültig) gesiegt hat.

Die Beziehung (3.3-10) stellt eine Differenzengleichung mit den Randbedingungen (3.3-13) und (3.3-14) dar, für die als Lösung ohne nähere Ableitung[5] der Ausdruck

$$q_0 = \frac{[(1-p)/p]^{x+y} - [(1-p)/p]^x}{[(1-p)/p]^{x+y} - 1} \quad \text{für } p \neq 0{,}5 \tag{3.3-15}$$

angegeben werden kann.

Für den Spezialfall $p = 0{,}5$ gilt:

$$q_x = \frac{x}{x+y} \,. \tag{3.3-16}$$

Beispiel 3.3-13

Es wird ein (faires) ZPNS betrachtet, bei dem der Spieler 1 mit der Wahrscheinlichkeit von 0,5 eine Geldeinheit gewinnt bzw. diesen Betrag an den Spieler 2 verliert. Spieler 1 verfügt über einen Anfangsbestand an Zahlungsmitteln in Höhe von 5 Geldeinheiten, Spieler 2 besitzt 4 GE. Wie hoch ist die Wahrscheinlichkeit, dass der Spieler 1 das Ruinspiel verliert?

Lösung:

Da es sich um ein (faires) Spiel mit $p = 0{,}5$ handelt, gilt gemäß (3.3-16):

$$q_5 = \frac{4}{4+5} = 0{,}444\overline{4} \,.$$

5 Vgl. z. B. *Feller, W.*: An Introduction to Probability Theory and Its Applications, vol. 1, 3. ed, New York–London–Sydney 1968, S. 342 ff.

Beispiel 3.3-14

Wie verändert sich die Ruinwahrscheinlichkeit für den Spieler 1, wenn man die Spielsituation aus dem Beispiel 3.3-13 dahingehend abwandelt, dass der Spieler 1 mit einer Wahrscheinlichkeit von 0,4 eine Geldeinheit gewinnt bzw. mit einer Wahrscheinlichkeit von 0,6 eine Geldeinheit an den Spieler 2 auszahlen muss?

Lösung:

Nach Beziehung (3.3-15) gilt für $p = 0{,}4$:

$$q_5 = \frac{(0{,}6/0{,}4)^9 - (0{,}6/0{,}4)^5}{(0{,}6/0{,}4)^9 - 1} = \frac{1{,}5^9 - 1{,}5^5}{1{,}5^9 - 1} = \frac{38{,}443 - 7{,}594}{37{,}443} = 0{,}8239\,.$$

Die Verschlechterung der Gewinnwahrscheinlichkeit von 0,5 auf 0,4 für den Spieler 1 im ZPNS bewirkt fast eine Verdoppelung der Ruinwahrscheinlichkeit.

Weiterhin ist die Frage von Interesse, ob und ggf. wie die Höhe der Zahlung, die nach Durchführung einer Partie des ZPNS fällig ist, die Ruinwahrscheinlichkeit der Spieler beeinflusst.

Beträgt die Zahlung, die der Spieler 1 beim Gewinn des ZPNS vom Spieler 2 erhält bzw. beim Verlust an diesen zu entrichten hat, anstelle von einer Geldeinheit nur noch eine halbe Geldeinheit, so ist dies gleichbedeutend mit einer Verdopplung der Anfangsbestände an Zahlungsmitteln der beiden Spieler in der ursprünglich betrachteten Spielsituation. Treten die beiden Spieler mit Geldbeständen in Höhe von 2x bzw. 2y in das Ruinspiel ein, so ergibt sich für die Ruinwahrscheinlichkeit des Spielers 1 gemäß (3.3-15):

$$q'_x = \frac{[(1-p)/p]^{2(x+y)} - [(1-p)/p]^{2x}}{[(1-p)/p]^{2(x+y)} - 1} \quad \text{für } p \neq 0{,}5\,. \tag{3.3-17}$$

Unter Berücksichtigung der allgemein gültigen Beziehung $a^2 - b^2 = (a-b)\cdot(a+b)$ lässt sich (3.3-17) umformen zu:

$$q'_x = \frac{[(1-p)/p]^{x+y} - [(1-p)/p]^{x}}{[(1-p)/p]^{x+y} - 1} \cdot \frac{[(1-p)/p]^{x+y} - [(1-p)/p]^{x}}{[(1-p)/p]^{x+y} + 1}\,. \tag{3.3-18}$$

Setzt man q_x nach (3.3-15) in (3.3-18) ein, so erhält man:

$$q'_x = q_x \cdot \frac{[(1-p)/p]^{x+y} - [(1-p)/p]^{x}}{[(1-p)/p]^{x+y} + 1}\,. \tag{3.3-19}$$

Für $p > 0{,}5$ gilt die Ungleichung $(1-p)/p < 1$ und damit $q'_x < q_x$; für $p < 0{,}5$ gilt die Ungleichung $(1-p)/p > 1$ und damit $q'_x > q_x$.

Für $p = 0{,}5$ gilt nach (3.3-16)

$$q'_x = \frac{2x}{2x+y} = \frac{x}{x+y} = q_x\,. \tag{3.3-20}$$

Die Halbierung des Spielgewinns von einer GE auf eine halbe GE bewirkt im Fall $p > 0{,}5$ eine Verringerung der Ruinwahrscheinlichkeit bzw. im Fall $p < 0{,}5$ eine Erhöhung der Ruinwahrscheinlichkeit des Spielers 1. Dreht man die Argumentation um, so ist mit einer Verdoppelung des Spielgewinns für $p > 0{,}5$ eine Erhöhung der Ruinwahrscheinlichkeit und für $p < 0{,}5$ eine Verringerung der Ruinwahrscheinlichkeit verbunden. In fairen Spielen ($p = 0{,}5$) übt die Höhe des Spielgewinns keinen Einfluss auf die Ruinwahrscheinlichkeit der Spieler aus. Weiß ein Spieler, dass er an einem für ihn ungünstigen ZPNS so lange teilnehmen muss, bis für einen der beiden Spieler der Ruinfall eintritt, so ist seine Position umso besser, je höher der einzelne Spielgewinn im ZPNS ist.

Beispiel 3.3-15
Es ist zu untersuchen, wie sich die Ruinwahrscheinlichkeit des Spielers 1 verändert, wenn sich im Ruinspiel aus dem Beispiel 3.3-14 die Anfangsgeldbestände verdoppeln.

Lösung:
Die relevanten Daten lauten: $p = 0{,}4$, $x = 10$, $y = 8$.

Nach (3.3-15) errechnet sich:

$$q_{10} = \frac{1{,}5^{18} - 1{,}5^{10}}{1{,}5^{18} - 1} = \frac{1.477{,}892 - 57{,}665}{1.476{,}892} = 0{,}9616\,.$$

Die einer Verdoppelung der Anfangsbestände entsprechende Halbierung des Spielgewinns führt zu einer Erhöhung der Ruinwahrscheinlichkeit des Spielers 1 von 0,8239 auf 0,9616. In der umgekehrten Argumentationsrichtung ist die Verdoppelung des Spielgewinns von einer halben Geldeinheit auf eine (volle) Geldeinheit mit einer entsprechenden Verringerung der Ruinwahrscheinlichkeit verbunden.

Geht man davon aus, dass die Durchführung einer Partie des ZPNS eine Zeiteinheit in Anspruch nimmt, so stellt sich die Frage nach der *erwarteten Dauer des Ruinspiels*.

Bezeichnet man mit D_x die erwartete Dauer des Ruinspiels, wenn der Spieler 1 derzeit über einen Zahlungsmittelbestand von x verfügt, so gilt:

$$D_x = pD_{x+1} + (1-p)D_{x-1} + 1 \quad \text{für } 0 < x < x + y\,. \tag{3.3-21}$$

Diese Differenzengleichung lässt sich analog zur Gleichung (3.3-10) interpretieren, wobei zu berücksichtigen ist, dass für die Durchführung des ZPNS beim Geldbestand x des Spielers 1 eine Zeiteinheit benötigt wird. Danach weist der Spieler 1 mit der Wahrscheinlichkeit p einen Geldbestand in Höhe von $x + 1$ oder mit der Wahrscheinlichkeit $1 - p$ einen Geldbestand $x - 1$ auf.

Für die Randbedingungen gilt:

$$D_0 = D_{x+y} = 0\,, \tag{3.3-22}$$

d. h. wenn für den Spieler 1 oder für den Spieler 2 der Zahlungsmittelbestand auf Null abgesunken ist, endet das Spiel.

Die Lösung der Differenzengleichung (3.3-21) wird mit

$$D_x = \frac{x}{1-2p} - \frac{x+y}{1-2p} \cdot \frac{1 - [(1-p)/p]^x}{1 - [(1-p)/p]^{x+y}} \quad \text{für } p \neq 0{,}5 \tag{3.3-23}$$

angegeben. Für den Fall p = 0,5 gilt:

$$D_x = xy\ . \tag{3.3-24}$$

Beispiel 3.3-16
Es ist die erwartete Spieldauer für das im Beispiel 3.3-13 beschriebene Ruinspiel zu ermitteln.

Lösung:
Da es sich um ein (faires) Spiel mit p = 0,5 handelt, gilt gemäß (3.3-24)

$$D_5 = 5 \cdot 4 = 20\ .$$

Die erwartete Spieldauer für das Spiel beträgt 20 Zeiteinheiten.

Beispiel 3.3-17
Die erwartete Spieldauer ist für das im Beispiel 3.3-14 beschriebene Ruinspiel zu berechnen.

Lösung:

$$D_5 = \frac{5}{1-0{,}8} - \frac{9}{1-0{,}8} - \frac{1-1{,}5^5}{1-1{,}5^9} = \frac{5}{0{,}2} - \frac{9}{0{,}2} - \frac{1-7{,}594}{1-38{,}443}$$
$$= 25 - \frac{59{,}346}{7{,}4886} = 25 - 7{,}9248 = 17{,}0752\ .$$

Die erwartete Spieldauer für dieses Spiel beträgt rund 17 Zeiteinheiten.

Auf der Grundlage der bereits abgeleiteten Eigenschaften von Ruinspielen ist nun noch die Frage zu untersuchen, ob und gegebenenfalls mit welchem *Einsatz* ein Spieler an einem derartigen Spiel teilnehmen soll.

Während der Anfangsgeldbestand des Spielers 1 mit x feststeht, beträgt sein Endbestand nach Abschluss des Ruinspiels Null mit der Wahrscheinlichkeit q_x oder x + y mit der Wahrscheinlichkeit $1 - q_x$. Als Erwartungswert des Endbestands an Zahlungsmitteln des Spielers 1 errechnet sich demnach:

$$E_x = (x + y)(1 - q_x)\ . \tag{3.3-25}$$

Verhält sich der Spieler 1 risikoneutral, so wird er nur an dem Spiel teilnehmen, wenn der erwartete Endbestand an Zahlungsmitteln nicht kleiner ist als sein Spieleinsatz.

Wie sich durch Einsetzen von (3.3-16) in (3.3-25) zeigen lässt, ist in fairen Spielen (p = 0,5) $E_x = x$.

Beispiel 3.3-18
Für das in Beispiel 3.3-14 beschriebene Ruinspiel ist der Erwartungswert des Endbestands an Zahlungsmitteln für beide Spieler zu ermitteln.

Lösung:
Für den Spieler 1 gilt:

$$E_5 = (5 + 4)(1 - 0{,}8239) = 9 \cdot 0{,}1761 = 1{,}5849\ .$$

Da sein Einsatz mit 5 Geldeinheiten seinen erwarteten Endbestand an Zahlungsmitteln übersteigt, wird der Spieler 1 an diesem Spiel nicht teilnehmen, wenn er sich risikoneutral verhält.

Für den Spieler 2 errechnet sich:

$$E_4 = (5 + 4)(1 - 0{,}1761) = 9 \cdot 0{,}8239 = 7{,}4151\,.$$

Für den Spieler 2 ist die Teilnahme an diesem Ruinspiel vorteilhaft, da die erwartete Auszahlung seinen Einsatz von 4 Geldeinheiten übersteigt.

Die auf der Beziehung (3.3-25) basierende Entscheidungsregel über die Teilnahme an einem Ruinspiel berücksichtigt noch nicht die Tatsache, dass der Anfangsgeldbestand vor Beginn des Spiels auch zur anderweitigen Verwendung zur Verfügung steht, während er mit der Teilnahme am Spiel darin gebunden ist und selbst bei günstigem Ausgang zusammen mit dem Spieleinsatz des Gegenspielers erst nach Abschluss des Spiels wieder zur Verfügung steht. Rechnen die Spieler mit einem *Alternativvertragssatz* in Höhe von i je Zeiteinheit, so ist der erwartete Endbestand an Zahlungsmitteln zu diskontieren und es gilt:

$$E_x^d = (x + y)(1 - q_x)\frac{1}{(1 + i)^{D_x}} \tag{3.3-26}$$

wobei D_x die erwartete Spieldauer bezeichnet.

Beispiel 3.3-19

Unter der Annahme, dass die Durchführung einer Partie des ZPNS jeweils eine Zeiteinheit dauert, in der die Alternativverzinsung 5 % beträgt, ist zu ermitteln, ob die Teilnahme an dem im Beispiel 3.3-14 beschriebenen Ruinspiel für den Spieler 2 vorteilhaft ist.

Lösung:

Im Beispiel 3.3-17 wurde die erwartete Spieldauer mit 17,0752 Zeiteinheiten ermittelt. Nach (3.3-26) errechnet sich damit für den Spieler 2:

$$E_4^d = (5 + 4)(1 - 0{,}1761)\frac{1}{(1 + 0{,}05)^{17{,}0752}} = 3{,}2233\,.$$

Da der diskontierte erwartete Endbestand an Zahlungsmitteln mit 3.2233 kleiner ist als der Spieleinsatz in Höhe von 4 Geldeinheiten, ist es (auch) für den Spieler 2 nicht sinnvoll, an diesem Ruinspiel teilzunehmen. Es ist für ihn günstiger, seinen Spieleinsatz anderweitig zu 5 % anzulegen.

Geht man davon aus, dass dem Spieler 1 insgesamt ein Betrag in Höhe von a zur Verfügung steht, von dem er nur einen (Teil-) Betrag x mit $0 \le x \le a$ im Ruinspiel bindet, so errechnet sich sein, auf den Zeitpunkt des Spielbeginns abgezinstes, erwartetes Gesamtvermögen als:

$$G_x^d = a - x + (x + y)(1 - q_x)\frac{1}{(1 + i)^{D_x}}\,, \tag{3.3-27}$$

wenn der Spieler 2 mit dem Betrag y am Spiel teilnimmt. Es ist nun derjenige (Teil-) Betrag x^* zu ermitteln, für den G_x^d den größten Wert annimmt.

Beispiel 3.3-20
Unter der Annahme, dass der Spieler 1 mit 5 Geldeinheiten am Ruinspiel teilnimmt und dem Spieler 2 insgesamt 4 Geldeinheiten zur Verfügung stehen, ist zu ermitteln, ob und gegebenenfalls mit welchem Einsatz der Spieler 2 an dem im Beispiel 3.3-14 beschriebenen Ruinspiel teilnehmen soll, wenn die Alternativverzinsung der eingesetzten Mittel 3 % beträgt.

Lösung:
Die für die Beurteilung der Spielsituation relevanten Daten sind in nachstehender Tabelle zusammengefasst.

y	$x+y$	q_y	D_y	$a-y$	E_y^d	G_y^d
0	5	1	0	4	0	4
1	6	0,6346	5,9624	3	1,8381	4,8381
2	7	0,4099	10,6527	2	3,0149	5,0149
3	8	0,2677	14,2907	1	3,8396	4,8396
4	9	0,1761	17,0752	0	4,4763	4,4763

G_y^d nimmt den höchsten Wert für $y^* = 2$ an, d. h. der Spieler 2 soll von seinem gesamten Zahlungsmittelbestand in Höhe von 4 Geldeinheiten 2 Geldeinheiten im Ruinspiel einsetzen, die restlichen beiden Geldeinheiten sind anderweitig zu 3 % anzulegen.

Zum Abschluss sei noch auf zwei Erweiterungsmöglichkeiten dieses Ansatzes hingewiesen. Zum einen liegt es nahe, nicht nur vor Beginn des Ruinspiels über die Teilnahme und den Spieleinsatz zu entscheiden, sondern vor jeder Partie des ZPNS. Da mit a, y, p und i jeweils die relevanten Daten bekannt sind, lässt sich auf der Grundlage der Beziehung (3.3-27) der zugehörige optimale (Teil-) Betrag x^* bestimmen. Ermittelt man für jede mögliche Kombination von a und y den optimalen (Teil-) Betrag x^*, so stellt die Zusammenfassung der optimalen Handlungsanweisungen eine optimale stationäre Strategie im Sinne der Definition 3.3 dar. Da die hier betrachtete Spielsituation durch *zwei* rational handelnde Spieler gekennzeichnet ist, kann weiterhin die Beschränkung aufgegeben werden, dass einer der beiden Spieler mit einem fixierten Betrag an dem Ruinspiel teilnimmt. Überträgt man den Ansatz der Maximierung des abgezinsten erwarteten Gesamtvermögens gemäß Beziehung (3.3-27) gleichzeitig auf beide Spieler, so lässt sich das vor jeder Partie des ZPNS zu lösende Problem selbst wieder als Zwei-Personen-Spiel darstellen, bei dem die Strategien der beiden Spieler aus Angaben darüber bestehen, ob und gegebenenfalls mit welchem Einsatz sie an der nächsten Partie des ZPNS teilnehmen werden.

4 Gruppenentscheidungen

4.1 Autonome Gruppen

4.1.1 Einführung

Dieses Kapitel beschäftigt sich nun mit Gruppen- oder Kollektiventscheidungen, d. h. mit der Ermittlung derjenigen Aktionen, die eine *Gruppe von Entscheidenden* in einer bestimmten Situation als Problemlösung ausweisen soll, wenn sich die Gesamtheit der Gruppenmitglieder entsprechend den geäußerten Zielvorstellungen bestmöglich verhalten möchte. Stimmen alle Mitglieder der Gruppe sowohl in ihren Zielen als auch in der Beurteilung der übrigen Determinanten der Entscheidungssituation überein, so liegt eine völlig homogene Gruppe vor, die wie ein einzelner Entscheidender behandelt werden kann. Ist diese Homogenität nicht gegeben, so stellt sich die Frage, was unter dem Gesamtwohl einer Gruppe zu verstehen ist. Da die Gruppe aus der Gesamtheit ihrer Mitglieder besteht, ist zu versuchen, einen Ausgleich zwischen deren divergierenden Einzelinteressen herbeizuführen. Vollzieht sich die Bildung des Gruppenurteils über die zur Verfügung stehenden Aktionen unter angemessener Berücksichtigung der Interessen aller Gruppenmitglieder, so spricht man auch von einer *gerechten Aggregation* der Einzelinteressen. Die Aufgabe besteht nun darin, den Begriff der Gerechtigkeit im Hinblick auf die Lösung von Entscheidungsproblemen zu operationalisieren.

Zur Bildung von Gruppenurteilen über Aktionsräume kommen grundsätzlich zwei Vorgehensweisen in Betracht. Zum einen fließen in das Verfahren zur Bewertung und – soweit erforderlich – Aggregation von (bewerteten) Ergebnissen zu Entscheidungswerten unmittelbar die Vorstellungen aller Gruppenmitglieder ein. Die Entscheidungswerte, nach denen die Reihung der Aktionen erfolgt, stellen bereits kollektive Entscheidungswerte dar.

Die andere Möglichkeit, die vor allem in der Literatur ausführlich diskutiert wird, beruht darauf, dass zunächst jedes Gruppenmitglied das Problem für sich selbst als individuelles Entscheidungsproblem derart „löst“, dass es eine Reihung der Aktionen angeben kann. Die Aufgabe besteht in diesem Fall darin, aus der Gesamtheit der Reihungen der Aktionen der einzelnen Gruppenmitglieder eine „gerechte“ Reihung zu ermitteln, die die Gruppe nach außen hin geschlossen als ihre kollektive Reihung vertritt. Die in der Literatur zu diesem Zweck vorgeschlagenen Ansätze setzen einen für alle Mitglieder verbindlichen Aktionsraum der Gruppe voraus. Obwohl der Aktionsraum eines Entscheidenden alle ihm subjektiv zur Verfügung stehenden Aktionen umfasst und damit von seinem Informationsstand abhängt, erscheint diese Voraussetzung weniger restriktiv, wenn man annimmt, dass vor der Ermittlung der Individuallösungen Kommunikation und Informationsaustausch zwischen den Gruppenmitgliedern stattfindet.

https://doi.org/10.1515/9783110616941-004

Um zwischen den einzelnen Gruppenmitgliedern unterscheiden zu können, erweist es sich als zweckmäßig, zur Beschreibung der Präferenzen des Gruppenmitglieds k die Notation $a_1 R_k a_2$ für $a_1 \succsim a_2$ sowie $a_1 P_k a_2$ für $a_1 \succ a_2$ und $a_1 I_k a_2$ anstelle von $a_1 \sim a_2$ einzuführen. Mit R, P und I wird die Gruppenpräferenzordnung dargestellt. Dabei bedeuten R_k schwache Präferenz, P_k starke Präferenz und I_k Indifferenz.

Beispiel 4.1-1

Es wird eine Gruppe aus zwei Entscheidenden betrachtet, die in der vorliegenden Entscheidungssituation die beiden Zielgrößen z_1^1 bzw. z_1^2 besitzen. Im übrigen stimmen die beiden Gruppenmitglieder hinsichtlich der zur Verfügung stehenden Aktionen, der relevanten Umweltzustände und deren Eintrittswahrscheinlichkeiten überein. Die Situation lässt sich durch die Ergebnisfelder von Gruppenmitglied 1 und Gruppenmitglied 2 beschreiben:

k = 1	0,1	0,3	0,2	0,4
	s_1	s_2	s_3	s_4
a_1	80	100	20	120
a_2	100	60	40	80
a_3	90	70	50	100

k = 2	0,1	0,3	0,2	0,4
	s_1	s_2	s_3	s_4
a_1	400	200	100	300
a_2	200	300	300	250
a_3	300	400	200	50

Während das Gruppenmitglied 1 risikoneutral ist, sei die Risikoeinstellung des Gruppenmitglieds 2 durch die Risikonutzenfunktion

$$u_{ij} = -0{,}02(e_{ij})^2 + 20e_{ij}$$

wiedergegeben.

Man ermittle die Präferenzordnungen der beiden Gruppenmitglieder bezüglich des Aktionsraums $A = \{a_1, a_2, a_3\}$.

Lösung:

Für das Gruppenmitglied 1 gilt nach dem Bernoulli-Prinzip:

$$Y^B(a_1) = 80 \cdot 0{,}1 + 100 \cdot 0{,}3 + 20 \cdot 0{,}2 + 120 \cdot 0{,}4 = 90\,,$$
$$Y^B(a_2) = 100 \cdot 0{,}1 + 60 \cdot 0{,}3 + 40 \cdot 0{,}2 + 80 \cdot 0{,}4 = 68\,,$$
$$Y^B(a_3) = 90 \cdot 0{,}1 + 70 \cdot 0{,}3 + 50 \cdot 0{,}2 + 100 \cdot 0{,}4 = 80\,.$$

Aus der Beziehung $Y^B(a_1) > Y^B(a_3) > Y^B(a_2)$ folgt:

$$a_1 P_1 a_3 P_1 a_2\,.$$

Für das Gruppenmitglied 2 errechnet sich:

$$\begin{aligned} Y^B(a_1) &= (-0{,}02 \cdot 400^2 + 20 \cdot 400) \cdot 0{,}1 + (-0{,}02 \cdot 200^2 + 20 \cdot 200) \cdot 0{,}3 \\ &\quad + (-0{,}02 \cdot 100^2 + 20 \cdot 100) \cdot 0{,}2 + (-0{,}02 \cdot 300^2 + 20 \cdot 300) \cdot 0{,}4 \\ &= 3{,}480\,, \\ Y^B(a_2) &= (-0{,}02 \cdot 200^2 + 20 \cdot 200) \cdot 0{,}1 + (-0{,}02 \cdot 300^2 + 20 \cdot 300) \cdot 0{,}3 \\ &\quad + (-0{,}02 \cdot 300^2 + 20 \cdot 300) \cdot 0{,}2 + (-0{,}02 \cdot 250^2 + 20 \cdot 250) \cdot 0{,}4 \\ &= 3{,}920\,, \\ Y^B(a_3) &= (-0{,}02 \cdot 300^2 + 20 \cdot 300) \cdot 0{,}1 + (-0{,}02 \cdot 400^2 + 20 \cdot 400) \cdot 0{,}3 \\ &\quad + (-0{,}02 \cdot 200^2 + 20 \cdot 200) \cdot 0{,}2 + (-0{,}02 \cdot 50^2 + 20 \cdot 50) \cdot 0{,}4 \\ &= 2{,}880\,. \end{aligned}$$

Aus der Beziehung $Y^B(a_2) > Y^B(a_1) > Y^B(a_3)$ folgt:

$$a_2 P_2 a_1 P_2 a_3 \ .$$

Zur Untersuchung der Frage, welche Aggregationsmöglichkeiten individueller Präferenzordnungen grundsätzlich zur Verfügung stehen und welche davon als „gerecht“ eingestuft werden können, sind noch einige Begriffe einzuführen und zu erläutern.

Bezeichnet man eine Präferenzordnung, die den im Abschnitt über einstufige Individualentscheidungen unter Sicherheit beschriebenen Anforderungen des Ordnungs- und des Transitivitätsaxioms genügt, als vollständig und transitiv, so soll gelten:

Definition 4.1: Die *Menge aller* vollständigen und transitiven *Präferenzordnungen* auf dem Aktionsraum A wird mit H bezeichnet.

Beispiel 4.1-2

Eine Gruppe von drei Gesellschaftern einer GmbH soll aus zwei Bewerbern den Geschäftsführer für ihre Gesellschaft auswählen.

Gesucht ist die Menge aller vollständigen und transitiven Präferenzordnungen auf dem Aktionsraum.

Lösung:

Bezeichnet man mit:

a_1 die Auswahl des ersten Bewerbers und mit

a_2 die Auswahl des zweiten Bewerbers,

so stellt sich der Aktionsraum dar als $A = \{a_1, a_2\}$.

Auf dem Aktionsraum sind prinzipiell folgende vollständigen Präferenzordnungen möglich:

$$H = \{(a_1 P a_2); (a_2 P a_1); (a_1 I a_2)\} \ .$$

Besteht die Gruppe aus p Mitgliedern, so gilt:

Definition 4.2: Ein *Präferenzordnungsprofil* besteht aus der geordneten Zusammenfassung der einzelnen Präferenzordnungen der Gruppenmitglieder zu einem p-Tupel $(R_1, R_2, \ldots, R_p)$.

Beispiel 4.1-3

Man gebe die Menge aller Präferenzordnungsprofile für die im Beispiel 4.1-2 beschriebene Entscheidungssituation an.

Lösung:

Variiert man zunächst nur die Präferenzordnung des dritten Gruppenmitglieds, so ergeben sich bei senkrechter Anordnung der Aktionen die Tripel (R_1, R_2, R_3):

$$\begin{pmatrix} a_1 & a_1 & a_1 \\ P_1 & P_2 & P_3 \\ a_2 & a_2 & a_2 \end{pmatrix} \quad \begin{pmatrix} a_1 & a_1 & a_2 \\ P_1 & P_2 & P_3 \\ a_2 & a_2 & a_1 \end{pmatrix} \quad \begin{pmatrix} a_1 & a_1 & a_1 \\ P_1 & P_2 & I_3 \\ a_2 & a_2 & a_2 \end{pmatrix}$$

Hält man die Präferenzordnung des ersten Gruppenmitglieds fest, so sind für die Präferenzordnungen $a_2 P_2 a_1$ und $a_1 I_2 a_2$ jeweils drei weitere Präferenzordnungsprofile zu berücksichtigen. Wie sich also für die Präferenzordnung $a_1 P_1 a_2$ für R_2 und R_3 neun Kombinationsmöglichkeiten ergeben, so gilt dies auch für $a_2 P_1 a_1$ und $a_1 I_1 a_2$, womit insgesamt 27 Präferenzordnungsprofile vorliegen. Die in der Systematik der Variation letzten drei Präferenzordnungsprofile lauten:

$$\begin{pmatrix} a_1 & a_1 & a_1 \\ I_1 & I_2 & P_3 \\ a_2 & a_2 & a_2 \end{pmatrix} \quad \begin{pmatrix} a_1 & a_1 & a_2 \\ I_1 & I_2 & P_3 \\ a_2 & a_2 & a_1 \end{pmatrix} \quad \begin{pmatrix} a_1 & a_1 & a_1 \\ I_1 & I_2 & I_3 \\ a_2 & a_2 & a_2 \end{pmatrix}$$

Definition 4.3: Ein *Aggregationsmechanismus* M ordnet jedem Präferenzprofil eine vollständige und transitive kollektive Präferenzordnung zu, d. h. es gilt:

$$M : H^P \to H .$$

Hinweis: Die Anzahl der möglichen Aggregationsmechanismen wächst sehr stark mit der Anzahl n der Aktionen – was sich in der Mächtigkeit der Menge H niederschlägt – und mit der Anzahl p der Gruppenmitglieder und beträgt

$$\|H\|^{\left(\|H\|^P\right)}$$

Beispiel 4.1-4

Eine aus zwei Mitgliedern bestehende Gruppe hat sich eindeutig für eine von zwei Aktionen zu entscheiden.

Man ermittle

a) die Menge aller vollständigen Präferenzordnungen auf dem Aktionsraum A unter der Annahme, dass sich auch die einzelnen Gruppenmitglieder eindeutig für eine der beiden Aktionen entscheiden müssen,

b) alle möglichen Aggregationsmechanismen.

Lösung:

a) Da Indifferenz zwischen den Aktionen nicht zulässig ist, gilt:

$$H = \{(a_1 P a_2); (a_2 P a_1)\} .$$

b)

$$M1: \left\{ \begin{array}{llll} \begin{pmatrix} a_1 & a_1 \\ P_1 & P_2 \\ a_2 & a_2 \end{pmatrix} \to \begin{pmatrix} a_1 \\ P \\ a_2 \end{pmatrix} & & \begin{pmatrix} a_1 & a_2 \\ P_1 & P_2 \\ a_2 & a_1 \end{pmatrix} \to \begin{pmatrix} a_1 \\ P \\ a_2 \end{pmatrix} \\ \begin{pmatrix} a_2 & a_1 \\ P_1 & P_2 \\ a_1 & a_2 \end{pmatrix} \to \begin{pmatrix} a_1 \\ P \\ a_2 \end{pmatrix} & & \begin{pmatrix} a_2 & a_2 \\ P_1 & P_2 \\ a_1 & a_1 \end{pmatrix} \to \begin{pmatrix} a_1 \\ P \\ a_2 \end{pmatrix} \end{array} \right.$$

$$
M2: \left\{ \begin{array}{llll}
\begin{pmatrix} a_1 & a_1 \\ P_1 & P_2 \\ a_2 & a_2 \end{pmatrix} \rightarrow \begin{pmatrix} a_1 \\ P \\ a_2 \end{pmatrix} & & \begin{pmatrix} a_1 & a_2 \\ P_1 & P_2 \\ a_2 & a_1 \end{pmatrix} \rightarrow \begin{pmatrix} a_1 \\ P \\ a_2 \end{pmatrix} \\
\begin{pmatrix} a_2 & a_1 \\ P_1 & P_2 \\ a_1 & a_2 \end{pmatrix} \rightarrow \begin{pmatrix} a_1 \\ P \\ a_2 \end{pmatrix} & & \begin{pmatrix} a_2 & a_2 \\ P_1 & P_2 \\ a_1 & a_1 \end{pmatrix} \rightarrow \begin{pmatrix} a_2 \\ P \\ a_1 \end{pmatrix}
\end{array} \right.
$$

$$\vdots \qquad \vdots \qquad \vdots$$

$$
M16: \left\{ \begin{array}{llll}
\begin{pmatrix} a_1 & a_1 \\ P_1 & P_2 \\ a_2 & a_2 \end{pmatrix} \rightarrow \begin{pmatrix} a_2 \\ P \\ a_1 \end{pmatrix} & & \begin{pmatrix} a_1 & a_2 \\ P_1 & P_2 \\ a_2 & a_1 \end{pmatrix} \rightarrow \begin{pmatrix} a_2 \\ P \\ a_1 \end{pmatrix} \\
\begin{pmatrix} a_2 & a_1 \\ P_1 & P_2 \\ a_1 & a_2 \end{pmatrix} \rightarrow \begin{pmatrix} a_2 \\ P \\ a_1 \end{pmatrix} & & \begin{pmatrix} a_2 & a_2 \\ P_1 & P_2 \\ a_1 & a_1 \end{pmatrix} \rightarrow \begin{pmatrix} a_2 \\ P \\ a_1 \end{pmatrix}
\end{array} \right.
$$

4.1.2 Die Problematik „gerechter“ Aggregationsmechanismen

4.1.2.1 Anforderungen an einen „gerechten“ Aggregationsmechanismus

Wie aus dem Hinweis zur Definition 4.3 und dem Beispiel 4.1-4 hervorgeht, existiert für praktische Gruppenentscheidungsprobleme im Allgemeinen eine sehr große Zahl von Aggregationsmechanismen. Inwieweit Aggregationsmechanismen die Interessen aller Gruppenmitglieder angemessen berücksichtigen und damit als „gerecht“ bezeichnet werden können, wird daran gemessen, ob sie allgemein akzeptablen Anforderungen gleichzeitig genügen, die an einen „gerechten“ Aggregationsmechanismus zu stellen sind. Das hier vorgestellte Anforderungssystem geht auf *Kenneth Arrow* zurück und wurde in der Literatur eingehend diskutiert.

Anforderung 1 (Universeller Definitionsbereich): Der Aggregationsmechanismus ist auf der Menge aller Präferenzordnungsprofile definiert.

Die erste Forderung soll sicherstellen, dass der Aggregationsmechanismus in jeder vorhersehbaren Situation anwendbar ist. Sie stellt noch keinen Beitrag zur Operationalisierung des speziellen Gerechtigkeitsbegriffs dar.

Anforderung 2 (Positive Assoziation): Wenn die Anwendung des Aggregationsmechanismus M auf ein gegebenes Präferenzordnungsprofil eine kollektive Präferenzordnung erzeugt, in der die Aktion a_1 der Aktion a_2 vorgezogen wird, dann soll dies auch gelten, wenn das Präferenzordnungsprofil folgendermaßen verändert wird:

a) Die individuellen Paarvergleiche zwischen allen Aktionen $a_i \neq a_1$ bleiben unverändert,

b) die individuellen Paarvergleiche zwischen der Aktion a_1 und den übrigen Aktionen bleiben unverändert oder werden zugunsten der Aktion a_1 verändert.

Die zweite Forderung ist einleuchtend und besagt, dass ein Aggregationsmechanismus die Interessen der Gruppenmitglieder dann nicht angemessen zum Ausdruck bringt, wenn eine Änderung des Präferenzordnungsprofils zugunsten der Aktion a_i ceteris paribus eine Verschlechterung der Stellung der Aktion a_i in der kollektiven Präferenzordnung bewirkt.

Anforderung 3 (Unabhängigkeit von irrelevanten Aktionen): Ist A' eine Teilmenge des Aktionsraums A und stimmen zwei Präferenzordnungsprofile hinsichtlich A' überein, so müssen auch die durch den Aggregationsmechanismus M erzeugten kollektiven Präferenzordnungen hinsichtlich A' übereinstimmen.

Die dritte Anforderung besagt im Grunde, dass ein Aggregationsmechanismus nur dann allgemein akzeptabel ist, wenn er auch sicherstellt, dass sich durch das Hinzutreten einer weiteren Aktion die Reihung zwischen den ursprünglichen Aktionen in der kollektiven Präferenzordnung nicht ändert, unabhängig davon, wo die neu hinzugetretene Aktion von den einzelnen Gruppenmitgliedern eingeordnet wird.

Hinweis: Ist A' zweielementig, so gilt die Anforderung 3 für den individuellen Paarvergleich zwischen den beiden Aktionen.

Anforderung 4 (Souveränität der Gruppe): Für jedes Paar von Aktionen a_1 und a_2 existiert ein Präferenzordnungsprofil derart, dass für die kollektive Präferenzordnung die Beziehung $a_1 P a_2$ gilt.

Die vierte Anforderung verlangt von einem „gerechten“ Aggregationsmechanismus, dass er ausschließlich die Interessen der Gruppenmitglieder zum Ausdruck bringt und nicht als Instrument zur Durchsetzung einer von außen aufgezwungenen Reihung der Aktionen dient.

Hinweis: In der Umkehrung wird diese Anforderung auch als Einstimmigkeitsbedingung bezeichnet und besagt dann, dass unter der Voraussetzung $a_1 P_k a_2$ für $k = 1, 2, \ldots, p$ gelten muss: $a_1 P a_2$.

Anforderung 5 (Diktaturverbot): Es darf kein Gruppenmitglied k' existieren derart, dass für zwei beliebige Aktionen a_1 und a_2 aus der Bedingung $a_1 P_{k'} a_2$ für die kollektive Präferenzordnung immer $a_1 P a_2$ folgt.

Die letzte Anforderung richtet sich dagegen, dass der Gruppe ihre kollektive Präferenzordnung von einem ihrer Mitglieder aufgezwungen wird, womit die angemessene Berücksichtigung der Interessen der übrigen Gruppenmitglieder nicht mehr gegeben wäre.

Hinweis: Ist die Anforderung 5 nicht erfüllt, so wird das Gruppenmitglied k' als Diktator bezeichnet.

Die Aufgabe besteht nun darin, Aussagen darüber abzuleiten, ob und gegebenenfalls welche Aggregationsmechanismen in einer konkreten Problemstellung den Anforderungen gleichzeitig genügen. Bevor jedoch auf diese allgemeine Fragestellung näher eingegangen wird, erscheint es zweckmäßig, die in der Praxis wohl am weitesten verbreitete Aggregationsmethode, den Mehrheitsentscheid, mit Hilfe des aufgebauten Definitions- und Anforderungssystems zu analysieren.

4.1.2.2 Der Mehrheitsentscheid

Aus der Definition 4.3 folgt in Verbindung mit der Definition 4.1, dass ein Aggregationsmechanismus nur vollständige und transitive Präferenzordnungen erzeugt. Da diese Eigenschaft uneingeschränkt gelten soll, genügt ein Gegenbeispiel, um deren generelle Gültigkeit für den Mehrheitsentscheid zu widerlegen.

Beispiel 4.1-5

Man ermittle die kollektive Präferenzordnung, die durch die Anwendung des (einfachen) Mehrheitsentscheids auf das Präferenzordnungsprofil

$$\begin{pmatrix} a_1 & a_2 & a_3 \\ P_1 & P_2 & P_3 \\ a_2 & a_3 & a_1 \\ P_1 & P_2 & P_3 \\ a_3 & a_1 & a_2 \end{pmatrix}$$

erzeugt wird.

Lösung:

Nimmt man die Abstimmung über die Aktionen nach aufsteigendem Index vor, so erhält man:

(1) a_1 gegen a_2 führt zu 2:1 Stimmen und damit a_1Pa_2,

(2) a_1 gegen a_3 führt zu 1:2 Stimmen und damit a_3Pa_1,

(3) a_2 gegen a_3 führt zu 2:1 Stimmen und damit a_2Pa_3.

Die Transitivitätseigenschaft ist nicht erfüllt, da aus (1) und (2) die kollektive Präferenzordnung $a_3Pa_1Pa_2$ folgt, die im Widerspruch zum Abstimmungsergebnis (3) steht.

Es bleibt zunächst festzustellen, dass der *(einfache) Mehrheitsentscheid* kein Aggregationsmechanismus im Sinne der Definition 4.3 ist, da die resultierende Präferenzordnung $R \in H$ nicht immer die Transitivitätseigenschaft besitzt. Die Bedeutung dieses auch unter der Bezeichnung *Wählerparadoxon* bekannten Ergebnisses ist von jedem, der vor der Auswahl eines geeigneten Aggregationsverfahrens steht, individuell zu beurteilen, zwei Anmerkungen scheinen jedoch angebracht. Zum einen ist, wie an anderer Stelle bereits diskutiert, die Transitivitätseigenschaft selbst nicht unumstritten, was insbesondere dann gilt, wenn man Fühlbarkeitsschwellen der Präferenz berücksichtigt. Zum anderen existieren Problemstellungen, wie z. B. die Auswahl einer einzigen Aktion aus dem Aktionsraum durch eine Gruppe, bei denen die Transitivitätseigenschaft keine oder nur eine untergeordnete Rolle spielt.

Eine Variante des (einfachen) Mehrheitsentscheids stellt der *Mehrheitsentscheid im k.o.-System* dar, der dadurch gekennzeichnet ist, dass eine einmal unterlegene Aktion an keiner weiteren Abstimmung mehr teilnimmt. Die Wirkungsweise und Problematik dieser Aggregationsmethode lässt sich am besten anhand eines Beispiels verdeutlichen.

Beispiel 4.1-6
Es ist die kollektive Präferenzordnung zu ermitteln, die durch die Anwendung des Mehrheitsentscheids im k.o.-System auf das im Beispiel 4.1-5 angegebene Präferenzordnungsprofil erzeugt wird.

Lösung:
Nimmt man die Abstimmung nach aufsteigendem Index vor, so erhält man:
(1) a_1 gegen a_2 führt zu 2:1 Stimmen und damit $a_1 P a_2$.
Da die Aktion a_2 unterlegen ist, nimmt sie an keiner weiteren Abstimmung mehr teil.
(2) a_1 gegen a_3 führt zu 1:2 Stimmen und damit $a_3 P a_1$.
Aus (1) und (2) erhält man die (transitive) kollektive Präferenzordnung $a_3 P a_1 P a_2$.
Ändert man die Reihenfolge der Abstimmung, so erhält man z. B.:
(1) a_1 gegen a_3 führt zu 1:2 Stimmen und damit $a_3 P a_1$.
Die Aktion a_1 nimmt an keiner weiteren Abstimmung mehr teil.
(2) a_2 gegen a_3 führt zu 2:1 Stimmen und damit $a_2 P a_3$.
Aus (1) und (2) erhält man die (transitive) kollektive Präferenzordnung $a_2 P a_3 P a_1$.

Wie das Beispiel zeigt, hängt die vom Mehrheitsentscheid im k.o.-System erzeugte kollektive Präferenzordnung von der Reihenfolge ab, in der die Abstimmungen durchgeführt werden. Während im ersten Fall die Gruppe für die Aktion a_2 die geringste Präferenz aufweist, steht diese Aktion bei einer anderen Abstimmungsreihenfolge an erster Stelle. Rein formal ist damit auch der Mehrheitsentscheid im k.o.-System kein Aggregationsmechanismus im Sinne der Definition 4.3, da die Zuordnung nicht eindeutig ist. Inhaltlich verlagert sich das Problem auf die ebenso schwierige Ermittlung einer „gerechten" Abstimmungsreihenfolge.

4.1.2.3 Das Unmöglichkeitstheorem von Arrow

Da mit dem einfachen Mehrheitsentscheid und dem Mehrheitsentscheid im k.o.-System nur zwei mögliche, wenn auch weit verbreitete Aggregationsmethoden untersucht wurden, ist zunächst zu vermuten, dass eine Teilmenge von Aggregationsmechanismen existiert, die den Anforderungen von Arrow gleichzeitig genügen und in diesem Sinne als „gerecht" bezeichnet werden können. Diese Vermutung wurde jedoch für die meisten Problemstellungen von Arrow widerlegt, der folgenden Satz beweisen konnte:

Existieren mindestens zwei Gruppenmitglieder und drei Aktionen, so gibt es keinen Aggregationsmechanismus auf der Menge aller Präferenzordnungsprofile, der alle fünf Forderungen von Arrow gleichzeitig erfüllt.

Da dieses Ergebnis überraschend ist und darüber hinaus die von Arrow geführte Argumentation Einblick in die formale Logik von Gruppenentscheidungen gibt, soll an dieser Stelle auf den Beweis des Unmöglichkeitstheorems näher eingegangen werden.

Der auf der Existenz eines Diktators abzielende Beweis basiert auf der Eigenschaft, dass eine Teilmenge der Gruppenmitglieder für ein geordnetes Paar von Aktionen (a_1, a_2) entscheidend in dem Sinne ist, dass in jeder kollektiven Präferenzordnung, die von einem Aggregationsmechanismus M erzeugt wird, die Aktion a_1 der Aktion a_2 vorgezogen wird, wenn dies für alle Mitglieder der betrachteten Teilmenge gilt und die übrigen Gruppenmitglieder a_2 vorziehen.

Aus der in dem Hinweis zur Anforderung 4 formulierten Einstimmigkeitsbedingung geht hervor, dass bei einem „gerechten" Aggregationsmechanismus die gesamte Gruppe für jedes geordnete Paar (a_1, a_2) entscheidend ist, da in der kollektiven Präferenzordnung die Aktion a_1 der Aktion a_2 vorgezogen wird, wenn alle Gruppenmitglieder a_1 präferieren.

Geht man von einer entscheidenden Menge aller Gruppenmitglieder aus und verringert diese Menge so lange, bis sie mit einer weiteren Verringerung nicht mehr entscheidend wäre, so bezeichnet man die resultierende Teilmenge als minimale entscheidende Teilmenge V von Gruppenmitgliedern.

Sei das Gruppenmitglied k ein Element der minimalen entscheidenden Teilgruppe V, so bilden deren übrige Mitglieder die Teilmenge $W = V \setminus \{k\}$. Das Komplement von V bezüglich der (gesamten) Gruppe wird mit U bezeichnet.

Ist a_3 eine beliebige dritte Aktion neben a_1 und a_2 und betrachtet man das Präferenzordnungsprofil[6]

$$\begin{pmatrix} a_1 & a_3 & a_2 \\ P_k & P_W & P_U \\ a_2 & a_1 & a_3 \\ P_k & P_W & P_U \\ a_3 & a_2 & a_1 \end{pmatrix},$$

so muss für einen „gerechten" Aggregationsmechanismus gelten:

- $a_1 P a_2$, da alle Mitglieder der entscheidenden Teilmenge $V = W \cup \{k\}$ Aktion a_1 gegenüber a_2 präferieren;
- $a_2 P a_3$, da die kollektive Präferenz $a_3 P a_2$ nicht zulässig ist. Würde $a_3 P a_2$ gelten, so wäre die Teilmenge W für (a_3, a_2) entscheidend, was der Annahme widerspricht, dass V eine minimale entscheidende Teilmenge ist. Es muss also die Negation gelten;
- $a_1 P a_3$ infolge der Transitivitätseigenschaft.

6 P_W bzw. P_U bedeutet, dass alle Gruppenmitglieder in den Teilmengen W bzw. U die angegebene Präferenz aufweisen.

Da k das einzige Mitglied der Gruppe ist, das a_1 gegenüber a_3 präferiert, ist damit $\{k\}$ entscheidend für (a_1, a_3). Damit ist $V = \{k\}$, d. h. die Teilmenge W ist leer. Nachdem V annahmegemäß für (a_1, a_2) entscheidend ist, ist $\{k\} = V$ für (a_1, a_2) entscheidend. Damit ist $\{k\}$ entscheidend für jedes geordnete Paar (a_1, a'), mit $a_1 \neq a' \in A$.

Zum allgemeinen Beweis, dass das Gruppenmitglied k für alle geordneten Paare (a'', a') entscheidend ist, muss noch gezeigt werden, dass $\{k\}$ für jedes geordnete Paar (a'', a') mit $a_1 \neq a'' \in A$ und für (a'', a_1) entscheidend ist. Dazu betrachtet man das Präferenzordnungsprofil

$$\begin{pmatrix} a'' & a' \\ P_k & P_U \\ a_1 & a'' \\ P_k & P_U \\ a' & a_1 \end{pmatrix}.$$

Für einen „gerechten“ Aggregationsmechanismus muss gelten:
- $a''Pa_1$, da alle Gruppenmitglieder a'' gegenüber a_1 präferieren;
- a_1Pa', da $\{k\}$ für (a_1, a') entscheidend ist;
- $a''Pa'$ infolge der Transitivitätseigenschaft.

Da k das einzige Mitglied der Gruppe ist, das a'' gegenüber a' präferiert, ist $\{k\}$ entscheidend für (a'', a').

Für das Präferenzordnungsprofil

$$\begin{pmatrix} a'' & a' \\ P_k & P_U \\ a' & a_1 \\ P_k & P_U \\ a_1 & a'' \end{pmatrix}$$

erhält man:
- $a''Pa'$, da $\{k\}$ für (a'', a') entscheidend ist;
- $a'Pa_1$, da alle Gruppenmitglieder a' gegenüber a_1 präferieren;
- $a''Pa_1$ infolge der Transitivitätseigenschaft.

Da k das einzige Mitglied der Gruppe ist, das a'' gegenüber a_1 präferiert, ist $\{k\}$ entscheidend für (a'', a_1).

Damit ist gezeigt, dass $\{k\}$ für alle Paare (a'', a') entscheidend ist, d. h. das Gruppenmitglied ist ein Diktator und der Aggregationsmechanismus M widerspricht der Anforderung 5.

Es folgt nun eine Analyse derjenigen Fälle, die im Unmöglichkeitstheorem ausgenommen wurden:
- $p = 1$
  die Gruppe besteht aus nur einem Mitglied; ein Aggregationsmechanismus ist überflüssig;

- $p \geq 2, n = 1$
  der Aktionsraum enthält nur eine Aktion; es existiert kein Entscheidungsproblem;
- $p \geq 2, n = 2$
  der Aktionsraum enthält nur zwei Aktionen; es können ex definitione keine Intransitivitäten auftreten. Wie sich leicht nachprüfen lässt, ist der Mehrheitsentscheid in diesem Fall ein Aggregationsmechanismus im Sinne der Definition 4.3, der allen fünf Anforderungen von Arrow gleichzeitig genügt. Dieser Sachverhalt wird auch als *Möglichkeitstheorem* bezeichnet.

4.1.3 Diskussion von Abstimmungsregeln

Aufgrund der Aussage des Unmöglichkeitstheorems ist die Suche nach einem Aggregationsmechanismus, der alle Forderungen Arrows gleichzeitig erfüllt, bei mehr als zwei zur Wahl stehenden Aktionen nicht sinnvoll. Vor der Diskussion möglicher Auswege aus dieser Situation sollen mit dem Single vote-Kriterium und dem Borda-Kriterium noch zwei in der Praxis verbreitete Methoden zur Aggregation individueller Präferenzen vorgestellt und kritisch untersucht werden.

4.1.3.1 Das Single vote-Kriterium

Beim Single vote-Kriterium erfolgt die Reihung der Aktionen nach der Häufigkeit, mit der diese von den Gruppenmitgliedern am höchsten präferiert werden.

Beispiel 4.1-7

Ein Gruppenentscheidungsproblem sei durch das Präferenzordnungsprofil

$$\begin{pmatrix} a_1 & a_1 & a_2 \\ P_1 & P_2 & P_3 \\ a_2 & a_3 & a_1 \\ P_1 & P_2 & P_3 \\ a_3 & a_2 & a_3 \end{pmatrix}$$

abgebildet. Es ist die kollektive Präferenzordnung nach dem Single vote-Kriterium zu ermitteln.

Lösung:

Bei einer Abstimmung über die Aktionen erhält man für a_1 zwei Stimmen, für a_2 eine Stimme und für a_3 keine Stimme. Damit gilt für die kollektive Präferenzordnung: $a_1 P a_2 P a_3$.

Der Nachteil dieser Abstimmungsregel, die häufig dann angewendet wird, wenn sich die Gruppe nur für eine Aktion aus dem Aktionsraum zu entscheiden hat, besteht darin, dass die Gruppe u. U. zwischen mehreren Aktionen indifferent ist, was in der Realität dann zu „Pattsituationen" führt. Die Abstimmungsregel ist für diesen Fall um geeignete Verfahrensweisen zu ergänzen, die z. B. in einer Stichwahl oder der höheren

Gewichtung eines Gruppenmitglieds – im allgemeinen des Vorsitzenden – bestehen können.

Aus theoretischer Sicht verstößt das Single vote-Kriterium gegen die Anforderung 3 von Arrow, wie folgendes Beispiel zeigt.

Beispiel 4.1-8
Es ist die kollektive Präferenzordnung der Gruppe aus dem Beispiel 4.1-7 nach dem Single vote-Kriterium für den Fall zu ermitteln, dass eine zusätzliche Aktion a_4 zu berücksichtigen ist, die von den Gruppenmitgliedern folgendermaßen eingeordnet wird:

$$\begin{pmatrix} a_4 & a_4 & a_2 \\ P_1 & P_2 & P_3 \\ a_1 & a_1 & a_4 \\ P_1 & P_2 & P_3 \\ a_2 & a_3 & a_1 \\ P_1 & P_2 & P_3 \\ a_3 & a_2 & a_3 \end{pmatrix}$$

Lösung:
Die Abstimmung ergibt für a_1 keine Stimme, für a_2 eine Stimme, für a_3 keine Stimme und für a_4 zwei Stimmen. Damit gilt die Präferenzordnung: $a_4 P a_2 P a_1 I a_3$.

Durch das Hinzutreten der neuen Aktion a_4 zur Menge A' hat sich die Präferenz zwischen den Aktionen a_1 und a_2 von $a_1 P a_2$ in $a_2 P a_1$ umgekehrt, was eine Verletzung der Anforderung 3 darstellt.

4.1.3.2 Das Borda-Kriterium

Bei Anwendung des Borda-Kriteriums ordnet jedes Gruppenmitglied in Abhängigkeit seiner Präferenzen den Aktionen Punktwerte zu. Stehen n Aktionen zur Wahl, so erhält die meistpräferierte Aktion n Punkte und die am wenigsten präferierte Aktion erhält in jedem Fall einen Punkt. Die Reihung erfolgt entsprechend den Punktsummen.

Beispiel 4.1-9
Für das in Beispiel 4.1-7 angegebene Präferenzordnungsprofil ist die kollektive Präferenzordnung nach dem Borda-Kriterium zu ermitteln.

Lösung:
In der nachstehenden Tabelle sind die Punktwerte angegeben, die die Gruppenmitglieder den einzelnen Aktionen zuordnen.

	Mitglied 1	Mitglied 2	Mitglied 3	Punktsumme
a_1	3	3	2	8
a_2	2	1	3	6
a_3	1	2	1	4

Entsprechend den Punktsummen ergibt sich die kollektive Präferenzordnung: $a_1 P a_2 P a_3$.

Wie beim Single vote-Kriterium liegt die Problematik beim Borda-Kriterium zum einen darin, dass „Pattsituationen" nicht auszuschließen sind, zum anderen ist auch bei diesem Kriterium die Anforderung 3 von Arrow an einen gerechten Aggregationsmechanismus nicht erfüllt, wie nachfolgendes Beispiel zeigt.

Beispiel 4.1-10
Die beiden Präferenzordnungsprofile

$$\begin{pmatrix} a_1 & a_1 & a_3 \\ P_1 & P_2 & P_3 \\ a_2 & a_2 & a_2 \\ P_1 & P_2 & P_3 \\ a_3 & a_3 & a_1 \end{pmatrix} \quad \text{und} \quad \begin{pmatrix} a_1 & a_3 & a_2 \\ P'_1 & P'_2 & P'_3 \\ a_2 & a_1 & a_3 \\ P'_1 & P'_2 & P'_3 \\ a_3 & a_2 & a_1 \end{pmatrix}$$

stimmen auf der Menge $A' = \{a_1, a_2\}$ überein.

Man ermittle die kollektiven Präferenzordnungen für beide Präferenzordnungsprofile nach dem Borda-Kriterium.

Lösung:
Für die Präferenzordnungen R_k gilt:

	Mitglied 1	Mitglied 2	Mitglied 3	Punktsumme
a_1	3	3	1	7
a_2	2	2	2	6
a_3	1	1	3	5

Entsprechend den Punktsummen ergibt sich die kollektive Präferenzordnung: $a_1Pa_2Pa_3$.
Für die Präferenzordnungen R'_k gilt:

	Mitglied 1	Mitglied 2	Mitglied 3	Punktsumme
a_1	3	2	1	6
a_2	2	1	3	6
a_3	1	3	2	6

Entsprechend den Punktsummen ergibt sich die kollektive Präferenzordnung: $a_1I'a_2I'a_3$ für die Gruppe.

4.1.4 Konstruktive Konsequenzen aus dem Unmöglichkeitstheorem von Arrow

Nachdem die Untersuchung von Gruppenentscheidungen mit dem Unmöglichkeitstheorem von Arrow zu einem wenig befriedigenden Ergebnis geführt hat, wurden in der Literatur mögliche Auswege aus dieser Situation diskutiert. Zum einen wurde dabei erwogen, die Ansprüche an die Theorie zu reduzieren, da es für eine Reihe von praktischen Fällen genügt, anstelle einer vollständigen und transitiven kollektiven Präferenzordnung nur eine einzige Aktion als Lösung des Entscheidungsproblems der

Gruppe auszuwählen. Es lässt sich jedoch auch für diesen Fall ein „Unmöglichkeitstheorem" ableiten, wenn man die Anforderungen Arrows um eine für die geänderte Problemstellung plausibel erscheinende Anforderung ergänzt.

Zum anderen wurden die Anforderungen Arrows in Frage gestellt und durch ähnlich lautende ersetzt. Unabhängig davon, dass auch für die modifizierten Forderungen meistens das Unmöglichkeitstheorem Gültigkeit besitzt, erscheint es aus grundsätzlichen Überlegungen heraus verfehlt, wenn Anforderungen, die der Operationalisierung des Begriffs der Gerechtigkeit dienen und zunächst als plausibel und weithin akzeptabel angesehen werden, deshalb modifiziert werden, weil die damit verbundenen Konsequenzen nicht die Hoffnungen erfüllen, die man in die Theorie gesetzt hat.

Eine Ausnahme bildet die Anforderung 1 von Arrow, die den universellen Definitionsbereich betrifft. Ihre Modifikation stellt keine substantielle Änderung im Inhalt eines einmal gewählten Gerechtigkeitsbegriffs dar, sondern bewirkt eine nachprüfbare Einschränkung der Anwendbarkeit des Aggregationsmechanismus.

Betrachtet man das zur Problematisierung des Mehrheitsentscheids konstruierte Beispiel 4.1-5, so liegt hier ein gänzlich „uneinheitliches" Präferenzordnungsprofil vor, da jede Aktion einmal an erster, zweiter und dritter Stelle steht. Es findet sich keinerlei Ansatzpunkt für eine einheitliche oder zumindest mehrheitliche Beurteilung der Aktionen durch die Gruppe. Existiert ein Mindestmaß an Homogenität in der Gruppe bezüglich der Reihung der Aktionen, so lässt sich zeigen, dass auch ein gerechter Aggregationsmechanismus im Sinne der Anforderungen Arrows existiert.

Zur Operationalisierung dieses Homogenitätsbegriffs dient die sog. *Eingipfelbedingung* von Black. Gemäß dieser Bedingung liegt die erforderliche Homogenität dann vor, wenn mindestens eine Anordnung der Aktionen auf der Abszisse eines Koordinatensystems existiert, derart, dass die in Ordinatenrichtung aufgetragenen Präferenzen aller Gruppenmitglieder bezüglich der Aktionen jeweils nur ein einziges (lokales) Maximum aufweisen.

Da die Existenz einer einzigen Anordnung ausreicht, die der geforderten Eigenschaft genügt, kann die Untersuchung eines speziellen Präferenzordnungsprofils abgebrochen werden, wenn die erste derartige Anordnung gefunden wurde. Andererseits kann von einer Präferenzordnung erst dann behauptet werden, dass sie der Eingipfelbedingung nicht genügt, nachdem alle möglichen Anordnungen der Aktionen überprüft worden sind.

Beispiel 4.1-11
Es ist zu prüfen, ob das im Beispiel 4.1-5 angegebene Präferenzordnungsprofil der Eingipfelbedingung genügt.

Lösung:
In den nachstehenden Graphiken ist jeweils eine Präferenzordnung angegeben, die mehr als einen Gipfel aufweist.

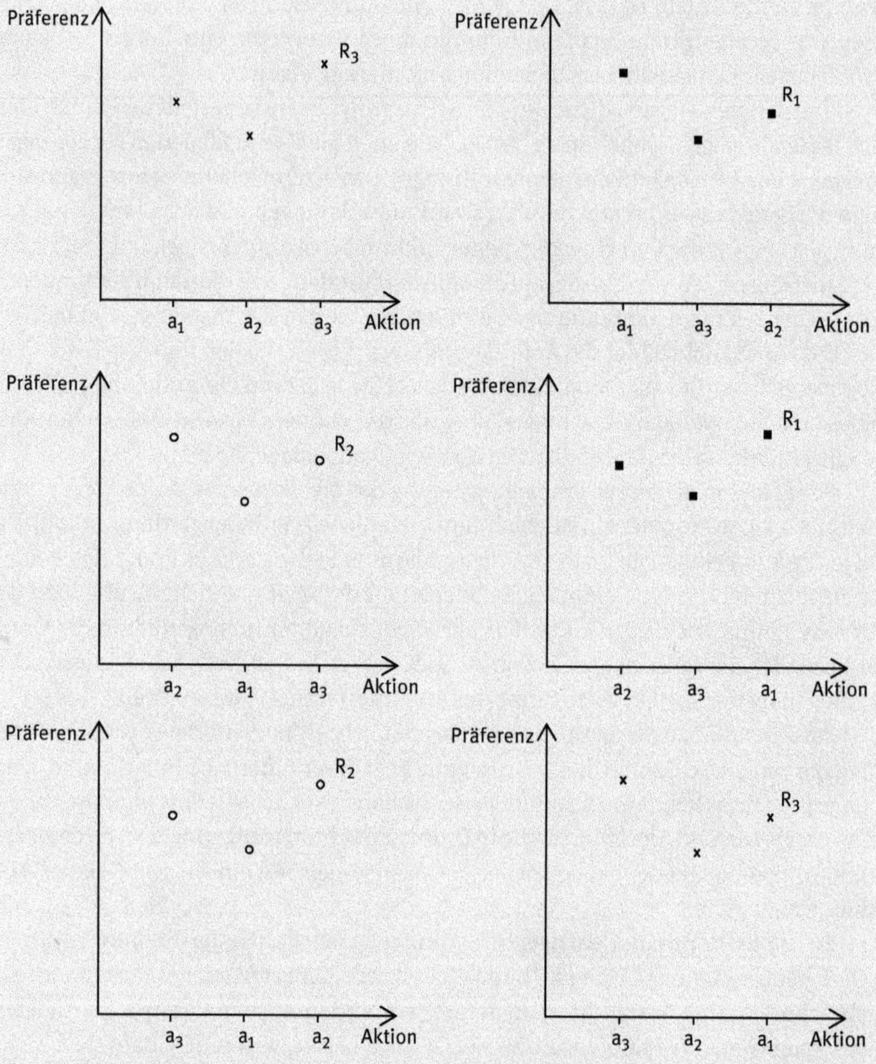

Abb. 4.1: Überprüfung eines Präferenzordnungsprofils auf Eingipfeligkeit

In jeder möglichen Anordnung der Aktionen weisen die Präferenzen mindestens eines Gruppenmitglieds mehr als ein lokales Maximum auf. Das Präferenzordnungsprofil genügt der Eingipfelbedingung nicht.

Soweit keine Intransitivitäten auftreten können, genügt der (einfache) Mehrheitsentscheid bei Vorliegen eines eingipfeligen Präferenzordnungsprofils gleichzeitig den übrigen Anforderungen Arrows. Da im Fall der Erfüllung der Eingipfelbedingung Intransitivitäten nur bei gerader Anzahl von Gruppenmitgliedern auftreten können, lässt sich folgende Aussage formulieren:

Theorem. *Ist die Anzahl der Mitglieder der Gruppe ungerade und erfüllt das Präferenzordnungsprofil die Eingipfelbedingung, so ist der Mehrheitsentscheid ein Aggregationsmechanismus, der den übrigen Anforderungen Arrows gleichzeitig genügt.*

Wie die Ausführungen gezeigt haben, bietet der Mehrheitsentscheid am ehesten die Gewähr für eine „gerechte" Aggregation individueller Präferenzordnungen zu einer kollektiven Präferenzordnung.

4.2 Weisungsgebundene Gruppen

Neben den (autonomen) Gruppen, deren Aufgabe primär in der individuellen bzw. kollektiven Interessenvertretung besteht und die dadurch gekennzeichnet sind, dass sich ihre Mitglieder jeweils an eigenständigen Zielen orientieren, wird in der Literatur der Einsatz von Gruppen diskutiert, deren Mitglieder von einer weisungsbefugten Person, der sog. Instanz, eingesetzt werden. Zwar werden auch bei den Mitgliedern weisungsgebundener Gruppen eigenständige Ziele angenommen, jedoch sollen diese nur eine untergeordnete Rolle gegenüber dem von der Instanz vorgegebenen Ziel spielen. Auch wenn die Entscheidungsbefugnis formal auf die Gruppe übertragen wird, handelt es sich von der Konzeption her nicht um Gruppenentscheidungen im Sinne der in diesem Buch gewählten Definition, sondern es wird versucht, das in der Gruppe vorhandene Informationspotential für eine Individualentscheidung nutzbar zu machen. Aus systematischen Gründen soll diese Problemstellung dennoch am Ende dieses Kapitels behandelt werden. Das hier vorgestellte Modell zur Beurteilung der Leistungsfähigkeit einer weisungsgebundenen Gruppe lehnt sich an einen Ansatz von Laux (1979) an. Ausgangspunkt ist ein Entscheidungsproblem der Instanz unter Risiko, das durch das Ergebnisfeld beschrieben wird.

	p_1 s_1	p_2 s_2	…	p_j s_j	…	p_m s_m
a_1	e_{11}	e_{12}	…	e_{1j}	…	e_{1m}
a_2	e_{21}	e_{22}	…	e_{2j}	…	e_{2m}
⋮	⋮	⋮		⋮		⋮
a_i	e_{i1}	e_{i2}	…	e_{ij}	…	e_{im}
⋮	⋮	⋮		⋮		⋮
a_n	e_{n1}	e_{n2}	…	e_{nj}	…	e_{nm}

Abb. 4.2: Ergebnisfeld der Instanz

Die Bewertung der Ergebnisse durch die Instanz lässt sich mit Hilfe der Risikonutzenfunktion u beschreiben, gemäß der das Ergebnisfeld in das Entscheidungsfeld übergeht.

	p_1	p_2	...	p_j	...	p_m
	s_1	s_2	...	s_j	...	s_m
a_1	u_{11}	u_{12}	...	u_{1j}	...	u_{1m}
a_2	u_{21}	u_{22}	...	u_{2j}	...	u_{2m}
⋮	⋮	⋮		⋮		⋮
a_i	u_{i1}	u_{i2}	...	u_{ij}	...	u_{im}
⋮	⋮	⋮		⋮		⋮
a_n	u_{n1}	u_{n2}	...	u_{nj}	...	u_{nm}

Abb. 4.3: Entscheidungsfeld der Instanz

Löst die Instanz das Problem selbst, so wählt sie diejenige Aktion, die ihr den höchsten Erwartungswert des Risikonutzens liefert. Demnach ist diejenige Aktion a* optimal, für die nach dem Bernoulli-Prinzip gilt:

$$Y_I^B(a^*) = \max_i \sum_{j=1}^{m} u_{ij} p_j \,. \tag{4.2-1}$$

Entschließt sich die Instanz, das Entscheidungsproblem an eine Gruppe zu delegieren, so gibt sie den Gruppenmitgliedern ihren Aktions- und Zustandsraum verbindlich vor. Unter der Annahme, dass die Gruppenmitglieder ausschließlich die Interessen der Instanz verfolgen, bildet die vollständige Entscheidungsmatrix der Instanz die Grundlage ihres weiteren Vorgehens. Darüber hinaus legt die Instanz den Aggregationsmechanismus fest, mit dessen Hilfe die individuellen Präferenzordnungen der Gruppenmitglieder zusammenzufassen sind. Unbekannt bleiben in jedem Fall die (subjektiven) Eintrittswahrscheinlichkeiten, die die Gruppenmitglieder den Umweltzuständen zuordnen.

In der Gruppe löst nun jedes Mitglied zunächst ein individuelles Entscheidungsproblem, das sich für das Mitglied k als

	p_1^k	p_2^k	...	p_j^k	...	p_m^k
	s_1	s_2	...	s_j	...	s_m
a_1	u_{11}	u_{12}	...	u_{1j}	...	u_{1m}
a_2	u_{21}	u_{22}	...	u_{2j}	...	u_{2m}
⋮	⋮	⋮		⋮		⋮
a_i	u_{i1}	u_{i2}	...	u_{ij}	...	u_{im}
⋮	⋮	⋮		⋮		⋮
a_n	u_{n1}	u_{n2}	...	u_{nj}	...	u_{nm}

Abb. 4.4: Entscheidungsfeld für das Gruppenmitglied k

darstellt. Als Lösung des Problems gibt das Gruppenmitglied k eine vollständige und transitive Präferenzordnung über dem Aktionsraum an, wobei für zwei beliebige Aktionen a_1 und a_2 gilt:

$$a_1 P_k a_2 \Leftrightarrow E^k(a_1) = \sum_{j=1}^{m} u_{1j} p_j^k > E^k(a_2) = \sum_{j=1}^{m} u_{2j} p_j^k \tag{4.2-2}$$

und

$$a_1 I_k a_2 \Leftrightarrow E^k(a_1) = E^k(a_2)\,. \tag{4.2-3}$$

Es erfolgt nun die Zusammenfassung der auf diese Weise entstandenen Präferenzordnungen der p Gruppenmitglieder zu einem Präferenzordnungsprofil gemäß Definition 4.2. Die Anwendung des von der Instanz vorgegebenen Aggregationsmechanismus liefert mit der kollektiven Präferenzordnung zugleich diejenige Aktion a^0, für die die Gruppe die höchste Präferenz aufweist.

Welche Aktion von der Gruppe als optimal ausgewählt wird, hängt neben dem Aggregationsmechanismus im wesentlichen von den Eintrittswahrscheinlichkeiten ab, die die Gruppenmitglieder den Umweltzuständen zuordnen. Zur Beurteilung der Vorteilhaftigkeit der Delegation des Entscheidungsproblems von der Instanz auf die Gruppe benötigt man die bedingte Wahrscheinlichkeit $p(a_i|s_j)$, dass die Gruppe die Aktion a_i wählt, wenn s_j der wahre Umweltzustand ist. Könnte man diese Wahrscheinlichkeiten schätzen, so ließe sich der Erwartungswert des Risikonutzens bei Einsatz der Gruppe errechnen als:

$$Y_G = \sum_{j=1}^{m} p_j \sum_{i=1}^{n} u_{ij} p(a_i|s_j)\,. \tag{4.2-4}$$

Die Entscheidung über die Delegation des Problems an die Gruppe könnte dann durch Vergleich von $Y_I^B(a^*)$ und Y_G getroffen werden.

Das Kernproblem der Beurteilung der Leistungsfähigkeit der Gruppe bildet die Bestimmung der Wahrscheinlichkeiten $p(a_i|s_j)$. Laux schlägt dazu vor, auf die Determinanten zurückzugreifen, die der Bildung der subjektiven Wahrscheinlichkeiten p_j^k zugrunde liegen. Zu diesen *Determinanten zählen Indikatoren*, die einfacher zu beobachten sind als die Umweltzustände selbst und dennoch Rückschlüsse auf diese zulassen. Welche Wahrscheinlichkeiten aufgrund der Ausprägungen der Indikatoren den Umweltzuständen vom entsprechenden Gruppenmitglied zugeordnet werden, beschreibt die *Wahrscheinlichkeitsfunktion*, die damit auch zu den Determinanten zählt. Liegt eine bestimmte *Determinantenkonstellation* vor, so sind die Eintrittswahrscheinlichkeiten der Umweltzustände und damit auch die Präferenzordnungen der Gruppenmitglieder fixiert. Durch Anwendung des vorgegebenen Aggregationsmechanismus auf das entstehende Präferenzordnungsprofil erhält man die mit einer bestimmten Determinantenkonstellation verbundene Aktion a^0.

Das Konzept von Laux basiert auf der restriktiven Voraussetzung, dass die Instanz alle möglichen Determinantenkonstellationen kennt und in der Lage ist, die bedingten Wahrscheinlichkeiten $p(d_I|s_j)$ für den Eintritt der Determinantenkonstellation d_I unter der Bedingung, dass s_j der wahre Umweltzustand ist, zu schätzen.

Fasst man in der Indexmenge D_i diejenigen Determinantenkonstellationen d zusammen, bei deren Eintreten von der Gruppe die Aktion a_i gewählt wird, so errechnen sich die gesuchten Wahrscheinlichkeiten $p(a_i|s_j)$ als:

$$P(a_i|s_j) = \sum_{I \in D_i} p(d_I|s_j)\,. \tag{4.2-5}$$

Beispiel 4.2-1
Das (ursprüngliche) Entscheidungsproblem der Instanz sei durch das Entscheidungsfeld

	0,25	0,40	0,35
	s_1	s_2	s_3
a_1	20	7	25
a_2	40	20	22
a_3	4	21	50

beschrieben.

Die Instanz erwägt, die Problemlösung einer Gruppe mit drei Mitgliedern zu übertragen, die sich ausschließlich nach dem ihnen vorgegebenen Ziel richten. Als Abstimmungsregel in der Gruppe legt die Instanz das Single vote-Kriterium fest, nach dem jedes Gruppenmitglied die von ihm meistpräferierte Aktion angibt und die Anzahl der auf jede Aktion entfallenden Stimmen deren Reihung determiniert. Die Instanz rechnet mit drei verschiedenen Informationsstrukturen h_1, h_2 und h_3, mit den bedingten Wahrscheinlichkeiten

$p(h_r \mid s_j)$	s_1	s_2	s_3
h_1	0,70	0,50	0,10
h_2	0,15	0,30	0,50
h_3	0,15	0,20	0,40.

Jedes Gruppenmitglied besitzt dieselbe Informationsstruktur, während sich die der Instanz bekannten Wahrscheinlichkeitsfunktionen unterscheiden. Es gilt für das Gruppenmitglied 1:

	$p^1(s_j \mid h_r)$	h_1	h_2	h_3
	s_1	0,90	0,20	0,15
g^1:	s_2	0,05	0,70	0,80
	s_3	0,05	0,10	0,05

und für das Gruppenmitglied 2:

	$p^2(s_j \mid h_r)$	h_1	h_2	h_3
	s_1	0,70	0,15	0,55
g^2:	s_2	0,10	0,60	0,30
	s_3	0,20	0,25	0,15.

Für das Gruppenmitglied 3 hält die Instanz zwei Wahrscheinlichkeitsfunktionen für möglich:

	$p_1^3(s_j \mid h_r)$	h_1	h_2	h_3
	s_1	0,60	0,35	0,45
g_1^3:	s_2	0,10	0,15	0,10
	s_3	0,30	0,50	0,45;

	$p_2^3(s_j \mid h_r)$	h_1	h_2	h_3
	s_1	0,05	0,75	0,50
g_2^3:	s_2	0,80	0,10	0,20
	s_3	0,15	0,15	0,30.

Die Instanz rechnet a priori mit einer Wahrscheinlichkeit von 0,6 mit dem Vorliegen der Wahrscheinlichkeitsfunktion g_1^3 und von 0,4 mit g_2^3.

Soll die Instanz das (ursprüngliche) Entscheidungsproblem an die Gruppe delegieren?

Lösung:

Die durch die Menge der Indikatoren und deren Ausprägungen determinierten Informationsstrukturen sind für alle Gruppenmitglieder bekannt und identisch. Das zweite Element der Determinanten bilden die Wahrscheinlichkeitsfunktionen und es ergeben sich mit

$$\begin{aligned} d_1 &= (h_1, g_1^3), \quad & d_2 &= (h_1, g_2^3)\,, \\ d_3 &= (h_2, g_1^3), \quad & d_4 &= (h_2, g_2^3)\,, \\ d_5 &= (h_3, g_1^3), \quad & d_6 &= (h_3, g_2^3) \end{aligned}$$

insgesamt sechs Determinantenkonstellationen.

Betrachtet man nun z. B. die Konstellation d_1, so errechnen sich für das Gruppenmitglied 1 folgende Erwartungswerte des Risikonutzens:

$$\begin{aligned} E^1(a_1) &= 20 \cdot 0{,}90 + 7 \cdot 0{,}05 + 25 \cdot 0{,}05 = 19{,}60\,, \\ E^1(a_2) &= 40 \cdot 0{,}90 + 20 \cdot 0{,}05 + 22 \cdot 0{,}05 = 38{,}10\,, \\ E^1(a_3) &= 4 \cdot 0{,}90 + 21 \cdot 0{,}05 + 50 \cdot 0{,}05 = 7{,}15\,. \end{aligned}$$

Damit gilt: $a_2 P_1 a_1 P_1 a_3$.

Ermittelt man auf diese Weise für alle Gruppenmitglieder und alle Determinantenkonstellationen die resultierenden Präferenzordnungen, so erhält man folgende sechs Präferenzordnungsprofile:

$$\overset{d_1}{\begin{pmatrix} a_2 & a_2 & a_2 \\ P_1 & P_2 & P_3 \\ a_1 & a_1 & a_1 \\ P_1 & P_2 & P_3 \\ a_3 & a_3 & a_3 \end{pmatrix}} \quad \overset{d_2}{\begin{pmatrix} a_2 & a_2 & a_3 \\ P_1 & P_2 & P_3 \\ a_1 & a_1 & a_2 \\ P_1 & P_2 & P_3 \\ a_3 & a_3 & a_1 \end{pmatrix}} \quad \overset{d_3}{\begin{pmatrix} a_2 & a_3 & a_3 \\ P_1 & P_2 & P_3 \\ a_3 & a_2 & a_2 \\ P_1 & P_2 & P_3 \\ a_1 & a_1 & a_1 \end{pmatrix}}$$

$$\overset{d_4}{\begin{pmatrix} a_2 & a_3 & a_2 \\ P_1 & P_2 & P_3 \\ a_3 & a_2 & a_1 \\ P_1 & P_2 & P_3 \\ a_1 & a_1 & a_3 \end{pmatrix}} \quad \overset{d_5}{\begin{pmatrix} a_2 & a_2 & a_2 \\ P_1 & P_2 & P_3 \\ a_3 & a_1 & a_3 \\ P_1 & P_2 & P_3 \\ a_1 & a_3 & a_1 \end{pmatrix}} \quad \overset{d_6}{\begin{pmatrix} a_2 & a_2 & a_2 \\ P_1 & P_2 & P_3 \\ a_3 & a_1 & a_3 \\ P_1 & P_2 & P_3 \\ a_1 & a_3 & a_1 \end{pmatrix}}$$

Bei Anwendung des Single vote-Kriteriums erhält man für die angegebenen Präferenzordnungsprofile folgende kollektive Entscheidung:

d	d_1	d_2	d_3	d_4	d_5	d_6
a	a_2	a_2	a_3	a_2	a_2	a_2

Damit gilt für die Indexmengen:

$$D1 = \emptyset; D2 = \{1, 2, 4, 5, 6\}, D3 = \{3\}.$$

Zur Beurteilung der Vorteilhaftigkeit der Delegation der Entscheidung an die Gruppe stellt sich nun die Frage nach den Wahrscheinlichkeiten dafür, dass die verschiedenen Determinantenkonstellationen eintreten. Beispielsweise tritt bei Umweltzustand s_1 die Konstellation d_1 dann ein, wenn die Informationsstruktur h_1 mit $p(h_1|s_1) = 0{,}7$ und die Wahrscheinlichkeitsfunktion g_1^3 mit $p(g_1^3) = 0{,}6$ vorliegen. Führt man diese Überlegung für alle Determinantenkonstellationen und Umweltzustände durch, so erhält man die bedingten Wahrscheinlichkeiten, die in nachstehender Tabelle zusammengefasst sind:

$p(d_l \mid s_j)$	s_1	s_2	s_3
d_1	0,42	0,30	0,06
d_2	0,28	0,20	0,04
d_3	0,09	0,18	0,30
d_4	0,06	0,12	0,20
d_5	0,09	0,12	0,24
d_6	0,06	0,08	0,16.

Gemäß (4.2-5) errechnen sich die bedingten Wahrscheinlichkeiten für die Wahl der Aktion a_i durch die Gruppe bei Vorliegen des Umweltzustands s_j als:

$p(a_1 \mid s_j)$	s_1	s_2	s_3
a_1	0	0	0
a_2	0,91	0,82	0,70
a_3	0,09	0,18	0,30.

Entsprechend der Beziehung (4.2-4) gilt für den Erwartungswert des Risikonutzens bei Einsatz der Gruppe:

$$\begin{aligned} Y_G &= 0{,}25(0 \cdot 20 + 0{,}91 \cdot 40 + 0{,}09 \cdot 4) \\ &\quad + 0{,}40(0 \cdot 7 + 0{,}82 \cdot 20 + 0{,}18 \cdot 21) \\ &\quad + 0{,}35(0 \cdot 25 + 0{,}70 \cdot 22 + 0{,}30 \cdot 50) \\ &= 0{,}25 \cdot 36{,}76 + 0{,}40 \cdot 20{,}18 + 0{,}35 \cdot 30{,}40 = 27{,}902\,. \end{aligned}$$

Entscheidet die Instanz selbst, so errechnet sich:

$$\begin{aligned} Y_I^B(a_1) &= 0{,}25 \cdot 20 + 0{,}40 \cdot 7 + 0{,}35 \cdot 25 = 16{,}55\,, \\ Y_I^B(a_2) &= 0{,}25 \cdot 40 + 0{,}40 \cdot 20 + 0{,}35 \cdot 22 = 25{,}70\,, \\ Y_I^B(a_3) &= 0{,}25 \cdot 4 + 0{,}40 \cdot 21 + 0{,}35 \cdot 50 = 26{,}90 \end{aligned}$$

und damit

$$Y_I^B(a^*) = 26{,}90\,.$$

Aus der Beziehung $Y_G = 27{,}902 > Y_I^B(a^*) = 26{,}90$ lässt sich entnehmen, dass die Instanz das Entscheidungsproblem an die Gruppe delegieren soll.

Ist davon auszugehen, dass die Gruppenmitglieder neben dem von der Instanz vorgegebenen Ziel eigene Interessen verfolgen, so lässt sich dies in den Determinanten der Wahrscheinlichkeiten $p(a_i|s_j)$ einfangen. Die Entscheidung über die Delegation des Problems an eine Gruppe ist auch von der Abstimmungsregel abhängig, die die Instanz für die Aggregation der individuellen Präferenzordnungen vorgibt. Die Wahl des Aggregationsmechanismus stellt damit selbst ein Optimierungsproblem dar, auf das hier jedoch nicht weiter eingegangen werden soll. In der Literatur wird häufig darauf hingewiesen, dass mit der Lösung von Entscheidungsproblemen in Gruppen höhere Kosten verbunden sind als mit Individualentscheidungen. Können im Einzelfall der Gruppe derartige Kosten zugerechnet werden, so sind diese im Ergebnisfeld des ursprünglichen Entscheidungsproblems vor dem Übergang zum Entscheidungsfeld zu berücksichtigen.

Das Modell soll eine prinzipielle Möglichkeit der Beurteilung der Vorteilhaftigkeit von Gruppenarbeit bei der Lösung von Entscheidungsproblemen aufzeigen, die auf das Grundmodell zurückgeführt werden konnten. Die hohen Anforderungen hinsichtlich der Schätzung von Wahrscheinlichkeiten und die umfangreichen Arbeiten zur Ermittlung des Entscheidungswerts stehen einer praktischen Anwendung, zumindest in der hier vorgestellten Grundversion, entgegen.

Abschließend stellt sich noch die Frage, welche anderen Möglichkeiten bestehen, das in einer Gruppe vorhandene Wissen über entscheidungsrelevante Sachverhalte für die Problemlösung nutzbar zu machen. Einen Ansatzpunkt stellt die Einbeziehung mehrerer Informationsquellen im Rahmen der statistischen Entscheidungstheorie dar. Da jedoch in diesem Fall zwischen den Informationsträgern keine Verbindungen bestehen, bleiben auch die Möglichkeiten des gegenseitigen Informationsaustausches und die „Filterwirkungen" des Aggregationsmechanismus ungenutzt. Eine interessante Alternative dazu stellt die strukturierte Gruppenbefragung dar, wie sie z. B. in der *Delphi-Methode* realisiert ist.

5 Entscheidungsanalyse

5.1 Übersicht

Der hier verwendete Begriff der *Entscheidungsanalyse* wird in der amerikanischen Literatur bei ähnlicher Grundintention stärker im Hinblick auf einen den Entscheidenden unterstützenden Entscheidungsanalytiker personifiziert, während hier vor allem der Anstoß zu einer entscheidungstheoretisch orientierten Grundhaltung beim Entscheidenden selbst im Vordergrund steht. Fragen der Kommunikation zwischen dem Entscheidenden und seinem Berater stehen damit hier ebensowenig zur Diskussion wie ethische Fragen hinsichtlich der dem Entscheidungsanalytiker offenstehenden Manipulationsmöglichkeiten. Gemeinsam ist die Sicht der Aufgabe der Entscheidungsanalyse, unsichere, komplexe oder dynamische Entscheidungsprobleme durch Zerlegung in die Elemente des Grundmodells zu strukturieren und damit soweit aufzuhellen, dass eine individuell zufriedenstellende Entscheidung möglich ist. Einigkeit besteht auch in der Beurteilung, dass die Entscheidungsanalyse die beste aller Entscheidungsmethodiken ist, die bisher entwickelt wurden.

5.2 Eine Deutung des Grundmodells

Die eingangs als Beschreibungs- und Erklärungsmodell bezeichneten Komponenten des Grundmodells der Entscheidungstheorie stellen einen Strukturkomplex dar, der sowohl zum Ausdruck bringt, worin das jeweilige Problem gesehen wird, als auch zugleich das gesamte vorhandene und beschaffbare Wissen beinhaltet, das von der mit der Entscheidungsfindung befassten Person(engruppe) als genau für dieses Problem entscheidungsrelevant erachtet wird. Die Konstruktion eines derartigen Modells stellt in Situationen, die sich besonders durch ihre Unstrukturiertheit auszeichnen, bereits einen wesentlichen – wenn nicht sogar den entscheidenden – Schritt in Richtung auf die Lösung im Sinne einer Entproblematisierung dar. Der zentrale Gedanke dabei ist die Trennung in eine beeinflussbare und eine nicht kontrollierbare Sphäre mit jeweiliger Zerlegung dieser Bereiche in Alternativen, hier als Aktionen bzw. Umweltzustände bezeichnet. Hinter diesen Begriffen verbergen sich Potentiale, deren interdependentes Einwirken auf eine Ausgangssituation zu jeweils veränderten Situationen führen kann, die hier als Ergebnisse benannt wurden. Der so gewonnene Strukturkomplex enthält die Lösung, verstanden als bestmögliche Aktion im Hinblick auf den gewählten Zeitraum, bereits als logische Implikation in sich, die dann mit Hilfe des Entscheidungskalküls offengelegt werden soll.

Erforderlich wird diese Unterstützung des gesunden Menschenverstandes in jenen Situationen, die durch große Komplexität und Unsicherheit gekennzeichnet sind, und in denen Menschen nachweislich kein „natürliches Gespür" für rationales Verhal-

https://doi.org/10.1515/9783110616941-005

ten entwickeln. Konkret bedeutet die Konstruktion eines Entscheidungsmodells oder zumindest ernsthafte Ansätze dazu, dass ein Mindestmaß an Klarheit über die verfolgten Ziele und deren Realisationsmöglichkeiten vorhanden sein muss, bevor eine Entscheidung getroffen werden kann. Darüber hinaus ist der modellgestützte Entscheidungsprozess gegenüber einer rein intuitiven Entscheidungsfindung dokumentierbar, nachvollziehbar und damit auch intersubjektiv nachprüfbar. Dieser letzte Aspekt ist auch Gegenstand der folgenden Überlegungen.

5.3 Die „richtige“ Entscheidung

Insbesondere Manager werden häufig danach beurteilt, inwieweit sie richtige Entscheidungen treffen bzw. getroffen haben. Dies trifft insbesondere für den finanziellen Aspekt von Wahlhandlungen zu. Was nun unter dem Attribut „richtig“ vernünftigerweise zu verstehen ist und welche Verhaltensweisen mit einer derartigen Beurteilung einhergehen können, soll hier in Form einer entscheidungstheoretisch orientierten Analyse untersucht werden.

Umgangssprachlich kann es sich beim Begriff „richtig“ in einer ersten Bedeutung um eine (wertneutrale) Bezeichnung handeln, die lediglich die Übereinstimmung zwischen Sachverhalten zum Ausdruck bringt. Zur Illustration sei ein ganz einfaches Beispiel betrachtet. Eine Person soll eine Zahl zwischen 1 und 6 nennen, bevor ein idealer Würfel fällt. Stimmt die gewürfelte Augenzahl (zufällig) mit der vorher genannten Zahl überein, so war die Nennung richtig, ansonsten war sie falsch. In diesem Sinne spricht man beispielsweise auch beim Zahlenlotto häufig von „6 Richtigen“. Besser erscheint die offizielle Bezeichnung Treffer, hier zu verstehen als Zufallstreffer.

In einer zweiten Bedeutung handelt es sich beim Prädikat „richtig“ bzw. „falsch“ um Werturteile über das Verhalten einer Person, die zum Ausdruck bringen sollen, ob diese gut bzw. schlecht gehandelt hat. Erheblich sind diese Werturteile insbesondere dann, wenn an sie Belohnungen bzw. Sanktionen geknüpft sind.

Folgt man der entscheidungstheoretischen Zerlegung eines Entscheidungsproblems unter Unsicherheit in den beeinflussbaren Bereich der Aktionen und den unbeeinflussbaren Bereich der Umweltzustände, so ist das Ergebnis bzw. der Erfolg einer Entscheidung nur insoweit bewertungsrelevant, als er von der zu beurteilenden Person auch tatsächlich zu vertreten ist. Dazu müsste man den schließlich registrierten Erfolg um den Einfluss der unkontrollierbaren Faktoren bereinigen können. Da dies jedoch prinzipiell unmöglich ist, ist aus dem Erfolg einer einzelnen Entscheidung grundsätzlich nicht auf deren Richtigkeit im Sinne der zweiten Interpretation zu schließen. Es können nur bestimmte Verhaltensweisen an ihrem Erfolg gemessen und danach als richtig oder falsch qualifiziert werden. Eine Einzelentscheidung ist immer dann richtig, wenn sie der als richtig erkannten Verhaltensweise folgt, selbst wenn sie im konkreten Fall ein als ungünstig zu beurteilendes Ergebnis zeigt. Man spricht dann von prozeduraler Rationalität.

Diese grundlegende Aussage lässt sich durch eine Weiterentwicklung des oben genannten Würfelbeispiels verdeutlichen. Nachdem es sich annahmegemäß um einen idealen Würfel handelt, ist es gleichgültig, welche Zahl die betrachtete Person nennt, da jede derartige Aktion die gleiche Wahrscheinlichkeit der Übereinstimmung von genannter Zahl und gewürfelter Augenzahl aufweist. Erkennt man jedoch, dass es sich nicht um einen idealen Würfel handelt, so sind die denkbaren Aktionen unterschiedlich zu beurteilen. Wurde beispielsweise bei der Herstellung des Würfels das mittlere Auge bei der Augenzahl 5 nicht dargestellt, so kann diese Augenzahl nicht gewürfelt werden, während sich die Eintrittswahrscheinlichkeit für die Zahl 4 verdoppelt. Welche Aussagen lassen sich nun in diesem Fall über richtige bzw. falsche Verhaltensweisen treffen?

Zunächst einmal ist offensichtlich, dass es in der speziellen Situation falsch ist, die auf Würfeln üblicherweise vorzufindende Augenzahl 5 zu nennen, da dann mit Sicherheit keine Übereinstimmung eintreten wird. Für den Fall des unmöglichen Ereignisses kann also einer bestimmten Einzelentscheidung ohne Rückgriff auf die entsprechende Verhaltensweise das Werturteil „falsch“ zugeordnet werden. Analoges gilt auch für die richtige Einzelentscheidung bei Existenz eines sicheren Ereignisses. Sind jedoch unkontrollierbare Einflussfaktoren zu berücksichtigen, wie dies bei praktisch relevanten wirtschaftlichen Entscheidungsproblemen im allgemeinen der Fall ist, so ist immer zwischen der Einzelentscheidung und einer bestimmten Verhaltensweise zu differenzieren.

Entspricht der defekte Würfel noch insofern der Idealvorstellung eines Würfels, dass jede Seite mit der gleichen Wahrscheinlichkeit aufliegt, so wird man bei einer hinreichend großen Anzahl von Würfen feststellen können, dass die Verhaltensweise, jeweils die Zahl 4 zu nennen, den größten Erfolg, d. h. die größte Anzahl an Übereinstimmungen aufweist. Damit ist die Nennung der Zahl 4 auch die richtige Einzelentscheidung. Sieht man von dem oben genannten Spezialfall der Sicherheit ab, so lässt sich anhand dieses Beispiels noch einmal verdeutlichen, dass sich aus dem Erfolg einer Einzelentscheidung nur auf deren Richtigkeit im Sinne von (zufälligen) Übereinstimmungen, nicht jedoch im Hinblick auf Werturteile schließen lässt. Wurde beispielsweise die Zahl 4 genannt und die Augenzahl 1 gewürfelt, so war die Entscheidung dennoch richtig. Würde man in diesem Fall das unzutreffende Werturteil fällen, dass die Entscheidung falsch war, so müsste man konsequenterweise für den Fall einer Wiederholung des Experiments die ursprüngliche Entscheidung revidieren. In dieser Situation von der Nennung der Zahl 4 abzuweichen und nun beispielsweise die soeben gefallene Augenzahl 1 zu nennen, steht im Widerspruch zu der als richtig erkannten Verhaltensweise und ist deshalb als falsch zu qualifizieren.

Es sei noch einmal festgestellt, dass eine Entscheidung im Sinne prozeduraler Rationalität nur dann als richtig zu bewerten ist, wenn sie der richtigen, d. h. gegenüber den zur Verfügung stehenden Alternativen, erfolgreicheren Verhaltensweise folgt. Die Beurteilung einer einzelnen Entscheidung an ihrem Erfolg ist im allgemeinen nicht zweckmäßig.

Die auf das einfache Beispiel gestützten Ausführungen mögen zwar trivial erscheinen, es ist jedoch zu beobachten, dass gegen die daraus zu ziehenden Erkenntnisse häufig verstoßen wird. Neben den Einflüssen verschiedener Art dürfte ein wesentlicher Grund dafür darin zu sehen sein, dass es in komplexen Situationen im allgemeinen schwierig ist, erfolgreiche Verhaltensweisen als solche zu erkennen. Darüber hinaus ist die Untersuchung von Verhaltensweisen mühsam und Begründungszwängen unterworfen. Wesentlich einfacher und auf den ersten Blick auch „objektiver" scheint es, Einzelentscheidungen an ihrem Erfolg zu beurteilen. Es seien dazu einige Beispiele aus dem täglichen Leben angeführt.

Ein ergiebiges Beobachtungsfeld für die Beurteilung von Verhalten ist der Straßenverkehr. So wird beispielsweise das Ausbleiben von Gegenverkehr bei einem Überholvorgang an unübersichtlicher Stelle häufig als (nachträgliche) Bestätigung dafür gesehen, das Richtige getan zu haben. Wird hingegen der Überholvorgang nicht durchgeführt, so ist (nachträglich) zwar zu erkennen, dass man in der speziellen Situation hätte überholen können, man darf jedoch nicht die falsche Schlussfolgerung daraus ziehen, dass man auch besser hätte überholen sollen bzw. dass man dies in der nächsten derartigen Situation tun soll. Auf das Würfelbeispiel übertragen, befindet man sich in der Lage, dass man die richtige Verhaltensweise kennt, jedoch gerade eine davon abweichende Realisation des Zufallsexperiments vorliegen hat.

Im nächsten Beispiel sei das „gesunde Empfinden" in Frage gestellt, einen Verstoß gegen Vorschriften entsprechend dem angerichteten Schaden zu beurteilen. Betrachtet man wiederum den Bereich des Straßenverkehrs, so verursacht die Nichtbeachtung eines Stoppschilds möglicherweise überhaupt keinen Schaden, unter Umständen sind jedoch Menschenleben zu beklagen. In Abhängigkeit vom vorfahrtsberechtigten Verkehr, d. h. also von (Umwelt-)Faktoren, die der betreffende Verkehrsteilnehmer nicht kontrollieren kann, wird das gleiche Fahrverhalten in einem Fall nur gering, im anderen Fall als fahrlässige Tötung unter Strafe gestellt.

Schließlich sei noch auf ähnliche Beobachtungen im Umgang mit Kindern hingewiesen. Im allgemeinen werden dabei falsche Verhaltensweisen gerügt, jedoch erst angerichteter Schaden bestraft. Auch hier scheint es einfacher, den Erfolg bzw. Misserfolg der einzelnen Handlung zum Maßstab des Verhaltens Erwachsener heranzuziehen, als zu versuchen, Wissen über vernünftiges Verhalten weiterzugeben.

5.4 Zur Fremdbeurteilung von Entscheidungen

Es sei nun noch kurz auf die Frage nach der Beurteilung von Entscheidungen innerhalb hierarchischer Strukturen eingegangen. Dazu wird der bereits in Abschnitt 4.2 verwendete Begriff der Instanz neu aufgegriffen, wobei dieser übergeordneten Person hier keine Gruppe von Entscheidenden, sondern nur ein einzelner Rechenschaftspflichtiger gegenübersteht. Betrachtet wird eine Situation, in der die Instanz dem ihr unterstellten Entscheidenden unter Vorgabe der von ihm zu vertretenden Zielsetzung(en) eine Problemstellung zur selbständigen Bearbeitung überträgt.

Aus der Interessenlage des Entscheidenden heraus betrachtet, stellt der Problemlösungsvorgang nur eine Aufgabe innerhalb der von ihm zu erbringenden Tätigkeiten dar. Im Rahmen des Beschäftigungsverhältnisses, in dem ihm die Problembearbeitung von der Instanz übertragen wird, versucht er sich im allgemeinen so zu verhalten, dass er langfristig sein Einkommen maximiert, kurzfristig keine finanziellen oder sozialen Einbußen erleidet und zumindest seinen Arbeitsplatz erhält. Inwieweit ihm dies gelingt, hängt davon ab, wie seine Entscheidungen von der zuständigen Instanz beurteilt werden.

Bei der Analyse solcher Beurteilungen ist häufig zu beobachten, dass zwischen den als gut bzw. schlecht eingestuften Entscheidungen keine Kompensation stattfindet. Während gute, auch sehr gute Entscheidungen als geradezu selbstverständlich angesehen werden, gelten schlechte, insbesondere sehr schlechte Entscheidungen als außergewöhnlich und bleiben lange in Erinnerung. Für den Entscheidenden kommt es also darauf an, festzustellen, nach welchen Kriterien die Instanz bestimmt, ob eine Entscheidung gut bzw. schlecht ist, und danach zu versuchen, die als (sehr) schlecht beurteilten Entscheidungen nach Möglichkeit zu vermeiden. Hat der Entscheidende davon auszugehen, dass die ihn beurteilende Instanz seine Einzelentscheidungen an ihrem Erfolg misst und akzeptiert er diese Vorgehensweise als richtig bzw. nimmt er sie als unabänderlich hin, so stellt sich nun die Frage nach der für ihn geeigneten Entscheidungsregel, die sich aus dem Zusammenhang zwischen richtigen bzw. falschen und guten bzw. schlechten Entscheidungen ableitet.

Bei konsequenter Anwendung der Erfolgsbewertung von Einzelentscheidungen ist jede Entscheidung, die nicht zum bestmöglichen aller beim eingetretenen Umweltzustand denkbaren Erfolge führt, falsch. Es lässt sich jedoch beobachten, dass die Umsetzung dieser Feststellung in das Bewusstsein, dass es sich damit auch um eine schlechte Entscheidung handelt, die Sanktionen nach sich ziehen soll, so verläuft, als ob sie von der Überschreitung gewisser Fühlbarkeitsschwellen abhängig wäre. Erst wenn die Abweichung zwischen dem erreichten und dem günstigstenfalls erreichbaren Erfolg ein bestimmtes Maß überschreitet, wird eine im hier definierten Sinn falsche Entscheidung auch als schlechte Entscheidung eingestuft.

Passt sich der Entscheidende an die am Erfolg der Einzelentscheidung orientierte Beurteilung durch die Instanz an, so verhält er sich dann optimal gemäß seiner eigenen Zielsetzung, wenn er eine Aktion wählt, bei der die maximale Abweichung zwischen dem erzielten und dem beim eingetretenen Umweltzustand bestenfalls erzielbaren Erfolg minimal ist. Liegt dieses Minimum noch innerhalb des durch die oben beschriebenen Fühlbarkeitsschwellen abgesteckten Bereichs, so ist der Entscheidende bei Wahl der entsprechenden Aktion im Rahmen der von ihm als relevant erachteten Aktionen, Umweltzustände und Ergebnisse gegen Sanktionen abgesichert.

Es stellt sich nun die Frage, wie dieses im Hinblick auf persönliche Zielsetzung des Entscheidenden durchaus verständliche Verhalten auch hinsichtlich der von der Instanz vorgegebenen (Sach-)Zielsetzung vernünftig ist. Man kann die Frage auch etwas anders stellen. Gibt es Gründe für die Annahme, dass sich der Entscheidende anders verhalten würde, wenn er sicher sein könnte, von der Instanz nicht nach dem Erfolg der Einzelentscheidung, sondern nach seiner Verhaltensweise beurteilt zu werden, oder noch deutlicher, wenn es sich um seine autonome Entscheidung handelt, bei der er nur sich selbst gegenüber verantwortlich ist?

Das oben geschilderte Vorgehen, die maximale Abweichung zwischen dem erzielten und dem beim eingetretenen Umweltzustand bestenfalls erzielbaren Erfolg zu minimieren, hat seine formale Entsprechung in der in Abschnitt 2.3 behandelten Minimax-Regret-Regel bei Ungewissheit. Die formale Untersuchung dieser Regel anhand eines akzeptabel erscheinenden Anforderungskatalogs erbrachte im Beispiel 2.3-9 das Ergebnis, dass diese auch als Savage-Niehans-Regel bezeichnete Vorgehensweise gegen das Prinzip der Unabhängigkeit von irrelevanten Alternativen verstößt. Hier soll nun noch mit Hilfe eines speziellen Beispiels die Plausibilität der Regel und damit die deren Anwendung induzierende Einzelbeurteilung von Entscheidungen an ihrem Ergebnis in Frage gestellt werden.

Beispiel 5.4-1
Es sei ein Entscheidungsproblem betrachtet, das durch die Nutzenmatrix

	s_1	s_2
a_1	6	7
a_2	9	3
a_3	5	10

abgebildet wird. Man löse das Problem mit Hilfe der Savage-Niehans-Regel.

Lösung:
Bei Anwendung der Minimax-Regret-Regel auf diese Matrix wird entsprechend der Beziehung (2.3-10) zunächst die Matrix B ermittelt, deren Elemente Maßgrößen für das (nachträgliche) Bedauern darstellen, die jeweilige Aktion anstelle der optimalen gewählt zu haben.

B:

	s_1	s_2
a_1	3	3
a_2	0	7
a_3	4	0

Nach (2.3-9) gilt:

$$Y^{SN}(a_1) = 3\,;$$
$$Y^{SN}(a_2) = 7\,;$$
$$Y^{SN}(a_3) = 4\,.$$

Gemäß (2.3-8) ergibt sich:

$$YSN(a^*) = 3\,.$$

Demnach ist $A^* = \{a_1\}$ die Lösung des Entscheidungsproblems mit Hilfe der Minimax-Regret-Regel.

Bei der Analyse des Beispiels im Hinblick auf das grundsätzliche Vorgehen und des daraus resultierenden Ergebnisses ist zunächst festzustellen, dass die richtige Entscheidung vor Eintritt eines Umweltzustandes ermittelt werden soll. Dazu versetzt man sich jedoch in Form einer bedingten Betrachtung in die Situation, die vorliegen wird, nachdem ein Umweltzustand eingetreten ist. Auf das Beispiel 5.4-1 bezogen, wäre im Fall des Eintritts von s_1 die richtige (nach der ersten Bedeutung) Entscheidung die Wahl der Aktion a_2 gewesen. Nun erfolgt ein unbegründeter Wechsel in der Wortbedeutung und den damit verbundenen Konsequenzen. Hat man beispielsweise die Aktion a_3 gewählt, so war dies falsch (in der zweiten Bedeutung), man hat schlecht gehandelt und es stellt sich als Reaktion darauf ein Bedauern ein, dessen Intensität im Beispiel mit dem Wert 4 quantifiziert wird. Entsprechend tritt für den hypothetischen Fall, dass sich der Umweltzustand s_2 realisiert, ein Bedauern immer dann ein, wenn die Aktion a_3 nicht gewählt wurde.

Wendet man auf die Matrix des nachträglichen Bedauerns die Minimax-Regel an, d. h. sucht man diejenige Aktion, bei der das maximale Bedauern minimal wird, so ist die Aktion a_1 zu wählen. Analysiert man dieses Ergebnis näher, so zeigt sich, dass bei Anwendung der Minimax-Regret-Regel die Wahl einer Aktion als optimale Entscheidung vorgeschrieben werden kann, obwohl diese Entscheidung mit Sicherheit, d. h. unabhängig davon, welcher Umweltzustand eintreten wird, nachträglich als falsch beurteilt werden wird. Man weiß folglich bereits im Entscheidungszeitpunkt, dass man es später in jedem Fall bedauern wird, diese Entscheidung getroffen zu haben. Dieser Widerspruch, dessen Ursache in der Verwechslung der beiden Bedeutungen von richtig bzw. falsch liegt, macht deutlich, dass die Regel zwar in sich formal korrekt arbeitet, es jedoch logisch nicht einwandfrei ist, diese Regel auf autonome Entscheidungen anzuwenden bzw. sich so zu verhalten, wie es die Regel der Minimierung des maximalen Bedauerns vorschreibt. Bei autonomem Verhalten muss es vielmehr darum gehen, diejenige Entscheidung zu treffen, die, wie D. Schneider formuliert, bei dem im Entscheidungszeitpunkt gegebenen Wissen zielentsprechend erscheint.

Dies gilt auch für Entscheidungen, bei denen der Entscheidende (nachträglich) von einer Instanz beurteilt wird. Die Minimierung der maximalen Abweichung zwischen tatsächlich erreichtem und nachträglich als bestmöglich erkanntem (Sach-)Ergebnis stellt dann keine originäre Zielsetzung, sondern ein Mittel dar, um die persönliche Zielsetzung im oben genannten Sinne bestmöglich zu erfüllen. Die Aufgabe besteht in diesem Fall darin, alle Hindernisse abzubauen und entsprechende Anreize derart zu schaffen, dass die persönliche Zielsetzung des Entscheidenden und die von der Organisation definierte und von der Instanz zu kontrollierende (Sach-)Zielsetzung als komplementär zu betrachten sind.

Wenngleich die Interessenlage in jedem Einzelfall unterschiedlich sein kann, lässt sich generell aussagen, dass zum Abbau der genannten Interessengegensätze eine Abkehr von der Beurteilung von Einzelentscheidungen an ihrem Erfolg gehört. Wie wiederum auch D. Schneider ausführt, darf die Frage, ob die Entscheidung richtig oder falsch war, nur auf Grund des Wissens beurteilt werden, das im Entscheidungszeitpunkt vorhanden war oder hätte beschafft werden müssen.

6 Aufgaben

Aufgabe 1-1

Ein Unternehmen beabsichtigt, zwei technisch neuartige Produkte auf den Markt zu bringen, die noch von keinem anderen Hersteller angeboten werden können. Aufgrund von Erfahrungen mit vergleichbaren Produkten nimmt man an, dass die Preis-Absatz-Funktionen linear verlaufen und von Produkt 1 bei einem Preis von 2 EUR 10 Mengeneinheiten [ME] abzusetzen sind, während beim Preis von 1 EUR eine Verdopplung dieser Absatzmenge zu erwarten ist. Eine Reduzierung des Preises von Produkt 2 um 0,40 EUR ist mit einer Steigerung des Absatzes um eine ME verbunden; zu einem Preis von 36 EUR und mehr dürfte das Produkt nicht mehr abzusetzen sein. Produktion und Absatz der Produkte 1 bzw. 2 verursachen variable Kosten in Höhe von 1 EUR bzw. 4 EUR. Beide Produkte werden auf einer Maschine gefertigt, die in der Planungsperiode 70 Zeiteinheiten [ZE] zur Verfügung steht. Die Herstellung einer ME von Produkt 1 beansprucht eine ZE, die von Produkt 2 zwei ZE der Maschinenkapazität. Gesucht sind diejenigen Preise und Absatzmengen, bei denen der Gesamtdeckungsbeitrag sein Maximum annimmt.

Bilden Sie die Problemstellung in einem Entscheidungsmodell ab und ermitteln Sie die optimalen Aktionen.

Aufgabe 1-2

Ein Aktionär besitzt 10 Aktien einer Gesellschaft zum Nennwert von je 50 EUR. In den letzten Jahren erhielt er darauf regelmäßig eine Ausschüttung in Höhe von je 18 EUR. Eine Änderung der Dividendenzahlungen ist nicht zu erwarten. Soll der Aktionär unter Ertragsgesichtspunkten die Aktien bei einem Kurs von 230 EUR/Stück verkaufen, wenn er den Erlös zu 8 % anlegen kann und der Verkauf mit Gesamtkosten in Höhe von 30 EUR verbunden ist?

Bilden Sie das Problem in einem Entscheidungsmodell ab und lösen Sie es.

Aufgabe 1-3

Ein Monopolist setzt sein Produkt sowohl im Inland als auch im Ausland ab, wobei er mit folgenden Preis-Absatz-Funktionen rechnet:

$$x_1 = 30 - 0{,}2p_1$$

$$x_2 = 15 - 0{,}05p_2\,;$$

dabei bezeichnen:

p_1 Preis im Inland,

p_2 Preis im Ausland,

x_1 Angebotsmenge im Inland,

x_2 Angebotsmenge im Ausland.

https://doi.org/10.1515/9783110616941-006

Die Kosten, die bei der Herstellung des Produkts entstehen, lassen sich durch die Funktion

$$K = 140\,(x_1 + x_2) + 300$$

beschreiben.

Welche(n) Preis(e) soll der Monopolist für sein Produkt verlangen, wenn er
a) Preisdifferenzierung betreibt,
b) einen einheitlichen Preis setzt
und jeweils den maximalen Gewinn anstrebt?

Aufgabe 1-4
Eine Ölgesellschaft hat mit 5 Lieferländern Kaufverträge über die Lieferung von je einer Tankerladung Rohöl abgeschlossen. Das Öl lagert in den Beladehäfen A, B, C, D, E dieser Länder und steht zur sofortigen Abholung bereit. Der Gesellschaft steht ein Tanker zur Verfügung, der in einem Entladehafen Z liegt. Die Fahrt des Tankers zu den jeweiligen Beladehäfen einschließlich der Beladung dauert:

Beladehafen	A	B	C	D	E
Tage	8	4	3	10	7

Zur Rückfahrt des Tankers zum Entladehafen Z (einschließlich Löschung der Ladung) werden dieselben Zeiten benötigt. Für jeden Tag, der bis zur Abfahrt des vollen Tankers aus dem Beladehafen vergeht, muss die Ölgesellschaft dem jeweiligen Land 1.000 EUR Lagerkosten bezahlen.

Bilden Sie das Problem in einem Entscheidungsmodell ab und beschreiben Sie prinzipiell mögliche Vorgehensweisen zur Ermittlung einer Fahrtroute des Tankers, bei der die Gesamtlagerkosten minimal sind.

Aufgabe 2.1-1
Welche Maßskalen liegen den Messvorgängen
a) Notenvergabe von „sehr gut“ bis „ungenügend“,
b) Längenmessung in cm,
c) Temperaturmessung in °C,
d) Temperaturmessung in °K,
zugrunde?

Aufgabe 2.1-2
Es werden die drei Vektoren

$$x_1 = (20, 10, 80)\,,$$
$$x_2 = (30, 10, 60)\,,$$
$$x_3 = (20, 20, 80)$$

und die Funktionen

$$z^{(1)}(x_i) = 5x_{i1} + 3x_{i2} - x_{i3} \quad \text{für } i = 1, 2, 3\,;$$
$$z^{(2)}(x_i) = 2x_{i1} - x_{i2} + 2x_{i3} \quad \text{für } i = 1, 2, 3$$

betrachtet.

a) Welche Vektoren $x \in X$ sind K-effizient?
b) Welche Vektoren $x \in X$ sind funktional-effizient bezüglich X und der Funktionen $z^{(1)}$ und $z^{(2)}$?

Aufgabe 2.1-3
Beschreiben Sie für das Entscheidungsproblem aus dem Beispiel 2.1-2 die Menge der K-effizienten Aktionen und beurteilen Sie deren Bedeutung für das Entscheidungsproblem unter einfacher Zielsetzung.

Aufgabe 2.1-4
Ermitteln Sie die Lösungen für ein Entscheidungsproblem unter Sicherheit, das durch die Ergebnismatrix

	s_1		
a_1	$e_1^{(1)} = 64$	$e_1^{(2)} = 16$	$e_1^{(3)} = 49$
a_2	$e_2^{(1)} = 25$	$e_2^{(2)} = 49$	$e_2^{(3)} = 81$

beschrieben wird, nach dem starren und flexiblen Goal-Programming-Ansatz, der Lexikographischen Ordnung, starrer und flexibler Zielgewichtung und dem Punktbewertungs-Modell unter der Voraussetzung, dass die Nutzenfunktion $w^{(k)} = \sqrt{e^{(k)}}$ für $k = 1, 2, 3$ die Nutzenvorstellungen des Entscheidenden beschreiben. Treffen Sie – soweit erforderlich – geeignete Annahmen über die jeweils noch vorzugebenden Werte.

Aufgabe 2.1-5
Ein Gärtner möchte einen $100\,\text{m}^2$ großen Garten mit Rosen und/oder Nelken bepflanzen. Er möchte maximal 720 EUR an Arbeits- und Materialkosten investieren und höchstens $60\,\text{m}^2$ für Nelken reservieren. Weitere Daten des Problems enthält folgende Tabelle:

	Rosen	Nelken
Arbeits- und Materialkosten (in EUR/m^2)	6	9
Gewinn (in EUR/m^2)	1	2

a) Wie viele m^2 sollen mit jeder Sorte bepflanzt werden, damit maximaler Gewinn erzielt wird? Lösen Sie das Problem graphisch!
b) Lösen Sie das Problem mit Hilfe des Simplex-Algorithmus!

Aufgabe 2.1-6

Ein Agrarbetrieb hat 60 Hektar (ha) für den Anbau von Weizen und Roggen zur Verfügung. Zum Ansäen sind bei Weizen 15 Stunden/ha und bei Roggen 30 Stunden/ha erforderlich. Während dieser Zeit stehen dem Betrieb Arbeitskräfte für insgesamt 700 Stunden zur Verfügung. Für die Erntezeit sind bei Weizen 20 Stunden/ha und bei Roggen 25 Stunden/ha notwendig. Aufgrund zusätzlicher Erntehelfer stehen Ihnen in der Erntezeit Arbeitskräfte für 850 Stunden zur Verfügung. Insgesamt erfordert Weizen einen Kapitalaufwand von 20 EUR pro ha und Roggen von 80 EUR pro ha. Zudem werden pro Arbeitsstunde Lohnkosten von 15 EUR fällig. Ihr Budget beträgt 20.000 EUR. Weitere Kosten fallen nicht an. Aufgrund von Lieferantenverträgen müssen Sie mindestens 20 ha Roggen produzieren. Der Umsatz je ha Weizen beträgt 1.100 EUR und je ha Roggen 1.500 EUR. Der Agrarbetrieb hat sich zum Ziel gesetzt, seinen Gewinn zu maximieren.

a) Formulieren Sie die Aufgabenstellung als lineares Programm! Definieren Sie dazu auch die Variablen inklusive ihrer Einheit!
b) Ist der Simplex-Algorithmus auf das lineare Programm aus Teilaufgabe a) unmittelbar anwendbar? Begründen Sie ihre Aussage unter Bezugnahme auf die Basislösung! Geben Sie zudem eine Vorgehensweise an, mit welcher das lineare Programm trotzdem gelöst werden könnte!

Aufgabe 2.1-7

Ein Produktionsbetrieb verkauft zwei verschiedene Arten von Zahnrädern an Uhrenhersteller. Das Unternehmen besitzt zur Herstellung dieser Zahnräder zwei Maschinen. Aus dem Verkauf erzielt das Unternehmen 5 EUR Gewinn für Zahnrad A und 10 EUR Gewinn für Zahnrad B. Durch einen Vertrag mit den Uhrenherstellern ist das Unternehmen zudem verpflichtet, 10 ME vom Zahnrad A und 20 ME vom Zahnrad B abzusetzen. Außerdem ist die wöchentliche Arbeitszeit auf 50 Stunden beschränkt, wodurch auch die Maschinen nicht länger in Betrieb sein können. Für die Produktion von 1 ME von Zahnrad A werden 30 Minuten auf Maschine 1 benötigt, für Zahnrad B 50 Minuten. Maschine 2 benötigt für 1 ME von Zahnrad A 50 Minuten und für Zahnrad B 40 Minuten.

Bestimmen Sie die optimale Lösung (Ziel: Gewinnmaximierung) mit Hilfe der M-Methode!

Aufgabe 2.1-8

Eine Testperson soll den Geschmack dreier alkoholfreier Erfrischungsgetränke vergleichen. Die Person gibt an:

- Getränk A sei gegenüber Getränk B etwas zu präferieren.
- Getränk A sei gegenüber Getränk C gleich gut bis etwas zu präferieren.
- Getränk B sei gegenüber Getränk C erheblich zu präferieren.

a) Ermitteln Sie die Bewertungsmatrix des Problems.
b) Bestimmen Sie die Gewichte der Erfrischungsgetränke im Hinblick auf das Kriterium Geschmack.
c) Sind die Einschätzungen der Testperson konsistent?
d) Wie verändert sich der Konsistenzindex, wenn die Testperson ihre Einschätzung des Verhältnisses der Getränke B und C in folgender Weise modifiziert: Getränk C sei gegenüber Getränk B etwas zu präferieren.

Aufgabe 2.2-1

Um welche Art von Wahrscheinlichkeiten handelt es sich bei den Aussagen:
- Die Aktien der X-AG werden nur mit einer Wahrscheinlichkeit von 0,2 einen Kurswert von mehr als 120 erreichen,
- die Wahrscheinlichkeit, dass eine GmbH innerhalb von fünf Jahren nach ihrer Gründung Konkurs geht, beträgt 0,35,
- mit einer Wahrscheinlichkeit von 0,4 wird der Absatz eines neu einzuführenden Produkts größer als 100.000 Stück oder kleiner als 20.000 Stück sein?

Aufgabe 2.2-2

Es werden die zu zwei Aktionen a_1 und a_2 gehörenden Ergebnisverteilungen betrachtet mit:

$L(a_1)$:

e	e_1	e_2	e_3	e_4
p	0,25	0,25	0,25	0,25

und

$L(a_2)$:

e	e_1	e_2	e_3	e_4
p	0,34	0,10	0,30	0,26

Für den Entscheidenden gilt weiterhin:

$e_2 \sim$

e	e_1	e_4
p	0,65	0,35

und

$e_3 \sim$

e	e_1	e_4
p	0,60	0,40

Welche Aktion präferiert der Entscheidende?

Aufgabe 2.2-3

Familienvater Treusorg überlegt im Alter von 70 Jahren, ob er seine Familie über eine einjährige Risikolebensversicherung mit der Prämie von 2.000 EUR absichern soll. Im Todesfall erhielte seine Familie 80.000 EUR. Ohne Versicherung beträgt der Wert seines Vermögens (V) im Erlebensfall 200.000 EUR, im Fall seines Todes halbiert es sich wegen entfallender Rentenansprüche. Treusorg will die Versicherungsentscheidung nach dem Bernoulli-Prinzip treffen, wobei er folgende Risikonutzenfunktion besitzt:

$$u(V) = -e^{-0{,}000008V}$$

(der Nutzen im Todesfall erklärt sich aus der Versorgung seiner Familie). Nach Inspektion einer Sterbetafel schätzt er seine einjährige Sterbewahrscheinlichkeit auf p=0,0139.

a) Bilden Sie das Problem des Treusorg in einer Entscheidungsmatrix ab und ermitteln Sie für die Alternativen den Erwartungsnutzen! Soll sich Treusorg versichern?
b) Das eigene Vermögen der Ehefrau von Treusorg beträgt (unabhängig von einem eventuellen Ableben ihres Mannes) 100.000 EUR. Ändert sich die Entscheidung aus a), wenn Herr Treusorg bei seinen Berechnungen das Vermögen der Ehefrau berücksichtigt? Argumentieren Sie unter Rückgriff auf das Konzept der absoluten Risikoaversion!

Aufgabe 2.2-4

Drei Personen (A, B und C) nehmen an einem Gewinnspiel teil. Dabei erhält jeder der drei ein Ticket, mit dem er entweder 200 EUR ($p_1 = 30\,\%$) oder 10 EUR ($p_2 = 70\,\%$) gewinnen kann. Ihre Nutzenfunktionen sind wie folgt definiert:

A: $u(x) = 4e^{\frac{1}{1.000} \cdot x}$

B: $u(x) = 0{,}6x$

C: $u(x) = \sqrt{x}$

a) Welcher der drei Gewinnspielteilnehmer wäre bereit, sein Ticket für 60 EUR zu veräußern?
b) Wie müssten die Wahrscheinlichkeiten der beiden Ereignisse festgelegt werden, um C zu einer Revision seiner Entscheidung zu bewegen?
c) Gehen Sie nunmehr davon aus, dass alle drei über ein Anfangsvermögen in beträchtlicher Höhe verfügen. In welcher Richtung verändern sich die Grenzpreise? Begründen Sie Ihre Aussage und gehen Sie dabei auch auf die Risikoeinstellung der Teilnehmer ein!

Aufgabe 2.2-5

Ein Entscheidungsproblem bei Risiko sei durch folgendes Ergebnisfeld beschrieben:

	0,1	0,7	0,2
	s_1	s_2	s_3
a_1	100	−200	500
a_2	200	0	200
a_3	50	−100	300

a) Stellen Sie die mit den Aktionen verbundenen Ergebnisverteilungen auf.
b) Führen Sie an sich selbst unter Bezugnahme auf eine konkrete Zielgröße eine Befragung (Selbstbefragung) zur Ermittlung einer möglichen Risikonutzenfunktion für dieses Problem durch.
c) Stellen Sie die ermittelte Risikonutzenfunktion graphisch dar.
d) Welche Aktion wird präferiert?

Aufgabe 2.2-6

Es sei noch einmal das Ergebnisfeld aus der Aufgabe 2.2-5 betrachtet. Die Nutzenvorstellungen des Entscheidenden bezüglich der Ergebnisse lassen sich durch die Funktion w mit $w_{ij} = w(e_{ij}) = e_{ij}$ beschreiben.

a) Ermitteln Sie die Lösung dieses Entscheidungsproblems
   - nach dem μ-Prinzip,
   - nach dem μ-p_r-Prinzip mit $w_r = 0$ und den Koeffizienten $b_1 = 3$ und $b_2 = -20$,
   - nach dem μ-σ-Prinzip mit den Koeffizienten $b_1 = 1$ und $b_2 = -0{,}1$.
b) Wie lautet die Risikonutzenfunktion, nach der man jeweils die gleiche Reihung von Aktionen erhält, wie nach der unter a) beschriebenen μ-σ-Regel?

Aufgabe 2.2-7

Es sei ein Betrag in Höhe von 300 EUR anzulegen, wofür drei Wertpapiere zur Wahl stehen. Der Erwerb des Wertpapiers P_1 erfordert einen Betrag k_1 in Höhe von 100 EUR, k_2 bzw. k_3 belaufen sich auf 100 EUR bzw. 200 EUR. Die Einzahlungen aus einem Stück des jeweiligen Wertpapiers beschreiben die Verteilungen

$\tilde{x}_1$:

x	80	120	130	90
p	0,2	0,5	0,1	0,2

$\tilde{x}_2$:

x	110	120	100	80
p	0,2	0,5	0,1	0,2

$\tilde{x}_3$:

x	180	270	300	140
p	0,2	0,5	0,1	0,2 .

Man ermittle die nach dem μ-σ-Prinzip optimale Wertpapiermischung unter der Annahme, dass für den Entscheidenden die Nutzenfunktion w mit

$$w_{ij} = w(e_{ij}) = e_{ij}$$

und die Risikonutzenfunktion u mit

$$u_{ij} = u(e_{ij}) = 20e_{ij} - 0{,}02e_{ij}^2$$

gelten.

Aufgabe 2.3-1

Gegeben sei ein Entscheidungsproblem unter Ungewissheit mit der Ergebnismatrix

	s_1	s_2	s_3
a_1	5	−2	1
a_2	4	0	−3
a_3	2	6	4

Der Entscheidende verhält sich so, als ob er die Ergebnisse gemäß der Beziehung $w_{ij} = e_{ij}^2 - 8$ bewertet.

Ermitteln Sie die Lösung des Problems mit Hilfe der Savage-Niehans Regel.

Aufgabe 2.3-2

Es seien zwei Entscheidungsprobleme unter Ungewissheit mit den Ergebnismatrizen

	s_1	s_2	s_3	s_4
a_1	5	3	0	6
a_2	6	7	8	0
a_3	8	−2	6	3

und

	s_1	s_2	s_3	s_4
a_1	5	3	0	6
a_2	6	7	0	8
a_3	8	−2	6	3

betrachtet. Der Entscheidende bewertet die Ergebnisse gemäß $w_{ij} = e_{ij}$.

a) Ermitteln Sie die Lösungen beider Probleme nach der Maximin-Regel.

b) Inwieweit sind die mit der Anwendung der Maximin-Regel verbundenen Konsequenzen für jedes Problem allein und im Vergleich der beiden Probleme plausibel?

Aufgabe 2.3-3

Eine Hotelgesellschaft, die über liquide Mittel in Höhe von 1 Million EUR verfügt, plant die Errichtung eines neuen Hotels mit 720 m^2 Nutzfläche. Ein Sechstel davon geht für Gesellschaftsräume, Foyer usw. ab. Die Leitung der Gesellschaft steht vor der Frage, in welchem Verhältnis die Zahl der Einzelzimmer zur Zahl der komfortablen Doppelzimmer stehen soll. Für ein Einzelzimmer fallen Ausgaben in Höhe von 20.000 EUR an, für ein Doppelzimmer solche von 40.000 EUR. An Fläche beansprucht ein Einzelzimmer 10 m^2, ein Doppelzimmer 30 m^2. Während die Einzelzimmer langfristig ganzjährig (360 Tage) an eine Fluggesellschaft für 25 EUR pro Übernachtung vermietet werden können, wird der Übernachtungspreis, zu dem sich die angestrebte 75 %-Auslastung der Doppelzimmer einstellt, zwischen 60 EUR und 90 EUR liegen.

a) Bestimmen Sie graphisch die Menge der zulässigen Zimmereinteilungen. (Sehen Sie dabei von der Ganzzahligkeit der Anzahl der Zimmer ab).
b) Bestimmen Sie graphisch die Anzahl der Einzel- und Doppelzimmer, die die jährlichen Einnahmen aus Übernachtungen nach der Maximin-Regel optimiert.
c) Zeigen und erläutern Sie die Unvereinbarkeit der Maximin-Regel mit zwei Axiomen, die Luce/Raiffa an eine „rationale“ Entscheidungsregel unter Ungewissheit stellen.

Aufgabe 2.3-4

An eine Entscheidungsregel unter Ungewissheit kann man folgende Anforderung stellen:

„Die Lösung eines E. u. U. darf sich nicht ändern, wenn in einer beliebigen Spalte der Ergebnismatrix jedes Ergebnis um den gleichen konstanten Betrag verändert wird.“

a) Sollte diese Anforderung von einer als „rational“ zu beurteilenden Entscheidungsregel unter Ungewissheit erfüllt werden?
b) Welche der Ihnen bekannten Entscheidungsregeln unter Ungewissheit erfüllen diese Anforderung nicht?
c) Lässt sich zwischen der oben genannten Anforderung und den Anforderungen, die Milnor an „rationale“ Entscheidungsregeln unter Ungewissheit stellt, ein Zusammenhang erkennen?

Aufgabe 2.3-5

Ein Zeitungsjunge verkauft Zeitungen für 2,50 EUR je Exemplar, die er für 2 EUR je Exemplar bezieht. Die Nachfrage liegt zwischen 6 und 10 Zeitungen. Nicht verkaufte Zeitungen sind am Ende des Tages wertlos. Übernachfrage hat keine negativen Folgen.

a) Wie viele Zeitungen wird er bereithalten, wenn er sich nach den folgenden Regeln richtet?
   (a) Maximin-Regel
   (b) Maximax-Regel
   (c) Hurwicz-Regel mit $\lambda = 0,9$

(d) Laplace-Regel
(e) Savage-Niehans-Regel
(f) Krelle-Regel mit: $v(x) = -\frac{1}{10}x^2 + x$
(x bezeichne das Ergebnis der Aktivität des Zeitungsjungen)

b) Das Axiomensystem nach Milnor (1954) formuliert grundlegende Anforderungen an die Rationalität der Entscheidung unter Ungewissheit. Zeigen Sie auf Basis des Problems aus Teilaufgabe a), dass die Laplace-Regel das Axiom der Irrelevanz von Spaltenduplikationen verletzt.

Aufgabe 3.1-1

Ein Unternehmen ist derzeit gerade noch in der Lage, die Nachfrage nach seinen Produkten zu befriedigen, da die Abpackmaschine voll ausgelastet ist. Die Unternehmensleitung rechnet damit, dass die Nachfrage in der nächsten Periode mit einer Wahrscheinlichkeit von 0,6 steigen wird. Infolge längerer Lieferzeiten muss sich die Unternehmensleitung bereits jetzt entscheiden, ob und gegebenenfalls welche zusätzliche Verpackungsmaschine sie anschaffen soll. Kauft das Unternehmen ein kleines Modell, reicht dieses zwar in jedem Fall für die nächste Periode aus, bei weiter steigender Nachfrage, die mit einer Wahrscheinlichkeit von 0,8 angenommen wird, wenn bereits in der nächsten Periode die Nachfrage steigt und sonst nur mit 0,3, müsste dann ein weiteres Exemplar dieses Typs angeschafft werden. Als Alternative kommt der Kauf einer großen Anlage in Betracht, die auf absehbare Zeit ausreichend ist, jedoch kostenmäßig über einer kleinen Maschine und unter zwei Maschinen des kleineren Typs liegen.

a) Welche Strategien stehen der Unternehmensleitung zur Verfügung?
b) Formulieren Sie sich gegenseitig ausschließende Umweltzustände, die eine Rückführung der Aufgabenstellung auf das Grundmodell ermöglichen.
c) Stellen Sie die Ergebnismatrix auf und geben Sie dabei selbst sinnvolle Werte für die diskontierten Einzahlungsüberschüsse des Unternehmens in Abhängigkeit der Strategien und Umweltzustände vor.
d) Ermitteln Sie für eine risikoneutrale Unternehmensleitung eine optimale Strategie.

Aufgabe 3.1-2

Ein Waldeigentümer besitzt zum Zeitpunkt $t = 0$ einen Baumbestand im Umfang von $s_1^{(0)} = 700\,m^3$. Zu Beginn einer jeden Periode t verkauft er $a^{(t)}\,m^3$ dieses Bestands. Der Rest wächst bis zum Ende der Periode auf den Bestand $s_1^{(t)} = 2(s_1^{(t-1)} - a^{(t)})$ an. Der Verkaufserlös $e^{(t)}$ bestimmt sich nach der Beziehung $e^{(t)} = a^{(t)}$. Der Waldeigentümer verhält sich so, als ob er die Nutzenfunktion $w_t(e^{(t)}) = \sqrt{e^{(t)}}$ besitzt. Von einer Diskontierung ist abzusehen. Ermitteln Sie die optimale Strategie des Waldeigentümers, wenn sein Planungshorizont drei Perioden umfasst und er seinen Gesamtnutzen aus dem Holzverkauf maximieren möchte.

Aufgabe 3.1-3

Eine Bauunternehmung möchte drei Arbeiter so auf drei Baustellen verteilen, dass deren Gesamtleistung möglichst groß wird. Die von der Anzahl der Arbeiter auf den einzelnen Baustellen abhängende Leistung ist in folgender Tabelle angegeben:

Anzahl der	Baustelle		
Arbeiter	1	2	3
0	0	0	0
1	10	7	10
2	18	15	12
3	26	25	26

a) Um welchen Typ von Entscheidungsproblem handelt es sich?
b) Formulieren Sie die Aufgabenstellung als mehrstufiges Entscheidungsproblem.
c) Geben Sie eine mögliche Strategie der Bauunternehmung an. Wie viele Strategien stehen insgesamt zur Auswahl?
d) Ermitteln Sie die optimale Aufteilung.

Aufgabe 3.1-4

Stellen Sie das Entscheidungsproblem aus Aufgabe 3.1-3 in einem Entscheidungsbaum dar und lösen Sie es mit Hilfe der Roll-back-Analyse.

Aufgabe 3.1-5

Bilden Sie das Problem aus der Aufgabe 3.1-1 in einem Entscheidungsbaum ab und lösen Sie es mit Hilfe der Roll-back-Analyse.

Aufgabe 3.1-6

Sie sind im Vorstand eines Chemiekonzerns und planen, ein neues Herbizid (Unkrautbekämpfungsmittel) auf den Markt zu bringen. Bevor das Herbizid jedoch in Produktion gehen kann, muss die Europäische Behörde für Lebensmittelsicherheit das Herbizid genehmigen. Da es in der Vergangenheit Probleme mit dem enthaltenen Wirkstoff Glyphosat gab, schätzen Sie die Wahrscheinlichkeit einer Genehmigung genauso hoch ein, wie den Fall einer Ablehnung. Bei einer Ablehnung darf das Herbizid nicht produziert werden. Die Kosten des Genehmigungsverfahrens von 5 Millionen EUR sind unabhängig vom Ausgang des Verfahrens zu bezahlen.

Zur Produktion des Herbizids stellt Ihnen ein Mitarbeiter zwei Optionen vor. Die Herstellung des Herbizids kann in Deutschland erfolgen, wofür einmalig 3 Millionen EUR an Kosten für die Erweiterung bestehender Produktionsanlagen anfallen und variable Kosten von 1,50 EUR pro Einheit des Herbizids entstehen. Die andere Option wäre, ein indisches Subunternehmen mit der Herstellung zu beauftragen, was zu Kosten von 2 EUR pro Einheit des Herbizids führt. Weitere Kosten fallen nicht an.

Die Ergebnisse einer Marktforschungsstudie zeigen, dass Kunden Herbizide, welche in Deutschland hergestellt werden, bevorzugen, weshalb dann mit einer Wahrscheinlichkeit von 60 % 5 Millionen Einheiten des Herbizids und mit einer Wahrscheinlichkeit von 40 % 4 Millionen Einheiten des Herbizids abgesetzt werden können. Stellen Sie das Produkt hingegen in Indien her, werden nur mit einer Wahrscheinlichkeit von 50 % 5 Millionen Einheiten des Herbizids und mit einer Wahrscheinlichkeit von 50 % 4 Millionen Einheiten des Herbizids abgesetzt. Zurückzuführen ist dies darauf, dass in Deutschland hergestellte Produkte gemeinhin als sehr hochwertig gelten. Der veranschlagte Verkaufspreis beträgt unabhängig vom Produktionsstandort 4 EUR pro Einheit des Herbizids.

Stellen Sie das Entscheidungsproblem graphisch dar und ermitteln Sie die optimale Strategie mit Hilfe des Roll-Back-Verfahrens. Sie können dabei davon ausgehen, dass die Risikoeinstellung des Vorstandes risikoneutral ist. Ebenso sind keine Kapitalkosten zu berücksichtigen.

Aufgabe 3.1-7

Frau Müller verfügt über freies Kapital in Höhe von 300.000 EUR, welches sie nun möglichst gewinnbringend anlegen will. Ihr Bankberater empfiehlt ihr zwei unterschiedliche Aktienfonds. Da Aktienanlagen steter Volatilität ausgesetzt sind, sind beide Fonds mit einem gewissen Risiko behaftet. Der Bankberater gibt daher Prognosen zur potentiellen Entwicklung der Fonds ab. Im Falle einer guten wirtschaftlichen Lage ist Aktienfond 1, welcher sich ausschließlich aus Technologiekonzernen zusammensetzt, nach einen Jahr 380.000 EUR wert, falls jedoch eine Rezession eintreten sollte, fällt der Wert auf 260.000 EUR, wobei beide Fälle als gleich wahrscheinlich gelten. Aktienfond 2 ist breiter gestreut und beinhaltet alle Unternehmen des verarbeitenden Gewerbes in Europa. Im Falle einer positiven Konjunktur ist dieser nach einem Jahr 330.000 EUR wert, bei schlechter konjunktureller Lage nur 280.000 EUR, wobei beide Fälle wieder als gleich wahrscheinlich gelten. Nach einem Jahr müssen die Geldmittel aus den jeweiligen Fonds entnommen werden, da die Bank dann beide Finanzprodukte nicht mehr anbietet.

Zudem unterbreitet ein befreundeter Immobilienmakler Frau Müller die Möglichkeit, 280.000 EUR in ein Immobilen-Projekt zu investieren. Dies ist aber erst in einem Jahr möglich, da der Bauträger noch diverse Baugenehmigungen einholen muss. Das Bauprojekt soll dann aber innerhalb eines Jahres abgeschlossen sein und ist nach Abschluss laut dem Immobilienmakler mit einer Wahrscheinlichkeit von 20 % 330.000 EUR oder mit einer Wahrscheinlichkeit von 80 % 300.000 EUR wert, je nach Lage des Wohnungsmarktes.

Alternativ kann Frau Müller das freie Kapital auch in deutsche Bundesanleihen mit einjähriger Laufzeit investieren, welche mit 2 % pro Jahr verzinst werden.

Modellieren Sie die Aufgabenstellung als Entscheidungsbaum und ermitteln Sie die optimale Strategie für Frau Müller mit Hilfe des Roll-Back-Verfahrens!

Aufgabe 3.1-8
Bilden Sie das in der Aufgabe 3.1-1 geschilderte Problem in einem stochastischen Entscheidungsbaum ab und stellen Sie die Häufigkeitsverteilungen der mit den einzelnen Strategien verbundenen Einzahlungsüberschüsse gemäß Ihren Annahmen aus der Teilaufgabe 3.1-1 c) dar.

Aufgabe 3.2-1
Untersuchen Sie, ob der Verleger den zweiten Lektor aus Beispiel 3.2-6 anstelle des ersten Lektors zur Begutachtung des Manuskripts beauftragen soll.

Aufgabe 3.2-2
Ermitteln Sie den Wert der Information des zweiten Lektors
a) im Fall des Beispiels 3.2-6,
b) im Fall der Aufgabe 3.2-1.
c) Erklären Sie den Unterschied zwischen den Teilaufgaben a) und b).

Aufgabe 3.2-3
Eine Polizeistreife steht vor dem Problem, ob sie bei einem Kraftfahrer die Durchführung des Blutalkoholtests anordnen soll. Infolge der angespannten Haushaltslage des Staates sind die Beamten angewiesen, bei ihrer Entscheidung die entstehenden Kosten zu berücksichtigen, die 50 EUR betragen und in jedem Fall vom Staat zu tragen sind. Übersteigt der festgestellte Blutalkoholgehalt des Kraftfahrers 0,8 Promille, so hat dieser ein Bußgeld in Höhe von 250 EUR an die Staatskasse zu entrichten. Darüber hinaus haben die Polizisten die Möglichkeit, den Kraftfahrer in ein Röhrchen blasen zu lassen, das einmal verwendbar ist und 5 EUR kostet. Dabei ist jedoch zu berücksichtigen, dass in 5 % aller Fälle, in denen der Blutalkoholgehalt des Kraftfahrers nicht höher als 0,8 Promille ist, sich das Röhrchen trotzdem verfärbt, während die Wahrscheinlichkeit, dass es sich bei einem Blutalkoholgehalt von mehr als 0,8 Promille verfärbt, bei 0,9 liegt. Aufgrund des Verhaltens des Kraftfahrers nehmen die Polizisten an, dass sein Blutalkoholgehalt mit einer Wahrscheinlichkeit von 0,6 höher als 0,8 Promille ist.

Wie sollen sich die Polizisten verhalten, wenn sie den mit ihrer Aktion verbundenen Zahlungsüberschuss des Staates maximieren möchten?

Aufgabe 3.2-4
Ermitteln Sie den Wert der Information, den das Röhrchen für die Polizisten aus der Aufgabe 3.2-3 besitzt.

Aufgabe 3.2-5
Ist es sinnvoll, vor der Entscheidung über den Blutalkoholtest den Kraftfahrer aus der Aufgabe 3.2-3 in zwei Röhrchen blasen zu lassen?

Aufgabe 3.3-1

Gegeben sei ein Zwei-Personen-Nullsummen-Spiel, das durch den nachstehenden Spielbaum beschrieben wird.

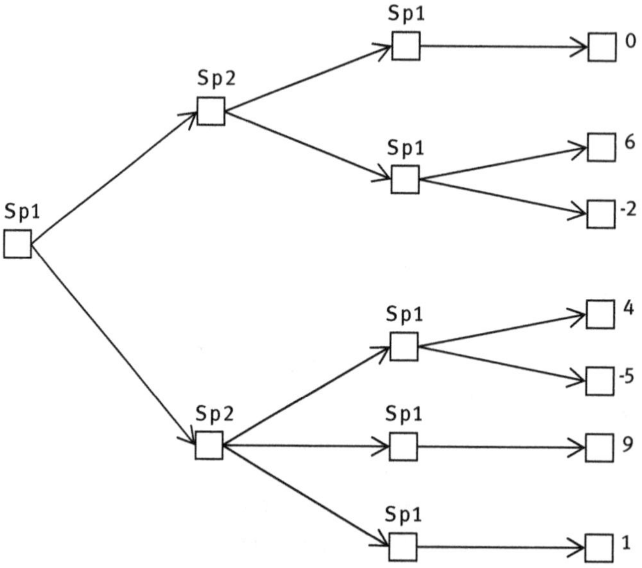

Abb. 6.1: Spielbaum

Im Spielbaum sind die Züge der Spieler 1 und 2 und die jeweiligen Auszahlungen an den Spieler 1 eingetragen.

a) Stellen Sie das Spiel in einer Spielmatrix dar.
b) Ermitteln Sie die Lösung des Spiels.

Aufgabe 3.3-2

Zwei Kaufhauskonzerne A und B, die sich als Dyopolisten mit dem Ziel gegenüberstehen, ihre Marktanteile zu maximieren, beabsichtigen, in zwei Städten Filialen zu eröffnen. Nach dem derzeitigen Stand der Planungen können beide Konzerne ihre Filialen in jeweils 12 Monaten eröffnen. Bei Anwendung eines Sofortprogramms kann der Konzern B bereits nach 9 Monaten, Konzern A wiederum nach 10 Monaten eine Filiale eröffnen, während die andere Filiale jeweils nach 9 weiteren Monaten eröffnet werden kann. Unterschiedlicher Vorsprung bei der Eröffnung der Filialen hat unterschiedliche Folgen für den Marktanteil. Diese Unterschiede ersehen Sie aus folgenden Tabellen:

A vor B Monat	%-Punkte
0	5
2	15
6	35
8	45

B vor A Monat	%-Punkte
1	5
3	11
7	13
10	15

Beispielsweise besagt die zweite Zeile der ersten Tabelle: wenn der Konzern A in einem bestimmten Ort seine Filiale um zwei Monate eher eröffnet als B, dann erhöht sich sein gesamter Marktanteil um 15 %-Punkte (z. B. von 30 % auf 45 %).

a) Formulieren Sie das Problem als Zwei-Personen-Nullsummen-Spiel.
b) Ermitteln Sie die optimalen Strategien der beiden Konzerne.

Aufgabe 3.3-3
Ein Zwei-Personen-Nullsummen-Spiel sei durch die Spielmatrix

	$\overline{b}_1$	$\overline{b}_2$	$\overline{b}_3$
b_1	12	19	20
b_2	15	2	5
b_3	10	16	20

beschrieben.

Welche Strategien sollen die beiden Spieler wählen?

Aufgabe 3.3-4
Zwei Kontrahenten spielen ein Zwei-Personen-Nullsummen-Spiel, bei dem der Spieler 1 mit der Wahrscheinlichkeit von 0,6 einen Euro gewinnt, so lange, bis einer der beiden Spieler seinen Spieleinsatz verloren hat. Der Spieleinsatz des Spielers 1 beträgt 3 EUR, Spieler 2 verfügt anfänglich über 6 EUR.

a) Wie groß ist die Wahrscheinlichkeit, dass der Spieler 1 das Ruinspiel gewinnt?
b) Wie lange ist die erwartete Spieldauer?
c) Wie groß ist der erwartete Gewinn des Spielers 1 im Ruinspiel?

Ist es für den Spieler 1 sinnvoll, an diesem Ruinspiel teilzunehmen, wenn er seinen Spieleinsatz anderweitig zu 5 % per Zeiteinheit anlegen könnte?

Aufgabe 4-1
Es wird ein Entscheidungsproblem betrachtet, das von einer aus zwei Entscheidenden zusammengesetzten Gruppe zu lösen ist. Während sich das Problem für das erste Gruppenmitglied in der Ergebnismatrix

	0,5	0,2	0,3
	s_1	s_2	s_3
a_1	40	60	50
a_2	80	30	10
a_3	70	50	30

darstellen lässt, gilt für das zweite Gruppenmitglied

	0,4	0,5	0,1
	s_1	s_2	s_3
a_1	90	40	70
a_2	80	50	50
a_3	60	80	30 .

Man ermittle die Präferenzordnungen der beiden Gruppenmitglieder bezüglich des Aktionsraums unter der Annahme, dass sich beide Gruppenmitglieder risikoneutral verhalten.

Aufgabe 4-2

Eine aus fünf Mitgliedern bestehende Gruppe soll sich für eine gemeinsame Reihung von drei Aktionen entscheiden.

a) Welche Präferenzordnungen sind auf dem Aktionsraum prinzipiell möglich?

b) Wie groß ist die Anzahl aller möglichen Aggregationsmechanismen?

Aufgabe 4-3

Man prüfe, ob das Präferenzordnungsprofil

$$\begin{pmatrix} a_1 & a_3 & a_4 \\ P_1 & P_2 & P_3 \\ a_2 & a_2 & a_3 \\ P_1 & P_2 & P_3 \\ a_3 & a_4 & a_5 \\ P_1 & P_2 & P_3 \\ a_4 & a_1 & a_2 \\ P_1 & P_2 & P_3 \\ a_5 & a_5 & a_1 \end{pmatrix}$$

der Eingipfelbedingung genügt.

Aufgabe 4-4

Eine Instanz hat ein Entscheidungsproblem zu lösen, das sich in der Entscheidungsmatrix

	0,25	0,40	0,35
	s_1	s_2	s_3
a_1	10.000	−3.000	15.000
a_2	30.000	10.000	12.000
a_3	−6.000	11.000	40.000
a_4	12.000	0	−10.000

abbilden lässt.

Die Instanz erwägt, ob sie das Entscheidungsproblem an eine Gruppe delegieren soll, die sich ausschließlich an dem von der Instanz vorgegebenen Ziel orientiert. Die von der Instanz angenommenen Zusammenhänge zwischen den Konstellationen, der für die Bildung der subjektiven Wahrscheinlichkeiten der Gruppenmitglieder relevanten Determinanten und der von der Gruppe jeweils gewählten Aktionen sowie den Umweltzuständen sind in folgenden Tabellen angegeben:

d_l	d_1	d_2	d_3	d_4	d_5
a	a_3	a_2	a_2	a_1	a_2 ,

$p(d_l \mid s_j)$	s_1	s_2	s_3
d_1	0,2	0,1	0,3
d_2	0,3	0,4	0,1
d_3	0,2	0,2	0,1
d_4	0,2	0,2	0,3
d_5	0,1	0,1	0,2 .

Soll die Instanz das Problem an die Gruppe delegieren, wenn damit keine direkt zurechenbaren Kosten verbunden sind?

Die im folgenden formulierten Aufgaben gehen in ihrer speziellen Thematik über den in diesem Buch behandelten Stoff hinaus, lassen sich jedoch auf der Grundlage der hier gezeigten Vorgehensweisen bearbeiten.

Aufgabe 5-1

Nennen Sie möglichst aktuelle Beispiele aus dem Wirtschaftsleben für die Beurteilung von Einzelentscheidungen an ihrem Erfolg.

Aufgabe 5-2

Konstruieren Sie Beispiele zum Vergleich autonomer Entscheidungen in Risikosituationen mit fremdbeurteilten Entscheidungen, wenn davon auszugehen ist, dass die Instanz ausschließlich den Erfolg der Einzelentscheidungen als Beurteilungsmaßstab heranzieht.

Aufgabe 5-3

Der griechische Milliardär Onassis möchte für ein Jahr einen Betrag von 1.000 Pfund zu einem festen Zinssatz anlegen. Hierfür zieht er zwei Möglichkeiten in Betracht: entweder das Geld in Pfund-Darlehen mit einem Zinssatz von 9 % anzulegen oder zusätzlich 1.090 Pfund (die Summe der Rückzahlung in einem Jahr) in einem Devisentermingeschäft zu einem Deportsatz von 2 % gegen Euro zu verkaufen. Dies entspricht einem Zinssatz von 5,84 %. Zielgröße sei die „kurzfristige Maximierung des Vermögens“. Darüber hinaus schätzt Onassis, dass der Wechselkurs zu einer bestimmten Wahrscheinlichkeit p konstant bleibt und dass das Pfund mit einer Wahrscheinlichkeit von (1 – p) um 15 % gegenüber dem Euro abgewertet wird.

Analysieren Sie das sog. Onassis-Problem durch Rückführung auf das Grundmodell der Entscheidungstheorie.

7 Lösungen

Lösung zu Aufgabe 1-1

x_1: Menge von Produkt 1 — p_1: Preis von Produkt 1

x_2: Menge von Produkt 2 — p_2: Preis von Produkt 2

$$a = (p_1, p_2)$$
$$A = \{a \mid a = (p_1, p_2); p_1, p_2 \geq 0\}$$

Sicherheit $S = \{s_1\}$

$Z = \{z_1\}$ mit z_1: kurzfristiges Maximum des Gesamtdeckungsbeitrags (D)

Preisabsatzfunktionen (PAF):

$$PAF_1: x_1 = 30 - 10\,p_1$$
$$PAF_2: x_2 = 90 - \frac{5}{2}p_2$$

$$D = E - K_v$$
$$E = x_1 p_1 + x_2 p_2 = (30 - 10\,p_1)p_1 + \left(90 - \frac{5}{2}p_2\right)p_2$$
$$K_v = x_1 k_1 + x_2 k_2 = (30 - 10\,p_1) \cdot 1 + \left(90 - \frac{5}{2}p_2\right) \cdot 4$$
$$NB: x_1 + 2x_2 \leq 70$$
$$(30 - 10\,p_1) + 2 \cdot \left(90 - \frac{5}{2}p_2\right) \leq 70$$
$$\max D = 30\,p_1 + 10\,p_1^2 + 90\,p_2 - \frac{5}{2}p_2^2 - 30 + 10\,p_1 - 360 + 10\,p_2$$

u. d. NB.:

$$-10\,p_1 - 5\,p_2 + 140 \leq 0$$
$$p_1, p_2 \geq 0$$

Kalkül:

$$L = -10\,p_1^2 + 40\,p_1 - \frac{5}{2}p_2^2 + 100\,p_2 - 390 + \lambda(10\,p_1 + 5\,p_2 - 140)$$

$$\text{(I)} \quad \frac{\partial L}{\partial p_1} = -20\,p_1 + 40 + 10\lambda = 0$$
$$\text{(II)} \quad \frac{\partial L}{\partial p_2} = -5\,p_2 + 100 + 5\lambda = 0$$
$$\text{(III)} \quad \frac{\partial L}{\partial \lambda} = 10\,p_1 + 5\,p_2 - 140 = 0$$

Aus (I): $20\,p_1 = 40 + 10\lambda \Rightarrow p_1 = 2 + \frac{1}{2}\lambda$

Aus (II): $5\,p_2 = 100 + 5\lambda \Rightarrow p_2 = 20 + \lambda$

In (III): $10(2 + \frac{1}{2}\lambda) + 5(20 + \lambda) - 140 = 0$

$20 + 5\lambda + 100 + 5\lambda - 140 = 0 \Rightarrow 10\lambda = 20 \Rightarrow \lambda = 2$

https://doi.org/10.1515/9783110616941-007

In (I): $-20\,p_1 + 40 + 20 = 0 \Rightarrow 20\,p_1 = 60 \Rightarrow p_1 = 3$
In (II): $-5\,p_2 + 100 + 10 = 0 \Rightarrow 5\,p_2 = 110 \Rightarrow p_2 = 22$

$$x_1 = 30 - 10\,p_1 = 30 - 30 = 0$$

$$x_2 = 90 - \frac{5}{2}p_2 = 90 - \frac{110}{2} = 90 - 55 = 35$$

Lösung zu Aufgabe 1-2

a_1: Aktien behalten a_2: Aktien verkaufen

$$A = \{a_1, a_2\}$$

Entscheidungsproblem unter Sicherheit $S = \{s_1\}$

z_1: langfristiges Maximum des jährlichen Ertrags $Z = \{z_1\}$

Ertrag aus der Alternativanlage $E = (10 \cdot 230 - 30) \cdot 0{,}08$

	s_1
a_1	180,0
a_2	181,6

$$e_2 > e_1 \Rightarrow a_2 \succ a_1 \Rightarrow \text{Aktien verkaufen}$$

Lösung zu Aufgabe 1-3

a)

$$a = (p_1, p_2)$$

$$A = \{a \mid a = (p_1, p_2); p_1, p_2 \geq 0\}$$

Sicherheit: $S = \{s_1\}$;

z_1: kurzfristige Gewinnmaximierung $Z = \{z_1\}$

$$\max G = E - K$$

$$G = x_1 p_1 + x_2 p_2 - 140(x_1 + x_2) - 300$$

$$G = (30 - 0{,}2\,p_1) \cdot p_1 + (15 - 0{,}05\,p_2) \cdot p_2$$
$$- 140(30 - 0{,}2\,p_1 + 15 - 0{,}05\,p_2) - 300$$

$$G = 30\,p_1 - 0{,}2\,p_1^2 + 15\,p_2 - 0{,}05\,p_2^2 - 6.300 + 28\,p_1 + 7\,p_2 - 300$$

$$G = -0{,}2\,p_1^2 + 58\,p_1 - 0{,}05\,p_2^2 + 22\,p_2 - 6.600$$

$$\frac{\partial G}{\partial p_1} = -0{,}4\,p_1^* + 58 = 0 \Rightarrow p_1^* = \frac{58}{0{,}4} = 145$$

$$\frac{\partial G}{\partial p_2} = -0{,}1\,p_2^* + 22 = 0 \Rightarrow p_2^* = \frac{22}{0{,}1} = 220$$

b)

$$a = (p)$$

$$A = \{a \mid a = p; p \geq 0\}$$

Sicherheit: $S = \{s_1\}$
z_1: kurzfristige Gewinnmaximierung $Z = \{z_1\}$

$$\max G = E - K$$
$$G = (30 - 0{,}2\,p) \cdot p + (15 - 0{,}05\,p) \cdot p - 140\,(30 - 0{,}2\,p + 15 - 0{,}05\,p) - 300$$
$$G = 30\,p - 0{,}2\,p^2 + 15\,p - 0{,}05\,p^2 - 6.300 + 22\,p + 7\,p - 300$$
$$G = (15 - 0{,}05\,p) \cdot p - 140(15 - 0{,}05\,p) - 300$$
$$G = 15\,p - 0{,}05\,p^2 - 2.100 + 7\,p - 300$$
$$G = -0{,}05\,p^2 + 22\,p - 2.400$$
$$\frac{\partial G}{\partial p} = -0{,}1\,p + 22 = 0 \Rightarrow p^* = \frac{22}{0{,}1} = 220$$
$$G\,(220) = 4 \cdot 220 - 140 \cdot 4 - 300 = 880 - 560 - 300 = 20$$
$$G\,(160) = 7 \cdot 160 - 140 \cdot 7 - 300 = 1.120 - 980 - 300 = -160$$

Lösung zu Aufgabe 1-4

Es ist diejenige (der 120) Aktionen optimal, die zu den geringsten Gesamtlagerkosten führt. Als Entscheidungskalkül existiert daneben die sogenannte SPT-Regel (Shortest-Processing-Time-Regel).

Danach ergibt sich als optimale Reihenfolge:
(C, B, E, A, D), mit den Lagerkosten:

$Z \Rightarrow C$	3 Tage	$3 \cdot 5 \cdot 1.000$ EUR	=	15.000 EUR
$C \Rightarrow Z$	3 Tage	$3 \cdot 4 \cdot 1.000$ EUR	=	12.000 EUR
$Z \Rightarrow B$	4 Tage	$4 \cdot 4 \cdot 1.000$ EUR	=	16.000 EUR
$B \Rightarrow Z$	4 Tage	$4 \cdot 3 \cdot 1.000$ EUR	=	12.000 EUR
$Z \Rightarrow E$	7 Tage	$7 \cdot 3 \cdot 1.000$ EUR	=	21.000 EUR
$E \Rightarrow Z$	7 Tage	$7 \cdot 2 \cdot 1.000$ EUR	=	14.000 EUR
$Z \Rightarrow A$	8 Tage	$8 \cdot 2 \cdot 1.000$ EUR	=	16.000 EUR
$A \Rightarrow Z$	8 Tage	$8 \cdot 1 \cdot 1.000$ EUR	=	8.000 EUR
$Z \Rightarrow D$	10 Tage	$10 \cdot 1 \cdot 1.000$ EUR	=	10.000 EUR
$D \Rightarrow Z$	10 Tage	$10 \cdot 0$	=	0 EUR
		Gesamt		124.000 EUR

Lösung zu Aufgabe 2.1-1

a) Ordinalskala
b) Verhältnisskala
c) Intervallskala
d) Verhältnisskala

Lösung zu Aufgabe 2.1-2

a) Der Vektor $x_3 = (20, 20, 80)$ dominiert den Vektor $x_1 = (20, 10, 80)$ streng. Die Vektoren x_2 und x_3 sind in dieser Hinsicht nicht vergleichbar.
Für die Menge der K-effizienten Vektoren gilt:

$$K = \{x_2, x_3\}$$

b) Wendet man die Funktionen z_1 und z_2 auf die Vektoren x_1, x_2 und x_3 an, so erhält man:

$$z_1(x_1) = 5 \cdot 20 + 3 \cdot 10 - 80 = 100 + 30 - 80 = 50$$
$$z_2(x_1) = 2 \cdot 20 - 10 + 2 \cdot 80 = 40 - 10 + 160 = 190$$
$$z_1(x_2) = 5 \cdot 30 + 3 \cdot 10 - 60 = 150 + 30 - 60 = 120$$
$$z_2(x_2) = 2 \cdot 30 - 10 + 2 \cdot 60 = 60 - 10 + 120 = 170$$
$$z_1(x_3) = 5 \cdot 20 + 3 \cdot 20 - 80 = 100 + 60 - 80 = 80$$
$$z_2(x_3) = 2 \cdot 20 - 20 + 2 \cdot 80 = 40 - 20 + 160 = 180$$

Keiner der Vektoren (50,190), (120,170), (80,180) wird von einem anderen streng dominiert, d. h. für die Menge der funktional effizienten Vektoren gilt:

$$F = \{x_1, x_2, x_3\}$$

Lösung zu Aufgabe 2.1-3

Die Menge der K-effizienten Aktionen wird durch die Verbindungslinie zwischen den Produktionsmengenkombinationen (0,120) und (60,30) beschrieben.

Da die Zielfunktion in x_A und x_B streng monoton steigt, ist die Menge der K-effizienten Aktionen mit der Menge der funktional-effizienten Aktionen identisch.

Die optimale Aktion, d. h. die Lösung des Problems kann nur aus der Menge der funktional-effizienten Aktionen und damit im speziellen Fall aus der Menge der K-effizienten Aktionen stammen.

Lösung zu Aufgabe 2.1-4

a) Effizienzkriterium
Die Nutzenmatrix lautet:

	s_1		
a_1	8	4	7
a_2	5	7	9

Keine der beiden Aktionen dominiert die andere streng, d. h. mit Hilfe der Effizienzüberlegung kann die optimale Aktion nicht ermittelt werden.

b) Goal-Programming – starrer Ansatz
Die individuellen Maxima lauten: 8,7,9

$$y^{GP_s}(a^*) = \min\{(8-8)+(7-4)+(9-7);(8-5)+(7-7)(9-9)\}$$
$$= \min\{0+3+2;3+0+0\} = 3$$

Das Maximum wird bei Wahl der Aktion a_2 realisiert, d. h. $A^* = \{a_2\}$

c) Goal-Programming – flexibler Ansatz
Annahme: $\overline{w}^{(1)} = 7;\ \overline{w}^{(2)} = 9;\ \overline{w}^{(3)} = 8$

$$y^{GP_f}(a^*) = \min\{|7-8|+|9-4|+|8-7|;|7-5|+|9-7|+|8-9|\}$$
$$= \min\{1+5+1;2+2+1\} = 5$$

Das Maximum tritt bei Wahl von a_2 auf, d. h. $A^* = \{a_2\}$

d) Lexikographische Ordnung
Annahme: $z_1 \succ z_3 \succ z_2$
Bezüglich der Zielgröße z_1 wird die Aktion a_1 eindeutig präferiert, d. h. es gilt: $A^* = \{a_1\}$

e) Zielgewichtung – starr
Annahme: $z_1 : z_2 : z_3$ wie $10 : 8 : 3$

$$y^{G_s}(a^*) = \max\{(8\cdot 10+4\cdot 8+7\cdot 3);(5\cdot 10+7\cdot 8+9\cdot 3)\}$$
$$= \max\{80+32+21;50+56+27\} = \max\{133;133\} = 133$$

Beide Aktionen sind gleichwertig zu betrachten, d. h. es gilt: $A^* = \{a_1, a_2\}$

f) Zielgewichtung – flexibel

Annahme: $g^{(1)}(w) = 3\cdot\sqrt{w}$ $\quad g^{(2)}(w) = 6+0{,}1\cdot w$ $\quad g^{(3)}(w) = 4-0{,}2\cdot w$
$g^{(1)}(8) = 2{,}83$ $\quad g^{(2)}(4) = 6{,}4$ $\quad g^{(3)}(7) = 2{,}6$
$g^{(1)}(5) = 2{,}24$ $\quad g^{(2)}(7) = 6{,}7$ $\quad g^{(3)}(9) = 2{,}2$

$$y^{G_f}(a^*) = \max\{(8\cdot 2{,}83+4\cdot 6{,}4+7\cdot 2{,}6);(5\cdot 2{,}24+7\cdot 6{,}7+9\cdot 2{,}2)\}$$
$$= \max\{66{,}44;77{,}90\} = 77{,}90$$
$$A^* = \{a_2\}$$

g) Punktbewertung
Annahme: Gewichtung zwischen den Zielen $z_1 : z_2 : z_3$ wie $10 : 8 : 2$ bzw. $0{,}5 : 0{,}4 : 0{,}1$

z_1	Punktwert
$e^{(1)} < 3$	0
$3 \le e^{(1)} < 6$	3
$6 \le e^{(1)} < 10$	5
$10 \le e^{(1)}$	8

z_2	Punktwert
$e^{(2)} < 2$	1
$2 \leq e^{(2)} < 5$	5
$5 \leq e^{(2)} < 8$	6
$8 \leq e^{(2)}$	8

z_3	Punktwert
$e^{(3)} < 1$	0
$1 \leq e^{(3)} < 6$	3
$6 \leq e^{(3)} < 8 \leq e^{(3)}$	8

$$\begin{aligned} y^S(a^*) &= \max\{(5 \cdot 0{,}5 + 5 \cdot 0{,}4 + 5 \cdot 0{,}1); (3 \cdot 0{,}5 + 6 \cdot 0{,}4 + 8 \cdot 0{,}1)\} \\ &= \max\{(2{,}5 + 2{,}0 + 0{,}5); (1{,}5 + 2{,}4 + 0{,}8)\} = \max\{5{,}0; 4{,}7\} = 5{,}0 \end{aligned}$$

Dieser Wert lässt sich durch die Wahl der Aktion a_1 realisieren, d. h. $A^* = \{a_1\}$

Lösung zu Aufgabe 2.1-5

a) Zur mathematischen Formulierung des Problems wählen wir folgende Variablen:
x_1: mit Rosen zu bepflanzende Fläche (in m^2)
x_2: mit Nelken zu bepflanzende Fläche (in m^2)
Damit erhalten wir folgendes Modell:

$$\max Z = x_1 + 2x_2$$

U. d. NB.:

$$\begin{aligned} &\text{(I)} && x_1 + x_2 \leq 100 \\ &\text{(II)} && 6x_1 + 9x_2 \leq 720 \\ &\text{(III)} && x_2 \leq 60 \\ &\text{(IV)} && x_1, x_2 \geq 0 \end{aligned}$$

Graphische Lösung:

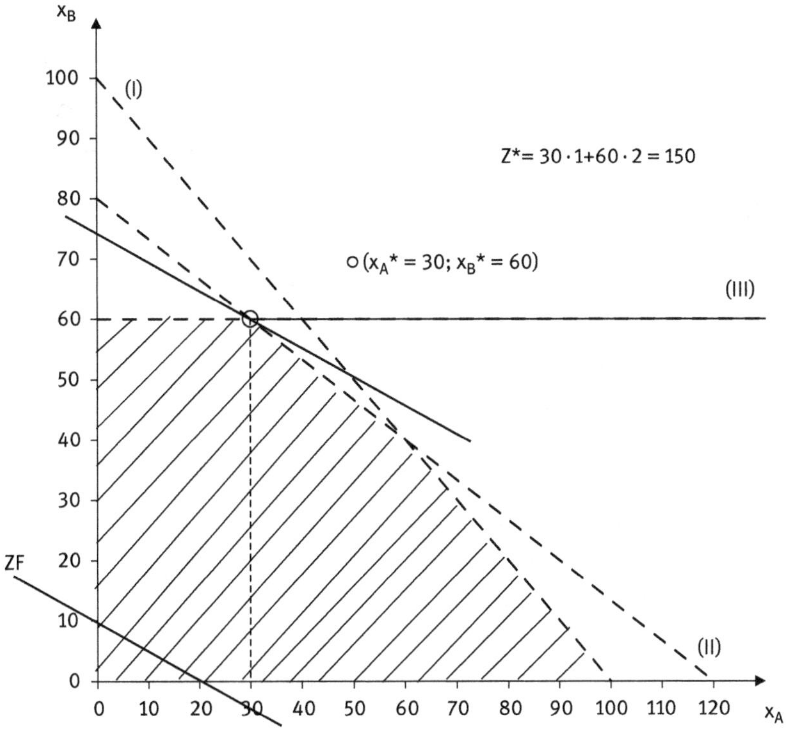

Abb. 7.1: Graphische Lösung der linearen Programmierung

b) Das Problem muss zunächst in die Standardform überführt werden:

$$\max Z = x_1 + 2x_2$$

U. d. NB.:

$$\begin{aligned} &\text{(I)} && x_1 + x_2 + y_1 = 100 \\ &\text{(II)} && 6x_1 + 9x_2 + y_2 = 720 \\ &\text{(III)} && x_2 + y_3 = 60 \\ &\text{(IV)} && x_1, x_2, y_1, y_2, y_3 \geq 0 \end{aligned}$$

Erste zulässige Lösung: $x_1 = x_2 = 0$;
$y_1 = 100$; $y_2 = 720$; $y_3 = 60$

Zielfunktionszeile: $Z - x_1 - 2x_2 = 0$

Start-Tableau

	x_1	x_2	y_1	y_2	y_3	RS
y_1	1	1	1	0	0	100
y_2	6	9	0	1	0	720
y_3	0	**1**	0	0	1	60
Z	−1	−2	0	0	0	0

1. Simplex-Tableau

	x_1	x_2	y_1	y_2	y_3	RS
y_1	1	0	1	0	−1	40
y_2	**6**	0	0	1	−9	180
y_3	0	1	0	0	1	60
Z	−1	0	0	0	2	120

2. Simplex-Tableau

	x_1	x_2	y_1	y_2	y_3	RS
y_1	0	0	1	−1/6	1/2	10
y_2	1	0	0	1/6	−3/2	30
y_3	0	1	0	0	1	60
Z	0	0	0	1/6	1/2	150

Lösung zu Aufgabe 2.1-6

a) Variablendefinition:

x_1: Anbaufläche an Weizen [ha]

x_2: Anbaufläche an Roggen [ha]

Zielfunktion:

$$G = 1.100x_1 - 545x_1 + 1.500x_2 - 905x_2$$

$$\max G = 555x_1 + 595x_2$$

$$\begin{array}{rl}
\text{(I)} & x_1 + x_2 \le 60 \\
\text{(II)} & 15x_1 + 30x_2 \le 700 \\
\text{(III)} & 20x_1 + 25x_2 \le 850 \\
\text{(IV)} & x_2 \ge 20 \\
\text{(V)} & 545x_1 + 905x_2 \le 20.000 \\
\text{(VI)} & x_1, x_2 \ge 0
\end{array}$$

Basislösung:

$$x_1 = 0; x_2 = 0; y_1 = 60; y_2 = 700; y_3 = 850; y_4 = -20; y_5 = 20.000$$

b) Eine Lösung mit dem Simplex ist nicht unmittelbar möglich, da die Schlupfvariable y_4 negativ ist und somit die NNB verletzt wird. Eine mögliche Vorgehensweise, um das LP dennoch zu lösen, wäre die Verwendung der M-Methode.

Lösung zu Aufgabe 2.1-7

Lineares Programm:

$$\max Z = 5x_1 + 10x_2$$

u. d. NB:

$$\begin{aligned} &\text{(I)} && x_1 \geq 10 \\ &\text{(II)} && x_2 \geq 20 \\ &\text{(III)} && 30x_1 + 50x_2 \leq 3.000 \\ &\text{(IV)} && 50x_1 + 40x_2 \leq 3.000 \\ &\text{(V)} && x_1, x_2 \geq 0 \end{aligned}$$

Standardform:

$$\max Z' = 5x_1 + 10x_2 - Mz_1 - Mz_2$$

u. d. NB:

$$\begin{aligned} &\text{(I)} && x_1 - y_1 + z_1 = 10 \\ &\text{(II)} && x_2 - y_2 + z_2 = 20 \\ &\text{(III)} && 30x_1 + 50x_2 + y_3 = 3.000 \\ &\text{(IV)} && 50x_1 + 40x_2 + y_4 = 3.000 \\ &\text{(V)} && x_1, x_2, y_1, y_2, y_3, y_4, z_1, z_2 \geq 0 \end{aligned}$$

Start-Tableau (1. Phase)

	x_1	x_2	y_1	y_2	y_3	y_4	z_1	z_2	RS
z_1	1	0	−1	0	0	0	1	0	10
z_2	0	**1**	0	−1	0	0	0	1	20
y_3	30	50	0	0	1	0	0	0	3.000
y_4	50	40	0	0	0	1	0	0	3.000
Z	−5	−10	0	0	0	0	0	0	0
M	−M	−M	M	M	0	0	0	0	−30M

1. Simplex-Tableau (1. Phase)

	x_1	x_2	y_1	y_2	y_3	y_4	z_1	RS
z_1	**1**	0	–1	0	0	0	1	10
x_2	0	1	0	–1	0	0	0	20
y_3	30	0	0	50	1	0	0	2.000
y_4	50	0	0	40	0	1	0	2.200
Z	–5	0	0	–10	0	0	0	200
M	–M	0	M	0	0	0	0	–10M

2. Simplex-Tableau (2. Phase)

	x_1	x_2	y_1	y_2	y_3	y_4	RS
x_1	1	0	–1	0	0	0	10
x_2	0	1	0	–1	0	0	20
y_3	0	0	30	**50**	1	0	1.700
y_4	0	0	40	40	0	1	1.700
Z	0	0	–5	–10	0	0	250

3. Simplex-Tableau (2. Phase)

	x_1	x_2	y_1	y_2	y_3	y_4	RS
x_1	1	0	–1	0	0	0	10
x_2	0	1	0,6	0	0,02	0	54
y_2	0	0	0,6	1	0,02	0	34
y_4	0	0	26	0	–0,8	1	340
Z	0	0	1	0	0,2	0	590

Lösung zu Aufgabe 2.1-8

a) Bewertungsskala nach Saaty (1980):

Skalenwert	Beschreibung
1	Gleich wichtig, gleiche Bedeutung
3	Etwas wichtiger, etwas zu präferieren, etwas größere Bedeutung
5	Erheblich wichtiger, erheblich zu präferieren, erheblich größere Bedeutung
7	Sehr viel wichtiger, sehr zu präferieren, sehr viel größere Bedeutung
9	Absolut wichtiger, absolut zu präferieren, absolut dominierende Bedeutung
2,4,6,8	Zwischenwerte

Bewertungsmatrix:

Geschmack	A	B	C
A	1	3	2
B	1/3	1	5
C	1/2	1/5	1

b) 1. Schritt: Spaltensummen berechnen

Geschmack	A	B	C
A	1	3	2
B	1/3	1	5
C	1/2	1/5	1
Summe	11/6	21/5	8

2. Schritt: Normierte Matrix aufstellen

Geschmack	A	B	C
A	6/11	15/21	2/8
B	2/11	5/21	5/8
C	3/11	1/21	1/8
Summe	1	1	1

3. Schritt: Zeilensummen bilden

Geschmack	A	B	C	Summe
A	6/11	15/21	2/8	1,510
B	2/11	5/21	5/8	1,045
C	3/11	1/21	1/8	0,445
Summe	1	1	1	3

4. Schritt: Teilgewichte berechnen

Geschmack	A	B	C	Summe	Teilgewicht
A	6/11	15/21	2/8	1,510	0,503
B	2/11	5/21	5/8	1,045	0,348
C	3/11	1/21	1/8	0,445	0,148
Summe	1	1	1	3	1

c) Konsistenzprüfung

1. Schritt: Durchschnittsmatrix ermitteln

Geschmack	A	B	C
A	0,503	1,044	0,296
B	0,168	0,348	0,740
C	0,252	0,070	0,148

2. Schritt: Zeilensummen bilden

Geschmack	A	B	C	r_i^*
A	0,503	1,044	0,296	1,843
B	0,168	0,348	0,740	1,256
C	0,252	0,070	0,148	0,470

3. Schritt: Normierung auf Basis der Gewichte

Geschmack	A	B	C	r_i^*	λ_i
A	0,503	1,044	0,296	1,843	3,664
B	0,168	0,348	0,740	1,256	3,609
C	0,252	0,070	0,148	0,470	3,176

4. Schritt: Spaltensumme berechnen

Geschmack	A	B	C	r_i^*	λ_i
A	0,503	1,044	0,296	1,843	3,664
B	0,168	0,348	0,740	1,256	3,609
C	0,252	0,070	0,148	0,470	3,176
Summe					10,449

5. Schritt: $\overline{\lambda}_{\text{Mean}}$ bestimmen

$$\overline{\lambda}_{\text{Mean}} = \frac{\sum_{i=1}^{n} \lambda_i}{n} = \frac{10{,}449}{3} = 3{,}483$$

6. Schritt: Konsistenzindex (Consistency Index, CI) ermitteln

$$\text{CI} = \frac{\overline{\lambda}_{\text{Mean}} - n}{n - 1} = 0{,}242$$

7. Schritt: Konsistenzkennzahl (Consistency Ratio, CR) ermitteln
Zufallskonsistenz R in Abhängigkeit der Matrixgröße n:

n	1	2	3	4	5	…
R	0,00	0,00	0,58	0,90	1,12	…

$\text{CR} = \frac{\text{CI}}{\text{R}} = \frac{0{,}242}{0{,}58} = 0{,}417 > 0{,}1 \Rightarrow$ Einschätzungen nicht konsistent

d) Berechnung der Teilgewichte

	Bewertungsmatrix			Normierte Matrix				
Geschmack	A	B	C	A	B	C	Summe	Teilgewicht
A	1	3	2	6/11	3/7	6/10	1,574	0,525
B	1/3	1	1/3	2/11	1/7	1/10	0,425	0,142
C	1/2	3	1	3/11	3/7	3/10	1,001	0,333
Summe	11/6	7	10/3	1	1	1	3	1

Berechnung der Konsistenzkennzahl

Geschmack	A	B	C	r_i^*	λ_i
A	0,525	0,426	0,666	1,617	3,080
B	0,175	0,142	0,111	0,428	3,014
C	0,263	0,426	0,333	1,022	3,069
Summe					9,163

$$\lambda_{max} = \frac{9{,}163}{3} = 3{,}054$$

$$CI = \frac{3{,}054 - 3}{2} = 0{,}027$$

$$CR = \frac{0{,}027}{0{,}58} = 0{,}047 < 0{,}1 \quad \Rightarrow \quad \text{Einschätzungen konsistent!}$$

Lösung zu Aufgabe 2.2-1

a) Subjektive Wahrscheinlichkeit
b) Objektive (statistische) Wahrscheinlichkeit
c) Subjektive Wahrscheinlichkeit

Lösung zu Aufgabe 2.2-2

Es gilt: $e_1 \succ e_2 \succ e_3 \succ e_4$

Ersetzt man in $L(a_1)$ und $L(a_2)$ nach Axiom 4 die Ergebnisse e_2 und e_3, so erhält man:

$L(a_1)$:

<table>
<tr><td>e</td><td>e1</td><td><table><tr><td>e</td><td>e1</td><td>e4</td></tr><tr><td>p</td><td>0,65</td><td>0,35</td></tr></table></td><td><table><tr><td>e</td><td>e1</td><td>e4</td></tr><tr><td>p</td><td>0,60</td><td>0,40</td></tr></table></td><td>e4</td></tr>
<tr><td>p</td><td>0,25</td><td>0,25</td><td>0,25</td><td>0,25</td></tr>
</table>

und

$L(a_2)$:

<table>
<tr><td>e</td><td>e1</td><td><table><tr><td>e</td><td>e1</td><td>e4</td></tr><tr><td>p</td><td>0,65</td><td>0,35</td></tr></table></td><td><table><tr><td>e</td><td>e1</td><td>e4</td></tr><tr><td>p</td><td>0,60</td><td>0,40</td></tr></table></td><td>e4</td></tr>
<tr><td>p</td><td>0,34</td><td>0,10</td><td>0,30</td><td>0,26</td></tr>
</table>

Die Reduktion dieser zusammengesetzten Ergebnisverteilungen nach Axiom 2 führt auf die einfachen Verteilungen:

$L(a_1)$:

e	e_1	e_4
p	$0{,}25 + 0{,}65 \cdot 0{,}25 + 0{,}6 \cdot 0{,}25$	$0{,}35 \cdot 0{,}25 + 0{,}40 \cdot 0{,}25 + 0{,}25$

und

$L(a_2)$:

e	e_1	e_4
p	$0{,}34 + 0{,}65 \cdot 0{,}10 + 0{,}6 \cdot 0{,}3$	$0{,}35 \cdot 0{,}1 + 0{,}40 \cdot 0{,}3 + 0{,}26$

Fasst man die Verteilungen zu:

$L(a_1)$:

e	e_1	e_4
p	0,5625	0,4375

bzw. $L(a_2)$:

e	e_1	e_4
p	0,585	0,415

zusammen, so gilt nach Axiom 6: $a_2 \succ a_1$

Lösung zu Aufgabe 2.2-3

a)

a_1: keine Versicherung
Leben: 200.000 EUR
Tod: 100.000 EUR

a_2: mit Versicherung
Leben: 200.000 EUR – 2.000 EUR = 198.000 EUR
Tod: 100.000 EUR + 80.000 EUR – 2.000 EUR = 178.000 EUR

	$p(s_1) = 0{,}9861$	$p(s_2) = 0{,}0139$	$E(u(\overline{V}))$
a_1	–0,2019	–0,4493	–0,2053
a_2	–0,2052	–0,2407	–0,2057

⇒ Trausorg sollte sich nicht versichern!

b)

$$u(V) = -e^{-0{,}000008\,V}$$
$$u'(V) = 0{,}000008e^{-0{,}000008\,V}$$
$$u''(V) = -0{,}000008^2 e^{-0{,}000008\,V}$$
$$\Rightarrow ARA(V) = -\frac{u''(V)}{u'(V)} = 0{,}000008$$

- Konstante absolute Risikoaversion
- Entscheidung ändert sich nicht

Lösung zu Aufgabe 2.2-4

a) A:

$$\mu(u(x)) = 0{,}3 \cdot \left(4 \cdot e^{\frac{1}{1.000} \cdot 200}\right) + 0{,}7 \cdot \left(4 \cdot e^{\frac{1}{1.000} \cdot 10}\right) = 4{,}2938$$
$$y = 4 \cdot e^{\frac{1}{1.000} x}$$
$$e^{\frac{1}{1.000} x} = \frac{y}{4}$$
$$\frac{1}{1.000} x = \ln\left(\frac{y}{4}\right)$$
$$x = 1.000 \cdot \ln\left(\frac{y}{4}\right)$$
$$SÄ = 1.000 \cdot \ln\left(\frac{4{,}2938}{4}\right) = 70{,}88$$

A würde sich nicht darauf einlassen.

B:

$$\mu(u(x)) = 0{,}3 \cdot (0{,}6 \cdot 200) + 0{,}7 \cdot (0{,}6 \cdot 10) = 40{,}2$$
$$y = 0{,}6x$$
$$x = \frac{5}{3} y$$
$$SÄ = \frac{5}{3} \cdot 40{,}2 = 67$$

B würde sich nicht darauf einlassen.

C:

$$\mu(u(x)) = 0{,}3 \cdot \sqrt{200} + 0{,}7 \cdot \sqrt{10} = 6{,}4562$$
$$y = x^{\frac{1}{2}}$$
$$x = y^2 = u^{-1}(y)$$
$$SÄ = 6{,}4562^2 = 41{,}68$$

C würde sich darauf einlassen.

b) p: Wahrscheinlichkeit, 200 EUR zu gewinnen

$$p \cdot \sqrt{200} + (1 - p) \cdot \sqrt{10} > \sqrt{60}$$
$$p\left(\sqrt{200} - \sqrt{10}\right) > \sqrt{60} - \sqrt{10}$$
$$p > \frac{\sqrt{60} - \sqrt{10}}{\sqrt{200} - \sqrt{10}}$$
$$p > 0{,}4175$$

c) A:

$$u'(x) = 4 \cdot \frac{1}{1.000} \cdot e^{\frac{1}{1.000} x}$$
$$u''(x) = 4 \cdot \frac{1}{1.000} \cdot e^{\frac{1}{1.000} x} \cdot \frac{1}{1.000}$$
$$ARA = -\frac{u''(x)}{u'(x)} = -\frac{4 \cdot \frac{1}{1.000} \cdot e^{\frac{1}{1.000} x} \cdot \frac{1}{1.000}}{4 \cdot \frac{1}{1.000} \cdot e^{\frac{1}{1.000} x}} = -\frac{1}{1.000} < 0$$
$$\frac{\delta ARA}{\delta x} = 0$$

- Risikofreude
- Konstante absolute Risikoaversion (CARA)
  Keine Veränderung des Grenzpreises

B:

$$u'(x) = 0{,}6$$
$$u''(x) = 0$$
$$ARA = 0$$
$$\frac{\delta ARA}{\delta x} = 0$$

- Risikoneutralität
- Konstante absolute Risikoaversion (CARA)
- Keine Veränderung des Grenzpreises

C:

$$ARA = -\frac{-0{,}25 \cdot x^{-1{,}5}}{0{,}5 \cdot x^{-0{,}5}} = 0{,}5x^{-1} = \frac{0{,}5}{x} > 0$$

$$\frac{\delta ARA}{\delta x} = -0{,}5 \cdot x^{-2} < 0$$

- Risikoaversion
- Abnehmende absolute Risikoaversion (DARA)
- Erhöhung des Grenzpreises

Lösung zu Aufgabe 2.2-5

a) $\tilde{a}_1$:

e	100	−200	500
p	0,1	0,7	0,2

$E\tilde{a}_1 = -30$

$\tilde{a}_2$:

e	200	0	200
p	0,1	0,7	0,2

$E\tilde{a}_2 = 60$

$\tilde{a}_3$:

e	50	−100	300
p	0,1	0,7	0,2

$E\tilde{a}_3 = -5$

b) Da im Rahmen der Musterlösung nicht vorherzusehen ist, welche Ergebnisse ihre (Selbst)-Befragung erzielt hat (da die Ergebnisse der Befragungen individuell abweichen), wird ein mögliches Ergebnis der Befragung als Grundlage für die weiteren Berechnungen genutzt. Dieses lautet wie folgt:

$$e_1 = 500 \succ e_2 = 300 \succ e_3 = 200 \succ e_4 = 100 \succ e_5 = 50 \succ e_6 = 0 \succ e_7 = -100 \succ e_8 = -200$$

$L(a_1)$:

e	500	300	200	100	50	0	−100	−200
p	0,2	0	0	0,1	0	0	0	0,7

$L(a_2)$:

e	500	300	200	100	50	0	−100	−200
p	0	0	0,3	0	0	0,7	0	0

$L(a_3)$:

e	500	300	200	100	50	0	−100	−200
p	0	0,2	0	0	0,1	0	0,7	0

Vorgegeben — Aussage des Entscheiders

e	500	−200		
p	0,2	0,8	~	−50

e	500	−200		
p	0,4	0,6	~	100

e	500	−200		
p	0,6	0,4	~	250

e	500	−200		
p	0,8	0,2	~	400

Schließlich gilt ex definitione:

e	500	−200		
p	1	0	~	500

und

e	500	−200		
p	0	1	~	−200

c)

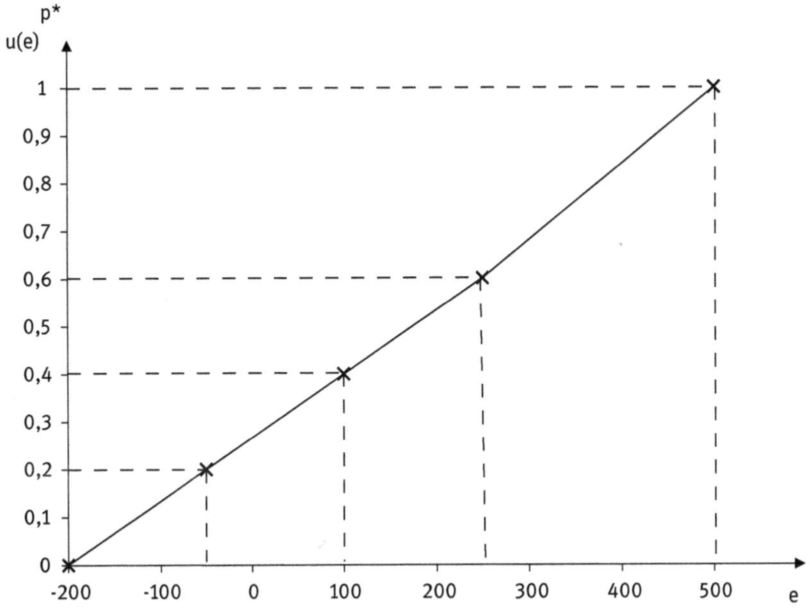

Abb. 7.2: Risikonutzenfunktion

d) $u(500) = 1$
$u(300) = 0{,}66$
$u(200) = 0{,}53$
$u(100) = 0{,}4$
$u(50) = 0{,}34$
$u(0) = 0{,}26$
$u(-100) = 0{,}14$
$u(-200) = 0$

$y_1^B = 0{,}40 \cdot 0{,}1 + 0 \cdot 0{,}7 + 1 \cdot 0{,}2 = 0{,}24$
$y_2^B = 0{,}53 \cdot 0{,}3 + 0{,}26 \cdot 0{,}7 = 0{,}341$
$y_3^B = 0{,}34 \cdot 0{,}1 + 0{,}14 \cdot 0{,}7 + 0{,}66 \cdot 0{,}2 = 0{,}264$
Aus $y_2^B > y_3^B > y_1^B \Leftrightarrow a_2 \succ a_3 \succ a_1$,
d. h. die Aktion a_2 wird präferiert

Lösung zu Aufgabe 2.2-6

a)

(1) $y^{\mu}(a_1) = 100 \cdot 0{,}1 - 200 \cdot 0{,}7 + 500 \cdot 0{,}2 = -30$
$y^{\mu}(a_2) = 200 \cdot 0{,}1 + 200 \cdot 0{,}2 = 60$
$y^{\mu}(a_3) = 50 \cdot 0{,}1 - 100 \cdot 0{,}7 + 300 \cdot 0{,}2 = -5$

Aus $y^{\mu}(a_2) > y^{\mu}(a_3) > y^{\mu}(a_1) \Leftrightarrow a_2 \succ a_3 \succ a_1$, d. h. es ist die Aktion a_2 zu wählen, mit $A^* = \{a_2\}$.

(2) $P_{r_1} = 0{,}7$
$P_{r_2} = 0$
$P_{r_3} = 0{,}7$
$y^{\mu P_r}(a_1) = 3 \cdot (-30) - 20 \cdot 0{,}7 = -90 - 14 = -104$
$y^{\mu P_r}(a_2) = 3 \cdot 60 - 20 \cdot 0 = 180$
$y^{\mu P_r}(a_3) = 3 \cdot (-5) - 20 \cdot 0{,}7 = -15 - 14 = -29$

Aus $y^{\mu P_r}(a_2) > y^{\mu P_r}(a_3) > y^{\mu P_r}(a_1) \Leftrightarrow a_2 \succ a_3 \succ a_1$, d. h. es ist die Aktion a_2 zu wählen, mit $A^* = \{a_2\}$.

(3) $\sigma_1^2 = 78.100$
$\sigma_2^2 = 8.400$
$\sigma_3^2 = 25.225$
$y^{\mu\sigma}(a_1) = 1 \cdot (-30) - 0{,}1 \cdot (78.100 + 900) = -30 - 7.900 = -7.930$
$y^{\mu\sigma}(a_2) = 1 \cdot 60 - 0{,}1 \cdot (8.400 + 3.600) = 60 - 1.200 = -1.140$
$y^{\mu\sigma}(a_3) = 1 \cdot (-5) - 0{,}1 \cdot (25.225 + 25) = -5 - 2.525 = -2.530$

Aus $y^{\mu\sigma}(a_2) > y^{\mu\sigma}(a_3) > y^{\mu\sigma}(a_1) \Leftrightarrow a_2 \succ a_3 \succ a_1$, d. h. es ist die Aktion a_2 zu wählen, mit $A^* = \{a_2\}$.

b)

$$u(e_{ij}) = w_{ij} - 0{,}1w_{ij}^2$$

$$Eu(e_{1j}) = (100 - 0{,}1 \cdot 100^2) \cdot 0{,}1 + (-200 - 0{,}1 \cdot 200^2) \cdot 0{,}7 + (500 - 0{,}1 \cdot 500^2) \cdot 0{,}2 = -7.930$$

$$Eu(e_{2j}) = (-200 - 0{,}1 \cdot 200^2) \cdot 0{,}3 = -1.140$$

$$Eu(e_{3j}) = (50 - 0{,}1 \cdot 50^2) \cdot 0{,}1 + (-100 - 0{,}1 \cdot 100^2) \cdot 0{,}7 + (300 - 0{,}1 \cdot 300^2) \cdot 0{,}2 = -2.530$$

Lösung zu Aufgabe 2.2-7

Unter der Annahme der vollständigen Anlage des Betrages stehen folgende Aktionen zur Verfügung:

$$a_1 = (3, 0, 0)$$
$$a_2 = (2, 1, 0)$$
$$a_3 = (1, 2, 0)$$
$$a_4 = (1, 0, 1)$$
$$a_5 = (0, 3, 0)$$
$$a_6 = (0, 1, 1)$$

Es gelten folgende Ergebnisverteilungen:

$\tilde{a}_1$:

e	240	360	390	270
p	0,2	0,5	0,1	0,2

$\tilde{a}_2$:

e	270	360	360	260
p	0,2	0,5	0,1	0,2

$\tilde{a}_3$:

e	300	360	330	250
p	0,2	0,5	0,1	0,2

$\tilde{a}_4$:

e	260	390	430	230
p	0,2	0,5	0,1	0,2

$\tilde{a}_5$:

e	330	360	300	240
p	0,2	0,5	0,1	0,2

$\tilde{a}_6$:

e	290	390	400	220
p	0,2	0,5	0,1	0,2

Nach dem μ-σ- Prinzip gilt:

$E(\tilde{a}_1) = 321 \quad var(\tilde{a}_1) = 3.069$; $E(\tilde{a}_4) = 336 \quad var(\tilde{a}_4) = 5.744$

$E(\tilde{a}_2) = 322 \quad var(\tilde{a}_2) = 2.176$; $E(\tilde{a}_5) = 324 \quad var(\tilde{a}_5) = 2.124$

$E(\tilde{a}_3) = 323 \quad var(\tilde{a}_3) = 1.861$; $E(\tilde{a}_6) = 337 \quad var(\tilde{a}_6) = 4.981$

$a_6 \succ a_4; a_5 \succ a_2; a_5 \succ a_1; a_3 \succ a_2; a_3 \succ a_1$

$$y^{\mu\sigma}(a_i) = 20\mu_i - 0{,}02(\mu_i^2 + \sigma_i^2)$$
$$u(e_{ij}) = b_1 \cdot w(e_{ij}) + b_2 \cdot w(e_{ij})^2$$
$$y^{\mu\sigma}(a_3) = 20 \cdot 323 - 0{,}02(104.329 + 1.861) = 6.460 - 2.123{,}8 = 4.336{,}2$$
$$y^{\mu\sigma}(a_5) = 20 \cdot 324 - 0{,}02(104.976 + 2.124) = 6.480 - 2.142 = 4.338$$
$$y^{\mu\sigma}(a_6) = 20 \cdot 337 - 0{,}02(113.569 + 4.981) = 6.740 - 2.371 = 4.369$$

Aus $y^{\mu\sigma}(a_6) > y^{\mu\sigma}(a_5) > y^{\mu\sigma}(a_3) \Leftrightarrow a_6 \succ a_5 \succ a_3$, d. h. es ist jeweils ein Wertpapier vom Typ P_2 bzw. P_3 zu erwerben.

Nach dem Bernoulli-Prinzip gilt:

$$u(220) = 20 \cdot 220 - 0{,}02 \cdot 220^2 = 3.432$$
$$u(230) = 20 \cdot 230 - 0{,}02 \cdot 230^2 = 3.542$$
$$u(240) = 20 \cdot 240 - 0{,}02 \cdot 240^2 = 3.648$$
$$u(250) = 20 \cdot 250 - 0{,}02 \cdot 250^2 = 3.750$$
$$u(260) = 20 \cdot 260 - 0{,}02 \cdot 260^2 = 3.848$$
$$u(270) = 20 \cdot 270 - 0{,}02 \cdot 270^2 = 3.942$$
$$u(290) = 20 \cdot 290 - 0{,}02 \cdot 290^2 = 4.118$$
$$u(300) = 20 \cdot 300 - 0{,}02 \cdot 300^2 = 4.200$$
$$u(330) = 20 \cdot 330 - 0{,}02 \cdot 330^2 = 4.422$$
$$u(360) = 20 \cdot 360 - 0{,}02 \cdot 360^2 = 4.608$$
$$u(390) = 20 \cdot 390 - 0{,}02 \cdot 390^2 = 4.758$$
$$u(400) = 20 \cdot 400 - 0{,}02 \cdot 400^2 = 4.800$$
$$u(430) = 20 \cdot 430 - 0{,}02 \cdot 430^2 = 4.902$$
$$y^B(a_1) = 3.648 \cdot 0{,}2 + 4.608 \cdot 0{,}5 + 4.758 \cdot 0{,}1 + 3.942 \cdot 0{,}2 = 4.297{,}8$$
$$y^B(a_2) = 3.942 \cdot 0{,}2 + 4.608 \cdot 0{,}5 + 3.848 \cdot 0{,}2 = 4.322{,}8$$
$$y^B(a_3) = 4.200 \cdot 0{,}2 + 4.608 \cdot 0{,}5 + 4.422 \cdot 0{,}1 + 3.750 \cdot 0{,}2 = 4.336{,}2$$
$$y^B(a_4) = 3.848 \cdot 0{,}2 + 4.758 \cdot 0{,}5 + 4.902 \cdot 0{,}1 + 3.542 \cdot 0{,}2 = 4.347{,}2$$
$$y^B(a_5) = 4.422 \cdot 0{,}2 + 4.608 \cdot 0{,}5 + 4.200 \cdot 0{,}1 + 3.648 \cdot 0{,}2 = 4.338{,}0$$
$$y^B(a_6) = 4.118 \cdot 0{,}2 + 4.758 \cdot 0{,}5 + 4.800 \cdot 0{,}1 + 3.432 \cdot 0{,}2 = 4.369{,}0$$
$$y^B(a^*) = \max y^B(a_i) = y^B(a_6) \quad \Rightarrow A^* = \{a_6\}$$

Es ist je ein Papier von Typ 2 bzw. Typ 3 zu erwerben.

Lösung zu Aufgabe 2.3-1

Übergang zur Nutzenmatrix gemäß $w_{ij} = e_{ij}^2 - 8$

	s_1	s_2	s_3
a_1	17	−4	−7
a_2	8	−8	1
a_3	−4	28	8

Übergang zur Matrix des Bedauerns

	s_1	s_2	s_3	Max
a_1	0	32	15	32
a_2	9	36	7	36
a_3	21	0	0	**21**

Es ist die Aktion a_3 zu wählen, da hier das Bedauern am geringsten ist.

Lösung zu Aufgabe 2.3-2

a)

	s_1	s_2	s_3	s_4	Min
a_1	5	3	0	6	**0**
a_2	6	7	8	0	**0**
a_3	8	−2	6	3	−2

	s_1	s_2	s_3	s_4	Min
a_1	5	3	0	6	**0**
a_2	6	7	0	8	**0**
a_3	8	−2	6	3	−2

Für beide Entscheidungsprobleme beträgt die optimale Lösung gemäß der Maximin-Regel $A^* = \{a_1, a_2\}$.

b) Die Lösung des ersten Problems scheint dann plausibel, wenn der Entscheidende extrem pessimistisch ist.
Die Aktion a_1 wird von der Aktion a_2 im zweiten Problem streng dominiert, dennoch ist a_1 in der Lösung A^* enthalten. Die mit einer Aktion verbundenen Ergebnisse können beliebig vertauscht werden, ohne dass sich damit die Lösung nach der Maximin-Regel ändert.

Lösung zu Aufgabe 2.3-3

a) x: Fläche für EZ

$$EZ = \frac{x}{10}$$

$$DZ = \frac{600 - x}{30} = 20 - \frac{x}{30}$$

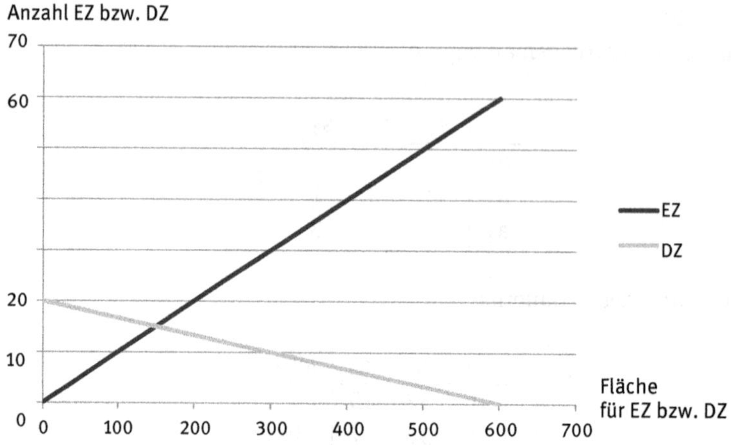

Abb. 7.3: Menge der zulässigen Zimmereinteilungen

b) Zustand 1: Erlös DZ = 60

$$\begin{aligned}\text{Gesamterlös} &= \tfrac{x}{10} * 25 + \left(20 - \tfrac{x}{30}\right) * 60 \\ &= \tfrac{25}{10}x + 1.200 - \tfrac{60}{20}x \\ &= 0{,}5x + 1.200\end{aligned}$$

Zustand 2: Erlös DZ = 90

$$\begin{aligned}\text{Gesamterlös} &= \tfrac{x}{10} * 25 + \left(20 - \tfrac{x}{30}\right) * 90 \\ &= \tfrac{25}{10}x + 1.800 - \tfrac{90}{20}x \\ &= -0{,}5x + 1.800\end{aligned}$$

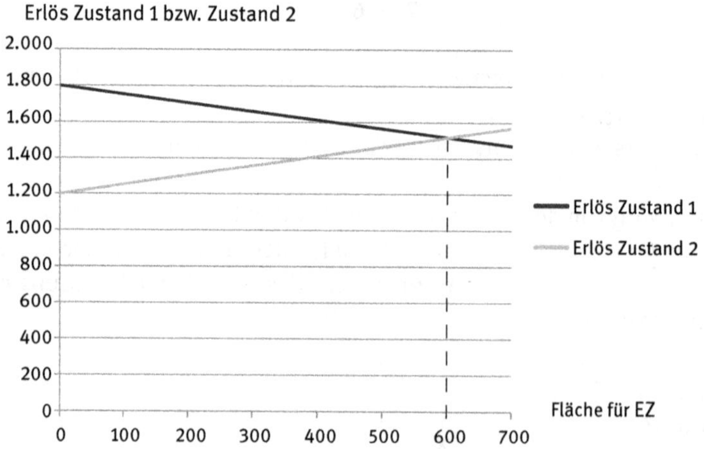

Abb. 7.4: Einnahmen aus Übernachtungen

Optimale Fläche für EZ: $x = 600$
Optimale Anzahl der EZ: $\frac{x}{10} = \frac{600}{10} = 60$
Optimale Anzahl der DZ: $\frac{600-x}{30} = \frac{600-600}{30} = 0$

c) Anforderung 2.5 nach Milnor:
Dominierende Aktionen werden präferiert.

	s_1	s_2
a_1	3	12
a_2	3	10

$A^* = \{a_1, a_2\}$, a_2 wird dabei jedoch von a_1 dominiert.
Anforderung 1.5 nach Milnor:
Spaltenweise Addition einer Konstanten ändert die Reihenfolge nicht.

	s_1	s_2
a_1	3	9
a_2	4	5

$$A^* = \{a_2\}$$

Ergebnisse in s_1 erhöhen sich um 3 Einheiten

	s_1	s_2
a_1	6	9
a_2	7	5

$$A^* = \{a_1\}$$

Lösung zu Aufgabe 2.3-4

a) Der konstante Betrag kann als (positive oder negative) Prämie interpretiert werden, die vor oder nach der Entscheidung gezahlt wird; da die Prämie von der gewählten Aktion unabhängig ist, ist es plausibel zu fordern, dass sie keinen Effekt auf die Rangordnung der Aktionen ausüben sollte.
b) Die Forderung wird von der Maximin-Regel, der Maximax-Regel und der Hurwicz-Regel nicht erfüllt.
c) Dies entspricht der Anforderung 1.5 von Milnor.

Lösung zu Aufgabe 2.3-5

a)

	6	7	8	9	10	Maximin	Maximax	Hurwicz	Laplace
6	3	3	3	3	3	**3**	3	3	**3**
7	1	3,5	3,5	3,5	3,5	1	3,5	3,25	**3**
8	−1	1,5	4	4	4	−1	4	3,5	2,5
9	−3	−0,5	2	4,5	4,5	−3	4,5	3,75	1,5
10	−5	−2,5	0	2,5	5	−5	**5**	**4**	0

Savage-Niehans-Regel:

Regret	6	7	8	9	10	max
6	0	0,5	1	1,5	2	**2**
7	2	0	0,5	1	1,5	**2**
8	4	2	0	0,5	1	4
9	6	4	2	0	0,5	6
10	8	6	4	2	0	8

Krelle-Regel:

v	6	7	8	9	10	$\sum$
6	2,1	2,1	2,1	2,1	2,1	**10,5**
7	0,9	2,275	2,275	2,275	2,275	10
8	−1,1	1,275	2,4	2,4	2,4	7,375
9	−3,9	−0,525	1,6	2,475	2,475	2,125
10	−7,5	−3,125	0	1,875	2,5	−6,250

b) Laplace-Regel:

	6	7	8	9	10a	10b	Laplace
6	3	3	3	3	3	3	3
7	1	3,5	3,5	3,5	3,5	3,5	3,08
8	−1	1,5	4	4	4	4	2,75
9	−3	−0,5	2	4,5	4,5	4,5	2
10	−5	−2,5	0	2,5	5	5	0,83

Lösung zu Aufgabe 3.1-1

a) Lässt man gemäß der Aufgabenstellung die Möglichkeit der Anschaffung einer kleinen und einer großen Maschine außer Betracht, so stehen grundsätzlich folgende Strategien zur Verfügung:

	in der nächsten Periode:	in der Folgezeit:
b_1	keine zusätzliche Maschine	keine zusätzliche Maschine
b_2	keine zusätzliche Maschine	zusätzlich kleine Maschine
b_3	keine zusätzliche Maschine	zusätzlich große Maschine
b_4	zusätzlich kleine Maschine	keine weitere zusätzliche Maschine
b_5	zusätzlich kleine Maschine	weitere zusätzliche kleine Maschine
b_6	große Maschine	keine weitere zusätzliche Maschine

b) Die Umweltzustände lassen sich wie folgt formulieren:

	in der nächsten Periode:	in der Folgezeit:	
s_1	Nachfrage steigt (0,6)	Nachfrage steigt weiter (0,8)	0,48
s_2	Nachfrage steigt (0,6)	Nachfrage steigt nicht (0,2)	0,12
s_3	Nachfrage steigt nicht (0,4)	Nachfrage steigt (0,3)	0,12
s_4	Nachfrage steigt nicht (0,4)	Nachfrage steigt nicht (0,7)	0,28

c) Unter Berücksichtigung der jeweiligen Kosten wären z. B. folgende Relationen zwischen den Ergebnissen möglich:

	s_1 0,48	s_2 0,12	s_3 0,12	s_4 0,28
b_1	20	10	10	5
b_2	30	25	20	−5
b_3	60	45	10	−20
b_4	55	50	15	−10
b_5	80	40	0	−50
b_6	100	48	5	−40

d)

$$E(b_1) = 13{,}4$$
$$E(b_2) = 18{,}4$$
$$E(b_3) = 29{,}8$$
$$E(b_4) = 31{,}4$$
$$E(b_5) = 29{,}2$$
$$E(b_6) = 43{,}16$$

Demnach ist es für das Unternehmen am günstigsten, sofort die große Maschine anzuschaffen.

Lösung zu Aufgabe 3.1-2

Rückführung auf das Grundmodell für mehrstufige Entscheidungen:

(1) $\sum_{t=1}^{3} w^{(t)}(e^{(t)}) \rightarrow \max$

(2) $s_1^{(t)} = 2(s_1^{(t-1)} - a^{(t)})$ $\quad$ $s^{(t)}$: Baumbestand am Ende der Periode t

(3) $s_1^{(0)} = 700$ $\quad$ $a^{(t)}$: Verkauf in der Periode t

(4) $A^{(t)} = \{a^{(t)} \mid 0 \leq a^{(t)} \leq s_1^{(t-1)}\}$

(5) $S^{(t)} = \{s_1^{(t)} \mid 0 \leq s_1^{(t)}\}$

Allg. Bellmansche Funktionalgleichung (Rekursionsberechnung)

Rückwärtsrechnung:

$$h^{*(4)}\left(s_1^{(3)}\right) \equiv 0$$

$$h^{*(3)}\left(s_1^{(2)}\right) = \max_{a^{(3)} \in A^{(3)}(s_1^{(2)})} \left\{\sqrt{a^{(3)}} + 0\right\} = \max_{0 \leq a^{(3)} \leq s_1^{(2)}} \left\{\sqrt{a^{(3)}}\right\} = \sqrt{s_1^{(2)}}$$

$$s_1^{(2)} = 2\left(s_1^{(1)} - a^{(2)}\right)$$

$$h^{*(2)}\left(s_1^{(1)}\right) = \max_{a^{(2)} \in A^{(2)}(s_1^{(1)})} \left\{\sqrt{a^{(3)}} + \sqrt{2\left(s_1^{(1)} - a^{(2)}\right)}\right\}$$

Nebenrechnung: Unter der Nebenbedingung $0 \leq a^{(2)} \leq s^{(1)}$!

1. Freies Extremum

$$f^{(2)} = \sqrt{a^{(2)}} + \sqrt{2\left(s_1^{(1)} - a^{(2)}\right)} = \left(a^{(2)}\right)^{\frac{1}{2}} + \left(2\left(s_1^{(1)} - a^{(2)}\right)\right)^{\frac{1}{2}}$$

$$\frac{df^{(2)}}{da^{(2)}} = \frac{1}{2\sqrt{a^{*(2)}}} - \frac{2}{2\sqrt{2\left(s_1^{(1)} - a^{*(2)}\right)}} = 0$$

$$\tfrac{1}{2}\left(a^{*(2)}\right)^{-\frac{1}{2}} + \tfrac{1}{2}\left(2\left(s_1^{(1)} - a^{*(2)}\right)\right)^{-\frac{1}{2}} \cdot (-2) = 0$$

$$2\sqrt{a^{*(2)}} = \sqrt{2\left(s_1^{(1)} - a^{*(2)}\right)}$$

$$4a^{*(2)} = 2\left(s_1^{(1)} - a^{*(2)}\right)$$

$$6a^{*(2)} = 2s_1^{(1)}$$

$$a^{*(2)} = \frac{s_1^{(1)}}{3}$$

$$\frac{d^2 f^{(2)}}{d(a^{(2)})^2} = \underbrace{\underbrace{-\frac{1}{\sqrt{\left(a^{*(2)}\right)^3}}}_{<0} \underbrace{-\frac{2}{\sqrt{2\left(s_1^{(1)} - a^{*(2)}\right)^3}}}_{<0}}_{<0} < 0$$

2. $0 \leq \frac{s^{(1)}}{3} \leq s^{(1)}$ Nebenbedingung erfüllt!

$$h^{*(2)}(s_1^{(1)}) = \sqrt{\frac{s_1^{(1)}}{3}} + \sqrt{2\left(s_1^{(1)} - \frac{s_1^{(1)}}{3}\right)} = \sqrt{\frac{s_1^{(1)}}{3}} + \sqrt{\frac{4s_1^{(1)}}{3}} = 3\sqrt{\frac{s_1^{(1)}}{3}} = \sqrt{3s_1^{(1)}}$$

$$s_1^{(1)} = 2\left(s_1^{(0)} - a^{(1)}\right)$$

$$h^{*(1)}(s_1^{(0)}) = \max_{a^{(1)} \in A^{(1)}(s_1^{(0)})} \left\{\sqrt{a^{(1)}} + \sqrt{6\left(700 - a^{(1)}\right)}\right\}$$

Nebenrechnung: Unter der Nebenbedingung $0 \leq a^{(1)} \leq s^{(0)} = 700$

1. Freies Extremum

$$f^{(1)} = \sqrt{a^{(1)}} + \sqrt{6\left(700 - a^{(1)}\right)} = \left(a^{(1)}\right)^{\frac{1}{2}} + \left(6\left(700 - a^{(1)}\right)\right)^{\frac{1}{2}}$$

$$\frac{df^{(1)}}{da^{(1)}} = \frac{1}{2\sqrt{a^{*(1)}}} - \frac{6}{2\sqrt{6\left(700 - a^{*(1)}\right)}} = 0$$

$$\tfrac{1}{2}(a^{*(1)})^{-\frac{1}{2}} + \tfrac{1}{2}(6\left(700 - a^{*(1)}\right)^{-\frac{1}{2}} \cdot (-6) = 0$$

$$6\sqrt{a^{*(1)}} = \sqrt{6\left(700 - a^{*(1)}\right)}$$

$$36a^{*(1)} = 6\left(700 - a^{*(1)}\right)$$

$$42a^{*(1)} = 4.200$$

$$a^{*(1)} = 100$$

$$\frac{d^2f^{(1)}}{d(a^{(1)})^2} = \underbrace{\underbrace{-\frac{1}{4\sqrt{(a^{*(1)})^3}}}_{<0} \underbrace{- \frac{9}{\sqrt{(4.200 - 6a^{*(1)})^3}}}_{<0}}_{<0} < 0$$

2. $0 \leq 100 \leq 700$ Nebenbedingung erfüllt!

$$h^{*(1)}(700) = \sqrt{100} + \sqrt{6\left(700 - 100\right)} = 10 + 6 \cdot 10 = 70$$

Vorwärtsrechnung:

$$a^{*(1)} = 100 \Rightarrow s_1^{(1)} = 2\left(s_1^{(0)} - a^{*(1)}\right) = 2\left(700 - 100\right) = 1.200$$

$$a^{*(2)} = \frac{s_1^{(1)}}{3} = 400 \Rightarrow s_1^{(2)} = 2\left(1.200 - 400\right) = 1.600$$

$$a^{*(3)} = s_1^{(2)} = 1.600$$

Die optimale Strategie lautet: $b^* = (100, 400, 1.600)$, d. h. in der ersten Periode sind $100\,m^3$ zu verkaufen, in der zweiten Periode $400\,m^3$ und in der dritten Periode der Rest in Höhe von $1.600\,m^3$.

Lösung zu Aufgabe 3.1-3

a) Es handelt sich um ein Verteilungsproblem, d. h. um ein Problem, das auch „künstlich dynamisiert“ werden kann.

b)

$$Y^D = \sum_{t=1}^{3} l^{(t)}$$

$$s_1^{(t)} = s_1^{(t-1)} - a^{(t)}$$

$$s_1^{(0)} = 3$$

$$a^{(t)} \in A^{(t)} = \left\{a^{(t)} \mid 0 \le a^{(t)} \le s^{(t-1)}\right\}$$

$$s_1^{(t)} \in S^{(t)} = \left\{s_1^{(t)} \mid 0 \le s_1^{(t)}\right\}$$

c) Eine mögliche Strategie der Bauunternehmung besteht z. B. darin, auf jeder Baustelle einen Arbeiter einzusetzen. Der Bauunternehmung stehen insgesamt 10 Strategien zur Verfügung, wenn alle Arbeiter auf den Baustellen eingesetzt werden.

d)

$$h^{*(4)}(s_1^{(3)}) \equiv 0$$

$$h^{*(3)}(s_1^{(3)}) = \max_{a^{(3)} \in A^{(3)}(s_1^{(2)})} \left\{l^{(3)} + 0\right\}$$

$$h^{*(3)} = \begin{cases} 0 & \text{für } s_1^{(2)} = 0 \text{ und } a^{(3)} = 0 \\ 10 & \text{für } s_1^{(2)} = 1 \text{ und } a^{(3)} = 1 \\ 12 & \text{für } s_1^{(2)} = 2 \text{ und } a^{(3)} = 2 \\ 26 & \text{für } s_1^{(2)} = 3 \text{ und } a^{(3)} = 3 \end{cases}$$

$$h^{*(2)}(s_1^{(1)}) = \max_{a^{(2)} \in A^{(2)}(s_1^{(1)})} \left\{l^{(2)} + h^{*(3)}(s_1^{(2)})\right\}$$

$$s_1^{(2)} = s_1^{(1)} - a^{(2)}$$

Für $s_1^{(1)} = 3$ gilt:

$a^{(2)}$	$a^{(3)}$	$l^{(2)}$	$l^{(3)}$	$l^{(2)} + l^{(3)}$
3	0	25	0	25
2	1	15	10	25
1	2	7	12	19
0	3	0	26	**26**

Für $s_1^{(1)} = 2$ gilt:

$a^{(2)}$	$a^{(3)}$	$l^{(2)}$	$l^{(3)}$	$l^{(2)} + l^{(3)}$
2	0	15	0	15
1	1	7	10	**17**
0	2	0	12	12

Für $s_1^{(1)} = 1$ gilt:

$a^{(2)}$	$a^{(3)}$	$l^{(2)}$	$l^{(3)}$	$l^{(2)} + l^{(3)}$
1	0	7	0	7
0	1	0	10	**10**

Zusammengefasst gilt:

$$h^{*(2)}(s_1^{(1)}) = \begin{cases} 0 & \text{für } s_1^{(1)} = 0 \quad \text{und} \quad a^{(2)} = 0 \\ 10 & \text{für } s_1^{(1)} = 1 \quad \text{und} \quad a^{(2)} = 0 \\ 17 & \text{für } s_1^{(1)} = 2 \quad \text{und} \quad a^{(2)} = 1 \\ 26 & \text{für } s_1^{(1)} = 3 \quad \text{und} \quad a^{(2)} = 0 \end{cases}$$

$$h^{*(1)}(s_1^{(0)}) = \max_{a^{(1)} \in A^{(1)}(s_1^{(0)})} \left\{ l^{(1)} + h^{*(2)}(s_1^{(1)}) \right\}$$

$$s_1^{(1)} = s_1^{(0)} - a^{(1)}$$

$a^{(1)}$	$a^{(2)} + a^{(3)}$	$l^{(1)}$	$l^{(2)} + l^{(3)}$	$l^{(1)} + l^{(2)} + l^{(3)}$
3	0	26	0	26
2	1	18	10	**28**
1	2	10	17	27
0	3	0	26	26

$$a^{*(1)} = 2 \quad \Rightarrow \quad s_1^{(1)} = s_1^{(0)} - a^{*(1)} = 3 - 2 = 1$$

$$a^{*(2)} = 0 \quad \Rightarrow \quad s_1^{(2)} = s_1^{(1)} - a^{*(2)} = 1 - 0 = 1$$

$$a^{*(3)} = 1 \quad \Rightarrow \quad s_1^{(3)} = s_1^{(2)} - a^{*(3)} = 1 - 1 = 0$$

Die Bauunternehmung verhält sich dann optimal, wenn sie zwei Arbeiter auf der Baustelle Nr. 1 und einen Arbeiter auf der Baustelle Nr. 3 einsetzt.

Lösung zu Aufgabe 3.1-4

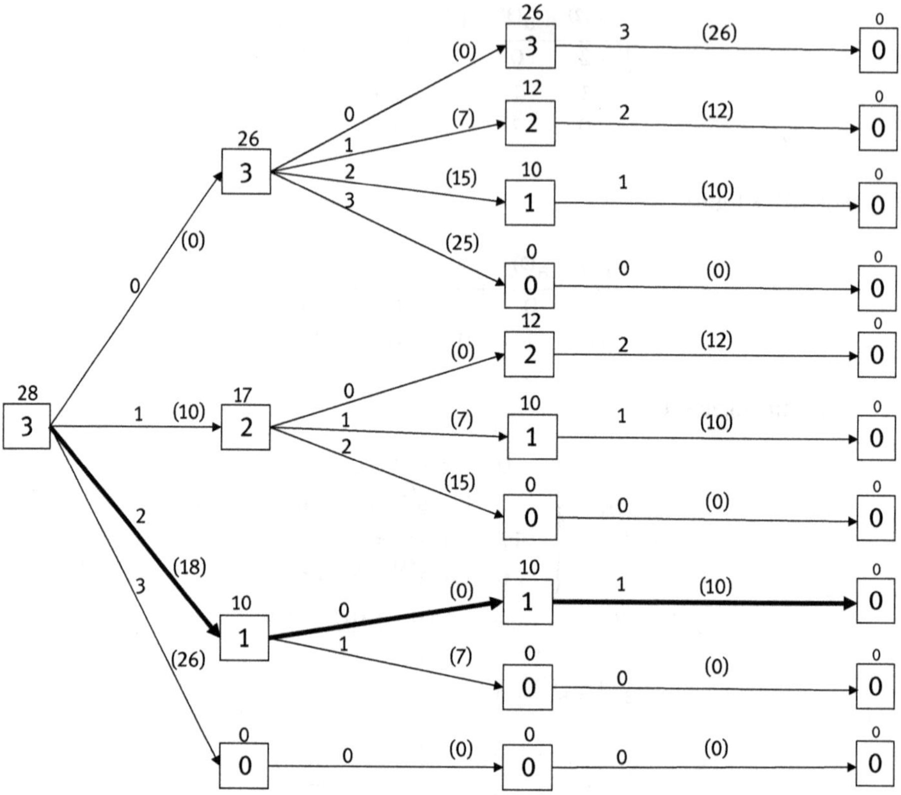

Abb. 7.5: Entscheidungsbaum und Roll-Back

Lösung zu Aufgabe 3.1-5

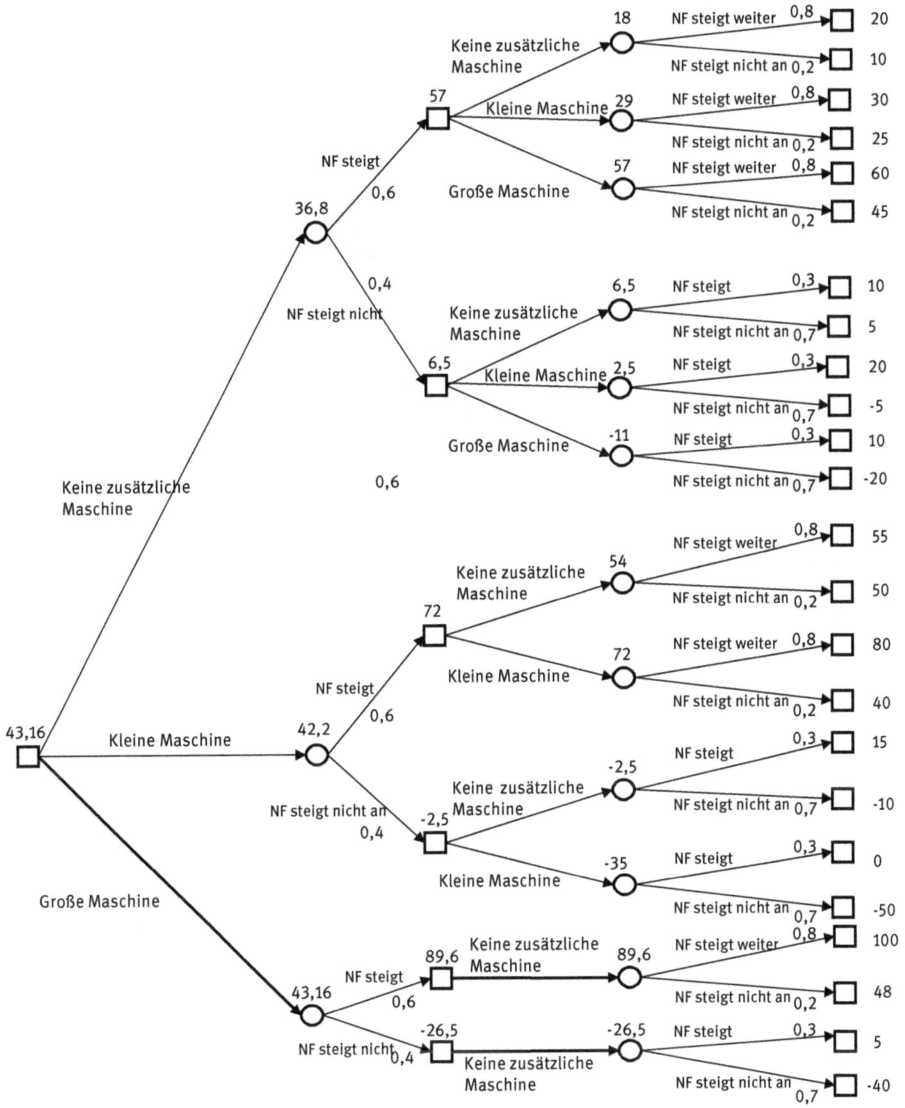

Abb. 7.6: Entscheidungsbaum unter Risiko und Roll-Back

Lösung zu Aufgabe 3.1-6

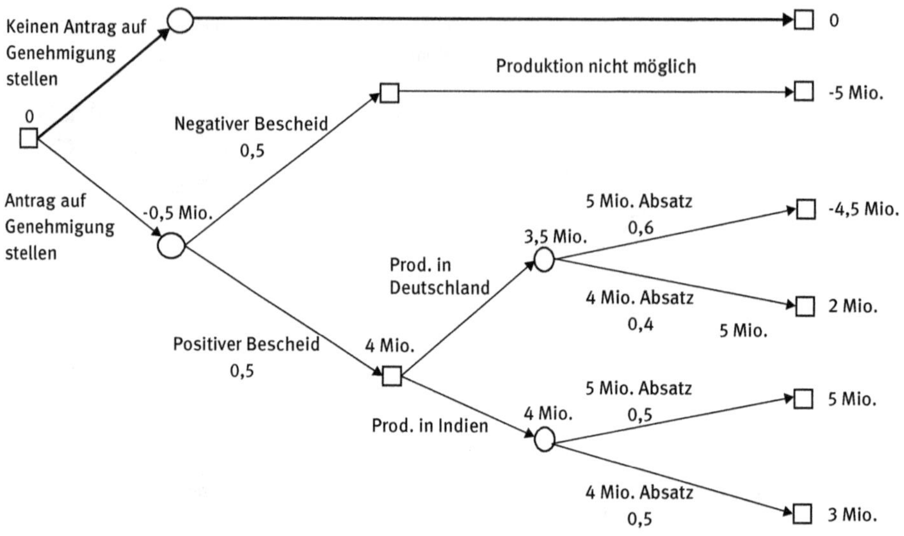

Abb. 7.7: Entscheidungsbaum unter Risiko und Roll-Back

Lösung zu Aufgabe 3.1-7

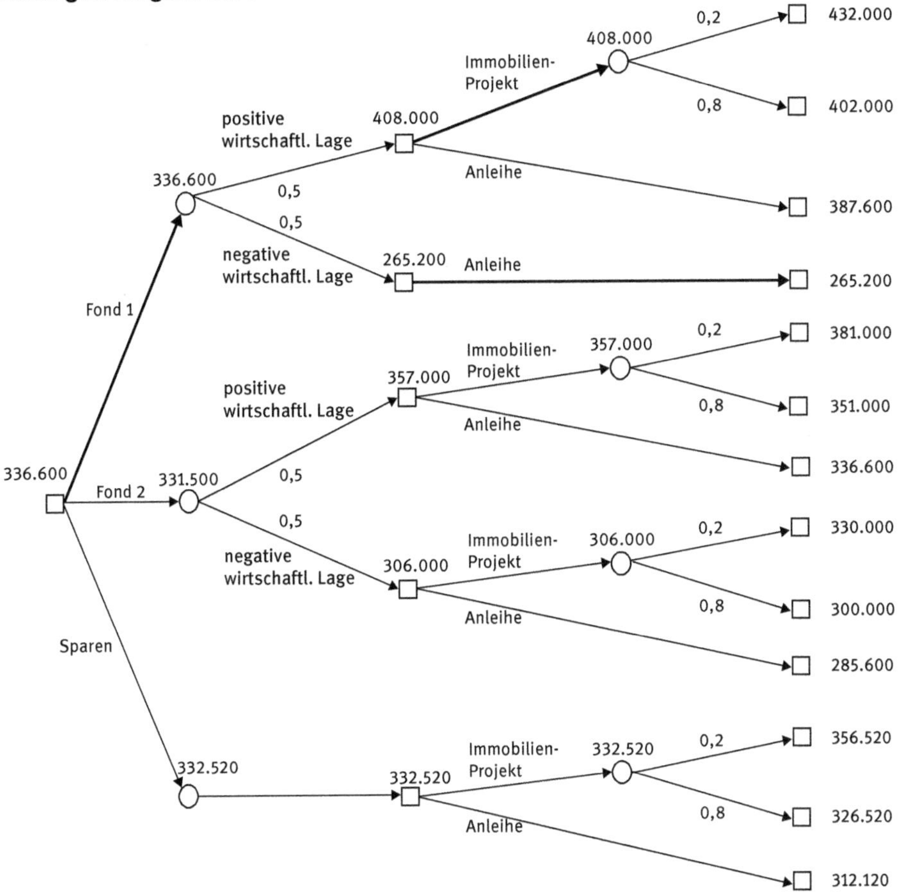

Abb. 7.8: Entscheidungsbaum unter Risiko und Roll-Back

Lösung zu Aufgabe 3.1-8

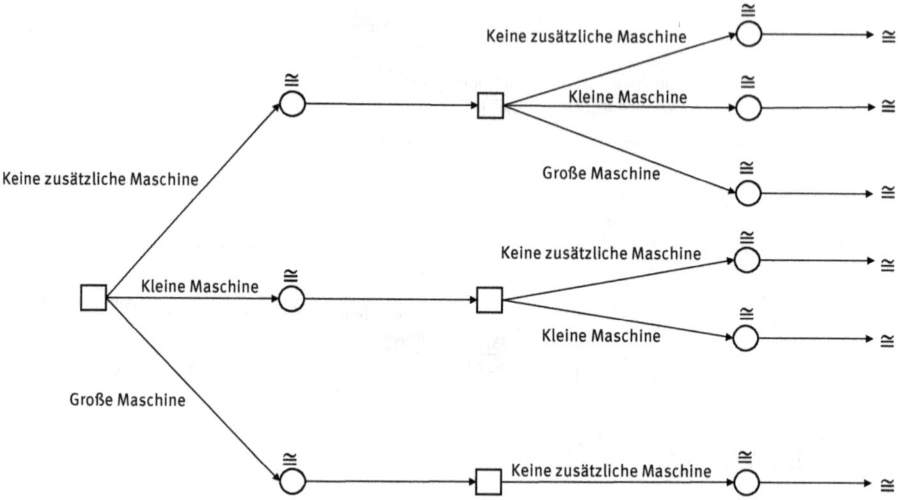

Abb. 7.9: Stochastischer Entscheidungsbaum

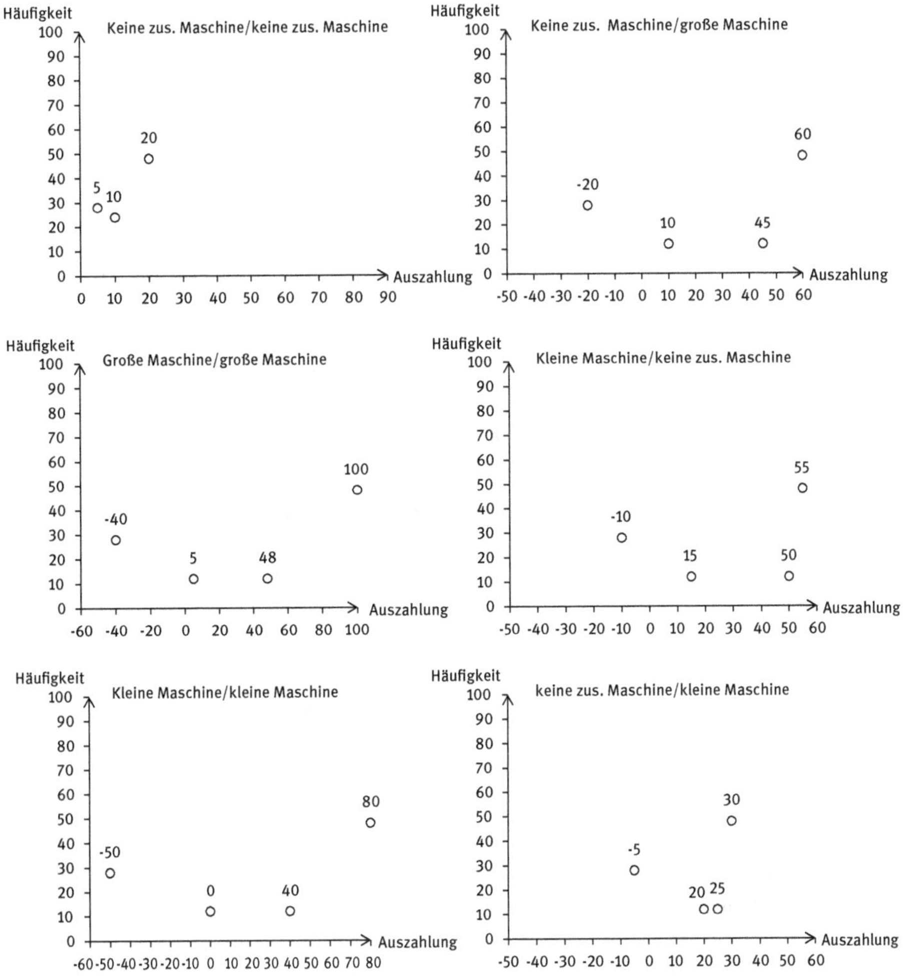

Abb. 7.10: Häufigkeitsverteilungen der Strategien

Lösung zu Aufgabe 3.2-1

Berechnung der a posteriori Wahrscheinlichkeiten:

$$\rho_{11} = \rho(s_1 \mid x_1) = \frac{0{,}7 \cdot 0{,}2}{0{,}7 \cdot 0{,}2 + 0{,}2 \cdot 0{,}8} = \frac{0{,}14}{0{,}14 + 0{,}16} = \frac{0{,}14}{0{,}30} = \frac{14}{30} = \frac{7}{15}$$

$$\rho_{21} = \rho(s_2 \mid x_1) = \frac{0{,}2 \cdot 0{,}8}{0{,}7 \cdot 0{,}2 + 0{,}2 \cdot 0{,}8} = \frac{0{,}16}{0{,}14 + 0{,}16} = \frac{0{,}16}{0{,}30} = \frac{16}{30} = \frac{8}{15}$$

$$\rho_{12} = \rho(s_1 \mid x_2) = \frac{0{,}3 \cdot 0{,}2}{0{,}3 \cdot 0{,}2 + 0{,}8 \cdot 0{,}8} = \frac{0{,}06}{0{,}06 + 0{,}64} = \frac{0{,}06}{0{,}70} = \frac{6}{70} = \frac{3}{35}$$

$$\rho_{22} = \rho(s_2 \mid x_2) = \frac{0{,}8 \cdot 0{,}8}{0{,}3 \cdot 0{,}2 + 0{,}8 \cdot 0{,}8} = \frac{0{,}64}{0{,}06 + 0{,}64} = \frac{0{,}64}{0{,}70} = \frac{64}{70} = \frac{32}{35}$$

Berechnung der totalen Wahrscheinlichkeiten:

$$\tau_1 = 0{,}30; \tau_2 = 0{,}70$$

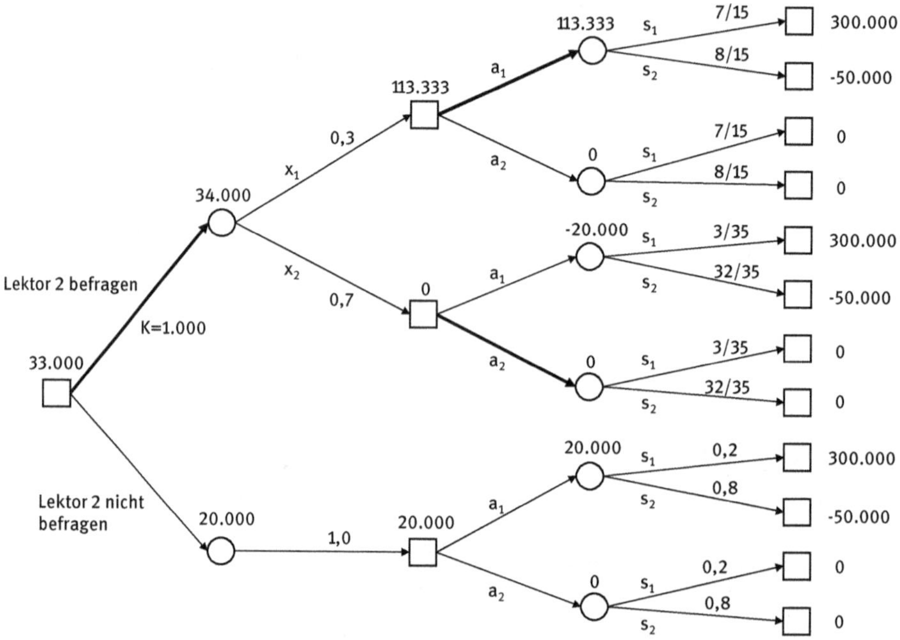

Abb. 7.11: Entscheidungsbaum unter Risiko mit Zusatzinformation

Isoliert betrachtet, ist Lektor 2 zu befragen. Urteilt er positiv, so soll der Verleger das Buch herausbringen, urteilt er negativ, soll der Verleger auf eine Herausgabe verzichten.

Es errechnet sich ein Gewinnerwartungswert für diese Strategie in Höhe von 33.000 EUR. Wie im Beispiel 3.2-1 errechnet wurde, ergibt sich bei optimaler Strategie bezüglich des Lektors 1 ein Gewinnerwartungswert in Höhe von 34.000 EUR. Daraus folgt, dass der Verleger den Lektor 2 nicht anstelle des Lektors 1 einsetzen sollte.

Lösung zu Aufgabe 3.2-2

a) Im Beispiel 3.2-6 werden beide Lektoren betrachtet. Die Zurechnung des Informationswertes auf einen der beiden Lektoren ist grundsätzlich nicht möglich. Ermittelt werden kann allenfalls der zusätzliche Informationswert der Auskunft des Lektors 2 für den Fall, dass der Verleger ansonsten nur den Lektor 1 befragen würde. In diesem Fall beträgt der (zusätzliche) (Netto-) Informationswert des Lektors 2 200 EUR.

b) Der erwartete Wert der unvollkommenen Information des Lektors 2 errechnet sich für die Aufgabe 3.2-1 mit:

$$w^u = 34.000 - 20.000 = 14.000$$

und übersteigt die Kosten in Höhe von 1.000 EUR. Es verbleibt ein (Netto-) Informationswert in Höhe von 13.000 EUR.

c) Der Unterschied erklärt sich aus der unterschiedlichen Bezugsbasis (Alternativen):
   - Im Fall des Beispiels 3.2-6 kann eine Alternative darin gesehen werden, (nur) den Lektor 1 zu befragen und sich entsprechend der optimalen Strategie zu entscheiden.
   - Im Fall der Aufgabe 3.2-1 besteht die Alternative darin, keine Zusatzinformationen einzuholen und sich aufgrund seiner a priori Wahrscheinlichkeiten zu entscheiden.

Lösung zu Aufgabe 3.2-3

Strukturierung des Problems:

Ziel: Maximierung der Einnahmen der Staatskasse

- Aktionen: a_1: Blutalkoholtest durchführen
  a_2: Blutalkoholtest nicht durchführen
- Umweltzustände

s_1: Autofahrer ist betrunken (> 0,8‰)

s_2: Autofahrer ist nicht betrunken (≤ 0,8‰)

Ergebnisse:

	s_1	s_2
a_1	200	−50
a_2	0	0

- a priori-Wahrscheinlichkeit über die Umweltzustände:

$$p = (p_1; p_2) = (0,6; 0,4)$$

- Zusatzinformation

x_1: Röhrchen verfärbt sich

x_2: Röhrchen verfärbt sich nicht

Die Treffsicherheit des Röhrchens lässt sich durch die Likelihood-Wahrscheinlichkeiten $\Theta(x \mid s)$ beschreiben:

$\Theta(x \mid s)$	x_1	x_2
s_1	0,90	0,10
s_2	0,05	0,95

Das Einholen der Zusatzinformationen ist mit Kosten in Höhe von 5 EUR verbunden.

Berechnung der a-posteriori-Wahrscheinlichkeiten:

$$\rho_{11} = \rho(s_1 \mid x_1) = \frac{0{,}9 \cdot 0{,}6}{0{,}9 \cdot 0{,}6 + 0{,}05 \cdot 0{,}4} = \frac{0{,}54}{0{,}54 + 0{,}02} = \frac{0{,}54}{0{,}56} = \frac{54}{56} = \frac{27}{28}$$

$$\rho_{21} = \rho(s_2 \mid x_1) = \frac{0{,}05 \cdot 0{,}4}{0{,}9 \cdot 0{,}6 + 0{,}05 \cdot 0{,}4} = \frac{0{,}02}{0{,}54 + 0{,}02} = \frac{0{,}02}{0{,}56} = \frac{2}{56} = \frac{1}{28}$$

$$\rho_{12} = \rho(s_1 \mid x_2) = \frac{0{,}1 \cdot 0{,}6}{0{,}1 \cdot 0{,}6 + 0{,}95 \cdot 0{,}4} = \frac{0{,}06}{0{,}06 + 0{,}38} = \frac{0{,}06}{0{,}44} = \frac{6}{44} = \frac{3}{22}$$

$$\rho_{22} = \rho(s_2 \mid x_2) = \frac{0{,}95 \cdot 0{,}4}{0{,}1 \cdot 0{,}6 + 0{,}95 \cdot 0{,}4} = \frac{0{,}38}{0{,}06 + 0{,}38} = \frac{0{,}38}{0{,}44} = \frac{38}{44} = \frac{19}{22}$$

Berechnung der totalen Wahrscheinlichkeiten:

$\tau_1 = 0{,}56$; $\tau_2 = 0{,}44$ (Wahrscheinlichkeit, dass sich das Röhrchen verfärbt bzw. nicht verfärbt)

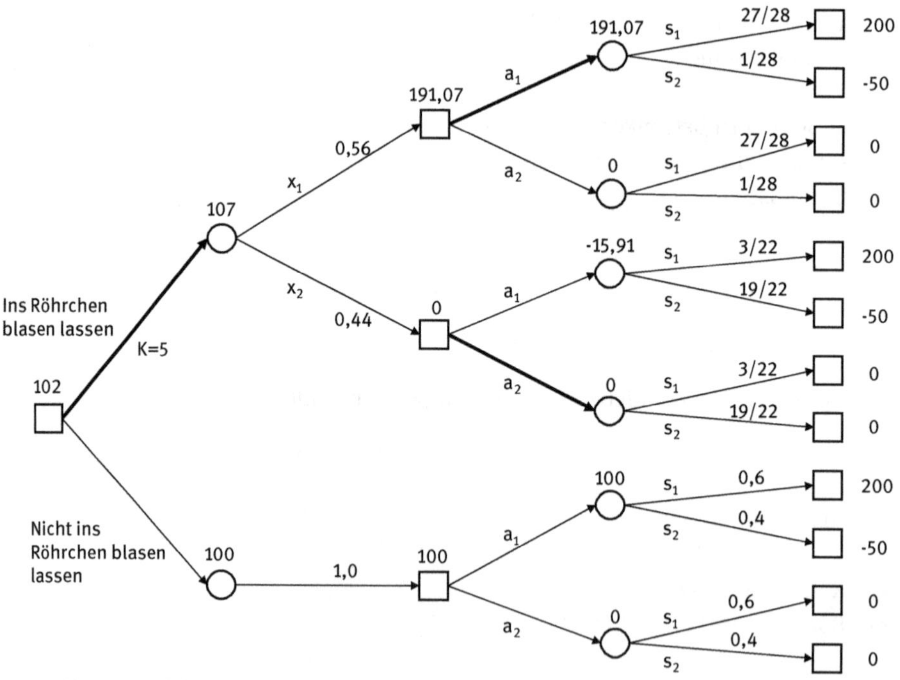

Abb. 7.12: Entscheidungsbaum unter Risiko mit Zusatzinformation

Die Polizeistreife soll den Kraftfahrer ins Röhrchen blasen lassen und für den Fall, dass sich das Röhrchen verfärbt, einen Blutalkoholtest durchführen lassen, anderenfalls auf den Blutalkoholtest verzichten. (Der Gewinnerwartungswert bei dieser Strategie beträgt 102 EUR.)

Lösung zu Aufgabe 3.2-4

Der erwartete Wert der unvollkommenen Information des Röhrchens für die Polizisten errechnet sich mit:

$$w^u = 107 - 100 = 7$$

und übersteigt die Kosten von 5 EUR; es verbleibt ein (Netto-) Informationswert in Höhe von 2 EUR.

Lösung zu Aufgabe 3.2-5

Die a-posteriori-Wahrscheinlichkeiten nach zweimaligem Blasen errechnen sich mit:

(a) für den Fall, dass sich beim ersten Blasen das Röhrchen verfärbte $\hat{p} = (\frac{27}{28}; \frac{1}{28})$

$$\rho_{11} = \rho(s_1 \mid x_1) = \frac{0{,}9 \cdot \frac{27}{28}}{0{,}9 \cdot \frac{27}{28} + 0{,}05 \cdot \frac{1}{28}} = \frac{\frac{24{,}3}{28}}{\frac{24{,}3+0{,}05}{28}} = \frac{24{,}3}{24{,}35} = 0{,}9979$$

$$\rho_{21} = \rho(s_2 \mid x_1) = \frac{0{,}05 \cdot \frac{1}{28}}{0{,}9 \cdot \frac{27}{28} + 0{,}05 \cdot \frac{1}{28}} = \frac{\frac{0{,}05}{28}}{\frac{24{,}35}{28}} = \frac{0{,}05}{24{,}35} = 0{,}0021$$

$$\rho_{12} = \rho(s_1 \mid x_2) = \frac{0{,}1 \cdot \frac{27}{28}}{0{,}1 \cdot \frac{27}{28} + 0{,}95 \cdot \frac{1}{28}} = \frac{\frac{2{,}7}{28}}{\frac{2{,}7+0{,}95}{28}} = \frac{2{,}7}{3{,}65} = 0{,}7397$$

$$\rho_{22} = \rho(s_2 \mid x_2) = \frac{0{,}95 \cdot \frac{1}{28}}{0{,}1 \cdot \frac{27}{28} + 0{,}95 \cdot \frac{1}{28}} = \frac{\frac{0{,}95}{28}}{\frac{2{,}7+0{,}95}{28}} = \frac{0{,}95}{3{,}65} = 0{,}2603$$

(b) für den Fall, dass sich beim ersten Blasen das Röhrchen nicht verfärbte $\hat{p} = (\frac{3}{22}; \frac{19}{22})$

$$\rho_{11} = \rho(s_1 \mid x_1) = \frac{0{,}9 \cdot \frac{3}{22}}{0{,}9 \cdot \frac{3}{22} + 0{,}05 \cdot \frac{19}{22}} = \frac{\frac{2{,}7}{22}}{\frac{2{,}7+0{,}95}{22}} = \frac{2{,}7}{3{,}65} = 0{,}7397$$

$$\rho_{21} = \rho(s_2 \mid x_1) = \frac{0{,}05 \cdot \frac{19}{22}}{0{,}9 \cdot \frac{3}{22} + 0{,}05 \cdot \frac{19}{22}} = \frac{\frac{0{,}95}{22}}{\frac{2{,}7+0{,}95}{22}} = \frac{0{,}95}{3{,}65} = 0{,}2603$$

$$\rho_{12} = \rho(s_1 \mid x_2) = \frac{0{,}1 \cdot \frac{3}{22}}{0{,}1 \cdot \frac{3}{22} + 0{,}95 \cdot \frac{19}{22}} = \frac{\frac{0{,}3}{22}}{\frac{0{,}3+18{,}05}{22}} = \frac{0{,}3}{18{,}35} = 0{,}0163$$

$$\rho_{22} = \rho(s_2 \mid x_2) = \frac{0{,}95 \cdot \frac{19}{22}}{0{,}1 \cdot \frac{3}{22} + 0{,}95 \cdot \frac{19}{22}} = \frac{\frac{18{,}05}{22}}{\frac{0{,}3+18{,}05}{22}} = \frac{18{,}05}{18{,}35} = 0{,}9837$$

Wie im nachfolgenden Entscheidungsbaum dargestellt ist, verhält sich die Polizeistreife dann optimal, wenn sie den Kraftfahrer in ein Röhrchen blasen lässt. Verfärbt sich das Röhrchen, so ist ein Blutalkoholtest durchzuführen. Verfärbt sich das Röhrchen nicht, so soll die Polizeistreife den Kraftfahrer in ein weiteres Röhrchen blasen lassen. Verfärbt sich das zweite Röhrchen, so ist ein Blutalkoholtest durchzuführen. Verfärbt sich auch das zweite Röhrchen nicht, so ist auf einen Alkoholtest zu verzichten.

Der erwartete (Netto-)Wert der unvollkommenen Information vom Blasen in bis zu zwei Röhrchen entsprechend der optimalen Strategie beträgt 33,05 EUR.

Der erwartete Wert der vollkommenen Information beträgt 120 EUR.

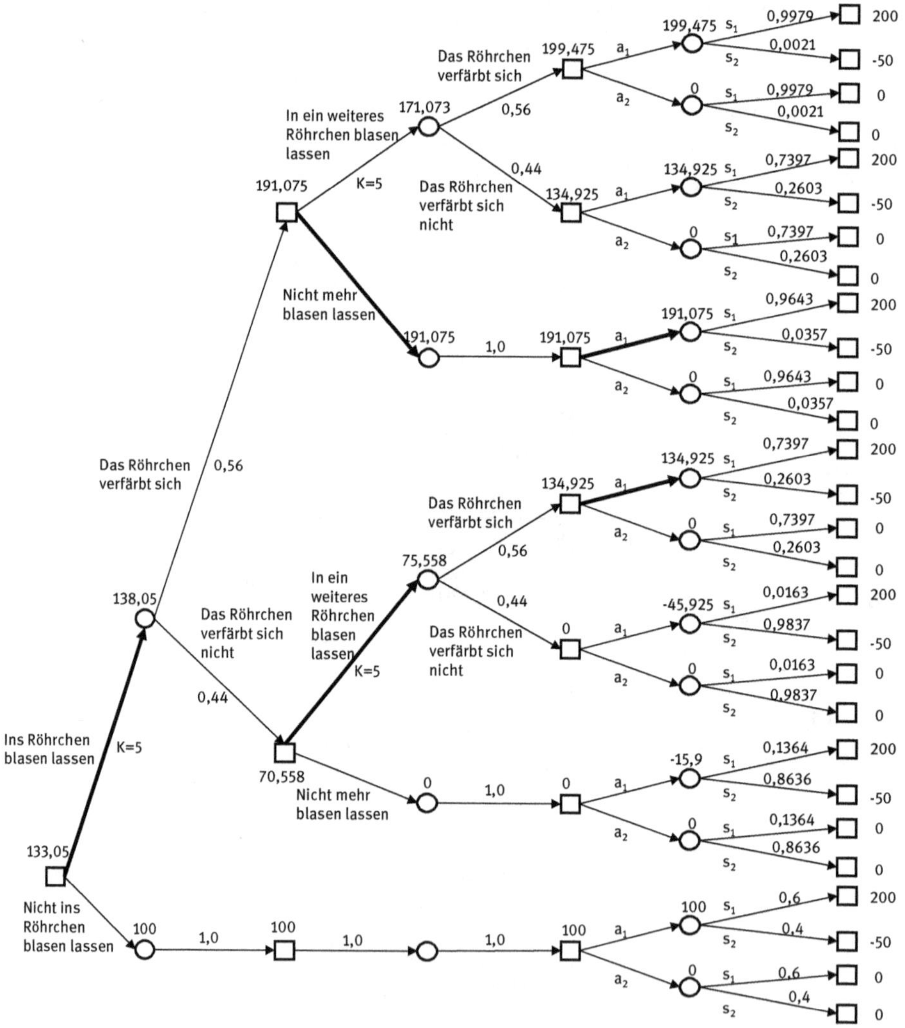

Abb. 7.13: Entscheidungsbaum unter Risiko mit Zusatzinformation

Lösung zu Aufgabe 3.3-1

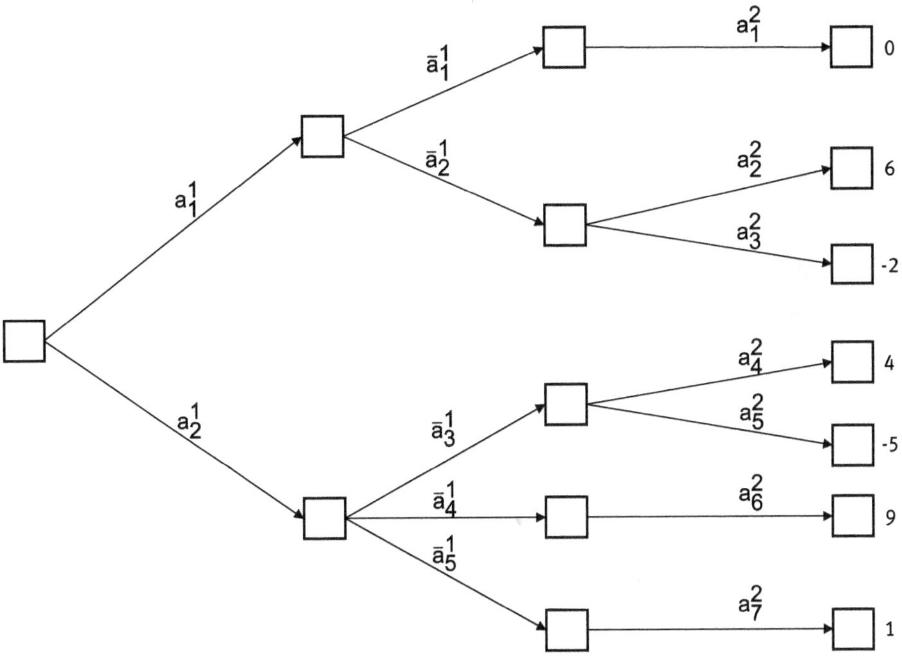

Abb. 7.14: Spielbaum und Strategien

a) Die Strategien des Spielers 1 lauten:

$$b_1 : a_1^1 \left(\overline{a}_2^1\right) a_2^2$$
$$b_2 : a_1^1 \left(\overline{a}_2^1\right) a_3^2$$
$$b_3 : a_2^1 \left(\overline{a}_3^1\right) a_4^2$$
$$b_4 : a_2^1 \left(\overline{a}_3^1\right) a_5^2$$

Die Strategien des Spielers 2 lauten:

$$\overline{b}_1 : (a_1^1)\overline{a}_1^1 \quad (a_2^1)\overline{a}_3^1 \qquad \overline{b}_2 : (a_1^1)\overline{a}_1^1 \quad (a_2^1)\overline{a}_4^1 \qquad \overline{b}_3 : (a_1^1)\overline{a}_1^1 \quad (a_2^1)\overline{a}_5^1$$
$$\overline{b}_4 : (a_1^1)\overline{a}_2^1 \quad (a_2^1)\overline{a}_3^1 \qquad \overline{b}_5 : (a_1^1)\overline{a}_2^1 \quad (a_2^1)\overline{a}_4^1 \qquad \overline{b}_6 : (a_1^1)\overline{a}_2^1 \quad (a_2^1)\overline{a}_5^1$$

Für die Spielmatrix gilt unter der Annahme der Beziehung $w_{ij} = e_{ij}$:

	$\overline{b}_1$	$\overline{b}_2$	$\overline{b}_3$	$\overline{b}_4$	$\overline{b}_5$	$\overline{b}_6$	Min
b_1	0	0	0	6	6	6	0
b_2	0	0	0	−2	−2	−2	−2
b_3	4	9	1	4	9	1	**1**
b_4	−5	9	1	−5	9	1	−5
Max	4	9	**1**	6	9	6	

b) Die Maximin-Strategie des Spielers 1 ist die Strategie b_3.
Die Maximin-Strategie des Spielers 2 ist die Strategie $\overline{b}_3$.
Der untere Spielwert beträgt $y^{S1}(b_3) = y^{S1}(b^*) = 1$.
Der obere Spielwert beträgt $y^{S2}(\overline{b}_3) = y^{S2}(\overline{b}^*) = 1$.
Damit ist das Spiel determiniert mit dem Spielwert $y^{SP} = 1$.
Die Strategiekombination $(b_3, \overline{b}_3)$ stellt einen Gleichgewichtspunkt des Spiels dar.

Lösung zu Aufgabe 3.3-2

a) Jeder der beiden Konzerne kann ein Normalprogramm (N) und je ein Sofortprogramm durchführen, das entweder in der Stadt 1 (S_1) oder in der Stadt 2 (S_2) beginnt, d. h. jeder der Konzerne besitzt 3 Strategien mit:

b_1 : NA		$\overline{b}_1$: NB
b_2 : S1 A	bzw.	$\overline{b}_2$: S1B
b_3 : S2 A		$\overline{b}_3$: S2B

Für die Ergebnisse gilt aus der Sicht des Konzerns A:

Strategie-kombination	Stadt 1				Stadt 2				
	Monate A	Monate B	Differenz	%	Monate A	Monate B	Differenz	%	$\sum$%
$b_1 - \overline{b}_1$	12	12	0	+5	12	12	0	+5	+10
$b_1 - \overline{b}_2$	12	9	−3	−11	12	18	+6	+35	+24
$b_1 - \overline{b}_3$	12	18	+6	+35	12	9	−3	−11	+24
$b_2 - \overline{b}_1$	10	12	+2	+15	19	12	−7	−13	+2
$b_2 - \overline{b}_2$	10	9	−1	−5	19	18	−1	−5	−10
$b_2 - \overline{b}_3$	10	18	+8	+45	19	9	−10	−15	+30
$b_3 - \overline{b}_1$	19	12	−7	−13	10	12	+2	+15	+2
$b_2 - \overline{b}_2$	19	9	−10	−15	10	18	+8	+45	+30
$b_2 - \overline{b}_3$	19	18	−1	−5	10	9	−1	−5	−10

Unter der Annahme, dass die Marktanteile unmittelbar Nutzenziffern darstellen, lässt sich folgende Spielmatrix aufstellen:

	$\overline{b}_1$	$\overline{b}_2$	$\overline{b}_3$	Min
b_1	10	24	24	**10**
b_2	2	−10	30	−10
b_3	2	30	−10	−10
Max	**10**	30	30	

b) Die Maximin-Strategie des Spielers 1 ist die Strategie b_1.
Die Maximin-Strategie des Spielers 2 ist die Strategie $\overline{b}_1$.
Der untere Spielwert beträgt $y^{S1}(b_1) = y^{S1}(b^*) = 10$.
Der obere Spielwert beträgt $y^{S2}(\overline{b}_1) = y^{S2}(\overline{b}^*) = 10$.
Damit ist das Spiel determiniert mit dem Spielwert $y^{SP} = 10$.
Die Strategiekombination $(b_1, \overline{b}_1)$ stellt einen Gleichgewichtspunkt des Spiels dar.

Lösung zu Aufgabe 3.3-3

Für das in der Spielmatrix beschriebene Spiel gilt:

	$\overline{b}_1$	$\overline{b}_2$	$\overline{b}_3$	Min
b_1	12	19	20	**12**
b_2	15	2	5	2
b_3	10	16	20	10
Max	**15**	19	20	

$y^{S1}(b_1) = y^{S1}(b^*) = 12 < y^{S2}(\overline{b}_1) = y^{S2}(b^*) = 15$, d. h. das Spiel ist indeterminiert, es existiert kein Gleichgewichtspunkt.

Die Strategie b_3 wird von der Strategie b_1 dominiert.

In der reduzierten Spielmatrix

	$\overline{b}_1$	$\overline{b}_2$	$\overline{b}_3$
b_1	12	19	20
b_2	15	2	5

dominiert die Strategie $\overline{b}_2$ die Strategie $\overline{b}_3$.

Die schließlich verbleibende Spielmatrix

	$\overline{b}_1$	$\overline{b}_2$
b_1	12	19
b_2	15	2

kann nicht weiter reduziert werden.

Es gilt:

$$Y^{SG1}(p_1) = 12\,p_1 + 15\,(1 - p_1)$$

und

$$Y^{SG1}(p_1) = 19\,p_1 + 2\,(1 - p_1)$$

Die graphische Darstellung der beiden Geradengleichungen zeigt folgendes Bild:

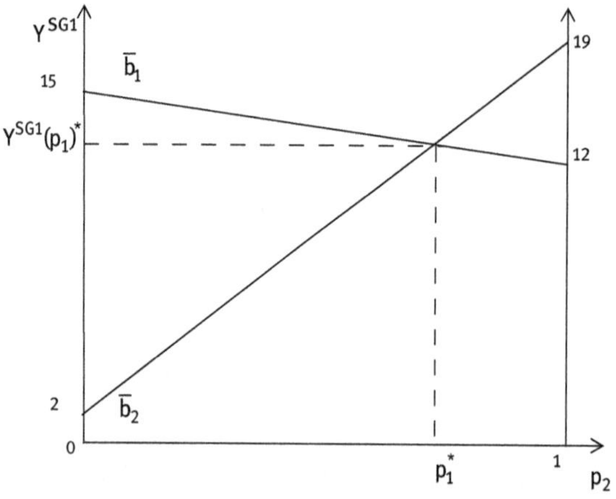

Abb. 7.15: Graphische Ermittlung der optimalen Strategie

Die analytische Ermittlung des Schnittpunktes der beiden Geraden ergibt:

$$\begin{aligned} 12\,p_1^* + 15\,(1 - p_1^*) &= 19\,p_1^* + 2\,(1 - p_1^*) \\ -3\,p_1^* + 15 &= 17\,p_1^* + 2 \\ -20\,p_1^* &= -13 \\ p_1^* &= \frac{13}{20} = 0{,}65 \\ Y^{SG1} &= 12 \cdot 0{,}65 + 15(1 - 0{,}65) = 12 \cdot 0{,}65 + 15 \cdot 0{,}35 = 13{,}05 \end{aligned}$$

Damit ist $\{(0{,}65; 0{,}35)\}$ die Menge aller optimal gemischten Strategien des Spielers 1 im reduzierten Spiel.

Nach 3.3-7 gilt:

$$\begin{aligned} 12\overline{p}_1^* + 19\,(1 - \overline{p}_1^*) &\leq 13{,}05 \\ -7\overline{p}_1^* + 19 &\leq 13{,}05 \\ -7\overline{p}_1^* &\leq -5{,}95 \\ \overline{p}_1^* &\geq 0{,}85 \\ 15\overline{p}_1^* + 2\,(1 - \overline{p}_1^*) &\leq 13{,}05 \\ 13\overline{p}_1^* + 2 &\leq 13{,}05 \\ 13\overline{p}_1^* &\leq 11{,}05 \\ \overline{p}_1^* &\leq 0{,}85 \end{aligned}$$

D. h. die beiden Ungleichungen sind nur für $\overline{p}_1^* = 0{,}85$ gleichzeitig erfüllt. Somit ist $\overline{P}^* = \{(0{,}85; 0{,}15; 0)\}$ die Menge aller optimalen gemischten Strategien des Spielers 2.

Für die eliminierte Strategie b_3 gilt nach 3.3-9:

$$10 \cdot 0{,}65 + 16 \cdot 0{,}35 + 20 \cdot 0 = 12{,}1 < Y^{SG} = 13{,}05$$

Damit ist $P^* = \{(0{,}65; 0{,}35; 0)\}$ die Menge aller optimalen gemischten Strategien des Spielers 1 im unreduzierten Spiel.

Der Spieler 1 verhält sich dann optimal, wenn er den Einsatz seiner beiden (reinen) Strategien b_1 und b_2 vom Ausgang eines Zufallsexperiments abhängig macht, mit $p_1^* = 0{,}65$ und $p_2^* = 0{,}35$.

Der Spieler 2 verhält sich dann optimal, wenn er den Einsatz seiner beiden (reinen) Strategien $\overline{b}_1$ und $\overline{b}_2$ vom Ausgang eines Zufallsexperiments abhängig macht, mit $p_1^* = 0{,}85$ und $p_2^* = 0{,}15$.

Lösung zu Aufgabe 3.3-4

Die relevanten Daten für das Reinspiel sind: $p = 0{,}6; x = 3; y = 2$

a) Nach 3.3-15 gilt:

$$q_3 = \frac{\left(\frac{2}{3}\right)^5 - \left(\frac{2}{3}\right)^3}{\left(\frac{2}{3}\right)^5 - 1} = \frac{0{,}1317 - 0{,}2963}{0{,}1317 - 1} = 0{,}1896$$

$$1 - q_3 = 1 - 0{,}1896 = 0{,}8104$$

Mit der Wahrscheinlichkeit 0,8104 gewinnt der Spieler 1 das Reinspiel.

b) Nach 3.3-23 gilt:

$$D_3 = \frac{3}{1 - 1{,}2} - \frac{5}{1 - 1{,}2} \cdot \frac{1 - \left(\frac{2}{3}\right)^3}{1 - \left(\frac{2}{3}\right)^5} = -15 + 25 \cdot \frac{1 - 0{,}2963}{1 - 0{,}1317} = 5{,}2609$$

Die erwartete Spieldauer beträgt 5,2609 Zeiteinheiten.

c) Nach 3.3-25 gilt:

$$E_3 = (3 + 2) \cdot (1 - q_3) = 5 \cdot 0{,}8104 = 4{,}0520$$

d) Nach 3.3-26 gilt:

$$E_3^d = (3 + 2) \cdot (1 - q_3) \cdot \frac{1}{(1 + 0{,}05)^{D_3}}$$

$$E_3^d = 4{,}0520 \cdot \frac{1}{(1{,}05)^{5{,}2609}} = 3{,}1347$$

Da der diskontierte erwartete Spielgewinn höher als der Spieleinsatz ist, ist es für den Spieler 1 sinnvoll, an diesem Spiel teilzunehmen.

Lösung zu Aufgabe 4-1

Für das Gruppenmitglied 1 gilt:

$$y^B(a_1) = 40 \cdot 0{,}5 + 60 \cdot 0{,}2 + 50 \cdot 0{,}3 = 47$$
$$y^B(a_2) = 80 \cdot 0{,}5 + 30 \cdot 0{,}2 + 10 \cdot 0{,}3 = 49$$
$$y^B(a_3) = 70 \cdot 0{,}5 + 50 \cdot 0{,}2 + 30 \cdot 0{,}3 = 54$$

Aus der Beziehung $y^B(a_3) > y^B(a_2) > y^B(a_1)$ folgt:

$$a_3 P_1 a_2 P_1 a_1$$

Für das Gruppenmitglied 2 gilt:

$$y^B(a_1) = 90 \cdot 0{,}4 + 40 \cdot 0{,}5 + 70 \cdot 0{,}1 = 63$$
$$y^B(a_2) = 80 \cdot 0{,}4 + 50 \cdot 0{,}5 + 50 \cdot 0{,}1 = 62$$
$$y^B(a_3) = 60 \cdot 0{,}4 + 80 \cdot 0{,}5 + 30 \cdot 0{,}1 = 67$$

Aus der Beziehung $y^B(a_3) > y^B(a_1) > y^B(a_2)$ folgt: $a_3 P_2 a_1 P_2 a_2$.

Lösung zu Aufgabe 4-2

a)

$$A = \{a_1, a_2, a_3\}$$

$$H = \left\{\begin{matrix} (a_1Pa_2Pa_3); (a_1Pa_3Pa_2); (a_1Pa_2Ia_3); (a_1Ia_2Pa_3); (a_1Ia_3Pa_2); \\ (a_1Ia_2Ia_3); (a_2Pa_1Pa_3); (a_2Pa_3Pa_1); (a_2Pa_1Ia_3); (a_2Ia_3Pa_1); \\ (a_3Pa_1Pa_2); (a_3Pa_2Pa_1); (a_3Pa_1Ia_2) \end{matrix}\right\}.$$

$$\|H\| = 13$$

b) Die Anzahl der Aggregationsmechanismen beträgt $13^{(13^5)} = 13^{371.293}$.

Lösung zu Aufgabe 4-3

Um zu zeigen, dass ein Präferenzprofil der Eingipfelbedingung genügt, reicht es aus, eine Anordnung der Aktionen zu finden, die diese Bedingung erfüllt.

Wie nachstehende Abbildung zeigt, weist die Anordnung nach aufsteigenden Indizes diese Eigenschaft auf.

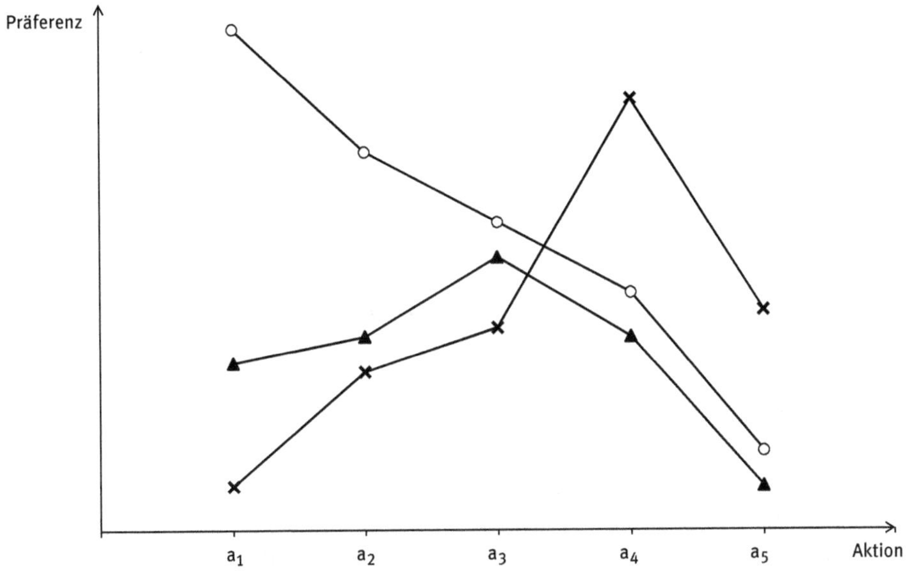

Abb. 7.16: Präferenzordnungsprofile und Eingipfelbedingung

Lösung zu Aufgabe 4-4

Für die Indexmengen gilt:

$$D_1 = \{4\}\,; \quad D_2 = \{2, 3, 5\}\,; \quad D_3 = \{1\}\,; \quad D_4 = \varnothing$$

Gemäß (4.2-5) errechnen sich die bedingten Wahrscheinlichkeiten für die Wahl der Aktion a_i durch die Gruppe bei Vorliegen des Umweltzustandes s_j als:

$p(a_i \mid s_j)$	s_1	s_2	s_3
a_1	0,2	0,2	0,3
a_2	0,6	0,7	0,4
a_3	0,2	0,1	0,3
a_4	0	0	0

Entsprechend der Beziehung (4.2-4) gilt für den Erwartungswert des Risikonutzens bei Einsatz der Gruppe:

$$\begin{aligned} Y_G &= 0{,}25\,(0{,}2 \cdot 10.000 + 0{,}6 \cdot 30.000 - 0{,}2 \cdot 6.000 + 0 \cdot 12.000) \\ &\quad + 0{,}40\,(-0{,}2 \cdot 3.000 + 0{,}7 \cdot 10.000 + 0{,}1 \cdot 11.000 + 0 \cdot 0) \\ &\quad + 0{,}35\,(0{,}3 \cdot 15.000 + 0{,}4 \cdot 12.000 + 0{,}3 \cdot 40.000 - 0 \cdot 10.000) \\ &= 0{,}25 \cdot 18.800 + 0{,}40 \cdot 7.500 + 0{,}35 \cdot 21.300 = 15.155 \end{aligned}$$

Entscheidet die Instanz selbst, so errechnet sich:

$$Y_I^B(a_1) = 10.000 \cdot 0{,}25 - 3.000 \cdot 0{,}40 + 15.000 \cdot 0{,}35 = 6.550$$
$$Y_I^B(a_2) = 30.000 \cdot 0{,}25 + 10.000 \cdot 0{,}40 + 12.000 \cdot 0{,}35 = 15.700$$
$$Y_I^B(a_3) = -6.000 \cdot 0{,}25 + 11.000 \cdot 0{,}40 + 40.000 \cdot 0{,}35 = 16.900$$
$$Y_I^B(a_4) = 12.000 \cdot 0{,}25 - 10.000 \cdot 0{,}35 = -500$$

und damit

$$Y_I^B(a^*) = 16.900$$

Aus der Beziehung $Y_G = 15.155 < Y_I^B(a^*) = 16.900$ lässt sich entnehmen, dass die Instanz das Entscheidungsproblem nicht auf die Gruppe delegieren soll.

Lösung zu Aufgabe 5-1

Nachdem Fußballklubs höherer Ligen Wirtschaftsunternehmen darstellen, die teilweise auch börsennotiert sind, spielen bei deren Entscheidungen ökonomische Überlegungen eine wichtige Rolle. Wenn Trainer wegen „Erfolglosigkeit" entlassen werden, dann findet eine Beurteilung ihrer Entscheidungen an den Ergebnissen statt.

Ähnlich ist die Lage, wenn Vorstände von Aktiengesellschaften entlassen werden, weil sich der Gewinn/Börsenkurs/Ausschüttungen des Unternehmens anders (schlechter) entwickeln als erwartet. Anders liegt der Fall, wenn Entlassungen von Führungspersonal mit unüberbrückbaren Differenzen in der künftigen strategischen Ausrichtung des Unternehmens begründet werden.

Ein Beispiel aus der Kapitalanlage:

Ein Investor hat sich Anfang Juni 2017 entschieden, monatlich 500 EUR in einem Sparplan auf das Wertpapier X(IE)-MSCI AC WORLD anzulegen. Gründe für die Anlage in den ETF waren die weltweite Streuung in Unternehmensanteile und die relativ niedrigen Verwaltungskosten des Fonds. Nachdem der Kurs des Fonds im Juni 2017 historisch betrachtet relativ hoch war, fiel die Wahl auf einen Sparplan anstelle einer Einmalanlage. Bis zum 08.04.2019 wurden folgende Käufe getätigt:

Am 08.04.2019 fand ein „Jahresgespräch" mit dem Bankberater statt, der ausgehend vom aktuellen Kurs des Tages in Höhe von 21,050 EUR/Anteil eine durchschnittliche Rendite von 10,07 % (vor Transaktions- und Verwahrkosten) seit dem 07.06.2017 errechnete und den Investor zu seiner außerordentlich guten Entscheidung beglückwünschte.

Wäre das Jahresgespräch aber am 02.01.2019 geführt worden, hätte der Berater eine durchschnittliche Rendite von −6,14 % errechnet und – soweit er konsequent gewesen wäre – eine Fehlentscheidung konstatieren müssen.

Die Entscheidung war aufgrund der zum Entscheidungszeitpunkt allgemein verfügbaren Informationen unter Beachtung der Regeln der Logik zustande gekommen.

Datum	Stückzahl	Kurs	Investition
07.06.2017	26,7680	18,679	500,00
05.07.2017	27,6457	18,086	500,00
07.08.2017	27,8071	17,981	500,00
05.09.2017	28,1310	17,774	500,00
05.10.2017	27,1017	18,449	500,00
06.11.2017	26,2688	19,034	500,00
05.12.2017	26,4774	18,884	500,00
05.01.2018	25,8238	19,362	500,00
05.02.2018	26,6127	18,788	500,00
05.03.2018	27,1916	18,388	500,00
05.04.2018	27,0504	18,484	500,00
07.05.2018	26,1972	19,086	500,00
05.06.2018	25,2627	19,792	500,00
09.07.2018	25,8158	19,368	500,00
06.08.2018	24,7770	20,180	500,00
05.09.2018	24,8694	20,105	500,00
05.10.2018	24,6245	20,305	500,00
05.11.2018	25,8585	19,336	500,00
05.12.2018	25,8345	19,354	500,00
07.01.2019	27,2598	18,342	500,00
05.02.2019	25,4660	19,634	500,00
05.03.2019	24,7036	20,240	500,00
05.04.2019	23,7756	21,030	500,00

Lösung zu Aufgabe 5-2

Es folgen drei ausgewählte Beispiele zum Vergleich autonomer Entscheidungen in Risikosituationen mit fremdbeurteilten Entscheidungen. Die ersten beiden Fälle sollen kurze praktische Beispiele beschreiben, der dritte Fall widmet sich der logischen Struktur der Beurteilung der Entscheidung:

(1) Der Anlageberater
Ein Anlageberater betreut für seinen Kunden ein langfristig angelegtes, konservatives Portfolio aus 50 % Aktien und 50 % Anleihen. Im vergangenen Jahr ist der Aktienmarkt durchschnittlich um 10 % gestiegen, während das Portfolio des Kunden nur um 6 % an Wert gewonnen hat. Der Kunde beschwert sich über einen zu niedrigen Aktienanteil seines Portfolios.

(2) Das Devisentermingeschäft
Ein deutsches Unternehmen rechnet für das kommende Geschäftsjahr aus dem Verkauf seiner Waren in die USA mit einem Umsatz von 1 Mio. US-Dollar. Um das Geschäft gegen einen steigenden Dollarkurs abzusichern, schließt ein Mitarbeiter ein Devisentermingeschäft über den entsprechenden Betrag (Laufzeit 1 Jahr) zum Kurs von 0,90 EUR/USD ab. Nach Ablauf des Geschäftsjahres kostet der Dollar am Devisenmarkt nur noch 0,85 EUR. Der Chef des Mitarbeiters klagt über den entgangenen Gewinn, den der Mitarbeiter zu verantworten hat.

(3) Der Savage-Niehans-Kalkül im Rückblick
Es liegt eine Risikosituation vor, die durch folgende Entscheidungsmatrix (Risikonutzenmatrix) beschrieben werden kann:

	s_1	s_2
	0,8	0,2
a_1	9	6
a_2	8	7
a_3	7	10

Bei autonomer Entscheidung durch eine risikoneutrale Person erfolgt die Wahl der optimalen Aktion nach dem Erwartungswert des Nutzens.

	s_1	s_2	
	0,8	0,2	E(u)
a_1	9	6	8,4
a_2	8	7	7,8
a_3	7	10	7,6

Demnach fällt die Wahl auf die Aktion a_1.

Bei einer fremdbeurteilten Entscheidung wird der Entscheidende die Eintrittswahrscheinlichkeiten außer Betracht lassen und die Aktion wählen, die im Nachhinein (bei Kenntnis des eingetretenen Umweltzustands) die geringste Abweichung zur dann besten Aktion aufweist. Er wird sich also nach der Savage-Niehans-Regel (bei Ungewissheit) richten.

Für die Matrix des Bedauerns gilt:

	s_1	s_2
a_1	0	4
a_2	1	3
a_3	2	0

Das maximale Bedauern bei den einzelnen Aktionen errechnet sich als:

	s_1	s_2	Max
a_1	0	4	4
a_2	1	3	3
a_3	2	0	2

Bei Wahl der Aktion a_3 wird das maximale Bedauern minimiert.

Eine Instanz, die sich ausschließlich am Erfolg dieser einzelnen Entscheidung orientiert, würde feststellen, dass die Wahl von a_3 bei Eintritt des Umweltzustands s_2

optimal war; tritt der Zustand s_1 ein, dann beträgt der „Schaden", a_3 statt a_1 gewählt zu haben, (nur) 2 Nutzeneinheiten.

Im Ergebnis wird bei der fremdbeurteilten Entscheidung diejenige Aktion gewählt, die bei autonomer Entscheidung die schlechteste Beurteilung erfahren hat.

Lösung zu Aufgabe 5-3

Der griechische Milliardär Onassis möchte für ein Jahr einen Betrag von 1.000 Pfund zu einem festen Zinssatz anlegen. Hierfür zieht er zwei Möglichkeiten in Betracht:

a_1: Das Geld in Pfund-Darlehen mit einem Zinssatz von 9 % anzulegen

a_2: Wie a_1, aber zusätzlich 1.090 Pfund (die Summe der Rückzahlung in einem Jahr) in einem Devisentermingeschäft zu einem Deportsatz von 2 % gegen Euro zu verkaufen. Dies entspricht einem Zinssatz von 5,84 %.

Daraus ergibt sich der Aktionsraum

$$A = \{a_1, a_2\}.$$

Zudem liegt der Zielraum

$$Z = \{z_1\}$$

vor, wobei z_1 die Zielgröße „kurzfristige Maximierung des Vermögens" bezeichnet.

Darüber hinaus schätzt Onassis, dass der Wechselkurs zu einer bestimmten Wahrscheinlichkeit p konstant bleibt (Zustand s_1) und dass das Pfund mit einer Wahrscheinlichkeit von (1 – p) um 15 % gegenüber dem Euro abgewertet wird (Zustand s_2).

Der Zustandsraum lässt sich demnach mit

$$S = \{s_1, s_2\}$$

beschreiben.

Daraus ergibt sich folgende Ergebnismatrix:

		p s_1	1-p s_2
a_1	EUR	1.090	918
	Pfund	1.090	1.090
a_2	EUR	1.058,4	1.058,4
	Pfund	1.058,4	1.245,18

Es ist ersichtlich, dass im Falle einer Bewertung in Euro die Option a_2 als sicher erscheint und a_1 als unsicher, während umgekehrt im Falle einer Bewertung in Pfund die Anlage a_1 als sicher und a_2 als unsicher zu sehen ist. Eine Entscheidung hängt somit von der Wahl des Maßgutes ab.

Führt man das Onassis-Problem auf das Grundmodell der Entscheidungstheorie zurück, dann liegt das Problem in der adäquaten Beschreibung der Ergebnisse. „Die Beschreibung des anzustrebenden Endzustands stellt einen ganz wesentlichen, wenn nicht gar den *entscheidenden* Schritt von einer als Problem erkannten, ungeordneten Situation hin zu einem Strukturkomplex dar, der die Problemlösung bereits als logische Implikation enthält." (Saliger, 1990 S. 55).

Laux/Schneeweiss (1972) machen deutlich, dass Geld (in welcher Währung auch immer) nur ein Zwischenschritt auf dem Weg zur (konsumtiven) Endverwendung (terminal wealth) von Vermögen darstellt. Ihre Vorschläge der zustandsabhängigen Nutzenfunktion bzw. der Trennung in (normale) Umweltzustände und Zustände der „Verwendungswelt" (usability world) lösen das grundlegende Problem der Bewertung in Partialmodellen nicht. Zu lösen ist dieses Scheinparadoxon durch die Annahme, Onassis würde von seinem erwirtschafteten Geld nur Produkte und Dienstleistungen in einer Währung konsumieren. Anschließend ist die reale Kaufkraft der Alternativen zu vergleichen.

Literatur

Arrow, K.: *Social Choice and Individual Values*, 2. Auflage. New Haven 1976.

Arrow, K.: *Essays in the theory of risk-bearing*. Amsterdam/London.

Bamberg, G., Coenenberg, A. G. und Krapp, M.: *Betriebswirtschaftliche Entscheidungslehre*, 15. Auflage. München 2012.

Bellman, R.: *Dynamic programming*. Princeton 1957.

Bernoulli, Daniel: *Die Grundlage der modernen Wertlehre: Versuch einer neuen Theorie der Wertbestimmung von Glücksfällen (Specimen Theoriae Novae de Mensura Sortis). Aus dem Lateinischen übersetzt und mit Erläuterungen versehen von Alfred Pringsheim. Mit einer Einleitung von Ludwig Fick*. Leipzig 1896.

Binmore, K.: *Game Theory. A very short introduction*. Oxford 2007.

Bitz, M.: *Die Strukturierung ökonomischer Entscheidungsmodelle*. Wiesbaden 1977.

Bitz, M: *Entscheidungstheorie*. München 1981.

Borch, K. H.: *Wirtschaftliches Verhalten bei Unsicherheit*. Wien/München 1969.

Bretzke, W.-R.: *Der Problembezug von Entscheidungsmodellen*. Tübingen 1980.

Bruers, S. und Braeckman, J.: A Review and Systematization of the Trolley Problem. *Philosophia*, Vol. 42:251–269 (2014).

Bühlmann, H., Loeffel, H. und Nievergelt, E.: *Entscheidungs- und Spieltheorie*. Berlin/Heidelberg/New York 1975.

Chmielewicz, K.: Die Formalstruktur der Entscheidung. *Zeitschrift für Betriebswirtschaft*, 40. Jg.:239–268 (1970).

Dakin, R. J.: A tree-search algorithm for mixed integer programming problems. *The Computer Journal*, vol. 8:250–255 (1965).

Dantzig, G. B.: *Lineare Programmierung und Erweiterungen*. Berlin/Heidelberg/New York 1966.

Debreu, G: Representation of a preference ordering by a numerical function. In Thrall, R. M., Davis, R. L. und Coombs, C. H. (Hrsg.), *Decision Process*, S. 159–165. John Wiley, New York, 1954.

Dinkelbach, W.: *Sensitivitätsanalysen und parametrische Optimierung*. Berlin Heidelberg 1969.

Dixit, A. und Nalebuff, B.: *Thinking Strategically. The Competitive Edge in Business, Politics, and Everyday Life*. New York 1993.

Dixit, A. K.: *Optimization in Economic Theory*, 2. Auflage. Oxford 1990. S. 162–180.

Domschke, W., Drexl, A., Klein, R. und Scholl, A: *Einführung in Operations Research*. Springer-Verlag, 9. Aufl. 2015.

Drukarczyk, J.: Zum Problem der Bestimmung des Wertes von Informationen. *Zeitschrift für Betriebswirtschaft*, 44. Jg.:1–18 (1978).

Drukarczyk, J.: *Probleme individueller Entscheidungsrechnung – Kritik ausgewählter normativer Aussagen über individuelle Entscheidungen in der Investitions- und Finanzierungstheorie*. Wiesbaden 1975.

Eisenführ, F., Weber, M. und Langer, T.: *Rationales Entscheiden, 5. überarb. und erw. Auflage*. Heidelberg u. a. 2010.

Engisch, K.: *Untersuchungen über Vorsatz und Fahrlässigkeit im Strafrecht*. O. Liebermann, Berlin 1930.

Fishburn, P. C.: Utility theory. *Management Science*, Vol. 14:335–378 (1968).

Fudenberg, D. und Tirole, J.: *Game Theory*. Cambridge 1991.

Gollier, C.: *The Economics of Risk and Time*. Cambridge 2001.

Gomory, R. E.: An algorithm for integer solutions to linear programs. In Graves, R. L. und Wolfe, P. (Hrsg.), *Recent Advances in Mathematical Programming*, S. 269–302, New York, 1963.

Güth, W.: *Spieltheorie und ökonomische (Bei-)Spiele*, 2. Auflage. Berlin/Heidelberg/New York 1999.

https://doi.org/10.1515/9783110616941-008

Hadley, G. und Whitin, T. M.: *Analysis of Inventory Systems*. Englewood Cliffs 1963. S. 343–345.
Hadley, G.: *Linear Programming*. Reading/Mass 1974.
Hadley, G.: *Probability und Statistical Decision Theory*. San Francisco/Cambridge/London/Amsterdam 1967. S. 418–481.
Hammond, J. S.: Better Decisions with Preference Theory. *Harvard Business Review*, Vol. 45:123–141 (1967).
Hax, H.: *Entscheidungsmodelle in der Unternehmung/Einführung in Operations Research*. Reinbeck bei Hamburg 1974. S. 192–222.
Hax, H.: *Investitionstheorie*, 5. Aufl. Würzburg/Wien 1985. S. 165–195.
Hespos, R. und Strassmann, R. A.: Stochastic Decision Trees for the Analysis of Investment Decisions. *Management Science*, Vol. 11:244–259 (1965).
Hillier, F. S. und Lieberman, G. J.: *Introduction to Operations Research*. San Francisco 1967.
Hirshleifer, J. und Riley, J. G.: *The analytics of uncertainty and information*. Cambridge 1992.
Holler, M. und Illing, G.: *Spieltheorie. Einführung, Beispiele, Experimente*, 7. Auflage. Berlin/Heidelberg/New York 2008.
Howard, R. A.: An Assessment of Decision Analysis. *Operations Research*, Vol. 28:4–27 (1980).
Kahneman, D. und Deaton, A.: High income improves evaluation of life but not emotional well-being. In *Proceedings of the National Academy of Sciences 107*, Band 38, 2010.
Kahneman, D.: *Thinking, Fast and Slow*. New York 2011.
Kistner, K.-P.: *Optimierungsmethoden*, 2. Auflage. Heidelberg 1993.
Krelle, Wilhelm: *Präferenz- und Entscheidungstheorie*. Tübingen 1968.
Kreps, D. M.: *Notes on the Theory of Choice*. Boulder 1988.
Laux, H. und Schneeweiß, H.: On the Onassis Problem. *Theory and Decision*, Vol. 2:126–148 (1972).
Laux, H.: *Der Einsatz von Entscheidungsgremien, Grundprobleme der Organisationslehre in entscheidungstheoretischer Sicht*. Berlin/Heidelberg/New York 1979.
Laux, H.: *Grundfragen der Organisation, Delegation, Anreiz und Kontrolle*. Berlin/Heidelberg/New York 1979.
Laux, H.: Zur Theorie der Entscheidung durch Gruppen. *Zeitschrift für Betriebswirtschaft*, 49. Jg.:541–547 (1977).
Lindley, D.: *Einführung in die Entscheidungstheorie*. Frankfurt/M 1974.
Luce, D. und Raiffa, H.: *Games and Decisions*. New York/London/Sydney 1957.
Machina, M.: Choice under Uncertainty: Problems Solved and Unsolved. *Journal of Economic Perspectives*, Vol. 1:121–154 (1987).
Magee, J. F.: Decision Trees for Decision Making. *Harvard Business Review*, Vol. 42:126–138 (1964a).
Magee, J. F.: How to Use Decision Trees in Capital Investment. *Harvard Business Review*, Vol. 42:79–96 (1964b).
Milnor, J. W.: Games against nature. In Thrall, R. M., Coombs, C. H. und Davis, R. L. (Hrsg.), *Decision processes*, S. 49–59, New York et al, 1954.
Neumann, John v. und Morgenstern, Oskar: *Spieltheorie und wirtschaftliches Verhalten*, 3. A. Würzburg 1973. Deutsche Übersetzung der amerikanischen Originalausgabe „Theory of Games and Economic Behavior", 3. Ed., Princeton, 1953.
Neumann, K.: *Dynamische Optimierung*. Mannheim 1969. S. 1–73.
Newell, A. und Simon, H. A: *Human problem solving*. Prentice-Hall, Englewood Cliffs, N. J. 1972.
Obermaier, R.: *Bewertung, Zins und Risiko*. Frankfurt a. M. 2004. S. 211–237.
Pfanzagl, J.: *Die axiomatischen Grundlagen einer allgemeinen Theorie des Messens*, 2. A. Würzburg 1962.
Pratt, J. W: Risk aversion in the small and in the large. *Econometrica*, Vol. 32:122–136 (1964).
Rasmusen, E.: *Games and Information. An Introduction to Game Theory*, 3. Ed. Malden/Mass 2005.
Resnik, M. D.: *Choices. An Introduction to Decision Theory*. Minneapolis 1987.

Saaty, T. L.: How to make a decision. The analytic hierarchy process. *European Journal of Operational Research*, Vol. 48:9–26 (1990).
Saaty, T. L.: *The Analytic Hierarchy Process: Planning, Priority Setting, Resource Allocation*. New York 1980.
Saliger, E.: *Entscheidungstheoretische Planung*. Wiesbaden 1990.
Saliger, E. und Kunz, C.: Zum Nachweis der Effizienz der Delphi-Methode. *Zeitschrift für Betriebswirtschaft*, 51. Jg.:470–480 (1981).
Saliger, E.: *Modelle zur Konsum- und Ausschüttungsplanung*. Königstein/Ts 1979.
Schneeweiß, H.: Nutzenaxiomatik und Theorie des Messens. *Statistische Hefte*, 4. Jg.:178–203 (1963).
Schneeweiß, H.: Das Grundmodell der Entscheidungstheorie. *Statistische Hefte*, 7. Jg.:125–137 (1966).
Schneeweiß, H.: *Entscheidungskriterien bei Risiko*. Berlin/Heidelberg/New York 1967. S. 32–117.
Shubik, M.: *Strategy and Market Structure*. New York 1959.
Simon, H. A.: Theories of decision making in economics and behavioural science. *American Economic Review*, Vol. 49:253–283 (1959).
Teichmann, H.: Die Bestimmung der optimalen Information. *Zeitschrift für Betriebswirtschaft*, 41. Jg.:745–774 (1971).
Vaidya, O. und Kumar, S.: Analytic hierarchy process. An overview of applications. *European Journal of Operational Research*, Vol. 169:1–29 (2006).
Weber, M.: *Wirtschaft und Gesellschaft*, 5. Auflage. Tübingen 1980.
Wittmann, W.: *Unternehmung und unvollkommene Information*. Köln-Opladen 1959.

Abbildungsverzeichnis

https://doi.org/10.1515/9783110616941-009

Stichwortverzeichnis

https://doi.org/10.1515/9783110616941-010

www.ingramcontent.com/pod-product-compliance
Lightning Source LLC
Chambersburg PA
CBHW061802210326
41599CB00034B/6844